진로진학상담 기법의 이론과 실제

한국생애개발상담학회
진로진학상담총서 03

진로진학상담 기법의 이론과 실제

2017년 3월 2일 초판 1쇄 찍음
2024년 7월 19일 초판 6쇄 펴냄

지은이 임은미·강혜영·고홍월·공윤정·구자경·김봉환·손은령·손진희·이제경·정진선·황매향

편집 임현규
디자인 김진운
본문조판 디자인 시

펴낸이 윤철호
펴낸곳 ㈜사회평론아카데미
등록번호 2013-000247(2013년 8월 23일)
전화 02-326-1545
팩스 02-326-1626
주소 03978 서울특별시 마포구 월드컵북로6길 56
이메일 academy@sapyoung.com
홈페이지 www.sapyoung.com

ISBN 979-11-88108-07-7

진로진학상담 기법의 이론과 실제

임은미 · 강혜영 · 고홍월 · 공윤정 · 구자경 · 김봉환 · 손은령 · 손진희 · 이제경 · 정진선 · 황매향

사회평론아카데미

차례

서문

　개인의 생애에서 지혜로운 진로와 진학의 결정은 보다 의미 있고 행복한 삶을 향한 가장 중요한 과정 중 하나이다. 저출산·고령화가 지속되는 현실에서 태어나고 자라는 한 명 한 명의 재능을 발견하고 키우며 결실을 맺도록 돕는 진로진학상담은 기성세대가 차세대에게 줄 수 있는 값진 선물이다. 또한 효과적인 진로진학상담은 커져가는 계층격차에도 불구하고 구성원의 자율적이고 의미 있는 삶을 기반으로 하는 진정한 사회통합을 위한 필수적인 일이다.

　『진로진학상담 기법의 이론과 실제』는 한국생애개발상담학회의 진로진학상담총서 중 한 권이다. 개인의 일생에서 가장 중요한 이슈 중 두 가지인 진로와 진학 결정에 지혜롭게 임할 수 있도록 돕는 관점과 방법을 제시하기 위해 집필하였다. 이를 위해 진로상담 이론에 대한 학문적 식견을 갖춘 전문가 11인이 집필에 참여하였다. 각 장의 제목에는 그 장에서 중점적으로 다루는 이론의 명칭을 최대한 반영하였다. 각 장별로 해당 이론의 핵심개념을 간명하게 제시하고, 핵심 개념들 중 상담 기법이 이미 개발되어 있거나 기법개발이 가능한 개념들에 대하여는 기법을 소개하였다. 각 장의 말미에는 실습과제를 제시하였다. 총 12장으로 구성하였는데, 이는 진로상담 대표이론을 정리한 결과이기도 하고, 또 한 학기가 15주로 구성되는 대학의 학사일정을 고려한 결과이기도 하다.

　이 책의 집필 과정에서 저자들은 몇 가지 난제들에 대한 합의를 이뤄야 하였으며, 경우에 따라서는 합의를 미루기로 합의한 역설적인 주제도 있었다. 그 중 두 가지만 공개하기로 한다. 첫째, 교육부가 제시한 진로진학상담 부전공 과정의 기본이수과목의 명칭을 교재에 얼마나 반영하느냐는 것이었다. 진로상담은 이론이 개발되어 있지만, 진학상담을 위한 이론은 아직 없다. 그 이유를 분명히 알 수는 없지만 진학이 진로의 일부라고 보는 통념을 고려하면, 납득할 만한 일이다. 그러나 교육부에서 제시한 기본이수과목은 '진로진학상담 기법의 이론과 실제'이다. 제목 자체가 거창하고, 진로 이론에 비추어 진학을 조명해 온 저자들에게 이 과목 명칭을 그대로 반영한 교과서를 집필하는 것은 커다란 도전이었다. 그러나 진학 장면에 독특한 문제와 해결방안이 존재한다는 현실을 고려하여, 우선은 학문과 현장의 차이를 그대로 제목에 수용하고, 현실을 충분히 담지 못하는 학문의 한계를 차차 극복해 가기로 하였다. 이에 책의 제목을 『진로진학상담 기법의 이론과 실제』로 결정하였다.

둘째, 진로진학상담 제공자를 무엇이라 부를 것인가에 대한 문제였다. 교육 현장에는 진로진학상담을 전담하는 교사가 있고, 교육활동의 일부로서 담당하는 교사가 있다. 그 이름은 매우 다양하다. 진로진학상담을 전담하는 교사에 대한 명칭은 교육부 공문에서도 '진로상담교사', '진로교사' 등이 사용되었으며, 진로교육법에서는 '진로전담교사'로 칭한다. 일반교사는 담임교사, 교과교사, 전문상담교사 등의 다양한 직함으로 진로진학상담에 참여한다. 우리의 교육 현장에서 진로진학상담은 큰 걸음으로 발전하는 중이어서, 이를 담당하는 교사들의 역할과 명칭 또한 진화하는 과정이라고 판단되어, 본문 속에서는 이들의 명칭을 문맥에 맞춰 자유롭게 사용하기로 하였다.

학교에서 자유학기제가 전면 시행되고, 「진로교육법」이 제정되고, 「국가진로교육센터」가 개소되고, 교육대학원에 「진로진학상담 부전공과정」이 개설되는 등 진로교육과 상담의 현장에는 대규모의 지각변동들이 일어나고 있다. 이 모든 노력들이 우리나라가 개인의 자율적이고 의미있는 삶을 바탕으로 하는 진정한 사회통합을 이루기 위한 과정이기를 바라며, 이 책이 학생들의 진로진학상담을 돕는 전문가들에게 유용하게 사용되기를 바란다.

집필과정에서 저자들의 여러 가지 요청에 대하여 아낌없는 지원을 해주신 사회평론아카데미의 윤철호·김천희 대표님, 교정작업에 큰 도움을 주신 임현규·장원정 선생님께 이 자리를 빌려 깊은 감사의 마음을 전한다. 저자 모두 값진 시간을 쪼개서 열심히 집필하였지만, 우리나라에서 최초로 착수된 진로진학상담 총서저술작업이기에 미숙한 점들이 뒤늦게 발견되고 있다. 첫술에 완벽한 저작이기보다는 교육현장과 깊은 소통을 거쳐 가며, 이론과 현실을 보다 충분하게 담아내는 책으로 발전해가기를 바란다. 독자 여러분들의 비판을 통해 더욱 발전하는 진로진학상담 총서가 되기를 간절히 바라는 마음으로 저자서문을 맺는다.

저자 일동

1부

진로진학상담
개관

1장

진로진학상담 기법의 개요

임은미

진로상담과 진학상담에 동일한 기법을 사용할 수 있는가? 이 질문에 대한 대답은 진로상담과 진학상담의 관계를 정리하면서 점차적으로 얻어질 것이다. '진로'는 직업을 중심으로 하는 전 생애 과정을 의미하고, '진학'은 의미 있는 삶을 위한 기초 소양과 직업인으로서의 전문적 역량을 획득하기 위한 중요한 선택을 통해 이루어진다. 학교 현장에서 진로진학상담의 의미는 학생들의 전 생애 진로발달 과정을 염두에 두고, 학생 시기에 이루어지는 진학 결정 및 성공을 돕기 위해 실시되는 전문적 활동이다.

이런 점에서 본다면, 진로상담에 사용되는 상당수 개념과 기법들은 진학상담에 그대로 사용해도 큰 무리가 없어 보인다. 대개는 지금 내담자에게 필요한 것이 진로 설계인지, 구체적인 직업의 탐색인지, 또는 학교나 전공의 선택인지에 따라 내담자가 직면하고 있는 현안에 맞게 조정하여 사용할 것이 요구된다. 진로상담 활동과 진학상담 활동에는 공통된 부분이 많이 있다. 그럼에도 불구하고, 진로상담 훈련을 받은 사람이 진학상담을 충분히 해낼 수 있는가, 또는 반대로 진학상담 훈련을 받은 사람이 진로상담을 충분히 해낼 수 있는가에 대해서는 쉽게 대답하기 어렵다. 그러나 진학을 앞두고 있는 학생과 학부모는 의식하든 의식하지 않든 진학 선택이 당면한 진학에서의 성공만이 아니라 전 생애에 걸쳐 생활 전반으로 확장되는 성공의 초석이 되기를 바란다. 또는 그럴 것이라고 자연스럽게 믿는다.

이에 진학상담은 학생의 성취 수준을 기준으로 학교 및 전공을 단지 연결시켜 주는 수준을 넘어서서, 그러한 선택이 학생의 생애 발달에 어떤 영향을 미치는지를 이해하고 개입하는 전 생애 진로상담의 관점에서 이루어져야 한다. 이러한 문제의식을 바탕으로 이 장에서는 진로진학상담 기법의 개요를 정리한다. 이를 위해 진로진학상담 기법의 개념, 진로진학상담의 목표, 진로진학상담의 맥락, 진로진학상담의 내담자, 진로진학상담의 방법, 진로진학상담자의 역할과 역량에 대하여 알아본다.

목표

1) 진로상담과 진학상담의 관계를 설명할 수 있다.
2) 진로진학상담이 진행되는 맥락을 설명할 수 있다.
3) 진로진학상담자의 역량을 설명할 수 있다.

1 진로진학상담 기법의 개념

1) 진로상담과 진학상담

진로상담은 자신이 당면한 진로문제를 해결하고, 성장을 이루고자 하는 내담자와 상담자가 만나 상호작용하는 전문적인 도움의 과정이다. 진로상담의 초점은 일을 둘러싼 개인의 삶에 있다. 진로상담은 또한 보다 넓은 맥락에서 개인의 생애에서 직업인으로서의 역할이 다른 역할들과 어떻게 상호작용하는지를 중심으로 생애 진로 발달 과정에 있는 개인을 도와주는 일이기도 하다.

진로상담은 개인의 전 생애기간 동안 일과 관련한 정보탐색, 선택, 적응, 변경 등의 과정에서 필요하다. 일에는 직업뿐 아니라 자원봉사 같은 무급의 일 및 여가 활동도 포함된다. 직업, 무급의 일, 여가 활동 등은 서로 유기적으로 연계되어 있다. 무급의 일은 현재의 직업만으로는 충족하기 어려운 내적 욕구와 가치를 충족하기 위한 일로서 현재의 직업과 직무 특성이 다른 일도 있을 수 있다. 여가생활 또한 진로상담의 대상이다. 사람마다 정도의 차이는 있지만, 경제적인 소득을 얻기 위한 일이나 사회와 조직의 유지 발전을 위한 일만 하는 것으로는 삶의 만족감이 채워지지 않을 수 있다. 이에 무급의 일이나 여가생활이 삶의 만족을 높여주는 중요한 근원이 될 수 있다.

개인의 관심사는 생애주기별로 달라진다. 예를 들어 청년기나 성인기에는 개인에게 '구직'이 매우 중요한 현안인 데 비해, 노년기에 접어들면 구직보다 여가나 건강이 더 중요한 현안으로 등장할 수 있다. 초·중·고·대학교 시절에는 진학이 중요한 이슈이지만, 그 시기가 지나고 나면 진학보다는 직업, 새로운 진로의 모색, 결혼, 자녀양육, 경제적 안정 등이 현안 문제가 된다. 진로상담에서는 생애주기별로 변화하는 개인의 현안과 삶의 중심 주제들이 무엇인지 내담자와 함께 고려하는 작업도 이루어져야 한다. 따라서 진로상담에서 고려되어야 할 또 하나의 중요한 요소는 개인의 연령이라고 할 수 있다.

진학상담은 상급학교에 입학하여 교양, 학문적 성취 그리고 직업적 기능을 고양시킬 수 있도록 조력하는 활동으로서 정보수집, 진학 준비행동의 지도와 독려, 의사결정 조력 등을 포함한다(김영빈, 2013). 진학은 유치원에서 초등학교로, 초등학교에서 중학교로, 중학교에서 고등학교로, 고등학교에서 대학으로, 대학에서 대학원으로, 대학원에서 평생교육기관으로 이어지며 개인의 일생을 통해 계속적으로 이루어진다. 자신이 원하는 상급 교육기관으로의 진학이 중요한 현안으로 등장하는 것은 청소년기나 대학생 시기이지만, 평균수명이 길어지고 지식의 양과 깊이가 급변하는 사회현실을 생각할 때 진학은 어느 연령대에 시작해서 어느 연령대에 끝나는 일이 아니라 생애기간 내내 이루어지는 일이다.

진학 문제는 진로상담에서 가장 중요하게 다뤄야 할 이슈 중 하나이다. 이렇게 보면 진학상담은 진로상담의 일부분이기 때문에, 진학상담을 군이 진로상담과 분리해 독립적인 상담의 영역으로 구분해야 하는가에 대한 의문이 들기도 한다. 진학상담 또한 개인이 삶의 만족에 더 가까워질 수 있도록 생애주기별 직업, 자원봉사, 여가 등과 조화를 이루면서 진행되어야 하기 때문이다. 특정 생애주기에 진학과 직업을 병행하다 보면 상대적으로 자원봉사나 여가를 위한 시간을 내기 어려워 자원봉사나 여가를 통해 충족될 수 있는 만족의 영역은 희생될 수도 있다. 진학과 직업을 병행함으로 인해 욕구가 충족되지 못하는 것에 대한 대응방식은 개인마다 다를 수 있다. 욕구충족을 지연시키기 어려운 사람은 진학이나 직업을 병행하려던 계획을 변경시키거나 포기할 수 있다. 또는 진학과 직업을 병행함으로써 얼마간 여가에 대한 욕구충족이 지연될 수 있다는 것을 알면서도, 전 생애를 통해 볼 때 이 기간이 짧다는 것을 고려하여 진학과 직업을 병행하는 것을 선택할 수도 있다. 이와 같이 개인의 삶을 전 생애적으로 조망하며 현재의 선택이 갖는 의미를 조망하도록 돕는 것 또한 진로상담과 진학상담의 공통영역이 될 수 있다.

그럼에도 불구하고 현실적으로는 진학상담을 독자적인 영역으로 다룰 필요가 있다. 성공적인 학교 선택이나 전공 선택을 위해 꼭 필요한 정보습득 방법이나 의사결정 기술은 삶의 다른 경험에 비해 독특하며 집중적인 노력을 필요로 하기 때문이다. 특히 초·중·고등학교와 대학 진학은 비슷한 연령대의 내담자들이 동시적으로 겪는 문제이기 때문에, 진학상담에서는 개인상담뿐 아니라 집단상담 내지는 대규모 집단교육 프로그램이 중요한 수단으로 등장할 수 있다.

이와 같이 진학상담은 진로상담의 일환으로 볼 수도 있지만, 상담에 요구되는 접근 방법에서 다른 진로 주제들과 구별되는 독특한 측면이 있다. 바로 이 때문에 별도의 전문영역으로 다루는 것이 내담자의 욕구를 충족시키는 합리적인 방안이라고 여겨진다.

2) 중학교 진학과 진로진학상담

우리나라는 중학교까지 의무교육이기 때문에, 중학교 진학상담은 크게 주목받지 못하는 상황이다. 통상 거주지와 가까운 학교에 모든 초등학생이 진학을 하기 때문이다. 그러나 세심하게 주의를 기울여보면, 중학교 진학 또한 개인의 인생에서 매우 중요한 사건이라는 것을 알 수 있다. 한 예로, 필자가 다문화 가정 학부모에 대한 질적 연구를 수행할 당시, 다문화 가정 학부모에게는 자녀의 중학교 진학이 공포를 유발하는 경험이라는 것을 발견하였다. 다문화 가정 학부모들은 농산어촌 초등학교에서는 운영위원으로 참여하는 등 다문화 가정 구성원들이 학교 활동에 주도적으로 참여할 수 있는 기회가 주어지고 자녀들도 별 어려움 없이 학교에 적응할 수 있었으나, 도시에 있는 중학교에 가면 다문화 가정 부모의 학교참여가 어렵고, 따라서 학교 적응이 어려워진다는 두려움을 갖고 있었다. 학부모의 이러한 공포는 자녀에게도 전이되어 중학교에 진학하면 인생의 불행이 시작된다는 신념을 가지고 있었다. 이러한 초등학생에게도 진학상담이 필요하다. 다문화 가정 학생에게 친화적인 환경을 갖춘 중학교가 있는지 찾아보고, 이들의 예기불안을 줄여주고, 곤란한 상황들에 어떻게 대응해 갈지를 의논하면서 중학교 생활에 대한 준비를 시켜줘야 한다. 지역사회에 다문화 학생 친화적인 학교가 없다면, 이를 개선할 정치적인 대안을 촉구할 기회를 찾아야 한다. 이와같은 작업을 통해 초등학생이 한층 가벼워진 마음으로 자신감 있게 중학교에 입학할 수 있도록 도와주는 개입을 시도하는 진학상담이 필요한 것이다.

3) 고등학교 진학과 진로진학상담

최근 고등학교의 유형이 다양해짐에 따라 중학생을 대상으로 하는 고등학교 진학상담 역시 매우 중요한 일이 되고 있다. 우리나라 고등학교를 유형별로 나눠보면, 일반고, 특성화고, 특수목적고, 자율고, 마이스터고, 기타로 이루어져 있다(www.career. go.kr). 일반 고등학교 진학상담에서 특히 알아두어야 할 것은 해당 지역 고교에 대한 정보이다. 평준화 지역에서는 고등학교를 추첨 방식으로 배정하며, 비평준화 지역에서는 학생이 희망하는 고등학교에 원서를 내면 학교가 중학교 생활기록부나 별도의 선발고사 성적을 토대로 학생을 선발한다. 어느 지역이든 학생들은 자신이 1지망으로 선택하지 않은 학교에 입학하게 되면 부정적인 감정을 갖게 된다. 부정적인 감정이 심해 차후 학교 적응에 문제가 생기지 않도록 학생들이 우연적 결과를 받아들일 수 있게 돕는 것이 진로진학상담의 몫이다.

특성화 고등학교는 기존 실업계 고등학교의 대안적 모형이라 할 수 있으며, 영상제작, 관광, 디자인, 세무, 미용, 자동차, 애니메이션, 조리, 게임 등 특정 분야에 필요한 인재 양성을 목적으로 한다. 특수목적 고등학교는 특화된 인재 양성을 목적으로 특화된 교육과정을 운영하는 학교로서 외국어고, 국제고, 과학고, 예술고, 체육고 등을 통칭한다. 외국어고등학교에서는 교과별 필수 이수단위를 배우는 것 이외에 국어, 수학, 사회, 과학 등 다양한 교과 영역도 일정 영역씩 배운다. 학생 선발은 중학교 생활기록부 및 면접 등을 통해 이루어진다. 과학고는 과학 인재 양성을 목적으로 하는 고등학교로, 교육과정은 다양한 교과에 대해 일정 시간 지도하고 과학계열 전문 과목으로 고급수학, 물리실험 등을 운영한다(김영빈, 2013). 자율고는 자율형 사립고등학교와 자율형 공립고등학교로 구성된다. 자율고는 교육과정과 학교운영에 대한 자율권을 많이 가진 학교로서 다양성을 핵심으로 한다. 마이스터고는 전문적인 직업교육을 위한 맞춤형 교육과정을 운영하는 학교로, 실무 외국어 교육, 산학 연계 실습, 해외 산업체 연수 등 다양한 실무능력 프로그램을 운영한다.

많은 고등학생들이 자신이 속한 학교의 교육적 특성에 대한 선호를 비교적 분명하게 가지고 있으며, 그 결과에 따라 고등학교 3년을 활기차게 보내거나 적응 곤란을 겪기도 한다. 특정 산업군을 겨냥한 특성화고에 입학한 학생의 적성이 학과 특성에 맞지 않을 경우, 학업 부적응이 극명하게 나타난다. 경우에 따라서는 이러한 부적응이 실습 과정에서의 상해 위험으로 이어지기도 한다. 이러한 학생들이 중학교에 다니는 동안 특성화고에 대한 정보를 충분히 제공받았다고 회고하는 경우는 거의 없다. 이들은 특성화고에 진학한 계기가 학교 성적에 의해서, 취업이 잘 된다고 해서, 규율이 느슨하다고 해서 등의 단편적인 것들이었다고 보고하였다 (강혜영·고홍월·임은미, 2013). 고등학교 유형별 특징이나 학과에 별 관심이 없으면서 특정 유형의 고등학교에 진학하게 될 중학생들에게 어떻게 하면 효과적으로 학과 탐색과 정보제공 서비스를 제공할지에 대한 방안을 모색하는 것도 진학지도 및 상담의 영역이다.

4) 대학교 진학과 진로진학상담

대학입시는 누구나 인정하는 가장 대표적인 진학상담의 영역이다. 환상기와 잠정기를 거쳐서 직업현실로 이행하는 진로발달 기간에 해당하는 대학교 때, 어떤 전공을 선택하여 얼마만큼의 전문적 성장을 이루었는가는 전 생애에 걸쳐 삶의 질에 지대한 영향을 미친다. 물론 대학교 진학은 고등학교까지의 학교생활의 결과로 이루어지기 때문에, 성공적인 대학생활을 위해서는 초, 중, 고등학교에서의 진로진학상담이 충분하고 적절하게 이루어질 필요가 있다. 2015년 현재 우리나라 대학교 수는 201개이고, 전문대학은 202개에 이른다(www.moe.go.kr). 전공은 사회의 요청에 따라 신설, 폐과, 통폐합되어 해마다 그 수가 달라지고, 최근 들어 각종 정부사업의 수행 과정에서 융합학과들이 다양하게 생겨나고 있다. 2016년 10월 현재 우리나라 대학에는 총 509개의 전공이 개설되어 있고, 인문계열 65개, 사회계열 91개, 교육계열 39개, 공학계열 109개, 자연계열 65개, 의약계열 36개, 예체능계열 104개로 구성되어 있다(www.careernet.go.kr). 각 대학과 학과별로 모집방법을 달리하고 있어서, 대학 진학을 위한 상담은 교사에게 매우 도전적인 과제이다. 수많은 대학과 학과 중에서 학생 개개인의 요구와 특성에 가장 적합한 전공을 선택하도록 돕는 것은 고도의 집중과 사전지식이 필요하기 때문이다.

5) 대학원 및 평생교육기관 진학과 진로진학상담

　　대학원이나 평생교육기관으로의 진학을 돕기 위한 진로진학상담 또한 중요한 일이다. 평균수명이 길어지고, 산업구조가 개편되면서 직업의 생성과 소멸 주기가 짧아져 평생직장과 평생직업을 갖는다는 것은 누구에게나 매우 어려운 일이 되었다. 이에 대학을 졸업하고 특정 분야의 학문적 리더가 되기 위해 대학원을 진학할 때도 어떤 전공을 선택할지에 대한 상담이 필요하다. 또한 직장생활과 육아 등으로 학문적인 휴지기를 가졌다가 다시 진학하고자 할 때는 특히 최신 정보가 부족할 수 있기 때문에 자신의 학문적 직업적 특징을 다시 검토하는 것이 필요하다. 2015년 기준으로 우리나라 대학원은 1,197개교나 된다. 평생교육기관은 이보다 더 많아서 4,144개 기관에 이르며, 교육주체도 유·초·중등학교 부설, 대학원 부설, 원격, 사업장 부설, 시민사회단체 부설, 언론기관 부설, 지식·인력개발형태, 평생학습관 등으로 다양하다. 평생교육을 받고자 하는 이들의 목적은 학력보완, 성인기초/문자해독, 직업능력향상, 인문교양, 문화예술, 시민참여 등 다양하다(www.moe.go.kr). 이로 인해, 평생교육기관의 진학이 개인의 생애목표에 부합되도록 돕는 상담이 중요한 전문적 작업으로 부상하고 있다.

2 | 진로진학상담의 목표

진로상담의 목표는 크게 자신에 대한 보다 정확한 이해 증진, 직업세계에 대한 이해 증진, 합리적인 의사결정 능력의 증진, 정보탐색 및 활용능력의 함양, 일과 직업에 대한 올바른 가치관 및 태도 형성(김봉환, 2013)으로 정리할 수 있다. 진학상담은 개인의 전 생애에 걸친 진로발달 과정에서 진학이 필요한 시점에 성공적인 진학 결정을 할 수 있도록 돕는 것을 목표로 한다. 따라서 진학상담의 목표는 진로상담의 목적과 맥을 같이하지만, 진학의 성공은 개인의 교양과 직업역량을 강화하는 데 지대한 영향을 미친다는 점을 감안하여, 성공적인 진학에 필요한 독특한 요인들을 강조하는 형태로 수립할 수 있다. 진로진학상담의 목표는 아래와 같이 정리할 수 있다.

1) 자신에 대한 이해 조력

진로진학상담에서 자신에 대한 이해 조력은 내담자 개인의 내적 특징과 환경적 특징에 대한 이해를 포함한다. 개인 내적 특징에는 적성, 흥미, 가치관, 성격 등의 심리적 특성뿐 아니라 신체적 특성도 포함된다. 환경적 특징에 대한 이해에는 학습경험과 진로선택을 촉진하거나 제한하는 가정 및 사회 환경, 특정 진로를 선호하거나 특정 진로의 선택을 제지하려는 가정이나 지역사회의 분위기, 개인의 진로발달에 적극 협조하거나 무관심한 가족이나 친지 및 친구, 진로나 진학 준비 과정에 대한 경제적·심리적 지원 여건 등이 포함된다. 성공적인 진로진학을 돕기 위해서는 내담자가 자신의 적성, 흥미, 가치관, 성격, 신체적 특징 등을 객관적으로 이해하고, 부모나 교사 등 중요타자들의 관심과 지원을 어느 정도 이끌어낼 수 있는지를 스스로 평가할 수 있게 도와야 한다. 즉, 내담자 본인이 자신을 충분히 이해하도록 도와야 한다.

2) 직업세계에 대한 이해 조력

직업세계에 대한 이해 조력은 현대 사회의 변화와 맞물린 직업의 구조, 직업군의 생성과 성장 및 소멸 등에 대한 거시적인 차원의 직업정보와 내담자가 관심 있어 하는 직업의 특징에 대한 구체적인 직업정보를 습득하도록 돕는 것이다. 직업세계에 대한 이해는 여러 직업군들을 아우르는 넓은 범주의 포괄적인 이해와 특정 직업군이나 직업을 대상으로 하는 깊고 섬세한 이해의 과정까지 포함한다. 진로상담은 내담자가 전체적인 직업구조 속에서 특별히 관심 있어 하는 직업이 차지하는 위상, 앞으로의 전망, 그 직업인에게 요구되는 생활패턴, 보수, 안정성, 직업 진입에 필요한 자격 요건 등에 대한 세밀한 정보를 파악할 수 있도록 도와야 한다.

진학상담에서는 국내외 학교에 대한 정보와 학과나 전공의 구조 등 거시적인 학교 정보를 폭넓게 인지하도록 도와야 한다. 아울러 내담자가 진학하고자 하는 대학과 학과에 대한 정보를 구체적으로 알도록 도와야 한다. 대학을 선택할 때는 그 대학을 선택함으로써 자신의 생활에 미칠 경제적 사회적 영향을 고려해야 한다. 학과나 전공을 선택할 때는 그 전공에서 학습하는 과목들이 무엇이며 그 과목들을 수강함으로써 자신의 생활에 미치는 영향을 이해하고, 그 전공의 학위를 취득하는 것이 자신이 설계한 진로발달을 이뤄나가는 데 어떤 영향을 미칠지에 대해서도 충분히 예상하도록 도와야 한다.

3) 합리적인 의사결정에 대한 조력

의사결정, 즉 전공, 학교, 또는 직업 등의 선택은 진로진학상담에서 가장 중요한 이벤트이다. 내담자가 자신과 직업세계를 이해하는 목적 또한 합리적인 의사결정을 위한 것이다. 진로진학상담에서는 내담자가 자기 자신과 직업세계에 대하여 수집·분석·비교한 정보들을 정리하여 내담자의 전 생애적 진로목표에 가장 부합하는 선택을 내리도록 돕는다.

전 생애기간 동안 개인은 진로진학에 관련한 크고 작은 의사결정을 여러 번 내리게 된다. 진로진학상담자는 내담자가 현재 내려야 할 의사결정은 무엇인지, 유보해야 할 의사결정은 무엇인지, 의사결정을 내리기 위해 알아야 할 정보는 무엇인지, 결정할 수 있는 대안에는 어떤 것들이 있는지, 각각의 선택지에 따라 예상되는 결과는 무엇인지를 충분히 생각할 수 있도록 도와야 한다. 의사결정을 내려야 할 시기에 이르렀는데도 내담자가 자신의 이상에 부합하는 대안을 확보하지 못하여 머뭇거릴 때에는 각 대안들을 내담자와 함께 평가하면서 적정한 타협점을 찾을 수 있도록 안내한다.

4) 정보 탐색 및 활용능력의 함양 조력

내담자와 상담자의 만남은 한시적이다. 그러나 진로발달은 내담자의 삶에서 쉼없이 일어난다. 또한 길어진 평균수명과 갈수록 빨라지는 직업세계의 변화 속도를 고려하면, 진로진학상담은 내담자가 언제든 본인의 필요에 따라 자유롭게 진로진학정보를 탐색하고 활용할 수 있도록 도와야 한다. 관심직업의 전망, 구직정보, 진학정보, 능력개발 정보 등 진로진학과 관련하여 내담자가 찾아야 할 정보는 다양하다.

직업정보는 온라인, 오프라인 또는 면대면 만남, 직접적인 참여 등 여러 형태로 얻을 수 있다. 진로진학상담 과정에서 상담자는 내담자와 함께 필요한 정보를 탐색하고 제공하는 것뿐 아니라 차후 정보가 필요할 때 어떻게 대처해야 하는지에 대하여 교육하고 상담한다.

5) 일과 직업, 학업과 전공에 대한 가치관 및 태도 함양 조력

가치관은 자신을 포함한 세상에 대하여 가지는 일종의 평가기준으로서 내담자가 세상, 직업, 직장, 학교, 전공을 평가하고 여러 가지 일들에 대응하는 핵심적 동력으로 작용한다. 또한 진로진학에서의 선택, 적응양식, 직업윤리 준수 등을 통제하는 역할을 한다. 사람의 성격이 어린 시절에 형성되듯이 일과 직업, 그리고 학업에 대한 가치관 및 태도 또한 어린 시절에 형성된다.

따라서 가치관 및 태도 형성과 관련한 상담은 아동 내담자를 대상으로 주로 이루어지는 특징이 있지만, 청소년기나 성인기에 가치관의 혼란을 경험하고 가치관과 태도가 변화될 가능성이 있기 때문에, 가치관 및 태도 형성을 위한 진로진학상담도 전 생애적으로 이뤄질 수 있다.

6) 변화하는 사회에 대한 유연한 적응 능력

직업세계의 변화, 평생직장의 소멸, 수직적·수평적 직장 및 직무이동 등 최근 직장인의 생활에 급격한 변화가 일어나고 있다. 이에 현대사회 직장인에게는 기존의 조직순응적인 모습보다는 자신의 삶의 목표에 따라 주어진 여건에 유연하게 적응하면서, 주도적으로 생애를 설계하고 삶에 책임을 지는 능력이 절실해지고 있다. 이에 따라 변화하는 직업세계에 유연하게 적응하며 만족스러운 삶을 추구하는 능력을 기르는 것 또한 진학진로상담의 중요한 목적이다.

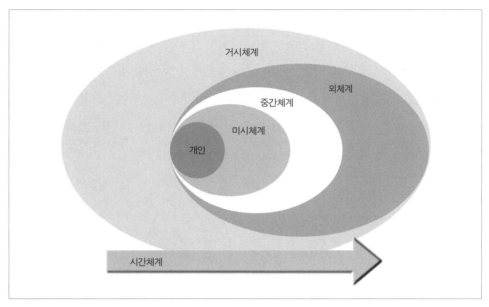

그림 1-1 브론펜브레너의 생태체계 모형(Bronfenbrenner, 1993)

진로진학상담에서 상담자가 직접 대하는 대상은 내담자 개인이다. 그러나 내담자를 충분히 이해하기 위해서는 내담자와 직간접적으로 상호작용하는 맥락을 이해해야 한다. 진로진학상담은 여러 환경에 둘러싸인 내담자와 상담자의 상호작용 속에서 이루어지기 때문에, 내담자가 처한 상황이 내담자에게 미치는 영향과 그에 대한 내담자의 대응방식을 이해하는 것이 상담을 진행하는 데 큰 도움이 된다. 브론펜브레너(U. Bronfenbrenner)의 생태체계이론에 따르면 개인과의 접촉 거리나 규모 면에서 서로 다른 환경, 즉 체계들이 유기적으로 상호작용하면서 맥락을 이루어 개인에게 영향을 미친다(Bronfenbrenner, 1993). 생태체계이론에 등장하는 체계들은 다음과 같다.

1) 미시체계

미시체계(microsystems)는 가정, 학교, 친한 친구를 포함하여 내담자가 직접적이고 정규적으로 접촉하는 환경이다. 이러한 맥락에서 볼 때 가족, 학교, 친구와 내담자의 관계는 내담자가 진학과 진로에 관하여 무엇을 학습하고 어떤 가치관을 형성하느냐에 직접 영향을 미친다. 이에 내담자를 둘러싼 미시체계 또한 진로진학상담의 대상일 수 있다. 진로진학상담자는 가정, 학교, 또래, 교육 프로그램 등 내담자와 직접 접촉하면서 진로발달과 진학 결정에 영향을 미치는 체계들에 개입해야 할 수도 있다. 이때 진로진학상담자의 역할은 미시체계가 개인에게 미치는 영향을 점검하고, 필요하다면 미시체계에 직접 개입하여 내담자를 향한 지원방안을 안내할 수도 있다.

2) 중간체계

중간체계(mesosystems)는 미시체계들이 생산적으로 상호작용하는 모습을 가리킨다. 미시체계들이 생산적으로 상호작용하고, 서로 조화를 이루며, 내담자의 여러 행동에 융통성을 부여하면 내담자의 진로발달은 더 원만하게 이뤄질 수 있다. 그러나 미시체계들이 조화를 이루는 것이 항상 쉽지만은 않다. 학생이 선택한 진로나 진학의 방향에 대하여 교사는 선택과정의 자율성을 점검하면서 승인해 주지만, 부모는 본인들의 기대에 어긋나 수용하지 않는 경우를 가정해 보자. 이런 경우 학생은 진로선택의 갈등을 경험할 수 있다. 이때 진로진학상담자는 미시체계들의 상호작용 방법을 점검하며, 그것이 내담자의 진로발달과 진로선택에 미치는 영향을 이해하고 조정할 수 있다. 즉, 학교에서 이루어지는 프로그램이 가정에서 어떻게 받아들여지고 있는지, 학교 프로그램이 실효를 거두기 위해 가정에서는 어떤 지원을 해야 하는지, 내담자의 진로발달이나 선택에 미치는 또래의 영향은 어떤 것인지 등을 살피고 미시체계 간의 상호작용이 내담자의 진로발달과 진학 결정에 긍정적인 영향을 미치도록 안내할 수 있다.

3) 외체계

외체계(exosystems)는 내담자와 직접적인 접촉은 거의 없지만 내담자의 미시체계에 영향을 미치는 사람들과 제도를 의미한다. 국가와 지역의 각종 정책을 비롯해서 사회 서비스 기관, 부모의 직장과 사회적 지지망, 그리고 다양한 매체들에 이르기까지 모두가 가족 등의 미시체계에 영향을 미치고, 미시체계는 내담자에게 영향을 미친다. 이와 같이 외체계는 미시체계를 통해서 내담자에게 간접적으로 영향을 미친다. 따라서 진로진학상담자는 정부와 대학의 입시정책, 국가의 산업동향, 사회 서비스 기관의 진로서비스, 매스컴과 대중매체 등에도 관심을 가져야 한다. 내담자가 학생이라면 부모의 직업과 직장도 고려해야 할 대상이다. 모든 요인이 학생의 진학 결정과 진로발달에 영향을 미치기 때문이다. 경우에 따라서는 이들 체계들이 직접 개입하여 입시정책의 문제점에 대하여 이의를 제기하여 바로잡기도 하고, 사회 서비스 기관의 진로서비스 방향 등에 대하여 자문 역할을 해야 할 수도 있다.

4) 거시체계

거시체계(macrosystems)는 산업구조, 경제상황, 국가 간 무역형태, 이주 유형, 문화적 신념, 계속되는 하위집단 간 사회정치적 갈등과 같은 거시적 차원의 사건과 상황들을 포함한다. 거시체계는 내담자의 행동을 직접 통제하지는 않지만 외체계와 직접 접촉하면서 외체계의 여러 요인들에 영향을 미치고, 외체계는 미시체계와 중간체계에 영향을 미침으로써, 결국 내담자의 진로선택과 행동에 영향을 미친다. 따라서 산업구조, 경제상황, 국가 간 무역형태, 이주 유형, 문화적 신념, 계속되는 하위집단 간 사회정치적 갈등 등을 포함하는 거시체계 또한 진로진학상담자들이 무시할 수 없는 요소이다. 예를 들어, 산업구조나 경제상황 등에 대한 인식은 내담자의 직업세계 이해를 위한 필수적인 정보가 될 수 있다. 문화적 신념에 대한 통찰과 개입은 우리 사회에서 다양한 소수집단들이 진로발달과 진학 결정에서 차별과 억압을 받지 않도록 하기 위해 필요하다.

5) 시간체계

시간체계(chronosystem)는 각 체계들(미시체계, 중간체계, 외체계, 거시체계)이 각자 변화하면서 상호작용하고, 시간에 따라 성장하고 성숙을 이루는 내담자에게 시시각각 다른 영향을 미치는 모습을 나타낸다. 각 체계들은 스스로의 변화를 통해 그리고 변화하는 다른 체계와의 상호작용을 통해 역동적인 모습으로 내담자와 영향을 주고받는다. 다양한 층들은 자기들끼리 영향을 미칠 뿐 아니라 학생의 능력 수준, 인성 특징, 개인적 흥미와도 상호작용한다. 진로진학상담을 할 때에는 현재의 결정이나 준비행동이 내담자에게 장·단기적으로 어떤 영향을 미치게 될지에 대하여 고려해야 한다.

4 진로진학상담의 내담자

진로진학상담의 가장 직접적인 대상은 내담자 개인이다. 내담자는 진학을 앞둔 아동·청소년·성인일 수도 있고, 구직 중인 성인일 수도 있다. 진로선택을 앞둔 전 생애발달 단계의 어느 지점을 살아가고 있는 상황일 수도 있고, 소속된 기관에서의 적응 문제로 고군분투하고 있을 수도 있으며, 또는 전직(轉職)을 앞두고 있거나 생애 전반의 의미를 재점검하고 전환하고자 하는 시점에 놓여 있을 수도 있다.

이들을 충분히 이해하기 위해서는 교사가 인간의 생애발달에 관한 지식을 가지고 있어야 할 것이다. 여기에서는 긴즈버그(Ginzberg, 1984), 수퍼(Super, 1990), 터크만(Tuckman, 1974a) 등이 제시하는 진로발달 단계를 토대로 각 단계에서 제공받아야 할 서비스들을 정리하고자 한다. 진로진학상담에서 직접 다뤄야 할 상담의 소재는 내담자의 내면세계이지만, 상담자가 내담자의 발달단계와 그에 따라 요구받는 발달과업이 무엇일지를 고려하면서 상담을 진행하는 것은 내담자를 이해하고 개입하는 데 도움이 될 것이다. 다음은 진로발달 이론가들의 견해를 바탕으로 임은미(2013)가 정리한 내용을 재정리한 것이다.

1) 초등학교 저학년

초등학교 저학년 시기에는 세상에 많은 직업이 있다는 것을 비롯하여 다양한 직업세계에 대한 정보를 일상 생활을 통해 알아야 한다. 이 시기는 인지발달이 구체적 조작기에 머무르는 시기여서 가까이에 있는 사람들, 가까이서 접할 수 있는 도구들을 통해 진로의식을 형성한다. 따라서 이 시기에는 많이 보여주고, 여러 사람을 자연스럽게 만나게 해주고, 주변의 환경을 적극 탐색하도록 허용하는 등의 진로지도와 상담이 필요하다. 즉, 세상에는 여러 가지 직업이 있다는 것과 개인의 특징에 따라 더 적절한 일터가 있을 수 있다는 것을 이해할 수 있도록 놀이활동이나 간접경험을 충분하게 하도록 돕는 것이 중요하다. 놀이활동을 통해 자유롭고 즐겁게 직업의 세계를 상상하고 원하는 일은 다 할 수 있다는 생각을 갖고 역할을 수행해 볼 수 있도록 촉진적인 환경을 조성해 주는 것이 이 시기 진로발달과업을 완수하게 돕는 방법이다.

또한 이 시기에 직업의 존재를 인식하고, 올바른 가치관 및 태도, 조직 구성원으로서의 윤리의식을 형성하는 것은 매우 중요한 일이다. 초등학교 저학년은 어린 아동이라 가치관이나 태도의 흡수가 빠르다. 이에 학교생활을 통해 질서와 규칙을 존중하고 지키는 것의 중요성을 배우고, 근면한 생활 태도를 익히며, 사회와 타인에게 이익을 주고 타인의 인권과 권리를 존중하면서 자신을 옹호할 줄도 아는 기초적 진로의식을 형성하기에 가장 유리한 시기라 할 수 있다.

2) 초등학교 고학년

이 시기의 진로지도와 상담에서는, 특히 아동들이 자율적으로 선택한 것들을 존중하고, 선택의 결과를 스스로 경험할 수 있도록 인내해 주며, 선택하고 결정하는 과정 자체를 지지해 주는 것이 필요하다. 또한 아동이 자아를 형성하고 자아에 대한 이미지를 탐색해 갈 수 있도록 돕는 것이 필요하다. 이를 위해 아동이 어떤 행동에 대하여 의욕을 보이면, 촉진해 주고 격려해 주는 것이 필요하다. 학습과 취미활동뿐 아니라 여러 활동들에 대하여 동기를 보이는 것은 매우 건강하고 권장할 만한 일이므로 격려할 필요가 있다.

아동의 직업적 관심은 자주 변화하는데, 이에 대하여 비판하지 말고 가급적 객관적이고 구체적인 정보를 전달해 주는 것이 필요하다. 이외에도 아동의 욕구에 관심을 가져주고, 건강하고 긍정적인 자기 이미지를 지지해 주며, 독립적으로 진로발달을 추진할 수 있는 토대를 마련하도록 돕는 것이 필요하다.

이 단계에서는 아동들이 일의 세계를 이론적으로 탐색하기 시작한다는 점을 고려하여, 진로정보들을 체계적으로 전달해야 한다. 직접적인 체험이 아닌 문서화된 자료를 통해서 일의 세계에 대한 인식을 넓혀나갈 수 있기 때문에, 쉽게 체험하기 어려운 다양한 직업에 관련한 책자나 자료들을 풍부하게 접하는 것이 필요하다. 우리 사회에 존재하는 수많은 직업들에 대하여 많은 자료를 제공하고, 또한 궁금할 때 스스로 찾아볼 수 있도록 정보를 찾는 방법을 안내하는 것이 필요하다. 이 시기에 의사결정을 많이 시도하는데, 여러 번 선택하고 번복하면서 앞으로의 직업생활에 대한 밑그림을 그리는 시도를 해볼 수 있도록 허용하는 것이 필요하다.

학생은 이 시기에 자신의 직업적 흥미와 목표뿐 아니라 각 직업의 작업조건, 직무내용 등에도 관심을 갖는 점을 고려하여, 직업정보를 보다 세부적으로 탐색해 주는 것이 필요하다. 직업정보를 스스로 찾아볼 수 있도록 정보탐색 능력을 길러주며, 또한 정보탐색 경진대회에 참여하거나 직업카드 등의 게임에 참여시켜서 학생들의 호기심을 채워주면서 흥미를 유발하는 수업을 진행하는 것이 좋다.

이와 함께 이 시기의 발달과업이 원만하게 수행되도록 돕기 위해 진로지도와 상담에서는 학생의 흥미를 충분히 탐색할 수 있도록 관찰, 심리검사, 면담 등을 활발히 진행해야 한다. 한 예로, 온라인과 오프라인 심리검사를 실시하면 학생이 상대적으로 흥미를 느끼는 영역에 대한 정보를 얻을 수 있다. 심리검사 결과해석 시간에 이러한 정보에 대한 대화를 학생과 함께 나누면 학생이 자신의 직업흥미에 대하여 생각할 수 있는 시간을 가질 수 있다. 이러한 작업은 학생으로 하여금 자신의 직업흥미를 확인하고 새롭게 발견하는 계기를 제공한다.

3) 중학생

중학생 시기에는 학생들이 자신의 능력에 많은 관심을 갖게 된다. 따라서 교사가 학생의 능력에 대하여 정확하고 긍정적으로 피드백하는 것은 학생에게 큰 강화 요인으로 작용한다. 그러나 특정 분야에 능력이 없다는 부정적인 피드백은 학생의 열정이나 의욕을 좌절시킬 수 있기 때문에 뚜렷한 교육적 목적이 없다면 부정적인 피드백은 절제할 필요가 있다. 학생의 직업능력을 발견하는 방법에는 각종 특별활동에 대한 관찰,

과목별 성적비교, 또는 적성검사 등 여러 가지가 있을 수 있다.

터크만(Tuckman, 1974b)도 지적했듯이, 자기결정과 상호관계를 중요시하는 이 시기에는 남의 지시에 따르기보다 스스로 규칙과 규범을 설정하고자 한다. 교사나 부모가 결론을 정해 놓고 따르기를 바라는 식의 접근방법은 이 시기의 청소년에게서 큰 반발을 살 수 있으며, 이러한 경향은 고등학교 시기보다 중학교 시기에 더 크게 나타난다. 그런 만큼 어른들이 이 시기 청소년들에게서 관심을 떼지 않으면서, 스스로 결정할 수 있는 기회, 보다 나은 결정을 할 수 있도록 기다리고 지켜봐주는 민주적인 의사소통 방식을 유지하는 것이 중요하다. 상호관계를 중요시하는 이 시기에는 선택의 준거가 또래집단이 된다. 또한 직업선택의 가치, 일에 대한 기대와 보상, 작업환경, 의사결정의 효율성 등에 대하여 큰 관심을 갖게 되기 때문에, 또래들과 함께하는 진로교육이나 상담 프로그램들을 통해 진로 관련 주제들을 되도록 자주, 폭넓고 심도 깊게 의논할 수 있도록 유도할 필요가 있다.

4) 고등학생

진로발달 이론을 기준으로 볼 때, 고등학교는 직업가치를 명료화하면서, 전공, 대학, 그리고 직업을 탐색하기 시작하는 시기이다 (Super, 1990). 일반고 학생은 전공과 학교 탐색에, 특성화고 학생은 직업과 직장 탐색에 좀 더 비중을 두게 된다. 직업가치는 개인이 직업을 통해 얻고자 하는 핵심적인 보상이다. 직업가치는 일을 하는 것으로부터 얻을 수 있는 내재적 만족을 추구하느냐 일을 함으로써 얻는 돈이나 명예, 권력 등 외재적 만족을 추구하느냐에 따라 내적가치과 외적가치로 구분한다(Super, 1995). 학생들이 직업을 통해 얻고자 하는 가치가 어떤 가치인지를 명료화하는 것은, 삶을 살아가면서 이루고자 하는 꿈을 명료화하는 작업과 같다. 직업가치가 명료해질 때 학생들은 자신의 흥미와 능력 범위 안에서 자신의 직업가치를 최대로 충족시킬 수 있는 직업을 선택하게 될 것이다.

자신의 가치관 및 가치에 부합하는 직업에 대한 탐색이 충분히 이루어지지 않을 경우 학생들은 자신의 가치를 충족하기 어려운 직업과 학과를 선택하고서, 대학이나 직장에 적응하지 못하고 방황하면서 어려운 시간을 보내기도 한다. 예를 들어, 경제적 가치를 우선적으로 생각하는 어떤 학생이 사회복지학과를 졸업하고 사회복지사가 되었다면 내면적 갈등이 일어날 수 있다. 사회복지사는 어렵고 소외된 이웃을 도와주는 데서 보람을 느끼는 가치를 가진 사람에게 만족을 주는 직업이다. 사회복지사로 일하면서 경제적 가치를 충족시키고자 한다면 이루어지기 어렵거나 사회복지 본연의 일이 아닌 다른 일을 별도로 수행해야 하는 상황에 놓일 가능성이 크다. 물론 직업 이외의 여가를 통해서 원하는 가치를 충족시킬 수 있다. 그러나 이 부분을 명확히 알고서 직업을 선택하는 학생과 인식하지 못한 채 선택하는 학생은 직업적응 과정에 큰 차이가 분명히 발생한다.

따라서 이 시기 진로진학상담에서는 학생이 관심 있어 하는 직업의 세계에 대하여 충분히 접할 수 있게 도와주는 것이 관건이다. 지금까지 고려해 온 여러 가지 진로 대안들을 살펴보고, 자신의 가치에 적합한 것인지, 교육 조건이 무엇이고 그 과정을 감당해 낼 자신이 있는지, 그 학과와 학교를 선택하거나 그 일을 택하면 자신이 추구하는 가치를 충족시켜 주는 진로에 진입할 가능성이 얼마나 높은지 등을 기준으로 현실적인 판단을 내리게 된다.

5) 대학생

대학생 시기에는 자신이 정한 목표에 따라 자신에게 주어진 내적 역량과 외적 환경 요인을 통합해야 한다. 원하는 직업에 진입하기 위해 요구되는 학력, 자격, 비교과활동 경력을 필요한 만큼 균형 있게 갖추기 위해서는 자신의 역량을 적절하게 분배해야 한다. 내적으로는 목표를 설정하고 그에 맞는 활동계획을 수립하여 실천하고, 외적으로는 이러한 노력의 과정에 도움을 줄 수 있는 사람들의 목록을 작성하여 필요할 때 도움을 청할 수 있다.

대학생들은 학년이 올라가면서, 첫 취업을 현실적으로 고려한다. 남학생들의 경우에는 병역의무로 인해 졸업과 취업을 좀 더 뒤로 미루기도 한다. 대학생 시기에는 직업이 더 이상 꿈의 영역이 아니라 '현실'이 된다. 직업을 가져야 다양한 생애 역할들을 실천할 수 있고, 여러 생애공간을 여유 있게 드나들 수 있다. 결혼, 대학원 진학, 출근, 지역사회 활동 참가 등의 생애공간을 여유 있게 드나들기 위해서는 스스로 경제적인 능력을 갖추는 것이 최선이기 때문이다. 이에 구직은 대학생의 절대적인 과제가 되며, 대학생 중 일부는 대학원에 진학한다. 대학생은 취업이냐 진학이냐를 결정하기 위해 주도적이고도 체계적인 계획을 세워야 한다. 취직을 할 것인지 창업을 할 것인지, 원하는 업종은 무엇인지, 각 회사나 사업장에서 요구하는 진입조건의 공통점 및 차이점은 무엇인지, 회사나 사업장에서 요구하는 조건을 채우기 위해서는 어떤 방법으로 시간을 보낼 것인지 등이 전략적 차원에서 검토되고 행동으로 실천되어야 한다.

6) 성인

진로발달은 일생동안 한 차례 순환되는 것이 아니라 어느정도 진행되다가 이전 단계가 되풀이되는 가역적인 변화를 할 수 있다(Super, 1990). 이는 기존의 발달이론가들의 주장과는 논리적으로 다른 견해이다. 그러나 수퍼는 진로발달에 관한 한 어떤 한 단계를 완료했다는 것이 최적의 발달을 영구적으로 보장하는 것은 아니며, 이전 단계로 돌아가는 것이 병리적인 상태라고도 보지 않았다. 특정 직업에서 탐색, 확립, 유지기의 절차를 밟았던 개인이 새로운 직업으로 전환하기 위해 탐색기부터 다시 시작하는 경우가 현대 직업인에게는 얼마든지 일어날 수 있다.

또한 같은 발달단계를 살아가는 동안에, 성장, 탐색, 확립, 유지, 쇠퇴의 과정이 동시에 일어날 수도 있다고 보았다. 예를 들어, 청소년기는 자아개념을 현실적으로 개발하는 과업은 '성장'하는 시기이고, 직업 기회에 대한 학습을 확대시켜 가는 과업은 '탐색'기에 해당하고, 선택한 분야를 향한 행동을 시작하는 과업에서는 '확립'기에 접어들었으며, 선택한 직업에 대하여 검증을 해보는 것은 '유지'해야 할 과업이고, 취미활동에 시간을 보내는 것은 '쇠퇴'하는 과업이다. 이와 같이 동일한 연령 발달단계에서도 여러 가지 과업들이 각각의 단계를 따라 생성되고 확대되고 쇠퇴되는 현상이 발생한다.

충분한 자기 탐색을 기반으로 현실적인 진로를 선택하고, 선택사항들에 대하여 변화가 필요할 때는 적극적인 재탐색과 재선택을 감행하는 것이 진로발달의 중요한 과업이다. 이와 같이 성인기에도 진로발달은 계속되며, 그에 따라 발달과업도 새롭게 등장한다.

진로진학상담은 내담자의 진로발달을 돕고 합리적인 진학선택 및 준비를 하도록 돕는 과정이다. 이러한 목적을 달성하기 위해 다양한 방법들이 동원될 수 있는데, 여기에서는 편의상 진로진학상담의 방법을 내담자를 개인 단위로 만나느냐 집단으로 만나느냐를 기준으로 분류하였다.

1) 개인상담

학교나 전공 선택, 진로결정, 학교나 직장에서의 적응 문제, 학교나 직장의 상향이동이나 수평이동, 전공 및 업무의 전환 등 진로나 진학에 있어 특정한 문제의식을 가지고 결정이나 변화를 이루고자 하는 개인을 만나는 것이다. 중고등학교 진로진학상담에서 진로진학교사가 행하는 개인상담에서는 주로 학생 개인 또는 학부모 개인을 만나게 될 것이다. 경우에 따라서 교사를 대상으로 자문의 성격을 띤 개인상담도 수행할 수 있다.

2) 집단상담

특정 학교나 학과 또는 직업분야에 관심을 가진 학생들의 소모임, 특정 역량을 기르고자 하는 학생들의 소모임 등을 만나는 형태의 상담이다. 자기 이해를 위한 진로집단상담이나 직업기초능력을 기르기 위한 진로집단상담은 이질집단으로 구성하여 운영할 수도 있다. 집단상담은 학급 내에서 소집단을 구성하거나, 학년을 대상으로 학급을 혼합하여 구성하거나, 전교생을 대상으로 학령을 혼합하여 구성할 수도 있다.

3) 학급단위 프로그램

학급 전체를 대상으로 집단상담이나 프로그램을 구성할 수도 있다. 학급당 인원수가 많은 학교에서는 탐색 중심의 상담활동보다는 교육 프로그램 위주의 활동이 적합할 수 있다. 학급단위 프로그램은 인원이 많아서 개개인에 대한 이해와 개입이 맞춤형으로 이루어지는 데는 어려움이 있지만, 학교 행정의 틀 안에서 이미 구성되어 있는 단위를 대상으로 하기 때문에 쉽게 접근할 수 있는 형태이다.

4) 특정 학년 대상 또는 전교생 대상 교육

진로진학상담에서는 특정 학년 전체 또는 전 학년 학생을 대상으로 동일한 내용을 전달할 필요가 발생하기도 한다. 모두가 알아야 할 정보, 직업사회의 변화 경향 등의 내용, 전 학년 또는 특정 학년에 해당하는 입시정책, 쉽게 만나기 어려운 전문가의 특강 등이 이에 해당한다.

5) 학부모 교육

학교에서 이루어지는 진로진학상담은 학부모 교육이 뒷받침되어야 한다. 학부모에게 학생들의 진로발달 단계, 진로발달 과업, 현대사회 청소년의 특징, 입시제도와 전공 및 학교정보 등 자녀를 이해할 수 있는 정보를 제공하는 것이 이에 해당한다. 아울러, 현재와 미래의 산업구조와 직업세계의 변화, 100세 시대를 살면서 변화하는 직업세계에 대응해 내야 하는 자녀들의 시대적 상황 등을 알려서 학부모들이 개방적인 태도로 자녀가 진학과 진로결정을 자율적으로 내릴 수 있도록 돕는 방안들을 전달해야 한다.

진로진학상담자는 학생의 자기주도적 진로설계능력 신장을 위해 진로교육과 관련된 교과활동과 전문적 진로·진학지도 등 제반 활동을 수행하는 보직교사로서 학교 '진로진학상담부'를 총괄 관리한다(교육과학기술부, 2011). 이들은 법령의 절차에 따라 교원자격검정령시행규칙 제2조 제2항의 '진로진학상담' 과목으로 자격을 취득하고, 시·도교육감에 의하여 그 취득한 자격에 따라 발령을 받은 교사이다.

2015년 6월 22일 진로교육법 공포에 따라 진로진학지도나 상담을 전담하는 교사의 명칭이 '진로전담교사'로 변경되었다. 진로전담교사의 업무나 명칭은 정책현안의 변화에 따라 달라져왔기 때문에 차후에도 변화가능성이 있어보인다. 또한 학교에서 이루어지는 진로진학지도나 진로진학상담은 진로전담교사만이 배타적으로 행하는 일은 아니다. 따라서 본문에서 진로진학담당자의 명칭은 해당정책의 발표당시에 사용했던 것을 최대한 반영하여 사용하였다.

1) 역할

진로진학상담교사는 학생·학부모·교사·학교 구성원·대학·공공기관 등과 두루 접촉하면서 업무를 수행한다. 이를 통해 진로진학상담교사는 학생뿐 아니라 학생을 둘러싼 환경에도 영향을 미칠 수 있는 변화 매체로서의 중심적 위치에 서 있다. 따라서 진로진학상담교사가 어떤 관점을 가지고 업무에 임하느냐에 따라 학생과 환경이 받는 영향은 달라질 수밖에 없다(임은미·여영기, 2015).

교육부에서 제시하는 진로교사의 직무는 아래 표에서 확인할 수 있다. 2011년 교육과학기술부에서 제시한 진로상담교사의 업무와 비교할 때, 2014년에 제시한 직무는 진로정책과 입학전형 방법의 변화에 따라 세분화되고 다양화되었으며, 진로교사에게

진로진학상담교사의 업무 (교육과학기술부, 2011)	진로교사의 직무 (교육부, 2014)
① '진로와 직업' 교과지도 ② 진학·취업지도 지원 　– 고입전형 준비(자기주도학습 전형 등) 　– 대입전형 준비(입학사정관제 등) 　– 취업전형 준비 ③ 학교단위 진로·진학지도 연간계획 수립 및 성과관리 　– 학교 구성원의 진로진학관련 역할(관리자–부장– 　　담당교사 등) 　– 교과 속 진로교육 지도안 제시 　– 연간 진로체험활동 계획 제시 등 ④ 교원 및 학부모 대상 연수 및 컨설팅 　– 교사 및 학부모 대상 진로·진학 연수 및 컨설팅 　　실시 　– 교사 및 학부모를 위한 진로진학상담 방법 　– 학생–학부모–교사간 진로진학상담 방법 등 ⑤ 창의적 체험활동(진로활동) 활성화 　– 커리어 포트폴리오 작성 안내 　– 진로활동과 자율·동아리·봉사 활동과 연계 통합 　　방안 제시 등 ⑥ 지역사회 및 유관 기관과의 네트워크 관리 　– 진로진학상담교사–입학사정관 연계 형성 　– 진로진학 관련 기관 연계시스템 구축(대학, 　　공공기관, 기업 등) 　– 지역사회 인적·물적 자원 발굴 등 ⑦ 학생 진로·진학상담 지원 　– 온라인–오프라인 상담 등 ⑧ 진로·진학지원 인력 관리 등	1. 진로진학상담부장 등으로서 학교의 진로교육 총괄 2. 학교 진로교육과정 운영계획 수립 및 프로그램 운영 3. '진로와 직업' 과목 수업, 창의적 체험활동 중 '진로활동' 　지도(주당 10시간 이내) 4. 진로·진학 관련 학생 진로상담(주당 평균 8시간 이상) 5. 창의적 체험활동 중 진로활동 운영계획 수립 및 운영 6. 학교급에 따른 개인 맞춤형 진로지도 및 진학지도 　– 학교생활기록부 초·중·고 진로관련 정보연계 기반 　　개인별 맞춤형 진로지도 7. 선취업 후진학 학생의 진로설계 지원 8. 진로 및 학습 계획서 작성 지원 9. 진로 포트폴리오 지도 10. 커리어넷 등의 진로교육 관련 심리검사의 활용 및 　　컨설팅 11. 교내외 진로탐색 활동 기획·운영 12. 교내 교원 대상 진로교육 역량 강화 연수 총괄 13. 학부모 대상 진로교육 연수 및 컨설팅 14. 진로교육 관련 교육기부 등 지역사회 및 유관 기관과의 　　네트워크 관리 15. 기타 학교장이 정한 진로교육 관련 업무

점점 더 범위가 넓고 많은 역할을 구체적으로 요구하고 있다는 것을 알 수 있다.

2) 역량

(1) 기초역량

진로교사에게 필요한 기초역량으로는 인간발달에 대한 지식, 갈등관리 능력, 조직 적응력 등을 들 수 있다. 인간발달에 대한 지식은 전문가가 진로상담을 수행하는 데 필수적이다. 특히 이 시대의 한국 사회에서 성장하고 있는 아동 청소년의 발달특성과 발달과업에 대한 상담자의 정확한 이해는 진로진학상담의 기본적인 토대가 된다. 지금의 우리나라 아동 청소년들은 경제성장의 끝자락에서 IMF를 거치고, 민주화 시대를 거친 부모 세대가 양육하고 있다. 직업세계는 격변하고, 평균수명은 길어지고, 연금제도도 변화하고 있다. 기성세대가 유망하다고 알고 있는 직업, 전공, 직장, 학과가 지금의 아동 청소년들이 성인이 된 후에도 여전히 유망할 것이라는 기대는 사라지고 있다. 직장이 재미없어도 가족을 위해 희생하면 인생의 후반기에 보상이 있을 것이라는 설득은 더 이상 통하지 않을 뿐 아니라 후반기에 올지도 모르는 보상을 위해 전반기를 희생하기에는 그 기간이 너무나 길다. 이들에게 발달심리학에서 제시하는 발달과업을 어떻게 적용할지, 이들이 어떤 발달과업을 수립하고 어떻게 완수하도록 안내해야 할지에 대한 깊은 성찰 또한 진로진학상담자의 몫이다.

갈등관리 능력은 진로지도 및 상담에서 학생 개인뿐 아니라 소속 학교 및 상급학교, 가정, 지역사회, 국가와의 관계 속에서 실천해야 할 업무가 많기 때문에 필요하다. 진로지도 업무 수행 과정에서 교사, 학교행정가, 학부모를 설득해야 할 일이 많이 발생할 수 있다. 경우에 따라서는 학교의 정규 교과과정 운영과의 조화를 위해 별도의 노력을 기울여야 할 수도 있다. 특히 학교 진로진학상담이 활성화된 지 얼마 안 된 우리나라 여건에서 진로지도 및 상담에 대한 인식이 충분하지 않은 행정가나 동료 교사들을 만났을 때는 고도의 갈등관리 능력이 요구되는 상황에 직면할 수 있다. 상급학교 입학본부를 대상으로 학생 옹호 활동을 해야 할 수도 있고, 학교 교육과정이나 정책 수립 과정에서 진로교육과 상담 전문분야를 대변하고 옹호하는 활동을 해야 할 수도 있다. 이에 진로교사의 갈등관리 능력이 필요하다.

조직 적응력은 사회인 모두에게 필요한 능력이다. 진로교사에게도 조직의 특성과 비전을 잘 이해하고 자신의 전문분야를 조직의 비전에 맞춰서 실현하려는 태도가 요구된다. 진로교사에 대한 전반적인 운영은 교육부에서 담당하지만, 단위학교마다 추구하는 세부 가치나 자주 접하는 직업 모델 등에서는 차이가 있을 수 있다. 자신이 가진 진로지도 및 상담 기술이 아무리 뛰어나다 할지라도 조직에서 추구하는 문화를 존중하면서 협조하는 자세가 필요하다.

(2) 심리상담 역량

개인 및 집단상담 기술은 효과적인 진로진학상담을 위해 기본적으로 필요하다. 진로진학상담에서 다루는 직업정보, 학교정보, 학과정보 등은 심리상담의 주요 소재가 아닌 것만은 분명하다. 그러나 학생이 상담자를 신뢰하고 마음을 열지 않으면, 학생은 진로진학과 관련된 내면적인 고민들에 스스로 접촉할 수 없고 진로진학상담교사 또한 학생의 필요에 부합하는 진로진학상담 서비스를 제공하기 어렵다.

따라서 진로진학상담 교사들이 효과적인 진로진학상담을 진행하기 위해서는 심리상담 역량을 길러야 한다. 촉진적인 대화기술, 사례 개념화 기술, 상담목표 설정 및 전략수립 기술, 집단역동(group dynamics)에 대한 이해와 활용방법 등에 대한 충분한 지식을 보유하고 기법을 구사할 수 있도록 꾸준히 자신을 수련해야 한다.

(3) 진로상담 역량

진로상담 이론들은 성공적인 진로발달을 위해 필요한 요소와 개입방안들에 대한 정보를 준다. 또한 개인 내적 요소들은 어떤 과정을 거쳐 성장하는지, 외적 요인들은 어떻게 탐색하는지, 선택의 시점에서 적절한 의사결정 방법에는 어떤 것들이 있는지 등에 대한 정보도 준다. 그리고 진로상담 기법들은 이러한 정보를 내담자에게 활용하고자 할 때, 어떤 단계를 거쳐서 어떤 행동으로 구현해야 하는지를 상담자에게 알려준다. 진로진학상담을 실시할 때는 앞서 언급한 심리상담 역량을 기반으로 수립된 신뢰관계를 바탕으로 진로상담의 이론과 기법을 구사해야 한다. 그래야 학생 개인의 직업적 특성을 파악하고, 학생의 관심 직업에 대한 정보를 제공하며, 현대사회의 직업시장에 대한 개요를 학생 눈높이에서 전달하고, 선택의 순간에 중요한 요소들을 점검하며 결정하도록 도울 수 있다.

(4) 정보탐색 및 제공 역량

진로진학상담에서 제공하는 정보의 내용은 정확해야 하고 적시성이 있어야 한다. 진로교사는 학생에게 거시적인 차원에서 직업세계의 흐름을 이해하는 데 도움이 되는 정보와 학생이 관심을 표현하는 직업군 및 세부 직업에 대한 정보를 제공한다. 진학지도를 위해 고등학교, 대학교, 대학원에 관한 정보와 전공에 관한 정보를 찾아 제공해야 하며, 평균연령 100세 이상의 시대를 살아갈 세대들이니만큼 평생교육의 전체적인 경향 및 평생교육기관에 대한 정보도 알고 있어야 한다. 해외 학교로의 진학이나 해외 취업을 염두에 둔 학생의 필요를 충족시키는 방안 또한 찾아야 할 것이다.

아울러, 정보를 찾아서 학생의 필요에 맞게 전달해 주는 역할뿐 아니라 학생에게 정보탐색의 과정을 안내하여 학생 스스로 필요한 정보를 찾아낼 수 있도록 성장시키는 역할도 해야 한다. 이러한 역할을 감당하기 위해 진로진학상담교사에게는 정보탐색 및 제공 역량이 필요하다.

(5) 심리검사 활용역량

진로진학상담교사는 심리검사를 선택하고 실시하고 해석하는 역량을 갖춰야 한다. 학생에게 필요한 검사를 찾아내서 타당도와 신뢰도를 확인한 뒤 선택할 수 있어야 하고, 검사 매뉴얼을 숙지하여 검사의 취지를 훼손시키지 않으면서 실시할 수 있어야 한다. 그리고 검사결과를 정확하고, 학생이 이해하기 쉽게, 윤리적으로 해석해야 한다.

(6) 프로그램 설계 및 실행역량

학생들의 필요에 맞는 프로그램을 창안하고 구안하며 실시하고 평가할 수 있어야 한다. 소속 학교 학생의 특징과 필요에 따라 프로그램의 내용을 구성하고, 어떤 시기에 어떤 방법으로 운영할지를 결정하고, 그에 다른 실무절차들을 계획하며 실천한다.

(7) 제도 이해 및 활용 역량

국가 차원의 입시제도, 각 대학의 입학요강 등을 알고 있어야 한다. 지역균형발전을 위해 취하고 있는 지역할당제나 취약계층 학생들을 위한 입학제도 등이 이에 해당한다. 취약계층 학생들을 위해서는 학생 본인뿐만 아니라 그 부모나 가정에 주어지는 제도적 혜택을 알고 있는 것도 중요하다. 제도는 해마다 바뀌기 때문에, 기존에 없었다고 해서 포기하거나 기존에 있었으니 올해에도 당연히 있을 것이라고 추측하는 것은 위험하다. 없던 제도가 한 해 만에 생기기도 하고, 있던 제도가 변화 또는 폐기되기도 하기 때문이다.

(8) 자원연계 역량

학생들의 진로진학 특성은 변화하고 성장하며 개발된다. 어떤 정보와 기회를 만나느냐에 따라 변화될 수 있는 여지가 크다. 대다수 학생들은 자신의 미래를 위해 사용할 수 있는 자원이 있다는 걸 알고 나면 자신의 역량 개발에 대한 의욕과 자신감이 달라진다. 이에 학생의 잠재력 실현에 도움이 되는 인적 물적 자원들을 많이 알고 동원할 수 있는 역량을 갖추는 것은 진로진학상담교사에게 필수적이다.

교내의 자원, 지역교육청에서 제공하는 제도, 지역사회의 공공기관에서 제공하는 서비스 등에 대하여 알고 있어야 한다. 자원들 중에는 한시적으로만 이용 가능한 것들이 많기 때문에 해마다 최신 정보로 갱신해야 한다. 개별 사례에 적용할 때는 자원의 내용, 가용 시기, 접근방법 등에 대한 구체적인 사항까지 확인하고 안내해야 한다.

(9) 다문화 · 사회정의 옹호 역량

진로진학상담에서는 학생의 문화적 요인이 고려되어야 한다. 이에 진로진학상담자에게는 문화적 역량과 옹호 역량이 필요하다. 먼저, 문화적 역량은 상담자 자신의 문화적 특징에 대한 이해와 대응력, 학생이 보이는 문화적 차이를 이해하려는 적극적인 태도와 타문화에 대한 지식, 그리고 이러한 이해를 상담과정에 활용하는 능력을 통칭한다. 다음으로, 옹호 역량은 학생이 보이는 문제에 내재한 사회체계적 장벽을 찾아내서 변화시키려는 것으로서, 학생이나 지역사회의 역량강화를 통한 '함께하는' 옹호와 상담자가 직접 사회 · 제도의 변화에 참여하는 '대신하는' 옹호가 있다.

우리나라 학생들 중 문화적 차이가 큰 성장배경을 가진 대표적인 집단은 결혼이민 가정의 자녀, 북한이탈주민 가정의 자녀, 외국인 근로자 가정의 자녀이다. 이들은 수적으로도 소수인데다 자신에게 익숙하지 않은 우리나라 환경에서 진학과 진로선택의 기회를 찾아야 하기 때문에 여러 가지 환경적 장벽에 부딪힐 가능성이 높다. 이들은 언어나 문화의 차이로 인하여 진로진학 정보에 접근할 수 있는 기회와 능력을 갖추기 불리하며, 부모의 지원을 받기도 어려워서 혼자 힘으로는 자신의 역량을 최대화할 수 있는 선택을 하기 어려울 수 있다. 최근에는 이러한 민족적/인종적 다문화 집단 이외에도 종교적 소수민, 사회/경제적 취약계층, 성차별, 외상경험, 가정 형태의 차이 등으로 인해 불리한 위치에 처한 소수민에 대한 옹호 또한 요청되고 있다.

요약

진로는 직업을 중심으로 하는 전 생애과정을 의미하고, 상담은 내담자가 당면한 현실 문제를 해결하고 내담자가 잠재력을 발휘하도록 돕는 전문적인 과정이다. 전 생애 진로발달 과정에서 진학은 직업인으로서의 기초소양과 전문적 역량을 획득하기 위한 중요한 선택을 통해 이루어진다. 학교 현장에서 진로진학상담의 의미는 학생들의 전 생애 진로발달 과정을 염두에 두고, 학생 시기에 이루어지는 진학결정 및 성공을 돕기 위해 실시되는 전문적 활동이다.

이 장은 진로진학상담 기법의 개요를 다룬 장으로서 진로상담과 진학상담의 개념을 대비하여 소개하고, 중학교, 고등학교, 대학교, 대학원 및 평생교육기관의 진학에 적용하여 그 개념을 구체화하였다.

진로진학상담의 목표로 자신에 대한 이해 조력, 직업세계의 이해에 대한 조력, 합리적인 의사결정에 대한 조력, 정보탐색 및 활용능력에 대한 조력, 일과 직업·학업과 전공에 대한 가치관 및 태도 함양 조력을 제시하였다. 진로진학상담은 내담자가 처한 맥락을 고려하여 진행되어야 한다는 가정 하에 미시체계, 중간체계, 외체계, 거시체계, 시간체계로 이루어진 생태/체계모형을 소개하였다. 진로진학상담의 내담자를 내담자의 학령에 따른 발달단계로 구분하여 각 발달단계별 과업을 중심으로 기술하였다.

진로진학상담은 개인상담, 집단상담, 학급단위 프로그램, 특정 학년 대상 또는 전교생 대상 교육, 학부모교육 등의 여러 가지 방법으로 진행된다. 이러한 진로진학상담의 제반 특징에 대응하는 진로진학상담자의 역할을 제시하였고, 이러한 역할을 성공적으로 수행하기 위한 역량을 기초역량, 심리상담 역량, 진로상담 역량, 정보탐색 및 제공 역량, 심리검사 활용 역량, 프로그램 설계 및 실행 역량, 자원연계 역량, 다문화 사회정의 옹호 역량으로 나누어 제시하였다.

실습과제

1. 진로상담과 진학상담의 차이에 대한 각자의 입장을 논의해 보자.
2. 진로진학상담에서 학부모를 위한 서비스와 동료 교사를 위한 서비스의 한계는 어디까지인지 나누어 보자.
3. 4인 1조를 편성한다. 앞서 소개된 진로진학상담자의 역량 각각에 대하여, 각자가 판단하는 중요도를 10점 척도(1점=전혀 중요하지 않다……10점=가장 중요하다)로 평가한 후 서로의 의견을 공유해 보자(평가에 5분, 공유에 15분). 다른 의견을 가진 구성원의 입장 중 가장 차이가 큰 입장을 선택하여, 상대편의 입장에서 자신의 견해를 비판적으로 평가하고(개인 작업 5분), 그 결과를 나누어보자(공유에 15분).

역량	중요도									
	← 전혀 중요하지 않다							매우 중요하다 →		
	1	2	3	4	5	6	7	8	9	10
기초역량										
심리상담 역량										
진로상담 역량										
정보탐색 및 제공 역량										
심리검사 활용 역량										
프로그램 설계 및 실행 역량										
제도 이해 및 활용 역량										
자원연계 역량										
다문화-사회정의 옹호 역량										

참고문헌

강혜영, 고홍월, 임은미 (2015). 특성화고 재학생의 진로경험에 대한 합의적 질적분석. 진로교육연구, 28(3), 45-63.

교육과학기술부 (2011). 현장중심 진로교육 활성화 방안. http://www.moe.go.kr/newsearch/search.jsp (검색: 2016. 12.)

교육부 (2014). 진로진학상담교사 배치 및 운영 지침(안)(2014-1호) http://www.moe.go.kr/newsearch/search.jsp (검색: 2016. 12.)

김봉환 (2013). 진로상담의 기초. In 김봉환, 강은희, 강혜영, 공윤정, 김영빈, 김희수, 선혜연, 손은령, 송재홍, 유현실, 이제경, 임은미, 황매향. 진로상담: 한국상담학회 상담학 총서 6. 학지사. 15~30.

김영빈 (2013). 진학상담. In 김봉환, 강은희, 강혜영, 공윤정, 김영빈, 김희수, 선혜연, 손은령, 송재홍, 유현실, 이제경, 임은미, 황매향. 진로상담: 한국상담학회 상담학 총서 6. 학지사. 271-298.

이은혜 (2015). 생태체계이론에 근거한 직업능력개발 정책 분석. 석사학위논문. 숙명여자대학교 여성인적자원개발대학원.

임은미 (2013). 진로발달지도와 상담. In 임은미, 안주영, 임신일, 정수진, 황근순, 생활지도와 상담. Chap. 12.(328-352). 교육과학사.

임은미, 여영기 (2015). 사회정의 상담: 저출산 시대 진로진학상담의 새로운 방향. 교육종합연구, 13(3), 141-161.

조성심, 주석진 (2011). 생태체계관점의 진로탐색프로그램이 학교부적응 중학생의 진로결정 자기효능감과 진로태도성숙에 미치는 효과에 대한 연구. 청소년학연구, 18(5), 61-81.

조성심, 최승희 (2011). 학교부적응 중학생을 위한 생태체계관점의 진로탐색프로그램 개발. 한국학교사회복지학회지, 20(20), 23-54.

조성심, 최승희 (2013). 생태체계관점의 진로탐색멘토링 프로그램이 다문화가정 아동 대상의 진로성숙도와 학교생활부적응에 미치는 영향에 관한 연구. 어린이재단 연구논문 모음집. 1-68.

Bronfenbrenner, U. (1993). The ecology of cognitive development: Research models and fugitive findings. Wozinak, R. H. & Fisher, K.(eds). *Scientific Environments*. Hillsdale, NJ: Erlbaum.

Ginzberg, E. (1984). Career development. D. Brown, L. Brooks, and Associates(eds.), *Career choice and development.* . San Francisco: Jossey-Bass. 169-191.

Ginzberg, E., Ginsburg, S. A., Axelrad, S., & Herma, J. L. (1951). *Occupational choice: An approach to a general theory.* NY: Columbia University Press.

Super, D. (1990). A life-span, life-space approach to career development. D. Brown, L. Brooks, andAssociates(eds.). *Career choice and development: Applying contemporary theories to practice*(2nd ed.). San Francisco: Jossey-Bass. 197-261.

Super, D. E., & Harris-Bowlsbey, J. A. (1979). *Guided career exploration.* NY: Psychologists Press.

Super, D. E., Osborne, W. L., Walsh, D. J., Brown, S. D., & Niles, S. G. (1992). Developmental career assessment and counseling. The C-DAC model. *Journal of Counseling and Development, 71,* 74-83.

Tuckman, B. W. (1974a). An age-graded model for career development education. *Journal of Vocational Behavior, 4,* 193-212.

Tuckman, B. W. (1974b). Decision and vocational development: A paradigm and its implications. *Personnel and Guidance Journal, 40,* 15-20.

2장

진로진학상담을 위한 기본 대화기법

구자경

진로진학상담을 위해서 교사는 학생의 이야기 속으로 들어가서 학생이 자신의 이야기를 충분히 풀어낼 수 있도록 도와야 한다. 또한 학생이 자신의 진로에 대해 지금까지 생각해보지 않았던 부분에 대해서도 생각해 보도록 도우며, 자신의 진로계획에 따라 구체적으로 행동하도록 도와야 한다. 이를 위해 교사는 학생의 경험과 문제를 경청하고, 학생의 문제를 해결하고 변화를 촉진하기 위한 대화기법을 이해하고 실천할 수 있어야 한다. 대화기법은 학생의 복지와 안녕, 성장을 위한 목적으로 학생의 이야기 맥락과 문화적 배경을 고려하고, 교사가 선택한 상담이론적 접근 방법에 따라 선택되어야 할 것이다(Ivey, Ivey & Zalaquett, 2010). 만일 교사가 학생과의 이야기에 휩쓸려서 자신도 모르게 어떠한 반응을 하게 된다면 효과적인 상담이 진행되기 어렵다. 상담의 효과는 교사가 어떠한 마음자세로 학생과 관계를 형성하는가와 상담목표에 따른 의도성을 분명히 가지고 다양한 대화기법을 적절히 활용할 수 있는가에 따라 달라질 것이다. 본 장에서는 학생과의 관계형성에 필요한 촉진적 조건, 다양한 대화기법의 의미와 필요성, 방법, 효과 등을 설명하고 각각의 대화기법이 상담장면에서 어떻게 활용될 수 있는지에 대한 예시를 제공하고자 한다.

목표

1) 상담관계 형성을 위한 촉진적 조건의 개념을 설명하고 실행할 수 있다.

2) 학생의 경험과 문제를 경청하기 위한 대화기법을 설명하고 실행할 수 있다.

3) 학생의 문제를 해결하고 변화를 촉진하는 데 필요한 대화기법을 설명하고 실행할 수 있다.

4) 상담목표, 학생의 동기 및 준비도, 문화적 배경 등을 고려하여 다양한 대화기법을 이야기 맥락에 맞게 실행할 수 있다.

효과적인 진로진학상담을 위해서는 학생과 교사가 어떠한 상담관계를 형성하였는 가가 무엇보다도 중요하다. 교사가 학생의 잠재적 가능성을 믿고 학생을 무조건적으로 수용하고 존중하며, 학생의 입장에서 학생의 이야기를 공감적으로 이해하려고 노력하 며, 인간적으로 진실된 모습을 보여준다면, 학생은 교사에게 마음을 열고 자신의 문제 를 이야기할 뿐만 아니라 자신의 잠재적 가능성을 인식하며 자발적으로 문제해결을 위 해 노력하게 된다. 상담관계는 다양한 대화기법을 활용할 수 있는 무대를 준비하는 과 정이라고 볼 수 있다. 따라서 교사는 상담 초기부터 종결까지 계속 상담관계가 어떠한 지를 지속적으로 점검하면서 학생과 함께 관계형성을 해나가야 한다. 로저스(C. Rog-ers)는 인간중심상담이론에서 공감적 이해, 무조건적 존중 및 수용, 진실성이 내담자 의 자아실현을 촉진하기 위해 상담자가 갖추어야 할 기본적 태도라고 하였다(Rogers, 1959). 이를 진로진학상담에 적용하여 차례로 살펴보면 다음과 같다.

1) 공감적 이해

교사가 학생의 진로 이야기를 경청하기 위해서는 학생의 준거틀로 학생의 이야기 에 담긴 감정과 그 의미를 들을 수 있어야 한다. 이때 교사는 학생과의 적절한 동일시 가 필요하다. 교사가 학생의 이야기에 전혀 동일시되지 않거나 지나치게 동일시될 경 우 교사는 학생이 자신의 문제를 새롭게 이해하고 대안적 이야기를 만들어갈 수 있도 록 돕기 어려워질 수 있다. 이와 동시에 교사는 학생이 자신과 다른, 분리되고 독립적인 타인이라는 점을 기억하면서 교사 자신의 심리적 위치를 잃지 않아야 한다.

학생은 교사의 공감을 통하여 순간순간 변화하는 자신의 내적 경험에 집중함으로 써 지금까지 알지 못했던 감정, 생각, 욕구, 기대 소망 등을 자각하게 되며, 이를 토대로 자신의 진로를 계획하고 준비할 수 있게 된다. 이처럼 학생은 교사로부터 공감을 받음으로써 억압하였던 자신의 경험을 스스로 공감할 수 있는 기회를 갖게 되고, 이러한 자기공감은 타인공감의 길을 열어준다. 교사가 학생의 마음을 공감함으로써 학생은 자신을 도우려는 교사의 따뜻한 마음을 공감하게 되는 선순환의 길이 열리게 되는 것이다.

2) 무조건적 존중과 수용

교사는 상담 과정에서 학생의 어려움, 문제 등을 이유로 학생을 문제 있는 사람으로 단정짓고 평가하지 말아야 한다. 교사는 학생이 꺼내놓은 진로문제에 대해서는 진지하게 문제로 인식하고 함께 문제를 해결하려고 노력하지만, 학생의 존재 자체와 무한한 가능성을 존중하며 수용하는 마음으로 학생을 대하여야 한다. 교사의 무조건적 존중과 수용은 학생의 이야기를 들으면서 평가하거나 판단하지 않고 고요하면서도 편안하게 집중하여 학생의 언어적, 비언어적 메시지를 경청하는 태도로 나타난다.

교사도 개인적 가치와 문화적 배경을 가진 한 인간이므로, 가치와 문화적 배경이 전혀 다른 학생을 무조건적으로 존중하고 수용하는 것이 어려울 수 있다. 또한 누군가에게 피해를 준 학생, 게을러서 자신을 성장시키기 위한 노력을 전혀 기울이지 않거나 교사와의 약속을 계속 어기는 학생, 계속 실패경험만을 가져오는 학생들은 교사에게 좌절과 분노를 일으킬 수 있다. 그러므로 교사는 자신의 문화적 배경과 개인적 성향 및 기질을 인식하고 이로 인한 고정관념 혹은 편견을 늘 점검하고 관리할 수 있어야 하며, 자신을 좌절하고 분노하게 하는 학생에 대한 인내심을 가지고 존재자체에 대한 존중과 수용의 자세를 유지하여야 한다.

3) 진실성

교사는 학생을 돕기 위해 한 인간으로서의 진실성을 학생에게 보여줄 수 있어야 한다. 교사가 자신의 감정, 사고 및 행동을 자각하지 못하고, 태도에 일관성이 없으며, 자신의 역할에만 충실하려고 한다면, 학생은 교사의 말과 행동을 가식적인 것으로 받아들일 가능성이 있다. 교사의 진실성은 학생에게 자신의 내면을 솔직하게 다 드러내야 한다는 것을 의미하지 않는다. 교사가 자신의 내적·외적 반응을 억압하지 않고 항상 자각하고 관찰하며, 자신의 내면과 소통함으로써 내면적 세계와 외적 행동이 조화롭고 일치된 상태를 유지하도록 노력할 때, 학생은 교사에게서 진실성을 경험한다. 교사의 진실성은 학생에게 성숙한 어른의 좋은 모델링이 된다는 점에서 학생에게 미치는 영향이 광범위하다.

2 공감적 경청을 위한 대화기법

대화기법은 어떠한 맥락에서 어떻게 활용되는가에 따라 그 효과가 달라진다. 만일 교사가 학생의 이야기를 충분히 경청하지 않고 조급하게 학생의 생각과 행동을 바꾸기 위해 개입한다면 학생의 저항과 방어만 강화시킬 수 있다. 교사는 주의집중, 격려, 재진술, 바꿔말하기, 구체화 질문, 요약, 감정반영 등의 대화기법을 통하여 학생의 이야기를 공감적으로 경청하여 학생이 자신의 이야기를 충분히 할 수 있도록 도와야 한다.

1) 주의집중

경청은 학생의 이야기를 듣기 위하여 교사가 몸과 마음을 학생에게로 주의집중하는 것에서 시작된다. 학생의 이야기에 대한 교사의 주의집중은 교사의 말뿐만 아니라 얼굴 표정, 시선 접촉, 목소리의 톤, 앉은 자세 등의 비언어적 방식으로도 표현된다. 교사가 학생의 이야기에 주의를 집중하지 않는다면 학생은 이를 알아채고 하고 싶은 이야기를 할 수 없게 된다.

교사의 과도한 업무, 신체적 피로, 상담실의 불안정한 환경 등은 교사가 학생의 이야기에 주의집중하는 것을 방해하는 요인이 된다. 따라서 교사가 학생의 이야기에 주의집중할 수 있는 신체적 조건, 업무환경 및 상담실 환경이 조성되어야 한다.

2) 격려와 재진술

격려는 학생이 이야기를 계속 이어가도록 하기 위하여 학생이 사용한 주요 단어를 반복하거나 짧게 "그렇구나", "음" 등으로 반응하는 언어적 반응, 혹은 고개 끄덕임과

미소, 침묵 같은 비언어적 행동을 의미한다. 격려반응은 교사가 학생의 이야기 방향을 정해 주는 최소한의 반응이지만 상담대화에 미치는 영향은 결코 적지 않다. 따라서 교사는 습관적으로 격려반응을 하지 않도록 주의해야 한다. 적절한 비언어적 격려반응과 동반되는 침묵은 또 다른 형태의 격려반응이 될 수 있다(Ivey, Ivey & Zalaquett, 2010). 침묵을 통해 학생은 자신의 내면을 성찰하고 다음에 이야기할 것을 생각하는 여유를 가질 수 있다. 그러나 어떤 학생은 상담중의 침묵이 길어질 경우 이를 불안하게 느껴 상담을 중단할 수도 있다(Neukrug, 2016). 침묵에 대해 편안함을 느끼는 정도는 문화적 요인에 따라 차이가 있기 때문에(Neukrug, 2016), 교사는 학생이 어느 정도의 침묵을 편안하게 느끼는지를 고려하여 유연성 있게 대화를 진행하는 것이 좋다.

재진술은 교사가 학생이 한 말을 그대로 따라해 주는 것이다. 재진술은 습관적으로 앵무새처럼 학생의 말을 다시 반복하는 것과는 다르다. 교사의 재진술을 통해서 학생은 자신이 하고 있는 말에 대해서 생각해 볼 수 있게 된다. 따라서 교사는 학생이 이야기하고 있는 것 중에 중요한 내용에 대해서만 재진술해 주어야 한다. 교사가 학생의 어떠한 말을 재진술하는가에 따라 학생의 이야기는 다르게 전개될 수 있기 때문이다.

예) 재진술

학생: 어제 진로사이트에 들어가서 적성검사를 해봤더니 사회성 점수가 높게 나왔어요.

교사: 적성검사를 해봤더니 사회성이 높게 나왔단 말이지. (재진술)

---

3) 바꿔말하기와 요약

바꿔말하기는 학생이 이야기한 중요한 내용을 명료화하기 위하여 학생이 사용한 주요 단어를 사용하여 다시 말해 주는 것이다. 교사가 학생의 이야기를 바꿔말해 줌으로써 학생은 교사가 자신의 이야기를 어떻게 듣고 있는지를 확인할 수 있으며, 이에 따라 자신의 이야기를 추가하거나 자신의 문제를 사려 깊게 탐색하게 된다.

예) 바꿔말하기

학생: 적성검사결과지를 보니까 제가 친화력이 높은 사람이래요. 친구들과 잘 사귀고 잘 노는 사람한테 유리한 직업이 뭘까 생각해 봤어요.

교사: 직업을 선택할 때 친구들을 잘 사귀고 놀 수 있는 적성을 잘 살려야겠다고 생각했구나.

요약은 일정 기간 동안 했던 학생의 말에 담긴 생각, 감정, 행동을 통합하여 중요한 내용을 중심으로 간결하게 정리해 주는 것이다. 요약은 학생의 혼란스러운 마음을 정리하여 줄 뿐만 아니라 상담의 방향을 설정하기 위해서 필요하다. 요약과 바꿔말하기는 비슷한 면이 있지만 분명한 차이가 있다. 바꿔말하기는 교사가 학생이 방금 전에 한 말을 교사의 말로 바꿔말해 주는 것이라면, 요약은 일정 기간 학생이 말했거나 길게 이야기했던 중요한 내용을 추출하여 명료하게 전체적으로 정리하여 주는 것이다.

요약 기법이 활용되는 경우는 상담장면에서 다양하다. 회기를 시작할 때 이전 회기의 상담내용에 대해서 요약함으로써 새로운 회기의 상담방향을 정할 수 있다. 회기가 끝날 때는 그 회기에 있었던 내용을 요약함으로써 상담에서 다루었던 이야기의 의미를 다시 생각해 볼 수 있다. 복잡하고 혼돈스러운 이슈를 길게 이야기한 후에 교사가 학생의 이야기를 요약하는 것은 학생이 상담중에 다루었던 내용들 중에 앞으로 어떠한 내용에 보다 집중하여 이야기할 것인지에 대해 생각해 볼 수 있도록 한다. 또한 학생이 하고 싶은 이야기를 꺼내놓지 못하고 별로 중요해 보이지 않는 이야기를 길고 지루하게 이어가 교사가 학생의 이야기에 집중하기 어렵다면, 교사는 부드럽게 학생의 이야기를 간략하게 요약해 주고 상담시간이 제한되어 있음을 알려주면서 학생이 상담에 보다 중요한 이야기를 할 수 있도록 도와줄 수 있다. 이처럼 요약은 교사와 학생이 상담중에 이야기한 내용에 대한 생각을 조직화하는 데 도움이 된다.

교사가 요약을 시작할 때 '이제까지 네가 한 말을 내가 다시 정리해 보자면~~'이라고 이야기를 하고, 요약을 한 후에는 '내가 너의 이야기를 잘 정리했니?' 혹은 '내가 너의 이야기를 요약한 것을 들어 보니 마음이 어떠니?'라고 질문하여, 학생이 교사의 요약반응에 이어서 자신의 이야기를 할 수 있도록 하는 것이 효과적이다.

4) 구체화 질문

구체화 질문은 학생이 자신의 이야기를 명료하고 구체적으로 하도록 돕기 위하여 하는 질문이다. 학생들은 일반적으로 상담 초기에 자신의 문제를 모호하고 추상적으로 이야기하는 경우가 많다. 이때 교사가 이를 구체화하지 않고 이야기를 그대로 이어갈 경우 깊이 있는 대화가 이루어지지 못하고 피상적으로 흘러가게 된다. 교사는 구체화 질문을 통하여 학생이 구체적인 삶의 영역에서 어떻게 살아가는지, 어떠한 고민을 하고 있는지를 교사에게 이야기할 수 있도록 도울 수 있다.

구체화 질문은 열린 질문과 닫힌 질문으로 나뉜다. 열린 질문은 학생으로부터 더 많은 정보를 얻기 위한 것으로서 학생이 자신의 이야기를 풍부하게 전개시킬 수 있도록 돕는다. 열린 질문은 학생이 이야기하려는 동기가 높거나 표현력이 풍부한 경우 적절하지만 그렇지 않은 학생에게는 심리적 부담이 될 수 있다. 닫힌 질문은 학생으로부터 열린 질문에 비하여 더 짧은 반응을 이끌어내며, 학생에게서 교사가 원하는 구체적 정보를 얻기 위한 것이라는 점에서 교사가 대화를 주도해 나가기 위한 반응이다. 자기표현에 익숙하지 않은 학생들과 상담할 때 교사가 적절한 닫힌 질문을 함으로써 학생이 구체적인 대화의 주제에 좀 더 집중하고 자기탐색을 하도록 도울 수 있다. 교사는 열린 질문과 닫힌 질문을 맥락에 맞게 적절히 활용함으로써 학생의 이야기에 길을 내어 줄 수 있다.

교사는 구체화 질문을 통하여 학생으로부터 정보를 얻을 뿐만 아니라 학생이 스스로 자신의 문제에 대해 생각해 볼 수 있도록 도울 수 있다. 그러나 질문이 상담에 역효과를 줄 수 있다는 점에 유의하여야 한다. 학생에게 교사가 질문을 과도하게 많이 할 경우 상담진행이 교사주도적으로 되며 이로 인하여 학생이 방어적으로 될 수 있다. "왜"라는 질문은 자칫 학생에게 추궁하는 것으로 들릴 우려가 있다. 따라서 '왜'라는 질문을 직접적으로 하기보다는 학생이 자신의 행동에 대한 동기를 성찰해 볼 수 있는 질문을 하는 것이 좋다. 예컨대, '너는 왜 의사가 되려고 하니'와 같은 질문보다는 '의사가 되고 싶다고 생각하게 된 계기가 있었니' 혹은 '의사가 되면 어떤 점이 좋을 것 같니' 등과 같은 질문을 넌지시 던짐으로서 학생이 의사가 되려는 직업동기를 탐색하도록 도울 수 있다.

5) 감정반영

감정반영은 교사가 학생의 이야기에 담긴 감정에 이름을 붙여서 학생에게 거울처럼 비추어주는 것이다. 인간의 감정은 양파껍질처럼 다층적이며 복잡하고 때로는 모순적이기도 하다. 대부분 한 가지의 감정이 표현되고 누군가에게 공감받으면 억압되었던 다른 감정이 올라오기도 한다. 따라서 학생이 계속 부정적 감정만을 표현할 경우 긍정적 감정을 이끌어내기 위해서 교사가 화제를 전환하거나 조언을 하여 학생의 감정을 바꾸려고 하기보다는 부정적 감정을 있는 그대로 반영하여 주는 것이 효과적인 경우가 많다.

어떤 학생들은 자신의 감정을 타인과 나누는 것에 대해서 불편해하거나, 상대방에게서 충분한 신뢰감이 확인된 후에 감정을 나누기 원한다. 또한 학생이 의식하고 있지 못한 부정적 감정을 교사가 너무 빨리 반영할 경우, 학생이 위협감을 느껴서 이야기를 중단할 수 있다. 따라서 학생의 문화적 배경 및 개인적 특성에 따라 감정인식과 표현에 차이가 있음을 수용하고 학생이 감정을 표현할 때까지 기다려주는 자세가 필요하다. 학생의 감정표현은 비언어적으로 얼굴 표정, 시선, 목소리 등으로 표현되는 경우가 많으므로 학생이 이야기하는 언어적 요소뿐만 아니라 비언어적인 요소를 잘 관찰하여 감정을 반영해 주는 것이 좋다.

교사는 학생의 감정을 반영할 때 학생의 감정이 어떠한 사실(상황)에서 발생한 것인지, 그리고 감정이 어떠한 욕구와 연결되어 있는지 인식하고 있어야 한다. 우리는 어떠한 사실(상황) 때문에 감정이 발생했다고 생각하지만, 사실은 상황과 관련된 우리의 내면적 욕구가 충족되거나 충족되지 않음으로 인해 감정이 유발된다(마셜 B. 로젠버그, 2004). 상황은 감정을 유발시키는 자극이 되며, 욕구는 감정을 유발시키는 근본 원인이라고 볼 수 있다. 욕구가 충족되었을 때 우리는 행복감, 기쁨, 뿌듯함, 편안함, 안도감, 즐거움을 느끼는 반면에 욕구가 충족되지 않았을 때 슬픔, 두려움, 화, 좌절감, 절망, 수치심을 느낀다 (마셜 B. 로젠버그, 2004). 따라서 교사는 학생의 감정반영 시 욕구를 함께 연결시켜 줄 필요가 있다. 학생은 자신이 느끼는 감정이 어떠한 욕구의 충족 혹은 불충족 때문인지를 알게 되면서 자신의 욕구를 어떻게 삶 속에서 실현시켜 나갈 수 있을지에 대해 명료하게 탐색하고, 욕구를 충족시키기 위한 바람직한 방식과 관련된 진로를 선택할 수 있게 된다. 학생이 자신의 욕구를 실현하기 위해서는 구체적인 선택과 그것을 실천해 나갈 수 있는 용기가 필요한데, 자신이 어떠한 상황에서 어떠한 욕구로 인하여 어떠한 감정을 느끼고 있는지를 알지 못한다면 그 모호함으로 인하여 막연한 두려움과 불안에 빠지게 된다. 이때 교사가 학생의 이야기에 나타난 사실과 욕구를 감정과 연결시켜 반영하여 줌으로써 학생이 자신의 상태를 명료하게 자각하도록 돕는다면 학생의 막연한 두려움과 불안이 상당히 해소되며 부정적 상태에서 서서히 벗어날 수 있게 된다.

예) 감정의 종류

- 두려움: 위험하거나 위협적인 상황을 느끼면서 그것을 피할 방법을 모를 때 유발된다.
- 불안: 어떤 사람이 불편함을 느끼면서도 그 원천을 모르는 상태를 말하며, 일정한 대상이 없이 전반적으로 걱정이 많은 상태이다.
- 기쁨: 바라던 목표가 달성되었을 때 생기는 것으로, 그 강도는 목표의 중요성, 획득하는 과정에서 겪는 어려움, 획득의 우연성의 정도에 의해서 결정된다.
- 분노: 분노는 목표달성과 관련되어 있으며, 목표획득을 좌절시키는 사람과 사물에 의해 유발된다. 즐거움, 분노를 기본적 정서라 하며 이러한 정서들은 일반적으로 목표달성과 관련되어 있다.
- 성공감과 실패감: 자신의 수행결과를 자신의 기대와 비교하여 성공감은 기대를 만족시켰거나 그 이상일 때, 실패감은 수행결과가 자신의 기대에 미치지 못했을 때 각각 생긴다.
- 자부심: 자신의 행위가 자신의 기대에 미치는지를 평가하여 자신을 좋게 혹은 나쁘게 지각할 때 유발된다.
- 수치심과 죄책감: 수치심은 바라는 행동을 달성할 능력이 없어서 유발되는 데 반해, 죄책감은 자신의 행동이 잘못되었거나 비도덕적인 것으로 지각되었을 때 유발된다. 통상적으로 자기의 이상적 자아에 일치하지 못하거나 사회적인 행동기준을 깨뜨리는 경우에는 수치심과 죄책감을 복합적으로 느끼게 된다.
- 사랑: 타인에게 이끌리거나 이끌리고 싶은 욕망을 느낄 때 유발된다. 또한 사랑하는 사람에 대한 헌신의 감정도 사랑의 특징이다.
- 증오: 타인을 싫어할 뿐만 아니라 그 대상을 파괴하고 싶은 욕망이 있는 정서이다.
- 질투: 사랑하는 사람이 자기 아닌 타인에게 애정을 준다고 지각할 때 생긴다.
- 시기: 자신이 바라는 어떤 것을 타인이 소유하고 있다고 지각할 때 생긴다.

출처: 이장호, 금명자 (2006)

예) 감정반영

학생: 저는 친구들에게 인기 있는 OO를 보면 정말 부러워요. OO는 못하는 것도 없고 얼굴도 예쁘고 재미있기도 해요. 저랑 비교해 보면 하늘과 땅이죠. 내가 뭘 할 수 있을지 정말 자신이 없어요. 저는 뭐 하나 특별하지 않아요.

교사: 인기 있는 친구 OO와 비교하니 네 자신이 한없이 초라하게 느껴지면서 마음이 우울하구나.

예) 사실과 욕구를 연결한 감정반영

1. 학생: 부모님은 취업을 잘하려면 이과를 가야 한다고 하시는데 저는 수학 과학이 정말 재미가 없는데 그래도 이과를 가야 할까요? 혼란스러워요. 저는 글을 쓸 때가 제일 기분이 좋거든요.

   교사: 네가 원하는 글쓰기를 하면서 너의 재능을 키우고 싶지만(욕구) 부모님께서 취업을 걱정하셔서 이과를 권하시니(사실) 네 마음이 혼란스럽고 답답하구나(감정).

2. 학생: 청소년학과에 가려면 외부 청소년수련기관에서 운영위원회 활동을 하면 좋을 텐데, 성적을 올리려면 야간자습도 해야 하고, 마음만 바쁘고 어느 것 하나 제대로 못하는 것 같아요.

   교사: 청소년학과에 진학하기 위하여 외부 청소년기관에서 봉사도 하고 성적도 올리고 싶은데(욕구), 방과 후 시간이 한정되어 있으니(사실) 무엇을 해야 할지 걱정되고 불안하구나(감정).

학생이 자신의 이야기를 교사에게 충분히 꺼내놓았고, 교사가 학생의 이야기를 공감적으로 경청하여 이해하고 있다면, 이러한 이해에 기반하여 교사는 학생이 자신의 문제를 잘 해결해 나가고 바람직한 진로계획을 세우고 준비할 수 있도록 도울 수 있다. 학생의 긍정적 변화를 촉진하기 위하여 교사는 의미반영, 해결 중심 질문, 해석, 자기공개, 긍정하기, 직면, 정보제공 및 조언 등의 대화기법을 통하여 보다 적극적으로 개입할 수 있다.

1) 의미반영

의미반영은 학생의 이야기에 담긴 학생 자신의 의미, 목적, 비전에 대한 반영으로서(Ivey, Ivey & Zalaquett, 2010) 학생이 자신의 과거 현재 미래의 중요한 이슈를 더 깊이 있게 탐색하고 검토하여 삶의 비전과 진로목표를 세우도록 돕기 위해서 필요하다. 의미반영은 바꿔말하기와 비슷해 보이지만 학생이 말한 것을 단순히 바꿔말하는 수준을 넘어서서 학생이 말한 이야기에 담긴 의미를 찾아서 반영해 주는 것이다.

학생의 이야기에 의미가 드러나 있지 않을 경우 교사는 학생에게 삶의 의미를 구체적으로 생각해 볼 수 있도록 질문을 할 필요가 있다. 교사의 질문을 통하여 학생이 자신의 삶에서 의미를 생성해 내었을 때 교사가 의미반영을 하면 학생은 자신이 생성한 삶의 의미를 명료히 인식하게 된다. 학생이 삶의 의미를 생성하고 그 의미에 따라 삶을 살아갈 수 있도록 구체적 실천방법을 모색하는 것은 변화와 성장을 위한 가장 중요한 출발이 될 것이다.

예) 의미반영을 위한 질문/의미반영 진술

- 네가 최근 한 일 중 어떤 일에 대해서 가장 만족하니?/ 과제를 너 스스로 완성해 보았다는 점을 가장 만족스럽게 여기는 것 같구나.
- 현재 생활에서 네가 놓치고 있는 것은 무엇일까?/ 현재 생활에서 뭔가 놓친 것 같단 말이지.
- 몸이 건강하지 못하다는 것이 네 진로에 어떤 의미를 주는 걸까?/ 몸이 건강하지 못하기 때문에 너는 그런 직업을 꿈꾸는 것조차 잘못된 일이라고 생각하는 것 같구나.
- 네가 열심히 공부하려는 목적이 무엇일까?/ 네가 열심히 공부하려고 하는 것은 네 자신을 사랑하기로 결심했다는 뜻인 것 같구나.
- 너는 마지막 세상을 떠날 때 무엇을 남기고 싶니?/ 너는 마지막 세상을 떠날 때 가난한 사람들을 돕는 일에 최선을 다한 사람으로 기억되고 싶은 것 같구나.

예) 의미반영

학생: 어머니는 제가 서울에 있는 명문대학에 꼭 갈 수 있을 거라고 믿고 계세요. 어머니는 제 적성이나 전공보다는 대학 이름이 더 중요하다고 하세요. 그런데 이번에 성적이 많이 떨어졌으니 저는 아들 자격이 없어요. 성적표를 들고 집에 갈 수가 없었어요.

교사: 너는 엄마의 자랑스러운 아들이 되는 것이 무엇보다 중요한 것 같구나. 자랑스러운 아들이 되는 방법은 명문대학에 입학하는 것이라고 생각하고 말이야.

2) 해결 중심 질문

해결 중심 질문은 학생의 강점, 자원 및 대처방식을 파악하여 문제해결을 돕기 위한 것이다. 교사는 학생의 강점, 자원 및 대처방식을 파악하여 학생이 자신의 강점과 자원을 활용하여 구체적으로 문제에 대처하도록 도울 수 있어야 한다. 이로써 학생은 자기 자신과 환경에 대한 부정적 시각에서 벗어나 자신의 강점과 긍정적 자원을 활용할 수 있게 된다.

예) 해결 중심 질문

- 과거에 성취감을 느꼈던 일들이 있었니? (강점)
- 너는 어떠한 일을 할 때 가장 즐겁니? (강점)
- 네가 힘들 때 너를 응원해 줄 것 같은 사람이 누구일까? (자원)
- 집 근처에 다양한 진로체험을 해볼 수 있을 만한 청소년단체나 기관이 있니?
  (자원)
- 네 주변에 '저 사람처럼 살고 싶다'라고 생각되는 존경하는 사람이 있니? (자원)
- 능력의 한계에 부딪혔을 때 너 자신에게 용기를 주기 위해서 다짐하는 말이 있니?
  (대처)
- 아버지와 말다툼을 하고 화가 나는 마음을 진정시키기 위해서 어떻게 했었니?
  (대처)

---

3) 해석

해석은 학생이 새로운 생각, 감정을 창조하여 궁극적으로 새롭게 행동할 수 있도록 새로운 관점, 아이디어, 참조체제를 제공하는 기술이다. 해석은 교사의 내적 참조체제(frame of reference)와 교사의 상담이론에서 나온다. 바로 이 때문에 학생에게는 새롭고 심지어 충격으로 다가올 수 있다. 교사의 해석을 통해 학생이 자신의 문제를 새롭게 볼 수 있게 된다면 바람직하지만, 교사가 학생의 준비도를 고려하지 않고 해석을 할 경우 학생이 심리적 부담감으로 인해 상담을 중단하게 될 수 있다. 해석을 위해서 교사는 학생이 이전에 말했던 정보나 사건, 생각 등을 서로 연결시키고 통합하여야 하고, 학생의 인지 수준과 정서적 준비도를 고려하여야 한다. 해석이 학생에게 도움이 되었을 경우에, 학생은 무언가 깨달았다는 '아하'라는 번뜩이는 감각을 느끼고, 자신의 문제를 새로운 각도에서 이해하게 되며, 이와 관련하여 상담자에게 부가적인 새로운 정보를 이야기하고 새로운 행동방식에 대해 탐색하게 된다(Hill, 2012).

예) 해석

1. 학생: 저희 어머니는 아들인 저를 명문 대학에 보내는 것이 인생 목표인 것 같아요. 공부를 못한다는 것은 정말 끔찍한 일이에요. 공부를 하려고 책상에 앉아도 집중이 안 되고 불안하기만 해요. 전 공부가 적성이 아닌 것 같아요.

   교사: 명문 대학에 가서 엄마를 기쁘게 해드려야 한다는 생각 때문에(신념) 압박감을 크게 느껴서(감정) 공부에 집중하기 어려운 것 같구나(호소문제). (신념과 감정을 호소문제와 연결한 해석)

2. 학생: 아무리 노력해도 성적이 안 오르는 것을 보니 저는 지능이 낮은 것 같아요. 지능이 낮은 내가 좋은 대학을 간다고 생각하는 건 지나친 욕심인 것 같아요.

   교사: 네 성적이 오르지 않는 것에 대한 책임을 지능과 같이 네가 어찌할 수 없는, 타고난 것으로 돌리고 싶은 마음이 있는 것 같구나.(귀인에 대한 해석)

---

4) 자기공개

자기공개는 학생에게 교사 자신의 과거 경험, 학생에 대한 교사의 느낌과 생각 등을 공개하는 것을 의미한다. 교사가 상담 과정에서 자기를 공개하는 것은 교사의 진실성을 보여줌으로써 평등하고 편안한 관계형성에 도움을 줄 뿐만 아니라 학생에게 자기공개와 문제해결에 대한 좋은 모델링을 제공할 수 있다는 점에서 유익하다.

예) 자기공개

학생: 저는 특별히 잘하는 것은 없지만 관심사가 너무 다양해요. 작곡가가 되고 싶다가도 운동을 해볼까 하는 생각이 들다가, 엄마 이야기를 들으면 공부나 열심히 해야 할 것 같기도 해요. 엄마는 제가 너무 잡념이 많아서 탈이라고 하세요.

교사: 네 말을 들으니 미래에 되고 싶은 일들이 너무 많이 떠올라서 매일 공상만 하면서 보냈던 나의 중학교 시절이 생각나는구나. 그때 나는 미래일기를 쓰면서 내가 꿈꾸는 일들에 대해 구체적으로 상상하면서 적어봤어. 그랬더니 점차 내가 뭘 하고 싶은지, 내가 뭘 좀 더 잘 할 수 있겠는지 정리가 되더라.

상담 과정에서 교사의 자기공개는 교사 자신의 감정해소나 문제해결을 위한 것이 아니라 오직 학생과의 상담을 위한 것이라는 점에 유의해야 한다. 교사가 자신의 미해결된 문제 혹은 갈등에 대해 자기공개를 하거나 학생의 이야기와 동떨어진 자신의 경험을 공개할 경우에 이로 인하여 상담 진행에 방해가 될 수 있다. 교사는 학생과의 상담에서 필요하다고 판단될 경우 학생에게 자신의 감정, 생각, 행동을 짧고 간결하게 공개하되, 이야기의 초점이 다시 학생에게 돌아올 수 있도록 해야 한다.

5) 긍정하기(칭찬)

긍정하기(칭찬)는 교사가 학생의 구체적 행동에 대해 긍정적 감정이나 생각을 표현하는 것이다. 예를 들어, 교사가 학생에게 "그런 일을 해내다니 참 대단하구나", "네가 과제를 잘 하는 걸 보니 흐뭇하구나" 등과 같은 긍정하기를 할 경우에 학생은 교사로부터 인정욕구를 충족시킬 수 있다. 반면에 교사가 긍정하기를 통해 학생에 대한 기대를 드러냄으로써 학생이 교사가 원하는 모습만 보여주어야 한다는 부담을 느낄 수 있다. 또한 학생이 교사의 긍정을 갈구하여 교사에게 의존적 태도를 형성할 수도 있다. 따라서 교사는 학생의 바람직한 구체적 행동에 대해 긍정하기를 하되, 학생에 대한 무조건적 수용과 존중의 태도를 잃지 않도록 주의할 필요가 있다.

6) 직면

직면은 학생이 모르고 있거나 인정하지 않는, 모순되고 불일치하는 생각과 느낌에

예) 직면

- 두 가지 언어적 진술 사이의 모순

  예) 부모님이 항상 너를 응원한다고 했었는데, 지금은 부모님에게 화가 난다고 말하고 있네.

- 말과 행동 사이의 불일치

  예) 기분이 후련하다고 말하고 있는데 목소리에는 힘이 없구나.

- 두 가지 감정 사이의 불일치

  예) 엄마에게 화가 났다고 말하면서도 다른 사람이 엄마의 흉을 보면 기분이 좋지 않은 것 같구나.

- 가치관과 행동 사이의 불일치

  예) 성실한 사람이 되고 싶다고 늘 말하면서 모임에는 매번 지각을 하는구나.

- 자기 개념과 실제 경험 사이의 불일치

  예) 너는 친구들이 아무도 너를 좋아하지 않는다고 말했었지? 그런데 친구들이 말을 걸면 피하고 싶어 하는구나.

참조: 김환, 이장호(2006)

대해서 교사가 언급함으로써 학생이 자신의 마음을 좀 더 통합적으로 이해하도록 돕기 위한 반응이다. 자신의 모순되고 불일치하는 면을 교사가 언급할 때 학생이 당황하여 자신의 모순과 불일치를 부인하려고 할 수 있다. 이때 교사는 학생의 당황스러움을 충분히 공감하고 수용할 수 있어야 한다. 교사는 직면이 학생을 비판하거나 꾸짖는 것이 아니라는 점에 주의해야 하고, 가능한 학생들이 교사의 직면에 대해 당황스러움과 거부감을 느끼지 않도록 공감적 경청을 통하여 학생과의 라포(rapport) 형성이 충분히 이루어진 상태에서 직면을 하는 것이 바람직하다.

7) 정보제공과 조언

교사가 학생의 성장과 문제해결에 필요한 정보를 제공하고 조언을 함으로써 학생이 그것을 활용하여 자신의 문제를 해결하고 중요한 의사결정을 할 수 있다. 다른 대화 기법과 마찬가지로 교사의 정보제공 및 조언이 학생에게 유익한 대화기법이 될 수 있으려면 그것을 언제 어떻게 하는가가 특히 중요하다. 교사가 학생의 이야기를 충분히 듣지 않은 채 학생 스스로 문제에 대한 해결책을 찾아볼 기회를 주지 않고, 학생을 빨리 변화시켜야 한다는 조급함으로 정보제공과 조언이 이루어질 경우 학생은 교사와의 상담에 대해서 저항감을 느끼거나 교사에게 의존하는 수동적인 태도를 갖게 될 수 있다.

따라서 교사는 학생에게 정보 제공과 조언을 하기 전에, 학생이 자신의 문제를 해결하기 위하여 정보가 필요하다는 인식을 분명히 가질 수 있도록 하고 타인의 조언을 능동적으로 듣고 싶은 마음이 생길 수 있도록 돕는 것이 필요하다. 또한 조언을 할 때는 교사 자신의 의견임을 분명히 전달하되, 학생에게 조언을 반드시 따라야 한다는 압박감을 주지 않도록 해야 한다. 만일 학생이 꼭 실천해야 할 행동이 있다면 교사는 조언의 형태로 권유하기 보다는 학생과 합의하여 과제를 정하고 과제를 실천하도록 하는 것이 바람직하다.

예) 정보제공 및 조언

학생: 친구들은 자신의 적성을 살려서 뭔가를 준비하고 계획하는데 저는 제 적성이 뭔지 모르겠어요.

교사: 커리어넷이라는 사이트에 들어가면 적성검사를 하고 결과까지 바로 알 수 있어. 진로가치관 검사도 있으니까 같이 해볼 수도 있고(정보제공). 그리고 부모님이나 친구들이 너의 적성이 무엇이라고 생각하시는지 들어보는 것도 도움이 될거야(조언).

요약

효과적인 진로진학상담을 위해서 교사는 학생과 공감, 무조건적 존중 및 수용, 진실성이 갖추어진 상담관계를 형성하고, 공감적 경청을 위한 대화기법과 변화 촉진을 위한 대화기법을 맥락에 맞게 활용할 수 있어야 한다. 학생의 이야기를 공감적으로 경청하기 위해서는 교사의 몸과 마음을 학생에게 주의집중하며, 학생이 하고 싶은 이야기를 충분히 할 수 있도록 격려, 재진술, 바꿔말하기 등으로 가볍게 반응하여 주고, 학생의 이야기가 길어지거나 혼돈스러울 경우 학생의 이야기를 간결하게 요약하고, 학생이 자신의 생각, 감정, 행동 등을 보다 분명히 표현하거나 탐색할 수 있도록 구체화 질문을 하며, 학생의 이야기에 담긴 감정을 반영하는 것이 필요하다. 그리고 학생의 이야기를 충분히 경청한 후에는 학생의 긍정적 변화를 촉진하기 위하여 학생이 자신의 비전과 의미와 가치 등을 깊이 있게 탐색하도록 의미반영을 하며, 학생이 자신과 주변 환경의 강점과 자원을 파악하도록 돕기 위한 해결 중심 질문을 하고, 교사의 이론적 준거틀에 따라 학생의 이야기를 해석해 주고, 교사 자신의 개인적 경험에 대해 자기공개를 하며, 학생의 긍정적 행동에 대해서는 긍정(칭찬)을 하며, 학생이 모르고 있거나 인정하지 않는, 모순되고 불일치하는 생각과 느낌을 직면하고, 학생에게 필요한 정보제공과 조언을 할 수 있다. 교사는 상담 맥락에 맞게 학생의 문화적 배경과 상담 동기를 고려하여 다양한 대화기법을 적절히 사용하여야 한다.

실습과제

다음과 같은 학생의 이야기에 대해 어떠한 대화기법을 선택하여 반응할 수 있을지 생각해 보고, 공감적 경청을 위한 대화기법과 변화 촉진을 위한 대화기법 중에서 각각 한 개씩 선택하여 언어반응을 기술하시오. 또한 조를 나누어 각자 어떠한 대화기법을 선택하여 어떻게 반응할 것인지를 발표하고, 선택한 대화기법의 효과에 대해 토의하시오.

1. 고등학생 사례: 인문계 고등학교에 온 걸 정말 후회해요. 특성화 고등학교에 간 친구들은 자기 적성을 분명히 알고 적성에 맞는 공부를 하니까 우리처럼 힘들지는 않을 것 같아요. 분명한 진로목표도 없이 너무 많은 과목을 공부해야 하니까 내신점수 잘 받기가 너무 힘들어요. 엄마가 권유해서 인문계 왔는데 잘못한 것 같아요.

    1) 경청을 위한 언어반응: _____

    _____

    2) 변화 촉진을 위한 언어반응: _____

    _____

2. 중학생 사례: 무조건 돈을 많이 버는 직업을 갖고 싶어요. 돈을 많이 벌려면 무슨 일을 해야 해요? 우리집은 너무 가난해요. 저는 우리 부모님처럼 힘들게 살고 싶지 않아요. 대학에 가는 건 괜히 시간만 낭비하는 것 같아요. 대학을 나와도 취업도 안 된다고 하는데 대학 가면 등록금만 낭비하는 것 아닌가요?

    1) 경청을 위한 언어반응: _____

    _____

    2) 변화 촉진을 위한 언어반응: _____

    _____

3. 고등학생 사례: 예능 프로에 나오는 연예인들을 보면 부러워요. 즐겁게 놀면서 일하고 돈을 많이 벌 수 있으니 얼마나 좋을까요. 저는 잘생기지도 않았고 끼도 없어서 연예인은 못 될 것 같고(한숨) 즐겁게 일할 수 있는 게 뭐가 있을까요?

   1) 경청을 위한 언어반응: _____

   _____

   2) 변화 촉진을 위한 언어반응: _____

   _____

4. 중학생 사례: 전 야구선수가 되고 싶지만 야구를 아주 잘하지는 못해요. 학교 야구단에서 제 실력은 중간 정도에요. 야구선수가 되려면 재능이 있어야 하는데 전 그정도는 아니라서 야구선수가 될 수는 없어요. 그렇다고 공부를 하기는 싫고, 전 하고 싶은 것도 없고, 할 수 있는 것도 없어요.

   1) 경청을 위한 언어반응: _____

   _____

   2) 변화 촉진을 위한 언어반응: _____

   _____

참고문헌

김환, 이장호 (2006). 상담면접의 기초. 서울: 학지사.

마셜 B. 로젠버그 지음, 캐서린 한 옮김 (2004). 비폭력 대화. 서울: 바오.

이장호, 금명자 (2006). 상담연습교본. 서울: 법문사.

Hill, C. E. (2012). 상담의 기술: 탐색-통찰-실행의 과정. (주은선 역). 서울: 학지사.

Ivey, A. E., Ivey, M. B. & Zalaquett, C. P. (2010). *Intentional interviewing and counseling : Facilitating client development in a multicultural society* (8th ed.). Belmont, CA: Brooks/ Cole, Cengage Learning.

Neukrug, E. (2016). 전문 상담자의 세계 [*The World of the Counselor*]. (이윤주, 구자경, 권정인, 박승민, 손은령, 손진희, 임은미 역). 서울: 사회평론아카데미.

Rogers, C. R. (1959). A theory of therapy, personality and interpersonal relationships as developed in the client centered framework. S. Koch (eds.), *Psychology: A study of a science: Formulations of the person and the social context*. New York: Mcgraw-Hill. 184-256.

2부

진로상담 이론별 진로진학상담 기법

3장

특성-요인이론의 상담 기법

김봉환

진로관련 이론들은 1800년대 산업혁명 이후 하나의 '이론'의 형태로 태동한 이래 오늘날까지 다양하게 발전되어 왔다. 그 가운데 일부는 시대적 상황과 개인의 특성 변화 등의 요인으로 사장되기도 하였으나, 주요한 이론과 이론적 토대는 오늘날에도 여전히 활용되고 있으며, 그중 일부는 새로운 이론으로 연계되어 발전되고 있다. 진로이론은 진로지도와 상담을 체계적이고 효과적으로 전개할 수 있는 기초가 되며, 대부분의 진로이론들은 사람들이 왜 특정한 직업을 선택하게 되는지에 대한 나름의 설명을 제공한다. 진로상담과 관련된 이론들 중 파슨스(Parsons)가 제안한 특성-요인이론은 초창기 이론으로서, 개인의 특성과 직업 또는 직무를 구성하는 요인에 관심을 두고 있다. 특성-요인이론의 선구자로 지칭되는 파슨스는 개인의 이해, 직업세계의 이해 그리고 이 두 정보에 기초한 합리적인 선택 등 세 가지 요소로 구성된 직업지도 모형을 제시하여 가장 합리적이고 현명한 진로선택과 결정을 강조하였다. 특성-요인이론은 많은 진로이론들이 생겨나는 토대가 되었을 뿐 아니라 진로상담 과정에서 활용 가능한 검사도구와 진로상담 프로그램 개발에도 큰 영향을 끼쳤다. 이후 개인차 심리학과 검사도구의 발달로 인해 특성-요인이론은 학문적으로나 실제적으로 커다란 성장을 하게 되었으며, 진로상담에 많은 시사점을 남긴 주요 이론이라 하겠다. 특성-요인이론적 관점에서의 효과적 진로지도 및 상담은 내담자가 지닌 특성과 해당 직업의 수행에 필요한 직무 요구사항을 적절하게 연결해 주는 것이 핵심이 된다고 본다. 따라서 본 장에서는 특성-요인이론의 기본 내용을 살펴보고, 진로상담 장면에서의 구체적인 적용 방법을 제시하고자 한다.

목표

1) 파슨스의 특성-요인이론의 핵심 개념 및 내용을 설명할 수 있다.

2) 파슨스의 특성-요인이론의 주요 상담기법을 이해하고 설명할 수 있다.

3) 파슨스의 특성-요인이론을 적용하여 진로지도를 실시할 수 있다.

1) 이론의 배경

직업지도운동의 선두주자로 알려진 특성-요인이론의 제안자 파슨스는 다른 인본주의자들과 마찬가지로 산업독점가들에 의한 노동자 착취에 관심을 가지고 이를 방지할 산업개혁을 주장하는 동시에 노동자들이 능력과 흥미에 맞는 직업을 선택할 수 있도록 교육과 사회제도를 개혁할 것을 제안하였다. 또한 파슨스와 그의 동료들은 청소년들에 대한 관심의 일환으로 워싱턴과 보스턴을 중심으로 중도탈락 학생들에 대한 연구를 하였고, 보스턴 사회복지관을 대신하는 '직업국'을 신설하기도 했다. 그는 모든 고등학교가 학생들의 취업에 도움을 제공해야 한다고 믿었고, 1908년 사망할 때까지 보스턴의 교육이 이러한 서비스를 제공하도록 설득을 계속했다.

파슨스는 개인을 효과적으로 가장 적합한 직업과 연결시킬 수 있을까에 대한 문제에 대해 개인분석, 직업분석 그리고 과학적 조언을 통한 매칭을 주장하였다. 요컨대 강점과 약점을 포함한 개인적 성향을 충분히 이해하고, 주어진 직업에서의 성공조건, 보상과 승진에 관한 정보를 알아야 하며, 선택 과정에서 입수한 정보를 바탕으로 한 '진실한 추론'을 해나가야 한다는 것이다.

이후 개인차 심리학의 성장으로 과학적 측정을 통한 특성 확인이 가능해짐에 따라 파슨스의 모델에 추진력이 더해졌다. 특히 패터슨(Paterson)은 진로상담자들이 사용할 수 있는 여러 가지 심리검사도구를 개발하였다. 그외에도 미네소타 고용안정연구소의 달리(Darley)의 업적은 특성-요인이론과 동의어로 불리게 되었으며, 미네소타 그룹의 윌리암슨(Williamson)은 특성-요인이론의 대변자로 부상되었다. 미네소타 대학의 직업심리학자들이 개발한 다양한 특수적성검사, 인성검사 등의 도구는 특성-요인이론의 기초를 다지는 결과를 낳았다. 이들은 상담기법, 진단전략 및 적재적소 배치에 관한 정보를 담은 저서들을 펴냈으며, 그 연구결과로 1977년 미국직업사전이 출판되었다.

2) 이론의 내용

(1) 특성-요인이론의 가설

특성-요인이론은 개인의 특성과 직업을 구성하는 요인에 관심을 둔 이론으로, 한 개인이 어느 특정 시기에 의사결정을 하려고 할 때에 도움을 줄 수 있는 이론이다. 이 이론은 고도로 개별적이고 과학적인 방법으로 개인과 직업을 연결시키고자 과학적인 측정방법을 통해 개인의 특성을 식별하고 이를 직업특성에 연결시키는 것을 핵심으로 한다. 특성-요인이론의 기본적인 가설은 다음과 같다(Klein & Wiener, 1977).

① 사람들은 신뢰성 있고 타당하게 측정될 수 있는 독특한 특성을 지니고 있다.
② 다양한 특성을 지닌 종사자들이 주어진 직무를 성공적으로 수행해 낸다 할지라도, 직업은 그 직업에서의 성공을 위한 매우 구체적인 특성을 지닐 것을 요구한다.
③ 직업선택은 다소 직접적인 인지 과정이므로 개인의 특성과 직업의 특성을 짝짓는 것이 가능하다.
④ 개인의 특성과 직업의 요구사항이 서로 밀접한 관계를 맺을수록 직업적 성공(생산성 증가 또는 직무만족) 가능성은 커진다.

또한 밀러(Miller, 1974)에 의하면 특성-요인이론은 다음의 다섯 가지 가정에 기초를 두고 있다.

① 직업발달은 개인과 직업특성 간의 관계를 합리적으로 추론하여 의사결정을 도출해 나가는 인지 과정이다.
② 직업선택의 과정에서 발달보다는 선택 그 자체가 강조된다.
③ 개인에게는 각기 자기에게 맞는 하나의 적절한 직업이 있다. 한 사람이 여러 가지 직업에 두루 적합하다고는 볼 수 없다.
④ 각 직업에는 그 직업에 맞는 특정한 형태의 사람이 종사하고 있다. 따라서 어떤 특정한 직업에서 유능하게 일할 수 있는 사람의 특성에는 어떤 제한이 있다고

볼 수 있다.

⑤ 누구나 자신의 특성에 맞는 알맞은 직업을 선택할 수 있다.

(2) 파슨스의 진로지도 모형

파슨스는 개인의 이해, 직업세계의 이해, 그리고 이들 정보에 기초한 합리적인 선택이라는 세 가지 요소로 구성된 진로지도 모형을 제시하였다. 이 모형은 개인의 특성에 대한 객관적 자료와 직업의 특성에 관한 자료를 중시하고 있다. 파슨스(Parsons, 1909)는 자신의 저서 『직업의 선택』(*Choosing a Vocation*)에서 현명한 직업선택과 관련하여 다음의 세 가지 주요 요인을 제시하였다. 첫째, 자신에 대한 명확한 이해로, 개인의 자신의 적성, 능력, 흥미, 포부, 환경 등에 대한 이해를 의미한다. 둘째, 다양한 직업의 자격 요건이나 각 직업의 장단점, 보수, 취업기회, 장래 전망 등에 관한 지식이다. 셋째, 앞의 두 요인 간의 합리적인 연결로 내담자의 개인적 요인에 관한 자료와 직업에 관한 자료를 중심으로 진로상담을 통해 내담자가 현명한 선택을 할 수 있도록 도와주는 활동이다. 따라서 특성-요인이론에서는 개인의 특성 및 직업의 특성에 관한 자료를 중시한다. 즉, 진로지도나 상담 과정에서 개인에게 자신의 적성, 지능, 사회경제적 지위, 흥미, 가치관, 성격 등에 관한 과학적인 자료와 직업의 특성에 관한 자료를 제시함으로써 가장 합리적이고 현명한 진로선택 및 결정을 할 수 있도록 조력해야 함을 강조한다.

(3) 변별진단

특성-요인 진로상담의 기본은 변별진단(differential diagnosis)이다. 윌리암슨(Williamson, 1939)은 진단을 '일련의 유관 또는 무관한 사실로부터 그 일관된 형식이 갖는 의미를 논리적으로 사고하는 과정'이라고 보았다. 즉, 진단이란 '내담자의 미래의 방향설정과 적응을 위하여 일관된 형식이 갖는 의미를 판단하고 예측하며, 내담자의 장점과 경향성을 이해하는 것'으로 정의하였다. 또한 윌리암슨(Williamson, 1939)은 진로의 사결정에 나타나는 여러 문제를 진단하는 데 도움을 주기 위하여 다음과 같은 네 가지 범주를 제시하였다.

① 진로 무선택: 공식적인 교육과 훈련을 끝마친 후에 어떤 직업을 갖고 싶으냐고 물었을 때, 내담자가 자신의 선택의사를 표현할 수 없고, 자신이 무엇을 원하는 지조차 모른다고 대답한다.

② 불확실한 선택: 내담자는 직업을 선택했고, 그것을 직업 명칭으로 말할 수도 있지만, 자신의 결정에 대하여 의심을 나타낸다.

③ 현명하지 못한 선택: 한편으로는 내담자의 능력과 흥미 간의 불일치, 또 다른 한편으로는 내담자의 능력과 직업이 요구하는 것들 간의 불일치로 정의되며, 이 범주는 이러한 변인들의 가능한 모든 결합들을 포함한다. 그렇지만 현명하지 못한 선택은 내담자가 충분한 적성(능력)을 가지고 있지 않은 직업을 결정함을 의미한다.

④ 흥미와 적성 간의 모순: 흥미를 느끼는 직업이 있으나 그 직업을 가질 능력이 부족한 경우, 적성이 있는 직업에는 흥미가 적고 흥미가 있는 직업에는 적성이 낮은 경우 등이 여기에 속한다.

특성-요인이론에서 이와 같이 진단을 진로상담의 필수요건으로 보는 것은 내담자의 진로선택 문제를 분류하고 식별하는 데에 상당한 확신이 있음을 의미한다. 특성-요인 관점을 채택하는 진로상담자들은 직업선택을 비교적 간단한 인지과정이라고 보았다. 그러나 윌리암슨(Williamson, 1939)은 정서불안으로 인하여 직업선택이 불확실할 수 있다고 보고, 이런 경우에 개인이 자신의 생각을 명료화할 수 있도록 조력해야 한다고 제언하였다.

(4) 특성-요인이론의 쟁점

특성-요인이론과 관련된 근본적 쟁점은 다음 세 가지로 간추릴 수 있다. 첫째, 특성이란 무엇인가? 둘째, 특성이 직업행동을 예측하는 데 관심이 있는 사람들에게 유용할 만큼 안정적이고 지속적인 것인가? 셋째, 특성을 효과적으로 측정할 수 있는가? 특성-요인이론가들은 특성을 비교적 안정적인 것으로 가정하고, 개인의 특성과 직업의 매칭이 가능하다고 주장하였다. 그러나 이 이론의 관심사가 이러한 매칭의 추론과 예언에만 국한된 것은 아니다. 이론에 대한 연구가 거듭되면서 구인타당도를 포함하게 되었고, 검사점수를 근거로 피검자를 추론하는 데까지 나아가고 있다. 예를 들어 내담자에게 직업흥미검사를 실시할 때, 상담자는 그 질문지가 직업의 선택과 그에 뒤따르는 만족을 어느 정도 예언할 수 있는가와 함께 내담자가 자신의 가치를 확인하고 일에 대한 선호와 의사결정방식 등은 어떠한지에 대해서도 관심을 갖게 된다. 구인타당도와 예언타당도 중 어느 쪽에 더 관심이 있는가는 검사결과를 어떻게 사용하느냐에 달려 있다. 선발과 배치 프로그램을 설계하는 산업상담자들은 아마도 예언타당도에 가장 큰 관심이 있을 것이고, 자기인식을 촉진시키고자 하는 사람들은 구인타당도에 초점을 맞출 것이다.

파슨스의 특성-요인이론을 적용하여 진로상담을 실시한다면 구체적으로 어떤 과정을 거쳐서 이루어지는가? 이에 대한 해답을 제공하기 위하여 진로상담교사(상담자)가 실제 진로상담에서 특성-요인이론의 활용도를 제고할 수 있도록 특성-요인이론의 진로목표, 진로상담과정의 단계별 상담 내용 및 상담자의 역할을 제시하고자 한다.

1) 진로상담의 목표

특성-요인이론에서는 내담자가 자신의 흥미, 성격, 가치, 적성, 능력 등에 관하여 보다 명확한 이해를 할 수 있는 과학적인 자료와 다양한 직업에 대한 직업특성 자료(각 직업의 자격요건, 장단점, 보수, 취업기회, 장래전망 등에 관한 자료)를 제시해 줌으로써, 이를 토대로 내담자가 두 요인이 최대한 일치하는 현명한 선택과 의사결정을 하도록 조력하는 것을 상담목표로 한다. 또한 앞서 살펴본 바와 같이 특성-요인 진로상담의 기본은 변별진단이므로 내담자의 진로의사결정에 나타나는 여러 문제를 진단하여 적절한 도움을 제공하는 것을 목표로 한다.

2) 진로상담의 단계별 상담 내용

(1) 특성-요인이론에 입각한 진로상담 과정의 세 단계

| ① | 초기면담 단계 | 이 단계에서 가장 중요한 것은 작업동맹의 형성이다. 상담자는 내담자의 이야기를 경청하며 개인의 사회문화적 배경과 교육수준을 통하여 내담자를 알게 되며, 내담자에게 필요한 검사가 무엇인지 탐색하게 된다. |

②	검사실시 단계	이 단계에서는 주로 검사를 실시하게 되며, 내담자를 이해하기 위한 면담을 병행하게 된다. 이 단계에서 내담자는 상세하고 종합적인 정신측정학적·인구통계학적 자료와 축적된 사례들에서 추론한 자료들을 기초로 해서 상담자의 진단을 받게 된다. 상담자는 능동적인 역할을 하고 내담자는 수동적인 역할을 하는데, 이 단계에서 상담자는 대부분의 시간을 적성검사나 흥미검사 등을 실시하고 검사결과를 해석하는 데 활용한다.
	⇓	
③	직업정보 제공 단계	마지막 단계는 직업정보를 주는 단계로, 상담자는 내담자의 특성과 요인에 알맞은 직업에 대하여 내담자에게 직접 알려주거나, 직업전망서, 팸플릿, 직업안내 소책자 등의 관련 정보책자를 제시해 준다.

(2) 윌리암슨의 진로상담 과정의 여섯 단계

특성-요인 접근법에서 진로상담의 과정은 합리적인 것으로 특징지을 수 있는데, 이 접근법은 문제해결을 위한 과학적 방법을 따르고 있다. 윌리암슨(Williamson, 1939)은 내담자를 도와주기 위한 상담의 과정을 분석, 종합, 진단, 처방, 상담, 추수지도(followup service) 등 여섯 단계로 분류하여 기술하고 있다.

①	분석	여러 자료들로부터 내담자의 태도, 흥미, 가족배경, 지식, 학교성적 등에 대한 세부적인 자료들을 수집한다.
	⇓	
②	종합	내담자의 독특성 또는 개별성을 탐지하기 위하여 사례연구나 검사결과에 기초해 자료를 수집하고 요약한다.
	⇓	
③	진단	내담자의 특성과 문제를 분류하고, 교육적, 직업적 능력과 특성을 비교하여 문제의 원인을 찾아낸다
	⇓	
④	처방	조정가능성 및 문제의 가능한 결과를 판단하고, 이를 통해 내담자가 고려해야 할 대안적 조치들과 조정 사항들을 찾는다.
	⇓	
⑤	상담	현재 또는 미래의 바람직한 적응을 위해 무엇을 해야 할지를 내담자와 함께 상의한다.
	⇓	

| ⑥ | 추수지도 | 새로운 문제가 발생했을 때 내담자가 바람직한 행동계획을 수행할 수 있도록 계속적으로 돕는다. |

3) 특성-요인 진로상담에서 상담자의 역할

특성-요인 진로상담의 대부분의 상담과정에서 상담자는 주로 주도적 역할을 수행하며, 내담자에 대한 자료를 수집하고 분석하고 평가해야 하는 만큼 그에 걸맞은 전문성이 요구된다. 즉, 특성-요인이론에 입각한 상담자의 역할은 반응적이며 사려 깊은 것과는 대조적으로 자기주장적이고 지배적인 편이어서 1950년대 로저스학파의 비지시적 상담이 한창일 때 '지시적' 상담이라고 불리기도 하였다. 그러나 특성-요인 상담 자체가 내담자를 공격하거나 판단적이지는 않다. 특성-요인 상담자는 주로 교육자의 역할을 수행하게 되는데, 상담의 중재 과정은 상담자가 내담자를 교육하고 설득하며, 축적된 자료에 바탕한 상담자의 추론이 합리적이라는 것을 내담자에게 확신시킬 것을 강조한다. 따라서 상담자는 내담자에게 상당한 영향력을 행사하게 된다.

이러한 역할을 수행하더라도 상담자는 내담자의 감정과 정서 그리고 태도에 대해 무반응적이고 무감각적이어서는 안 된다. 달리(Darley, 1950)가 내담자의 수용에 관하여 언급한 내용을 살펴보면, 오히려 상담자는 정반대의 태도를 갖추어야 함을 알 수 있다. 즉, "상담자는 내담자들의 감정이나 태도를 수용하였을 뿐, 그것에 대한 판단을 내리지 않았음을 알려야 한다."

스트롱과 슈미트(Strong & Schmidt, 1970)는 상담자의 자질과 관련된 중요한 특성으로, 상담자의 '전문성(expertness)'이 가장 중요하고, 두 번째로 '신뢰(trustworthiness)'가, 세 번째로 '매력(attractiveness)'이 중요하다고 보았다. 좀 더 자세히 살펴보자면, 첫째 요건인 전문성은 상담자가 개인에 대한 분석과 직업세계에 대한 이해에 있어서 전문가이어야 함을 의미한다. 둘째 요건인 신뢰는 상담자가 내담자에게 신뢰감을 줄 수 있어야 한다는 의미다. 마지막으로 매력은 내담자가 상담자를 믿고 따르게 할 만큼의 인간적인 매력을 포함한 매력이 있어야 한다는 뜻이다. 매력이 맨 마지막으로 꼽

히는 이유는 특성-요인 상담자에게 매력적인 특성이 필요 없다는 것이 아니라 전문성과 신뢰가 무엇보다 중시되어야 한다는 것을 의미한다.

특성-요인 진로상담에서는 합리적이고 인지적인 모형이 활용되는데, 면담기법과 검사의 해석절차 및 직업정보의 이용 등이 내담자의 의사결정 문제에 대한 탐색의 내용을 구성한다. 이는 내담자가 양자택일적인 선택 상황에 직면했을 때 유용한 방법들로서 대개 행동지향적이며 상당히 능동적인 방법일 수 있다. 이때 상담자의 활동은 주로 내담자에 대한 정보처리로, 면담에서도 주도적인 역할을 수행한다(김봉환 외, 2010). 앞서 살펴본 바와 같이 특성-요인 진로상담 접근법에서는 상담자에게 보다 주도적이고 교육자적이며 전문성을 갖출 것을 요구하고 있으므로, 본 글에서는 진로상담자가 활용할 수 있는 주요한 특성-요인 진로상담 기법을 크게 면담기법, 검사의 해석 그리고 직업정보로 나누어 제시하고자 한다.

1) 면담기법

(1) 윌리암슨의 다섯 가지 일반적 기법

윌리암슨(Williamson, 1939)은 특성-요인 진로상담을 위한 일반적 기법을 다음과 같이 다섯 가지로 분류하여 설명하고 있다.

①	작업동맹을 형성하라	상담자는 내담자의 신임을 얻기 위하여 전문가로서 인식되어야 하며, 내담자가 상담자를 신뢰하고 문제를 맡길 수 있는 수준으로 관계를 유지해야 한다.
②	자기이해를 신장시켜라	상담자는 내담자가 자신의 장점이나 특징들에 대하여 개방된 평가를 하도록 도우며, 이런 장점이나 특징들이 문제해결에 어떻게 관련되는지에 대한 통찰력을 갖도록 격려한다. 즉, '내담자가 자신의 장점을 성공과 만족을 가져올 수 있는 방법으로 이용하도록 하는' 사람이 유능한 상담자이다.

③	행동계획을 권고하거나 설계하라	상담자는 내담자가 이해하는 관점에서 권고(상담)를 하여야 한다. 또한 상담자는 내담자가 표현한 학문적·직업적 선택 또는 감정, 습관, 행동, 태도에 반대되는 또는 일치하는 증거를 언어로 정리해 준다. 상담은 내담자가 그들의 성격에 알맞은 행동들이 이루어질 수 있다는 생각을 하도록 돕는 데 있어, 상담자의 임기응변의 재치를 요한다. 내담자가 시도해 볼 수 있는 풍부하고 가능한 다음 단계들을 생산함에 있어 내담자의 개방된 마음과 한계성 사이에 균형(조화)을 이루게 하는 것이 결코 쉽지는 않다.
④	계획을 수행하라	일단 행동계획이 일치했다면, 상담자는 내담자가 진로선택을 할 때 직접적인 도움이 되는 여러 가지 제안을 함으로써 직업을 잘 선택하도록 돕는다.
⑤	다른 상담자에게 위임하라	모든 상담자가 모든 내담자를 상담할 수는 없다는 것은 너무도 자명한 사실이다. 윌리암슨은 '상담자가 내담자에게 하는 가장 적절한 충고는, 너의 문제를 이해하는 데 도움을 얻으려면 다른 상담자를 만나보라'라고 말하는 것이라고 언급하였다.

(2) 달리의 네 가지 면담의 원칙

달리(Darley, 1950)는 상담자가 마땅히 따라야 하는 네 가지 면담의 원칙을 다음과 같이 설명하고 있다.

①	내담자에게 강의하거나 고자세로 말하지 말라.
②	간략한 어휘를 사용하고 내담자에게 제공하는 정보를 상대적으로 적은 범위에 국한시켜라.
③	어떤 정보나 해답을 제공하기 전에 내담자가 정말로 이야기하기를 원하는지 확인하라.
④	상담자는 내담자가 자기 자신의 여러 가지 태도를 지각하고 있는지 확인하라. 이로 인해 논의가 방해되거나 주요한 문제를 보지 못하게 되기 때문이다.

특성-요인 접근법에 있어 공통되는 주제는 바로 내담자에 대한 내면적 수용(implicit regard)이다. 초기에 이 접근법이 지시적이고 간섭적으로 보였을 때에도 상담자의 내담자에 대한 수용은 포함되어 있었다. 내담자를 수용한다는 것은 그의 독특성을 인정한다는 것이다. 때로는 이러한 수용이 내담자가 이야기하는 문제의 본질은 이해하지 않은 채 계속 '내담자가 가장 흥미를 갖는 것은 무엇인가'에만 기계적으로 관심을 집중

하거나 과도한 관심으로 잘못 나타나기도 한다.

특성-요인 진로상담에서 내담자의 진로의사결정을 돕기 위해 사용할 수 있는 상담기술로서, 달리는 내담자와의 초기 접촉에서부터 종결까지의 전 과정에 대한 다양한 면담기법을 제시하고 있다. 또한 상담자가 전문가적인 의견에 기초하여 명료하고 짧으면서도 효과적으로 의사소통을 하는가에 대한 지표로 내담자와 상담자 간의 이야기 비율(talk ratio)을 중시하고 있다. 달리에 따르면, 면담이 진행되는 동안에 상담자가 말하는 비율은 50%를 초과해서는 안 된다. 만약 초과한다면, 이는 상담자가 과장하고 있거나 내담자의 침묵을 부적절하게 파괴할 가능성이 높아진다고 본다.

2) 검사의 해석

특성-요인 진로상담의 이 단계는 앞서 살펴본 윌리암슨(Williamson, 1939)의 다섯 단계 중 '행동계획의 권고나 설계'에 적용 가능한 기술로, 구체적인 사항은 다음과 같다.

①	직접충고 (direct advising)	상담자가 내담자들이 탐색하고 따를 수 있는 가장 만족할 만한 선택, 행동, 또는 계획에 관해 자신의 견해를 솔직히 표명하는 것을 말한다. 윌리암슨은 이 방법을 내담자의 문제와 개성에 따라 다르게 사용하기를 제안한다. 즉, 내담자가 '고집스럽고 솔직한 견해'를 요구할 때와 '심각한 실패와 좌절을 가져올 충분한 이유가 있는 행동이나 선택'을 고집할 때, 이 방법을 사용하도록 권고한다.
②	설득 (persuasion)	상담자는 내담자가 대안적인 행동이 나올 수 있는 결과를 가져올 수 있도록 합리적이고 논리적인 방법으로 증거(자료)를 정리한다. 상담자는 내담자에게 다음 단계의 진단과 결과의 암시를 이해하도록 설득한다. 상담자는 내담자의 선택을 좌우하지 않지만 새로운 문제를 피할 수 있도록 설득한다.
③	설명 (explanation)	상담자는 내담자에 대한 진단과 검사자료뿐 아니라 비검사자료들을 해석하여 내담자가 의미를 이해하고 가능한 선택을 하도록 하며, 선택한 결과에 대한 이해를 도울 수 있도록 해석하고 설명한다.

특성-요인 진로상담에서 검사해석 과정은 대부분 다음과 같다. 상담자는 검사결과를 소개하면서 상담을 시작한다. 검사결과는 대부분 프로파일로 나타나며, 상담자는 다음과 같이 운을 뗄 수 있다. "지난번에 당신이 실시했던 검사결과가 나왔습니다. 오늘은 그 결과를 살펴보았으면 합니다."

어떤 상담자는 흥미검사를 먼저 시작하는 것이 좋다고 하는데, 이는 흥미검사가 능력검사보다 내담자에게 덜 위협적이기 때문이다. 흥미 패턴(interest pattern)은 지능·적성·학력(성취력)검사 점수와 관련이 있으며, 그 밑바닥에 깔린 원칙은 어떤 흥미가 능력과 일치하는가를 밝혀주기 때문에 진로선택에 있어 실질적인 기초가 된다. 만약 성격검사를 실시했다면 해석 과정에서 내담자의 흥미, 능력 검사자료와 통합하여 활용할 수 있다.

일단 검사결과가 내담자의 진로 선정에 이용 가능해지면 상담자는 면담의 초점을 의사결정에 맞추게 된다. 즉, 내담자가 어느 대안을 고를 것인가에 대한 결정이 바로 특성-요인 진로상담의 핵심이다.

3) 직업정보

직업정보에 대하여 가장 널리 인용되는 진술은 브레이필드(Brayfield, 1950)의 견해로, 그는 다음과 같은 세 가지 기능을 제시하고 있다.

(1) 정보제공 기능: 상담자가 내담자에게 직업 관련 정보를 제공하는 목적은 다음과 같다.
① 이미 선택한 바를 확인시켜 주기 위한 것
② 두 가지 방법이 똑같이 매력적이며 합당할 때 망설임을 해결해 주기 위한 것
③ 다른 면에서 실질적인 선택에 대하여 내담자의 지식을 증가시키기 위한 것

(2) 재조정 기능: 이 기능은 내담자가 현실에 비추어 부적당한 선택을 점검해 보는 기초를 마련해 준다. 활용 방안은 다음과 같다.

① 상담자는 내담자가 이미 선택한 직업에 대하여 질문한다.

② 상담자의 질문을 통해 내담자가 자신의 관점이 객관적 사실과 어긋난다는 것을 알게 되었을 때, 상담자는 내담자의 환상적 생각을 불식시킬 수 있도록 정확한 정보를 제공한다. 이런 관점에서 상담자는 언제나 면담의 방향을 건전한 직업선택의 기초가 되는 현실적 토대를 생각해 보는 시간이 되도록 이끌 수 있어야 한다.

(3) 동기화 기능: 내담자를 의사결정 과정에 적극적으로 참여시키기 위한 목적이다.

① 의존적인 내담자가 스스로 결정한 선택에 대하여 보다 큰 책임감을 가질 때까지 내담자와 접촉하기 위한 것

② 내담자의 현재 활동이 장기적인 진로목표와 무관할 때 선택에 대한 동기를 지속시키기 위한 것

베어와 로에버(Baer & Roeber, 1951)는 직업정보를 제시하는 또 다른 전략을 제안하였는데, 앞서 살펴본 브레이필드의 전략에 다음 네 가지를 추가해 제안하고 있다.

① 탐색(exploration): 상담자는 내담자가 선정한 직업분야에 대한 광범위한 탐색을 도와주기 위해 직업정보를 이용한다.

② 확신(assurance): 상담자는 직업정보를 제공함으로써 내담자의 진로선택이 합당하며 부당한 것은 배제되었음을 확신시켜 준다.

③ 평가(evaluation): 직업군과 직업의 이해에 대한 내담자의 지식과 이해가 신뢰할 수준인지 또는 실제 관련이 있는지를 점검해 보기 위하여 직업정보를 이용한다.

④ 놀람(startle): 상담자는 직업정보를 제공함으로써 내담자가 특정 직업을 선택한 후에 그 직업에 대하여 확실성이나 불확실성을 보여주는지에 대해 결정을 내릴 수 있도록 직업정보를 이용한다.

앞서 제시한 검사해석 기법에서와 같이 특성-요인 진로상담에서 직업정보 제공방

법은 매우 다양하다. 어떤 상담자는 일의 세계에 대하여 충분히 알고 있어서 내담자와 상호작용하면서 직업정보를 구두로 소개해 줄 수 있고, 팸플릿이나 안내서를 선정하여 정보자료로 사용할 수도 있다. 한편 다른 상담자는 면담 중에 인쇄된 자료를 가지고 와서 내담자와 함께 자세히 살펴볼 수도 있다. 이 과정을 통해 상담자는 협력자나 촉진자에서 전문가나 교사로 역할이 바뀌게 되고, 이에 따라 내담자는 초심자나 학생으로 행동하게 된다.

특성-요인이론의 가장 큰 공헌은 바로 한 개인의 직업이나 진로선택 및 의사결정 과정에서 개인의 특성을 고려하도록 한 것이다. 특히, 특성-요인이론에 의해서 강조된 표준화 검사도구와 직업세계의 분석과정은 진로상담에 매우 유용하다는 평가를 받아 왔다. 또한 이 이론은 매우 간결하면서도 진로지도의 원론적인 내용들을 모두 포함하고 있기 때문에 오늘날에도 진로상담 과정에서 폭넓게 적용되고 있다.

따라서 앞서 살펴본 특성-요인이론의 주요 내용과 기법을 토대로 하여 학교장면에서 진로진학상담교사가 이를 활용할 수 있도록 몇 가지 제안을 하고자 한다. 특성-요인이론에서 강조한 개인이해, 직업세계의 이해를 진로 집단프로그램, 개인 진로상담, 진로체험활동 그리고 진학지도에 구체적으로 활용하는 방안을 살펴볼 것이다.

진로성숙 단계에 있는 청소년들에게 자신에 대한 이해나 빠르게 변화하는 직업세계에 대한 이해를 돕는 객관적인 자료와 정보는 이후 진로선택이나 결정과정을 위한 주요한 자원이 될 수 있다. 따라서 다양한 형태의 진로지도 프로그램과 상담을 통해 청소년들은 자신에 대한 이해도를 높이고 다양한 직업을 알아가게 됨으로써 보다 현명한 진로나 진학을 선택하고 결정할 수 있게 될 것이다.

1) 자신에 대한 이해 증진

개인이 자신의 진로목표를 결정하고 이를 추구하는 과정에는 개인의 적성, 흥미, 가치뿐만 아니라 가정배경, 경제적 여건, 사회적 상황 등 다양한 요인들이 관련되어 있다. 따라서 개인의 진로 문제를 총체적으로 이해하고 효과적인 진로지도 및 상담이 되기 위해서는 개인을 이해할 수 있는 정보를 가능한 한 다양하게 수집할 필요가 있다.

따라서 학생 개인의 특성(적성, 흥미, 성격, 가치관 등)을 객관적으로 이해할 수 있도록 관찰, 면담하고, 직업가계도, LCA(생애진로평가), 표준화된 지필검사나 온라인 검사(워크넷, 커리어넷)를 진로 집단프로그램이나 개인상담에서 실시하여야 한다. 학생 스스로가 자신을 이해하고 수용하는 것은 진로지도 및 진로상담을 위해서도 중요하지만, 더 나아가 개인의 건강한 성격발달과 원만한 대인관계 그리고 보다 행복한 삶을 위해서도 중요한 요인이 될 수 있을 것이다.

(1) 직업가계도 활용하기

개인이 지닌 특성만큼이나 개인의 진로에 영향을 미치는 중요한 요인이 바로 가정배경이나 부모, 형제 등의 가족들이다. 학생의 직업의식이나 직업선택 그리고 직업태도에 대한 가족들의 영향력을 분석하는 대표적인 정성적 평가방법의 하나가 직업가계도이다. 직업가계도는 직업과 관련된 가족구성원들의 성공담과 실패담 등이 학생에게 미치는 영향을 파악할 수 있다. 직업가계도는 학생의 생애진로평가의 일부분이 될 수 있는데, 가족구조 내에서 내담자가 해야 하는 역할에 대한 정보를 얻을 수 있다. 즉, 학생이 속한 가계의 직업가계도를 작성하고 이를 살펴봄으로써 진로와 관련된 중요한 시사점을 얻을 수 있게 된다. 직업가계도는 생물학적인 친조부모, 부모, 삼촌, 숙모, 이모, 형제, 자매 등의 직업을 도해로 표시하는 것으로, 학생의 진로와 관련하여 영향을 준 다른 사람들도 포함시킬 수 있다. 또한 진로 집단프로그램이나 개인상담에서 직업가계도를 활용할 경우, 다음과 같은 질문을 활용하여 개인에 대한 보다 다양한 정보를 얻을 수 있다.

(2) LCA 활용하기

LCA(Life Career Assessment, 생애진로평가)는 짧은 시간 안에 내담자에 대한 정보수집이 가능한 구조화된 인터뷰 기술로서, 진로탐색, 일상적인 날, 강점과 장애물, 요약 등의 네 부분으로 이루어진다. 상담자는 이 형식에 맞춰 인터뷰를 함으로써 내담자에 대한 여러 종류의 정보를 수집할 수 있다. 먼저, 내담자의 직업경험이나 교육성과에 대한 비교적 객관적이고 사실적인 정보를 얻을 수 있으며, 내담자 자신이 가지고 있는 기술과 능력에 대한 자기평가 정보 또한 수집할 수 있다. 또 다른 종류의 정보는 내담자의 기술과 능력에 대해 상담자가 내린 추론이다. 상담자의 추론은 생애진로주제를 바탕으로 이

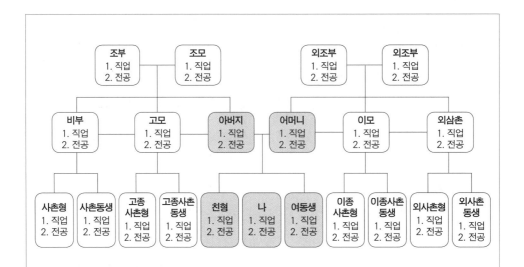

직업가계도 활용시 유용한 질문들

- ○○가 자란 가정은 어땠는지 설명해 보자.
- 아버지의 직업은 무엇인가? 어머니의 직업은 무엇인가?
- 아버지는 어떤 분인가? 어머니는 어떤 분인가?
- 두 분을 형용사로 표현해 본다면?
- 형제나 자매의 직업은 무엇인가?
- 형제나 자매는 무엇이 되고 싶어하나?
- 형제나 자매의 장래 희망은 무엇인가?
- 가족 안에서 ○○의 역할은 무엇이었고, 지금은 어떠한가?
- 부모님의 관계는 어떠했고, 지금은 어떠한가?
- 직업 관련해서 ○○에게 가장 큰 영향을 미치는 사람은 누구인가?
- 할아버지와 할머니의 직업은 무엇인가?
- 삼촌, 고모, 이모의 직업은 무엇인가?
- 특이한 직업을 가진 친척은 누구인가?

루어지며, 내담자의 학교, 집 혹은 여가 활동들로부터 나온다. LCA는 나이가 어린 내담자들, 즉 학생들에게도 쉽게 적용할 수 있는데, LCA의 부분별 적용점은 다음과 같다.

강점과 장애물

- 장애물을 극복하는 데 사용되는 강점을 인식하도록 초점을 둔다. 강점을 강화함으로써 내담자가 자신이 가지고 있는 기술에 대해 보다 더 잘 알 수 있게 된다.

  ■ 세 가지 주요 강점들을 살펴본다.

    - 활용 가능한 자원들

    - 자원이 내담자에게 의미하는 것

  ■ 세 가지 주요 장애물들을 살펴본다.

    - 강점과 관련하여 살펴본다.

    - 주제와 관련하여 살펴본다.

      예: *○○는 자신의 강점이 무엇이라고 생각하니?*

      그 일을 실천하는 데 장애물은 무엇이라고 생각하나?

      ○○는 계획을 잘 세우는구나. 그런 너의 장점이 네 어려움을 해결하는 데 어떤 도움이 될 수 있을까?

요약

- 학생에게 이번 회기에 무엇을 배웠는지 물어봄으로써 요약 부분이 이루어진다. 좋아하는 것과 싫어하는 것을 인식하도록 하는 것, 강점과 장애물을 조직화하는 것이 중요한데, 이것은 어떻게 전반적인 기능 방식이나 생활양식을 형성했는지 보여주기 위해서이다. 예를 들어, 교사가 지도학생이나 내담자를 격려하므로 그들이 좋아한다면 이것은 가장 효과적으로 과제를 수행하기 위해서 강화가 필요함을 보여준다. 이러한 점은 미래의 직업과 개인적 성공에 관련된 중요한 사항일 수 있다.

      예: *○○는 오늘 상담 시간에 무엇을 배웠니?*

      새롭게 알게 된 것은 무엇인가?

      좋아하는 일/사람/시간은 무엇인가?

      싫어하는 일/사람/시간은 무엇인가?

생애진로평가

- 직업경험: 학생들은 대체로 일의 경험을 갖고 있지 않다. 그러므로 집에서 또는 학교에서 수행하는 과제(동생 돌보기, 설거지하기, 청소하기, 재활용품 분리하기와 버리기 등)를 파악함으로써 이를 성인들의 일과 같은 방식으로 이용할 수 있다.

  예: 상담사: 집에서 어떤 일을 돕니?   학생: 동생 숙제를 봐줘요.

  상담사: 그 일이 어때?   학생: 힘들 때도 있지만 동생이 좋아해요.

- 교육/훈련 경험: 학생들에게 매우 중요한 영역으로, 성인 내담자와 같은 방식으로 다루어져야 한다.

  - 선호하는 교사나 싫어하는 교사와 그 이유 알아보기

  → 학생 개인의 존경, 경쟁, 협력하는 데 어려움을 겪는 사람의 유형과 관련된 정보를 제공한다.

  - 과목 선호도 알아보기

  → 직업흥미 탐색에 도움이 되며, 궁극적인 직업선택과 관련된 미래의 학과목 결정에 도움이 되는 주요한 고려사항이다.

  예: 학교생활에 대한 경험을 말해 줄래?

  언제부터 그 과목에 대해 흥미를 잃었니?

- 인간관계/우정: 가족의 여가활동의 관점에서 검증될 수 있다. 가족간의 유대관계를 이해하고자 가족이 어떠한 가족활동을 수행하는지를 살펴보아야 한다. 또 다른 탐색으로 취미활동을 확인해 본다. 마지막으로 가장 친한 친구나 또래 영향력을 결정하는 데 도움이 되는 정보를 얻고자 친구에 관해 기술해 보라고 요구하라.

  예: 이제 막 고등학교에 입학했는데, 여가시간에는 무엇을 하니?

  주말에는 어떠니?

일상적인 날

- 일상적인 날에 대한 인터뷰는 성인 내담자와 유사한 방식으로 탐색될 수 있다. 상담자는 내담자가 독립적인지 아니면 의존적인지 혹은 체계적인지 아니면 임의적

인 경향성을 가졌는지를 파악할 수 있다.

예: *아침에 누가 깨우나?*

정해진 스케줄은 있는가?

매일 반복되는 일상적인 일은 무엇인가?

만약 있다면, ○○가 책임을 져야 하는 부분을 점검하고 있는가?

책임을 잘 지키면 보상이 있는가?

가정환경은 어떠한가?

(3) 표준화된 심리검사 활용하기

학교에서 실시하는 다양한 심리검사들, 특히 진로나 적성과 관련된 검사결과들은 학생의 진로지도 및 상담에 효과적으로 사용할 수 있는 중요한 자료가 된다. 따라서 적절한 해석이나 결과 상담 없이 결과지만 배부하는 일이 없도록 해야 한다.

몇 가지 심리검사 결과를 가지고 개인의 진로에 대한 절대적인 결정을 내릴 수 있는 것은 아니지만, 개인의 진로선택이나 의사결정에 있어서 참고할 수 있는 비중이 있는 자료라는 것을 설명해야 한다. 또한 사전에 검사결과가 자신의 기대나 예상과 다르게 나올 경우도 있음을 설명하고, 심리검사 결과에 대한 궁금증이나 고민이 있는 경우에 개인상담으로 연계될 수 있다는 것을 안내해야 한다.

심리검사 결과를 바탕으로 수집한 구체적인 관련 정보(권장 직업, 학과, 학교 등)는 진학과 진로선택에 활용할 수 있도록 추후 작업(직업카드, 진로계획서 작성 등)을 실시하여 진로계획에 적극적으로 활용할 수 있도록 지도한다(백은영, 2009).

2) 직업세계에 대한 이해 증진

일과 직업 세계에 대한 객관적인 정보와 이에 관한 체계적인 탐구 없이 개인이 자신의 진로와 직업을 선택하는 것은 무모한 일일 수 있다. 특히, 직업활동 경험이 없는 청소년들의 경우 일과 직업세계에 대하여 잘 모르거나 피상적인 수준에서만 이해하고 있다. 따라서 일과 직업세계에 대한 다양한 변화 양상 등을 올바르게 이해할 수 있도록 하는 것이 진로지도와 진로상담의 주요한 목표 중 하나이다.

표준화된 지필 심리검사에는 적성검사, 흥미검사, 성격검사, 가치관 검사 등이 있다.

- 적성검사: 어떤 과제나 임무를 수행하기 위해 개인에게 요구되는 특수한 능력, 잠재능력에 관한 검사로, 일반적성검사, 특수적성검사, 진학적성검사, 직업적성검사 등이 있다.
- 흥미검사: 어떤 활동 또는 사물에 대해 특별한 관심이나 주의를 가지게 하는 개인의 일반화된 행동 경향에 관한 검사로, 청소년용 Strong 진로탐색검사, 쿠더 흥미검사, Holland 진로탐색검사, 청소년 직업흥미검사 등이 있다.
- 성격검사: 개인의 욕구, 자아개념, 성취동기, 포부수준, 대인관계 등의 작용을 포함한 검사로, NEO인성검사, MBTI, 에니어그램, DISC성격검사 등이 있다.
- 가치관 검사: 개인이 어떤 상황에서 선택이나 결정을 내릴 때 특정한 방향으로 행동하게 하는 원리, 믿음, 신념에 관한 검사로, 미네소타 중요도 질문지, Super의 직업가치 관 검사, 국내판 직업가치관 검사 등이 있다.
- 개인 및 집단 진로상담의 과정에서 활용 가능한 보조 검사도구로는 진로성숙도검사, 진로의식발달검사, 의사결정 유형검사, 진로결정수준검사, 진로탐색행동검사, 불안검사 등이 있다.

최근 인터넷을 통한 심리검사의 활용이 증가하고 있다. 진로탐색을 지원하는 대표적인 사이트인 커리어넷(http://www.career.re.kr)과 워크넷(http://www.work.go.kr)에서 심리검사 서비스를 제공하는 것을 비롯하여 민간이 운영하는 다양한 사이트에서도 심리검사를 제공하고 있다.

(1) 직업카드 활용하기

학교에서 활용 가능한 진로교육의 도구로서 큰 관심을 받아온 것 중의 하나가 바로 '직업카드'이다. 진로교육에서 직업카드의 유용성을 예견하고 여러 학자들이 직업카드

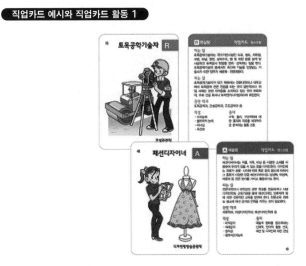

대상	활용방안	내용
중학생·고등학생	직업카드 퀴즈게임	직업카드를 이용한 퀴즈를 내고 이를 맞히는 게임을 통하여 직업카드에 친숙해지고, 직업카드의 여러 직업들에 대해 알아보는 활동
	직업카드 경매게임	직업카드 경매게임 참가자들이 직업카드를 경매를 이용해 구입하는 과정을 통하여 직업카드에 친숙해지고 직업카드의 여러 직업들에 대해 알아보는 활동
	홀랜드 유형 탐색활동	직업카드를 활용하여 홀랜드 유형을 분류하고 좋아하는 직업들의 홀랜드 유형을 계산하는 과정 등을 통해 홀랜드 유형을 이해하고, 자신의 홀랜드 유형을 알아보는 활동
	직업흥미 분석활동	좋아하는 직업과 싫어하는 직업을 선택하는 이유를 분석하여 직업선택의 동기를 명확히 알아보는 활동
	직업카드 만들기활동	직업카드 제작에 필요한 정보를 직접 찾아 보고, 현재 가장 관심이 가는 직업카드를 빈카드를 활용하여 만들어 보는 활동
고등학생	흥미-효능감 매트릭스 분석활동	흥미(아주 좋아한다. 좋아한다. 보통이다. 싫어한다. 아주싫어한다)-효능감(그 일을 잘 할 수 있다. 보통이다. 그 일을 잘 못할 것 같다)에 대한 매트릭스 분류활동을 통하여 자신이 잘하는 능력과 새롭게 개발해야 할 능력이 무엇인지 생각해보고 자신의 능력을 잘 발휘할 수 있는 직업들을 알아보는 활동

〈출처: 김봉환·최명운(2013)〉

직업카드 예시와 직업카드 활동 2

- 직업카드와 친해지기 활동: 친구를 통해서 본 나의 직업, 스피드 직업카드 퀴즈, 숨겨진 정보로 직업명 맞추기 등
- 직업이해를 위한 활동: 직업나무 가꿔보기, 직업에 대한 오해와 진실, KNOW와 함께하는 직업카드 정보사냥 대회, 유명인으로 알아보는 직업흥미 등
- 진로계획 수립 위한 활동: 직업카드를 활용한 UCC 만들기, 나만의 진로계획 카드 만들기 등

〈출처: 노경란 외(2009), 서현주·강오희·노경란(2015)〉

를 개발한 결과, 다양한 장면에서 광범위하게 활용되어 왔으며, 교사나 상담자들이 매우 호의적인 반응을 보여왔다. 이제는 직업카드의 종류도 다양해졌고, 직업카드 분류 방법도 더욱 정교한 모습으로 선을 보이고 있으며, 직업카드를 활용한 연구들도 그 수가 점차 증가하고 있다(김봉환 외, 2006).

직업카드를 활용한 집단 진로지도나 개인상담의 경우, 학생들 또는 개인 내담자로 하여금 직업세계에 대한 이해를 높이고 직업선택의 폭을 넓힐 수 있는 기회를 제공한다. 학생 개인이 관심을 보이는 직업분류나 직업유형에 속한 직업들을 폭넓게 탐색함으로써 직업세계에 대한 이해를 높이고 직업선택의 폭을 확장시킬 수 있다. 또한 직업카드를 활용한 활동을 통해 학생들에게 진로 및 직업정보를 찾는 방법을 제시한다. 진로상담교사(상담자)는 그들에게 직업정보나 직업심리검사, 기타 진로와 관련된 정보를 찾는 방법을 알려줌으로써 스스로 진로탐색활동을 수행할 수 있도록 도울 수 있다(김봉환·최명운, 2002).

직업카드 분류법은 직업명과 해당 직업에 관련된 여러 정보가 함께 제시된 일정한 개수의 직업카드를 활용하여 좋아하는 직업과 싫어하는 직업군으로 나누고, 이를 다시 그 이유별로 분류하는 활동을 통해 참가자의 직업흥미의 특징과 그 이유를 탐색해 보는 질적 진로평가의 한 방법이다(Gysbers, Heppner, & Johnson, 1998).

(2) 진로체험활동
학습 또는 학교 단위로 마련된 진로체험활동이 학생들에게 직업에 대한 이해도를

진로체험활동

- 진로의 날 행사: 학생들에게 자신의 진로에 대한 관심을 고조시키고, 자기이해와 각종 직업에 대한 이해도를 높여 현명한 진로를 추구할 수 있도록 한다. 학생들에게 행사의 목적을 분명히 하고, 목적 달성에 적합한 활동을 구상하여 세밀한 사전 조사와 준비가 필요하다. (예: 선배와의 대화, 직업인 초청 강연, 영상자료 상영 등)
- 진로주간 행사: 관심 있는 대학과 직장을 방문하여 직접 알고 싶은 내용을 확인하고 체험할 수 있도록 지도한다. 이외 자원인사와의 면담, 토론회, 전시회, 각종 심리검사의 실시, 다양한 진로지도 프로그램 실시 등을 행사에 포함시킬 수 있다.
- 일터 탐방 보고대회: 사회봉사활동이나 가정이나 일상생활에서 접할 수 있는 일터에 대하여 느낀 점을 보고서 형태로 작성 제출하고, 이를 전시함으로써 직업세계에 대한 이해를 높일 수 있다.
- 직업진로박람회 참석하기
- 한국잡월드(http://www.koreajobworld.go.kr) 방문하기

〈출처: 노경란 외(2009). 서현주·강오희·노경란(2015)〉

보다 더 높일 수 있고 흥미를 가질 수 있는 기회를 제공할 것이다. 다음은 학생들에게 유용한 진로체험활동의 예이다.

3) 교육세계에 대한 이해 증진

청소년들에게 일과 직업세계에 대한 이해가 중요한 만큼 자신과 학교에 대한 이해를 바탕으로 자신에게 적합한 상급학교를 파악하고 준비하는 것 역시도 진로발달에 있어 중요하다. 진학이란 일정 교육과정을 이수하고 배움을 더하기 위하여 상급학교에 입학하기 위한 일체의 준비행동을 말한다(김봉환 외, 2013). 진학을 위한 정보수집 활동은 방대하고 경비가 소요되기 때문에 한 번에 준비하기보다는 장기간에 걸쳐 체계적으로 준비하는 것이 좋다. 이 절에서는 진로상담교사(상담자)가 학생들의 진학 관련 진로정보로 활용 가능한 정보원과 학과카드를 활용한 진학지도 프로그램을 소개하고자 한다.

인터넷 사이트를 통한 진로정보 찾기
- 한국직업능력개발원의 커리어넷(http://www.careernet.re.kr/)
- 직업사전, 학과정보, 학교정보, 자격정보, 진로지도 자료 및 사진과 동영상을 제공한다.
- 교육부(http://www.moe.go.kr/)
- 대학교 홈페이지
  각 대학의 사이트를 통한 진로정보 수집방법으로, 각 대학의 홈페이지에 접속하여 메인 화면에서 '입학안내' 메뉴를 찾고 이를 클릭하면 각 대학의 '입학처'와 연결된다. 입학처에서는 대학이 요구하는 수시, 정시, 특별전형의 모집요강 및 필요서식을 제공하며 논술고사 등 전년도 기출문제를 알려주기도 한다.
- 교내 진로정보센터와 진로상담교사를 통한 진로정보 찾기
- 입시전문 학원을 통한 진로정보찾기

학과카드를 활용한 진로정보 활동

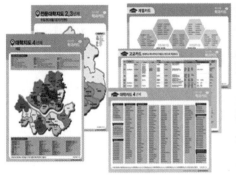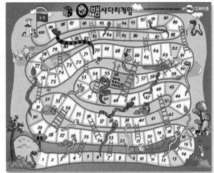

- 학과카드는 재미와 유용성을 겸비한 학과와 연계된 교육자료를 제공함으로써 청소년들의 학과에 대한 정보의 이해를 높이고 더 나아가 자신의 학과흥미분석을 돕기 위해 개발되었다. 학과카드는 진로선택의 중요한 시작점에 서 있는 청소년뿐만 아니라 진로교육을 담당하는 다양한 기관의 교사와 상담자들에게 유용한 정보를 제공하며 청소년을 대상으로 하는 진로교육활동에 활용할 수 있다.

- 김봉환 외 연구자들이 개발한 학과카드 2판(2015)은 전문가 지침서, 학교정보자료로 고교카드, 대학카드, 계열카드, 대학지도, 전문대학지도, 활동지로 구성되어 있다.

- 학과카드를 이용한 게임을 통해 진로탐색을 할 수 있는 뱀사다리게임판과 주사위, 게임말이 포함되어 있다.

- 학과카드를 활용한 활동의 예 1
  학과카드를 잘 아는 학과와 잘 모르는 학과 2가지 그룹으로 신속하게 나눈다 ▶ 알고 있는 학과로 분류한 카드를 모아 잘 섞어 분배한다. 배분한 카드를 가지고 학과 퀴즈게임을 진행한다 ▶ 학과의 설명을 읽어주되 직접적인 힌트는 빼고 읽는다. 정답을 아는 사람은 손을 들어 표시하고, 정답을 맞힌 사람에게는 학과카드를 주고 다음 퀴즈로 넘어간다 ▶ 퀴즈활동이 모두 끝나면 포함된 활동지에 기록하면서 학과에 대한 정보와 진로에 관해 생각해본다.

- 학과카드를 활용한 활동의 예 2 (인터뷰 카드 활용)

  인터뷰 카드를 뒤집는 순서는 집단에서 자율적으로 정한다 ▶ 인터뷰 카드는 [핸드 마이크, 스탠드마이크, 확성기]가 있으며, 이에 맞게 참여자들이 적절하게 답한다 ▶ [핸드마이크 카드를 뒤집었을 때: 다른 참여자를 지목하여 카드에 적힌 질문을 한다. 대답이 끝나면 답한 사람이 카드를 갖는다], [스탠드마이크 카드는 카드를 뽑은 사람이 답한다. 답을 완료하면 카드는 본인이 갖는다], [확성기 카드는 모두가 답한다. 참여자들은 답을 잘 듣고 가장 대답을 잘한 사람에게 카드를 준다]

  〈출처: 학지사 인싸이트 http://inpsyt.co.kr/psy/item/view/PITM000002〉

참고문헌

김계현, 김동일, 김봉환, 김창대, 김혜숙, 남상인, 천성문 (2009). 학교상담과 생활지도. 서울: 학지사.

김봉환, 강은희, 강혜영, 공윤정, 김영빈, 김희수, 선혜연, 손은령, 송재홍, 유현실, 이제경, 임은미, 황매향 (2013). 진로상담. 서울: 학지사.

김봉환, 이제경, 유현실, 황매향, 공윤정, 손진희, 강혜영, 김지현, 유정이, 임은미, 손은령 (2010). 진로상담 이론: 한국 내담자에 대한 적용. 서울: 학지사.

김봉환, 정철영, 김병석(2006). 학교진로상담. 서울: 학지사.

김봉환, 최명운 (2002). 직업카드를 이용한 고등학생의 직업흥미 탐색. 진로교육연구, 15(1). 69-84.

김봉환, 최명운 (2013). 진로진학 상담을 위한 청소년용 직업카드 전문가 지침서. 서울: 학지사.

김봉환, 최명운, 박진영, 이재희, 박현옥 (2015). 학과카드 2nd. 인싸이트(http://inpsyt.co.kr/psy/item/view/PITM000003http://inpsyt.co.kr/psy/item/view/PITM0000).

김상호 (2013). 직업 가계도를 그려라. 진로가 보인다. 한겨레 2013년 4월 15일.

노경란, 서현주, 이정원, 정시원 (2009). 청소년용 직업카드 활용매뉴얼. 한국고용정보원.

백은영 (2009). 학교진로지도의 실제. 학교상담교사단 워크숍 자료집.

서현주, 강오희, 노경란 (2015). 직업카드 개정 및 매뉴얼 개발보고서. 한국고용정보원.

Baer, M. F., & Roeber, E. C. (1951). *Occupaitonal information: Its nature and use.* Chicago: Science Research Associates.

Brayfield, A. H. (1950). Putting occupational information across. A. H. Brayfield (ed.), *Readings in modern methods of counseling.* New York: Appleton-Century-Crofts. 212-220.

Crites, J. O. (1969). *Vocational Psychology.* New York: McGraw-Hill.

Darley, J. G. (1950). Conduct of the interview. A. H. Brayfield (ed.), *Reading in modern methods of counseling.* New York: Appleton-Century-Crofts. 265-272.

Gysbers, N. C., Heppner, M. J., & Johnson, J. A. (1998). *Career counseling; Process, issues, and techniques*(1st ed.). Boston: Allyn & Bacon.

Klein, K. L. & Wiener, Y. (1977). Interest congruency as a moderator of the relationship between job tenure and job satisfaction and mental health. *Journal of Vocational Behavior, 10,* 91-98.

Miller, D. C. (1974). *Industrial sociology.* New York: Harper & Row.

Parsons, F. (1909). *Choosing a Vocation*. Boston: Houghton Mifflin.

Strong, S. R., & Schmidt, L. D. (1970). Expertness and influence in counseling. *Journal of Counseling Psychology, 1*7(2), 81-87.

Williamson, E. G. (1939). *How to counsel students*. New York: McGraw-Hill.

4장

진로발달이론의 기법

고홍월

개인의 직업선택을 설명하는 이론 중에서 생애 단계에 따른 진로발달을 설명하는 이론이 진로발달이론이다. 진로발달에 대한 관점은 오래전부터 있었지만 현대적 의미의 진로발달 개념은 1950년대 이후에 출발하였다. 직업선택에 대해 기존의 관점보다 포괄적인 맥락에서 발달적 관점을 취한, 현대적 의미의 진로발달 관점을 제시한 대표적인 학자로는 긴즈버그(E. Ginzberg), 긴스버그(S. W. Ginsberg), 액셀래드(S. Axelrad), 허마(J. L. Herma), 수퍼(D. E. Super), 갓프레드슨(L. S. Gottfredson) 등이 있다. 이들은 기존의 직업선택이론의 관점과 달리 직업선택이 한 번의 행위가 아니라 생애발달 전 단계에 거쳐 지속적으로 이루어지는 일련의 결정 과정이라고 본다. 진로발달 관점이 논의되면서 60년대, 70년대에 이르러 진로발달의 과정을 더 세분화하여 보다 다양한 요인의 영향으로 이해하게 되었다. 구체적으로 교육적, 심리적, 사회적, 경제적, 신체적 요인의 영향에 의해 형성되고 변화한다고 보았다. 80년대, 90년대는 전 생애적 발달단계 속에서 진로발달을 제안하고 논의하면서 진로발달이론을 더욱 체계화, 정교화시키는 노력을 하였다. 이로써 진로발달이론이 중요한 이론으로 확립되면서 개인의 진로와 관련된 발달, 직업선택에 관한 다양한 변인들을 체계적으로 설명하고 있다. 이러한 과정을 통해 진로발달이론은 오늘날 진로를 설명하는 핵심 이론 중 하나가 되었다. 이 장에서는 긴즈버그 등의 진로발달이론을 간단하게 소개하고, 수퍼의 진로발달이론을 중심으로 상담 실제에서의 활용 방안을 서술하고자 한다.

목표

1) 긴즈버그 등의 진로선택발달이론을 이해하고 핵심 내용을 설명할 수 있다.

2) 수퍼의 진로발달이론의 주요 내용을 이해하고 주요 개념 및 발달 단계를 설명할 수 있다.

3) 진로발달이론의 주요 개념과 각 개념 및 관련된 상담기법을 이해하고 설명할 수 있다.

4) 내담자의 진로발달 및 주요 문제를 진로발달이론에 따라 사례개념화(case formulation)하여 진술할 수 있다.

5) 진로발달이론의 개념과 기법을 통해 내담자의 진로문제에 구체적으로 개입할 수 있다.

긴즈버그의 진로선택발달이론

직업선택을 발달적 관점으로 제시한 초기 학자들은 긴즈버그, 긴스버그, 액셀래드, 허마(Ginzberg, Ginsburg, Axelrad, & Herma, 1951) 등이다. 이들은 진로선택의 다양한 측면을 종합적으로 논의하면서 개인의 내적 요인과 환경적 요인 간의 상호작용이 어떻게 개인의 직업선택에 영향을 주는지를 주목하였다. 그러면서 이러한 지속적인 상호작용의 과정이 개인의 직업선택 과정에 영향을 미치며, 직업선택이 한 시점의 행위가 아니라 지속적인 의사결정의 과정이라고 하였다. 이들은 초기 관점뿐만 아니라 두 차례 (Ginzberg, 1972; 1984)의 수정을 통해 이론의 제한점을 더 보완하였다. 여기에서는 초기 이론과 수정 이론을 종합하여 살펴보고자 한다.

1) 이론적 가정 및 주요 내용

이 이론의 주요 가정 및 관련 내용은 다음과 같이 크게 세 가지로 구분된다. 첫째, 진로발달을 인간 발달의 한 가지 측면으로 보고, 직업선택은 유아기부터 시작해서 20대 초반까지 일련의 과정을 거쳐 발달한다고 본다. 발표 당시 이 이론은 기존 이론과 전혀 다른 새로운 관점을 제시했다는 의의가 있었다. 즉, 발달심리학적 관점으로 개인의 진로발달을 바라보고 직업을 선택 연속적인 발달 과정이라고 제안하였다. 경제학자인 긴즈버그, 정신의학자인 긴스버그, 사회학자인 액셀래드, 심리학자인 허마, 이들은 다양한 관점으로 종합적으로 개인의 직업선택을 설명하면서 새로운 이론을 창안하였다. 그후 수정 이론에서는 개인이 직업을 선택한 후에도 다른 분야로 이동하여 더 큰 만족을 얻고자 한다는 것을 인정하였다. 특히 여성과 교육수준이 낮은 집단 등의 직업선택을 보다 폭넓게 이해하였다.

둘째, 진로발달의 과정은 비가역적이고, 현실적인 장애와 정서적 요인의 영향을 받는다고 한다. 이 이론에 따르면 진로발달 과정에서 개인은 수시로 현실적인 장애 요인을 만나고, 현실적인 제약을 받는다. 또한 먼저 일어난 진로 결정은 그 후의 진로결정에 영향을 미친다고 한다. 이 과정에서 현실적 요인, 교육의 종류와 수준, 정서적 요인 및 개인의 가치관 간의 상호작용이 발생하면서 진로를 결정하게 된다. 특히 진로 변경 과정에서는 정서적 변화를 경험한다고 본다. 진로발달의 비가역성에 대해 수정 이론에서는 진로선택 이전의 경험들이 진로선택에 당연히 영향을 줄 뿐 아니라 직업을 선택한 후에도 일과 삶에서 겪은 경험들이 그 이후의 진로선택에 또 영향을 줄 수 있다고 하였다.

셋째, 직업선택의 과정 끝에는 타협(compromise)이 늘 이루어진다고 본다. 개인은 자신의 흥미, 능력 등을 발휘하여 가치 충족과 목표 달성을 이룰 수 있는 진로를 선택하게 된다. 이 이론에서는 직업선택 과정을 바람(wishes)과 가능성(possibility) 간의 타협으로 본다(김봉환 외, 2000). 따라서 타협을 이루기 위해 개인은 기회와 환경을 현실적으로 평가하며 적절한 만족을 얻으려고 한다고 보았다. 하지만 수정 이론에서는 개인의 직업선택의 제약을 단순한 타협으로 보지 않고 변화하는 바람과 변화하는 환경 간의 최적화(optimization)를 이루는 과정이라고 본다. 그래서 타협이 한 번이 아니라 여러 차례 일어나게 된다.

2) 진로발달

(1) 환상기(6-10세)

진로발달의 첫 번째 단계인 환상기는 11세 이전에 해당하며, 아동은 상상 속에서 일과 관련된 역할을 인식한다. 이 시기의 아동은 유능감(competence)을 느끼며 자신의 욕구나 희망을 중심으로 일과 직업에 대한 생각을 키워나간다. 그렇기 때문에 현실적, 객관적으로 이해하고 판단하기보다 아동기 욕구 중심의 진로발달이 이 단계의 특성이라고 할 수 있다.

(2) 잠정기(11-17세)

환상기를 지나 아동은 여러 측면에서 발달하면서 진로발달에서도 보다 다양한 특성을 갖게 된다. 특히 청소년기를 거치면서 환상기의 욕구 중심의 선택에서 벗어나 보다 객관적으로 자신을 이해하려는 노력을 한다. 점차 흥미, 능력, 가치, 현실적 상황 등을 고려하면서 잠정적으로 진로를 선택한다. 그러나 이에 대한 현실검증이나 수행이 불가능하기 때문에 잠정적 선택의 수준으로 머물러 있다. 잠정기는 다음과 같은 네 개의 하위 단계로 구분이 된다.

- 흥미 단계(11-12세): 이 시기에는 흥미가 진로선택에 가장 중요한 요인으로 작용해 흥미에 따라 선호를 결정하고 관심 직업을 선택하게 된다.
- 능력 단계(13-14세): 이 단계에서는 흥미 위주로 선택한 직업에 대해 능력을 고려하게 되면서, 자신의 능력을 평가하는 시기이다. 이에 따라 자신의 능력을 키우기 위해 필요한 노력 등을 고려해 본다.
- 가치 단계(15-16세): 이 시기의 청소년은 점차 개인의 가치관을 형성하고, 사회적으로 직업의 여러 특성을 이해하며, 각 직업이 가진 보상 등을 생각하면서 가치관과 생활양식을 확립해 나간다.
- 전환 단계(17-18세): 이 시기에는 잠정기 단계에서 고려했던 요인들을 통합적으로 이해하고 다양한 요인을 고려하여 자신의 진로를 선택한다. 이러한 요인들을 보다 객관적이고 현실적으로 이해하면서 진로선택에 활용하는 것이 이 단계의 특징이다. 하지만 여전히 현실에 대한 인식이 충분하지 않기 때문에 이 시기의 진로선택은 잠정적 수준이라고 할 수 있다.

(3) 현실기(18세-성인 초기)

현실기는 청소년 중기에 해당하는 단계로, 이 시기의 청소년은 잠정기에 비해 보다 현실적으로 다양한 상황을 이해하고 개인적 요인과 현실적 요인 간의 타협을 통해 진로를 선택한다. 현실기는 다시 다음과 같은 세 단계로 구분된다.

- 탐색 단계: 잠정기 단계에서 선택한 진로에 대해 더 알아보면서 잠정적인 선택에 대해 여러 대안을 놓고 비교하는 특성을 보인다. 구체적인 비교를 통해 관심이 더 가는 두세 개의 대안을 선정해 흥미, 능력, 가치, 교육수준, 현실 제약 등을 고려한다.
- 명료화 단계: 탐색기 단계에서 경험한 다양한 내적 요소와 외적 요소들을 종합하여 자신의 진로목표를 좀 더 분명히 하는 단계이다. 그러나 이 단계에서는 진정한 명료화가 아닌 가(假)명료화(pseudocrystallization) 상태를 나타낼 수 있다. 진정한 명료화가 아니라는 것은 자신의 결정을 명료화한 것으로 착각하고 미숙한 상태의 발달을 보여주는 모습을 뜻한다. 가명료화 상태는 자신에 대한 이해가 명확하지 않거나 외적 현실에 대한 이해가 부족할 때 명료화 단계를 성취하지 못하는 경우이다.
- 구체화 단계: 구체화 단계는 자신의 진로를 구체화시켜 직업이나 분야를 정하고 이를 계획하고 실천하는 단계이다.

이상 긴즈버그(Ginzberg, 1984)가 제안한 진로발달 단계를 살펴봤는데, 이러한 진로발달은 개인차가 존재한다. 즉, 모든 사람이 연령에 따라 제시된 발달단계를 순차적으로 경험하는 것은 아니며, 또한 제시된 모든 발달 수준에 이르는 것은 아니다. 유사한 발달 과정을 경험하지만 개인의 심리적, 환경적 요인의 영향으로 진로선택의 범위와 진로선택의 과정에서 시기의 차이가 발생한다. 따라서 그 범위와 선택의 시기가 넓어지면서 진로선택은 일생에 거쳐 발달하는 과정이라고 제안한다.

2 수퍼의 진로발달이론

긴즈버그 이론의 한계점을 극복하는 노력을 수퍼의 생애진로발달이론에서 찾아볼 수 있다. 수퍼는 20대까지로 한정된 긴즈버그의 이론을 발전시켜, 연령을 확장하는 동시에 발달에 영향을 주는 요소를 다양하게 고려하여 전 생애 진로발달의 관점으로 이론을 체계화하였다. 즉, 수퍼의 생애진로발달이론은 포괄적이고 거시적인 관점으로 개인의 진로발달을 바라보고 있다. 수퍼는 진로발달이 생애발달의 모든 단계에서 일어나고, 각 발달단계에는 발달과업이 있다고 보았다. 이러한 발달단계의 관점을 따르면 진로발달의 각 단계는 발달과업이 있는 동시에 발달 수준을 평가하는 진로성숙도가 있다. 수퍼에 따르면 진로발달 과정에는 자아개념의 발달과 진로성숙도의 변화가 나타난다.

1) 자아개념과 진로성숙

수퍼(Super, 1990)에 따르면 진로발달은 자아개념의 발달이라고 할 수 있다. 자아개념은 전 생애 발달단계에서 삶의 다양한 경험을 바탕으로 일과 관련된 자신의 능력, 흥미, 가치 등에 관한 태도와 의미를 갖는 것을 말한다. 개인이 아동기부터 학습, 놀이, 일 등 다양한 삶의 영역에서 경험한 것이 진로와 관련된 자아개념에 영향을 미친다. 따라서 수퍼에게 있어 자아개념은 심리사회적 개념이며, '개인이 어떻게 선택을 하고 그 선택에 적응해 가는가에 초점'을 둔 것은 심리적 측면에 해당하며, '개인이 일하고 생활하는 현 사회의 구조와 자신의 사회경제적 상황에 대한 개인적 평가에 초점'을 둔 것은 사회적 측면에 해당한다(이희영, 2003; Issason & Brown, 1997). 수퍼의 아치웨이 모형(그림 4-1)이 바로 이러한 자아개념의 심리사회적 측면을 나타내고 있다. 아치웨이 모형의 왼쪽은 자아개념의 심리적 측면, 오른쪽은 사회적 측면을 의미한다. 자아개념은 전 생애 동안 개인과 사회의 상호작용을 통해 발달한다.

그림 4-1 Super의 진로발달의 아치웨이 모형

    진로성숙은 진로발달의 연속적 과정에서 한 개인이 도달한 위치이며, 그 사람의 진로발달 정도를 나타내는 지표이다(Super, 1955). 진로성숙은 개인이 자신이 도달한 발달단계에서 발달과업을 잘 수행하였는지와 관련된 개념이다. 진로성숙은 특히 청소년기의 진로발달을 설명하는 중요한 변인이라고 할 수 있다. 그러나 수퍼(Super, 1977)는 성인기의 진로발달은 진로성숙이라는 개념으로 설명되지 않는 특성이 있다고 보았다. 이와 관련해 수퍼는 성인 이후의 진로 특성을 진로적응이라는 개념으로 설명할 것을 제안하였다. 이에 따르면, 성인기 진로발달은 개인차가 크고 조직이나 환경에서의 적응이 중요하다. 그리고 진로적응은 계획성 및 시간관념, 탐색, 정보, 의사결정, 현실지향성과 같은 하위 요인으로 설명할 수 있다고 한다.

2) 생애발달 단계와 발달과업

수퍼 이론의 핵심 중 하나가 생애발달 단계이다. 수퍼는 전 생애적 관점에 기초해 아동기부터 노년기까지의 단계를 구분하였다. 성장기와 탐색기는 아동기와 청소년기에 해당하며, 확립기와 유지기는 성인기에 해당하고, 쇠퇴기는 노년기의 진로발달 단계로 구분할 수 있다. 이와 같은 생애발달 단계는 다음과 같다.

첫째, 성장기(growth stage)는 0-14세에 해당하는 단계이며, 흥미, 능력, 가치 등의 영역과 관련하여 자아개념이 발달한다. 이 시기의 주요 발달과업은 자신과 직업세계에 대한 기본적인 이해이다. 자신에 대해 인식하고, 자신의 흥미, 능력 등을 점차 파악하고 이해하며 동시에 직업세계, 사회적 환경에 대해 구체적이지 않지만 대략적으로 이해하는 것이다. 성장기 중에서도 아동은 개인의 욕구와 환상이 가장 중요하고, 청소년기 초기에는 현실검증이 증가하면서 흥미와 능력이 중요해진다. 이러한 과정을 수퍼는 다시 세 개의 하위 단계로 구분하였다.

- 환상기(fantasy substage, 4-10세): 욕구가 지배적이고 욕구 탐색이 중심 과제이며, 역할놀이를 통해 환상을 경험하고 표현한다.
- 흥미기(interest substage, 11-12세): 자신이 좋아하는 것을 활동으로 연결하고 이를 목표와 장래희망이라고 생각한다.
- 능력기(capacity substage, 13-14세): 능력을 더욱 중요시하며 직업에 필요한 요건에 관심을 가진다.

둘째, 탐색기(exploration stage)는 15-24세까지에 해당하며 중요한 성장 시기이다. 이 단계에 속한 청소년들은 신체적, 인지적 측면에서 발달하고 자신에 대해 더 폭넓게 이해하고 평가한다. 이 시기의 발달과업은 여러 경험을 통해 상급학교나 직업에 대해 탐색하면서 진로와 관련된 구체적인 의사결정을 내리는 것이다. 탐색기에 속한 청소년들은 자신을 더 분명하게 인식하는 결정화 시기, 직업적 선호가 더 구체화되는 시기, 그리고 이를 실천하는 실행기를 겪게 된다. 즉, 탐색기는 결정화, 구체화, 실행과 같은 하위 단계로 구분이 된다.

- 결정화(crystallization, 15-17세): 아동기의 욕구와 흥미 중심의 직업 선호가 점차 욕구, 흥미, 능력, 가치, 직업의 현실적 요건 등을 종합하는 방식으로 변화한다. 이 시기는 다양한 지식과 정보를 기반으로 진로를 고려하게 되며 진로에 대한 선호가 보다 명확해진다.
- 구체화(specification, 18-21세): 결정화 시기에 여러 정보를 종합하여 관심을 가졌던 직업 중에서 더 구체적인 특정 직업에 대한 선호를 드러낸다. 즉, 모호하고 수많은 직업 중에서 특정 직업으로 구체화할 수 있음을 의미한다.
- 실행(implementation, 22-24세): 선택한 특정 직업을 성취하기 위해 필요한 능력이나 기술을 얻는 과정을 경험한다. 어떤 교육이나 훈련이 필요한지, 현실적인 가능성 등을 고려하여 노력을 한다.

셋째, 확립기(establishment stage)는 대략 25-44세까지의 기간이라고 본다. 확립기에 진입한 개인은 직업세계에 진입하고 직업 역할 속에서 자아개념을 확립해 나간다. 이 시기의 주요 과업은 직업적 숙련도나 전문성을 향상시키고, 그 역할을 보다 충실히 할 수 있도록 하는 것이다. 이 시기는 정착, 공고화, 발전의 단계를 경험한다.[1]

- 정착(stabilizing): 진입한 직종에 종사하면서 직무에서 요구하는 것을 충족시키고 자신의 직업적 역할을 지속적으로 수행한다.
- 공고화(consolidating): 직업적 역할을 안정적으로 수행하면서 자신의 능력, 조직에서의 역할 등을 인정받으면서 자신의 입지를 안정적으로 공고히 하는 시기이다.
- 발전(advancing): 직업 역할을 안정적으로, 더 높은 수준으로 성취하면서 조직

---

1 확립기와 유지기, 쇠퇴기에 해당하는 하위 단계에 대해 수퍼가 여러 차례 이론을 수정하면서 약간의 차이가 있기 때문에 여기에서는 연령 구분을 명시하지 않겠다.

안에서 더 권위 있는 지위나 책임을 가지게 된다.

넷째, 유지기(maintenance stage)는 45-65세까지의 단계를 뜻한다. 확립기 이후에 직업적 역할을 계속 수행하면서 자신의 직업적 위치를 유지하는 기간이다. 유지기 단계에 속한 개인은 자신의 실무 수준을 유지하고 직업 환경에서 적응적으로 업무를 수행한다. 유지기의 하위 단계에서는 보유, 갱신, 혁신과 같은 발달 과제를 경험한다.

- 보유(holding): 개인은 종사하는 직업에서 어느 정도 성취하면 그 상황을 지속적으로 유지해 나간다.
- 갱신(updating): 직업 환경에서 계속 유지하기 위해 적응적인 노력을 하면서 기술, 정보, 지식 등을 갱신하는 경험을 하게 된다.
- 혁신(innovating): 직업 환경이나 조직의 변화에 따라 새로운 요구에 맞춰 새로운 기술이나 능력을 키워 직무를 수행하는 것을 의미한다.

다섯째, 쇠퇴기(disengagement stage)는 65세 이후 은퇴를 하면서 맞이하는 시기이다. 쇠퇴기는 인생의 노년기 단계로 접어들면서 생산성이 떨어지고 직업에서의 수행 능력, 속도 등이 감소하는 시기이다. 쇠퇴기에 속한 개인은 감소, 은퇴계획, 은퇴생활과 같은 하위 단계를 경험한다.

- 감속(decelerating): 직업 속에서 업무의 양과 책임이 점차 감소하는 시기이다.
- 은퇴계획(retirement planning): 직업 전선에서 물러날 때를 대비해서 생활, 활동, 재정 상황 등의 계획을 세우는 것을 말한다.
- 은퇴생활(retirement living): 직업적 역할 수행을 그만두고 가정, 지역사회 등에서 자신의 역할을 재정립하고 이전과 다른 생활양식을 만들어간다.

수퍼는 생애단계에 따라 5개의 진로발달 단계를 제안하여 각 단계에 맞는 개인의 연령을 제시하였다. 하지만 꼭 연령과 관련이 높다고 보지는 않고, 개인의 성격이나 생활환경의 영향이 크다고 보았다. 이와 관련하여 대순환과 소순환의 개념을 제안하였다. 대순환(maxicycle)은 5개의 주요 생애 단계인 성장기, 탐색기, 확립기, 유지기, 쇠퇴기를 뜻하며, 소순환(minicycle)은 대순환의 각 단계 안에서 일어날 수 있는 성장, 탐색, 확립, 유지, 쇠퇴를 의미한다. 즉, 5개의 생애단계와 같은 일반적인 발달이나 전형적인 시기가 있는 것은 사실이지만 각 개인의 생애 동안 어떤 시기든 탐색, 확립, 유지, 쇠퇴와 같은 과정을 겪을 수 있다고 한다. 어떤 사람은 한 시점에 여러 단계의 진로발달 특성을 동시에 나타내기도 한다. 또한 삶의 여러 시기에 이러한 단계를 거치는 것을 재순환(recycle)이라고 한다.

3) 생애역할과 생애공간

개인은 생애발달 과정에서 삶의 여러 영역 및 관계 속에서 다양한 역할을 경험한다. 예를 들어, 개인은 자녀, 부모, 학습자 등과 같은 여러 역할을 삶 속에서 동시에 수행한다. 수퍼(Super, 1980)는 역할의 중요성을 강조하는데, 역할의 중요성은 개인의 활동 참여나 헌신, 그리고 활동에서 부여하는 가치를 통해 나타난다(Sharf, 2014). 역할에 대해 수퍼는 자녀, 학습자, 시민, 근로자, 배우자, 부모, 여가인, 가사인, 은퇴자와 같은 역할을 제시하였다. 각각의 개인은 이와 같은 다양한 역할을 수행해야 하며, 각 역할을 수행할 때마다 다른 맥락과 환경을 경험하게 된다. 나아가 수퍼가 주목했던 점은 개인이 특정 시기나 처한 환경에 따라 경험하는 역할의 중요성이 달라진다는 것이다. 또한 같은 시기에도 여러 역할 간에 상대적 중요성의 차이가 있다. 예를 들어, 아동기는 자녀 역할이 더 강조되고, 청소년기는 학습자 역할이 강조되는 것과 같이 생애의 시기와 활동에 따라 여러 역할 중에서 더 많이 부각되는 역할이 있다. 또한 개인마다 삶의 경험과 역할의 상호작용이 다르기 때문에 같은 학생이더라도 삶의 전체 역할 중에서 학생이라는 비중은 다를 수 있다.

전반적으로 생애의 중요한 역할은 학습, 일, 가정, 지역사회, 여가활동 영역에서 나타난다. 우선, 학습은 청소년기의 중요한 역할이지만 현대사회에서는 평생학습이 중요하기 때문에 학습자가 중요한 삶의 역할 중 하나가 된다. 학습과 관련된 활동은 학습이 일어날 수 있는 물리적 공간이나 가상공간을 모두 포함한다. 일은 직업적인 일, 그리고 활동과 관련된 일을 의미하는데 주로 근로자 역할로 이해할 수 있다. 개인은 탐색기부터 확립기, 유지기, 쇠퇴기까지 일과 다양한 경험을 하면서 일과 관련된 크고 작은 역할을 수행한다. 일과 관련된 공간도 전통적인 조직이라는 작은 공간을 벗어나서 다양한 시간적, 지리적 공간으로 확대해서 생각할 수 있다. 예를 들어, 사이버 공간, 가상세계와 같은 직업 환경은 전통적인 물리적 시간과 장소의 개념을 벗어난 새로운 환경이라고 할 수 있다.

가정에서는 가족관계에서의 역할과 가사일 등의 활동을 수행해야 한다. 가족관계 속에서의 역할은 자녀 역할, 부모 역할, 배우자 역할이며 가족구성원으로서 가족에 대한 의무와 책임에 관련된 역할을 수행한다. 가사인 역할은 원만한 가정생활을 유지하는 데 꼭 필요한 활동과 관련된 역할이다. 지역사회는 개인의 삶의 여러 측면을 포괄하고 있으며 사회적, 경제적, 정치적 측면을 망라하여 개인은 다양한 활동에 참여한다. 여가활동은 전 생애에 걸쳐 지속적으로 나타나며 모든 발달단계에서 이루어지는 중요한

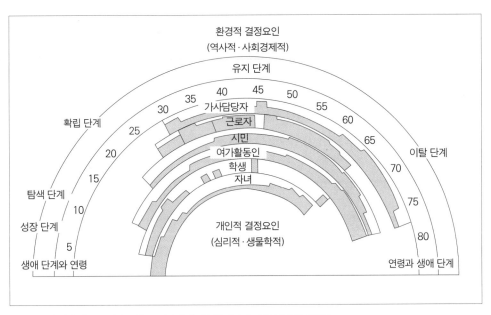

그림 4-2 생애의 진로 무지개 모형: 도식화된 생애 공간에서의 여섯 가지 생애 역할

활동 중 하나이다. 여가활동은 종류가 매우 다양하기 때문에 활동과 관련된 공간도 매우 다양하다.

역할중요성을 설명하는 데는 참여(participation), 전념(commitment), 지식(knowledge), 가치기대(values expectations)와 같은 개념이 있다(Sharf, 2014). 참여는 어떤 일에 상대적으로 더 집중하여 활동하는지, 활동 수행과 관련된 양과 질을 의미한다. 전념은 앞으로의 수행에 관한 자신의 계획, 바람, 또한 현재 수행에 대한 확신 등이다. 지식은 역할에 관한 정보, 기술 등 인지적 지식 측면을 뜻한다. 가치기대는 역할 수행과 관련하여 여러 욕구나 가치의 충족 여부와 관련이 있다. 개인이 추구하는 가치로는 능력활용, 성취 욕구, 심미적 욕구, 이타주의, 자율성, 창의성, 경제적 보상, 생활양식, 신체적활동, 명예, 모험, 사회적 상호작용, 다양성, 근무조건 등이 있다.

3 진로발달이론에 따른 사례개념화

1) 진로상담 사례개념화

사례개념화는 내담자가 호소하는 심리적, 대인관계적, 행동적 문제 등 다양한 문제와 관련된 원인 및 촉발·유지 요인들을 비롯하여 내담자가 가진 강점을 파악하고, 이에 대한 종합적 이해에 근거하여 문제해결의 방향과 전략, 기법을 계획하는 것이다(이윤주, 2001; Berman, 1997). 진로상담에서도 마찬가지로 내담자의 문제를 체계적으로 이해하기 위해 이론적 틀에 근거하여 사례에 대해 구체적으로 이해하고, 내담자의 진로문제에 대해 종합적인 평가와 상담의 방향, 전략과 기법 등을 구체적으로 제시해야 한다. 진로상담 사례개념화와 관련해서는 다양한 이론으로 내담자의 진로문제를 설명할수 있지만 여기에서는 진로발달이론으로 사례개념화하는 방법과 이에 따른 상담주제를 설명하고자 한다.

진로상담을 할 때 많은 초심상담자들이 진로상담에서는 내담자들의 진로문제만 다룬다는 오해를 하는 경우가 많다. 개인이 삶의 다양한 장면에서 경험하는 어려움은 진로영역에서도 나타날 수 있기 때문에 내담자의 특성이나 호소하는 문제의 성격에 따라 진로상담만으로 접근하는 경우와 진로상담과 성격상담을 동시에 다루는 경우가 있다. 내담자가 진로문제라고 호소하는 문제도 삶의 여러 영역에서 복합적으로 촉발된 것일 수 있기 때문에 성격문제를 함께 개념화할 때가 있다. 따라서 진로상담을 위해 찾아오는 내담자의 사례에 대해 사례개념화할 때 내담자 개인 특성에 대한 이해를 종합적으로 해야 한다. 또 개인의 삶의 문제를 단편적인 영역으로 재단하는 것은 위험하기 때문에 사례개념화할 때는 진로발달이론과 심리상담이론을 모두 활용해야 한다.

사례개념화할 때 내담자의 문제가 일반적인 진로문제인지, 삶의 여러 영역의 문제가 복합적으로 나타나는 것인지를 확인해야 한다. 내담자가 경험하는 총체적인 어려움을 공감하고 이해하되 각 문제의 영역을 구분하고 문제의 촉발 계기, 문제의 발단과 지속, 악화 원인, 보호 요인 등을 구분하여 사례개념화를 진행할 필요가 있다. 또한 다양한 영역에서의 어려움이 서로 어떻게 영향을 주고받는지, 정확한 진단·평가를 통해 문제의 연쇄적인 고리를 이해하고 설명해야 한다. 이러한 복합적인 문제에 대해 보다 체계적인 지식과 접근방법이 필요하다. 여기에서는 진로가 주요 상담주제인 점을 고려하여 진로발달이론에 따라 사례개념화할 때 주로 다루는 주제를 중심으로 설명하고자 한다. 진로발달이론에 따라 중요하게 파악해야 할 내용은 다음과 같다. 우선 내담자의 현 시점의 발달 영역과 주제, 발달 수준을 확인해야 한다. 특히 발달 주제나 발달 수준에 영향을 미치는 요인에 대해 정확히 평가하고 이를 종합하여 내담자의 진로발달을 촉진하기 위한 상담목표를 설정한다.

(1) 발달단계, 발달과업 수행 및 진로성숙도 확인

내담자가 호소하는 진로문제를 개념화할 때 수퍼가 제안한 발달단계와 진로성숙도를 이론적 근거로 삼아 사례를 분석해 볼 수 있다. 우선 내담자의 생물학적 연령과 발달에 해당하는 진로발달 단계는 어디인지를 살펴볼 필요가 있다. 예를 들어, 중학교 3학년 학생의 진로발달 단계는 일반적으로 탐색기의 결정화 시기에 해당한다. 이와 같이 내담자가 실제 어느 단계에 해당하는지를 평가할 필요가 있다. 둘째, 내담자의 발달단계를 확인한 후, 해당 발달단계의 발달과업을 어느 정도 수행했는지를 확인하는 것이 중요하다. 중학교 3학년인 내담자는 탐색기의 결정화 시기에 해당하므로 이 시기의 과업은 자신의 직업적 선호를 보다 명확하게 하는 것이 중요하다. 이전 단계로부터 점차 발달하면서 자신의 흥미, 적성, 가치관 등을 명확히 인식하고 직업선택을 위한 준비를 갖춰나가야 한다. 셋째, 보다 구체적으로 진로성숙도를 평가하여 내담자의 현재 상태를 확인할 필요가 있다. 표준화된 진로성숙도 검사를 통해 각 하위 영역에서 내담자의 발달 정도를 확인함으로써 규준집단과 비교했을 때 무엇을 더 촉진해야 하는지를 파악한다. 이러한 과정을 종합해 보면, 발달단계, 해당 발달단계의 발달과업 수행 정도, 진로성숙도를 평가해서 내담자의 진로발달 지연 여부, 발달과업의 구체적 수행 내용과 그 결과, 진로성숙도 하위 영역의 수준 등을 기반으로 상담목표를 설정해야 한다.

(2) 발달 영역(주제) 확인

앞에서 종합적으로 평가한 결과를 바탕으로 보다 구체적으로 발달 영역, 또는 발달 주제를 중심으로 상담목표를 설정해야 한다. 진로성숙의 개념이 더욱 구체화, 정교화되면서 이와 관련한 진로발달검사가 개발됨에 따라 이 검사의 주요 구성 개념을 상담 장면에서 유용하게 활용할 수 있게 되었다. 여기에서 샤프(Sharf, 2014)의 설명을 기반으로 진로발달검사의 구성 개념을 제시하면 다음과 같다(Sharf, 2016).

첫째, 진로계획은 개인이 다양한 정보탐색 활동에 대해, 그리고 일의 다양한 측면에 대해 자신이 얼마나 알고 있는지를 의미한다. 여기에서는 진로 정보에 대한 학습, 계획에 대한 구체적 생각과 타인의 조언, 시간제 일 경험, 직업관련 교육 및 훈련을 받은 정도, 진로의사결정에 대한 이해 등 활동의 수행을 포함한다. 이와 관련된 측정의 경우 실제 활동의 양과 질보다 그 활동에 대한 개인의 주관적 느낌을 측정하는 한계가 있다.

둘째는 진로탐색이며, 주로 정보를 탐색하거나 찾아보려는 의지를 말한다. 여기에서는 다양한 자원의 활용, 다양한 자원으로부터 획득한 정보의 양을 말한다. 자원이라면 인적 자원인 부모와 친척, 친구, 교사, 상담자, 여러 지인들 등을 포함한다. 또한 책, 매체, 영화, 자료 등을 포함하여 자원의 범위를 말한다. 주의할 점은, 정보에 대해 필요성을 덜 느끼는 경우, 그리고 객관적이지 못한 정보나 권위 있는 사람의 사적 의견을 맹신하는 등의 문제를 피하도록 해야 한다는 것이다. 수퍼는 앞에서 제시한 진로계획과 진로탐색을 묶어서 진로발달 태도라고 일컫는데, 이는 두 가지 개념 모두 일에 대한 태도라는 점에서 공통되기 때문이다.

셋째, 진로의사결정은 진로계획을 수립하기 위해 지식과 사고를 이용하는 능력을 의미한다. 진로의사결정을 어떻게 해야 하는지, 의사결정하기 위해 필요한 정보, 의사결정의 과정을 이해하는 것이 중요하다. 그리고 진로의사결정을 위한 다음 단계들이 무엇일지에 초점을 둘 수 있다.

넷째, 직업세계 정보는 개인의 진로 발달과업에 대한 이해 정도와 선호 직업의 직무에 대한 지식을 의미한다. 개인의 발달과업에 대한 이해는 사람들이 언제 자신의 흥미와 능력에 대해 이해하고 탐색하는지, 자신이 선호하는 직업에 대해 무엇을 학습하는지, 왜 직업을 바꾸는지 등을 이해하는 것이다. 그리고 개인이 선호하는 직업에 대한 직무와 관련하여 어떤 지식을 가지고 있는지, 직무의 구체적인 내용이나 방법을 이해하는 것을 말한다. 직업세계 정보는 진로의사결정의 선행조건이라고 할 수 있다.

다섯째, 선호 직업군에 대한 지식은 자신이 선호하는 직업군을 선택하고, 이와 관련된 자신의 능력을 평가하는 것이다. 자신이 선호하는 특정 직종의 책무, 신체적 조건, 도구나 장비의 활용능력, 필요한 지식과 기술을 갖춘 정도 등을 평가할 수 있다. 또한 자신의 능력을 평가하는 동시에 해당 직업군에 종사하는 사람들의 흥미를 파악하는 것이 중요하다. 구체적인 평가 영역으로는 언어 능력, 비언어적 추론, 계산 능력, 사무 능력, 기계적 능력, 공간 능력, 운동 협응 정도, 외국어 능력, 읽기 능력 등이 있다.

여섯째, 현실성은 정서적·인지적 측면이 혼합된 실체이며, 자신의 적성을 특정 직업 종사자의 전형적인 적성과 비교함으로써 자기 보고와 객관적인 자료의 통합으로 종합적인 평가를 한다는 것이다. 상담에서는 내담자가 개인의 적성, 성격, 흥미, 가치관 등을 특정 직업에서 요구하는 적성 등 관련 특성과 비교하면서 이와 같은 특성을 갖추도록 해야 한다. 그러나 아직 직업세계 진입 이전 단계로서 객관적인 평가는 어렵기 때문에 내담자가 쉽게 좌절하거나 자신의 능력을 과대평가할 가능성을 염두에 둬야 한다.

일곱째, 진로지향성은 포괄적 개념으로 진로계획, 진로탐색, 진로의사결정, 직업세계 정보까지 포괄하는 개념이다. 여기에서 현실성을 포함하지 않고, 앞에서 언급한 다섯 가지 영역을 종합해서 개인이 진로선택과 직업정보를 어떻게 이해하고, 관련 지식과 정보를 얼마나 활용하는지 등을 통해 진로와 관련된 방향을 어떻게 이해하고 설정하는지에 대해 평가한다.

2) 역할중요도 확인

진로발달이론에서는 생애역할을 중요한 발달 주제 중의 하나로 본다. 이러한 맥락에서 실제 상담할 때, 내담자가 삶 속에서 어떤 역할을 어떤 방식으로 수행하는지를 살펴보는 것이 중요하다. 생애역할을 학업, 일, 지역사회, 가정과 가족, 여가생활과 같은 영역으로 구분한다면, 청소년 시기에는 학생 역할, 자녀 역할, 근로자(체험형 또는 시간제 근로 등 비공식적 형태 포함), 가사일 돕는 역할, 지역사회 봉사자 역할, 여가활동 등의 역할을 수행한다. 이와 같은 역할에 대한 평가를 통해 내담자의 현재 상태와 겪고 있는 어려움을 확인해서 상담목표를 설정해야 한다.

이와 관련해서 내담자가 삶의 여러 영역과 해당 역할 중에서 어디에 중요한 가치를 두는지, 속해 있는 발달단계에서 더 집중적으로 수행해야 하는 역할에 대한 평가가 필요하다. 예를 들어 고등학교 1학년 여학생인 내담자의 경우, 부모님이 생계를 위해 타 지역에서 근무하고 내담자가 동생을 돌보는 역할(부모 역할 대리)과 가사일을 하는 데 일과생활 중에 많은 시간을 쓰고 있다. 이로 인해 청소년기 발달 단계로서의 학생 역할은 매우 작은 비중을 차지하게 되고, 진로발달에 있어서 학업적인 면에서 자신의 능력을 충분히 향상시켜 직업적 준비를 하는 데 한계가 있다. 또한 여가활동이나 지역사회 봉사 등 삶의 다른 역할을 거의 포기할 수밖에 없는 불균형이 발생할 수 있다. 이러한 역할과 관련된 주제를 살펴봄으로써 내담자의 현재 상태, 진로발달의 과업 등을 확인할 수 있다. 이와 같은 방식을 통해 내담자가 현재 삶의 여러 영역 중에서 어떤 역할을 어느 정도 수행하는지, 역할 간의 균형과 갈등이 무엇인지를 상담의 중요한 주제로 활용한다.

내담자가 겪고 있는 어려움 중에서 생애역할이라는 주제로 사례개념화할 때 내담자의 역할 수행을 중요하게 평가해야 한다. 우선 내담자의 가치관, 생활양식 등을 고려하여 중요하다고 여기는 역할이 무엇인지를 확인하고 이에 대한 역할 수행 방식과 수행 정도가 적절한지, 효과적인 역할 수행과 상호작용을 하는지를 평가할 수 있다. 예를 들어, 청소년 시기의 중요한 역할이 자녀 역할, 학생 역할, 여가인 역할 등이라면 내담자가 각 역할에 부여하는 가치를 확인하고, 각 역할의 수행 방식과 수행 정도를 평가한다. 내담자 스스로 학생 역할이 중요하다고 생각하지만 실제 활동내용과 투입하는 시간은 컴퓨터 게임 몰두와 같이 여가인 역할에 더 집중한다면 역할에 대한 가치부여와 실제 활동의 불일치가 발생하는 것이다. 이에 대해 내담자가 현 상태를 인식하고 이에 대한 내적인 타협과 합의를 도출하는 의사결정과 이에 따른 행동 변화를 상담목표로 설정해야 한다. 둘째, 역할 간 균형의 문제를 중요한 상담주제로 삼을 수 있다. 앞에서 본 바와 같이 발달단계에 해당하는 여러 역할 중에서 역할의 중요도의 차이도 있지만 역할 간의 균형에 대한 고려도 필요하다. 예를 들어 학생 역할에 중요한 가치를 두는 내담자가 학습에만 매진하고 가족 안에서 자녀로서의 역할, 학교생활에서 봉사, 대인관계, 여가 등에 전혀 관심 없이 다른 역할을 거의 수행하지 않는다면 이 또한 발달의 어려움을 겪을 수 있고 건강한 발달과정이라고 할 수 없다.

3) 발달 영향 요인 이해

진로발달이론에 따르면 진로발달에 중요한 영향을 미치는 요인은 연령, 성별과 같은 개인 특성 변인과 자아개념, 진로가치 등 개인의 심리적 변인, 그리고 부모의 사회경제적 지위, 부모와의 분리, 애착 등의 심리적 변인이 있다. 그 외에도 다양한 사회적 환경의 영향을 받는다. 여기에서는 개인 특성 변인, 심리적 변인, 가족 변인 중심으로 발달에 영향을 미치는 요인을 설명한다.

(1) 개인 특성 변인

개인 특성 변인에서는 기본적으로 연령과 성별이 중요한 영향 변인이라고 할 수 있다. 발달적 이론의 주요 관점인 발달은 생물학적 발달, 인지적 발달과 같은 변화에 초점을 두기 때문에 연령이 중요한 변인 중 하나이다. 개인은 시간의 경과에 따라 진로에서 여러 가지 변화가 일어나고, 시간 경과에 따라 진로 과업을 수행하면서 진로성숙이 일어난다. 이와 같은 변화의 과정에는 연령이나 학년의 증가가 포함된다. 연령은 진로성숙도와 정적 상관(Crites, 1978)이 나타나지만 연령이 진로성숙을 설명하는 결정적인 요인이라고 할 수는 없다. 연령이 증가한다고 진로성숙도가 당연히 높아지는 것은 아니기 때문이다.

성별과 관련해서는 개인적 측면과 직업적 측면에서 살펴볼 수 있는데, 여기서 성별은 단순히 생물학적 성별뿐만 아니라 사회문화적으로 학습한 성역할을 의미한다. 진로발달 과정에서 사회적으로 학습한 성역할에 따라 진로 경험을 선택하고 이와 관련하여 흥미, 가치 등이 형성될 가능성이 크다. 또한 직업 환경에서 직업의 특성 등은 성별과 무관하지 않기 때문에 개인의 진로발달 과정에서 성별이 중요한 영향 요인이라고 할 수 있다.

(2) 개인의 심리적 변인

개인의 심리적 변인은 개인이 성장하는 과정에서 나타나는 심리적 특성이라고 할 수 있다. 진로발달에 영향을 미치는 심리적 변인으로는 자아개념이 가장 포괄적인 변인이라고 할 수 있다. 앞에서 언급했듯이 진로발달은 기본적으로 자아개념의 발달 과정(Super, 1953; 1990)이라고 할 수 있다. 진로발달 이론의 주요 개념인 자아개념은 심리사회적 개념으로서, 개인의 내적 특성인 흥미, 능력, 가치 등과 관련된 심리적 측면과 사회적 적응과 관련된 사회적 측면을 모두 포함하고 있다. 이러한 맥락에서 자아개념의 개인 내적 심리적 특성은 개인의 진로발달에 중요한 영향 변인으로 작용하고 있다. 그리고 흥미, 적성, 가치 등 심리적 변인은 개인의 진로발달 과정에서 흥미기, 능력기와 같은 단계를 거치면서 끊임없이 개발된다. 진로발달의 과정은 흥미, 능력, 가치와 같은 개인의 내적 특성의 이해 및 개발과정이라고 할 수 있다.

(3) 환경적 영향 변인

개인의 진로발달에 영향을 미치는 환경적 변인은 가장 기본적으로 가족 관련 변인이 있고, 그외에도 기타 사회적 변인들을 들 수 있다. 가족 관련 변인은 부모의 사회경제적 지위, 부모의 혼인상태, 부모의 심리적 영향, 가족 응집성과 적응성, 부모와의 심리적 분리와 애착 등이 있다(이희영, 2003). 가족 관련 변인에서 부모의 학력, 직업 등 사회경제적 지위와 관련된 변인들은 자녀의 사고능력, 경험의 다양성 등에 직·간접적으로 영향을 미칠 수 있으며, 부모의 사회경제적 지위와 진로성숙도는 정적 상관이 나타난다는 것은 여러 연구를 통해 일관되게 나타난다(김현옥, 1989; Nevill & Super, 1988 등). 그외에도 부모의 진로지지 등과 같은 부모 변인, 그리고 가족 간의 응집력, 애착과 같은 부모와의 상호작용이 자녀의 진로발달에 긍정적인 영향을 미치는 것으로 나타났다(King, 1990; 이희영, 2003에서 재인용).

환경적 요인으로는 학교 및 사회적 환경 등을 들 수 있다. 교육 환경, 사회문화적 환경 및 직업 환경 등이 개인에 진로발달에 여러 영향을 미칠 수 있다. 개인의 진로발달 과정에서 자아개념은 이러한 사회적 영향을 받으면서 발달하고 변화한다. 예를 들어 교육 환경의 경우, 교육에 중요한 가치를 부여하는지에 따라 교육을 받는 정도가 다를 수 있다. 또한 거주 환경이나 사회계층, 지역사회 문화에 따라 다른 영향을 받게 된다. 전반적으로 개인의 진로발달은 특정 변인의 영향을 받기도 하지만, 총체적으로 외부 환경의 영향을 받을 수도 있다.

4 진로발달과 진학상담

진로발달 과정에서 진학은 여러 발달과업 중 하나이다. 진로발달 단계에 따라 여러 차례의 진학을 경험하게 된다. 진학이란 교육과정을 이수하고 더 배우기 위하여 상급학교에 진입하기 위한 준비활동이다(김봉환 외, 2013). 진학 자체가 진로발달 과정 속에서의 과업 수행이자 중요한 사건이라고 할 수 있다. 따라서 진학지도, 진학상담을 진로발달 과정에서 살펴볼 필요가 있다.

1) 생애발달 과정에서의 진학 및 학습

많은 학생들이 진학은 초등학교에서 중학교, 중학교에서 고등학교, 또 일부 학생은 고등학교에서 대학교까지 진학하여 일련의 교육과정을 거치게 된다. 진학하는 시점을 보면 주로 진로발달 단계 중 성장기 후기와 탐색기 단계에 해당한다. 따라서 진학지도 및 진로상담에 있어서 이 시기의 진로발달 특성을 고려할 필요가 있다.

학교 교육의 다양한 형태 및 유형에 따라 상급학교 진학 시 학교 선택, 계열 선택 등과 관련하여 진로의사결정의 과정을 거치게 된다. 그 과정에서 고려할 요소로는 개인의 특성과 학교의 특성이다. 개인의 여러 특성을 고려하여 적합한 학교 유형과 전공을 선택해야 하며, 학교의 형태나 유형, 전공 등의 정보를 수집·분석하여 자신에게 맞는지를 확인해야 한다. 개인적 측면을 보면, 개인의 흥미, 적성, 지적 능력, 신체적 조건, 가정의 경제적 상황 등과 관련하여 자아개념이 발달하면서 직업 포부, 선호하는 영역 등이 점차 명확해진다. 이러한 자아개념의 발달과 더불어 개인은 자신에게 맞는 직업 환경을 고려하여 이에 상응하는 학교 유형 및 교육을 고려하게 된다. 하지만 성장기 후기 및 탐색기에 해당하는 청소년으로서는 자신의 진로에 대해 아직 준비하는 시기에 불과하다. 따라서 진학지도 및 진학상담에 있어서 성장기 아동에게는 충분히 흥미와 능력을 탐색, 개발하도록 지도하고, 탐색기 청소년에게는 보다 다양한 경험을 통해 자신의 직업적 특성을 충분히 경험해 볼 수 있도록 지도하는 것이 중요하다.

특히 진학은 진로문제뿐만 아니라 학습이 중요한 결정 요소이므로 학습의 중요성, 학습과 진로의 유기적 관계를 이해시키는 것이 중요하다. 특히 직업적 역량을 갖추기 위해 직업 기초 능력과 특정 직업 역량을 향상하는 노력이 필요하다. 뿐만 아니라 평생학습 사회인 현대사회에서는 정규 교육과정, 교육훈련 과정 외에도 다양한 학습 기회가 주어지기 때문에 사회적 요구에 맞추기 위해 개인은 지속적으로 직업 역량을 갖춰야 한다.

2) 진로발달이론에 따른 진학상담

진학은 청소년기에 해당하는 중요한 진로의사결정이다. 진학을 준비하는 과정에서 진학상담을 통해 정보수집 및 분석, 준비행동 안내 및 지도, 진로의사결정 등과 관련된 전문적 조력을 받을 수 있다. 상담자 입장에서 이와 같은 진학상담을 제공할 때는 청소년기 진로발달의 특성을 고려하는 것이 중요하며, 진로발달이론 관점으로 진학상담을 진행할 때 몇 가지 사항을 고려해야 한다.

첫째, 진로발달이론에서 강조하는 바와 같이 개인의 심리적 특성은 진로의사결정의 중요한 요소 중 하나이다. 진학을 준비하는 과정에서도 개인의 심리적 특성을 중요한 요소로 고려해야 한다. 개인의 심리적 특성은 발달하고 변화하는데, 진로발달이론에서는 이를 진로성숙이라는 변인으로 설명한다. 따라서 진학상담 과정에서, 특히 진로의사결정을 할 때 진로성숙도에 대한 평가를 먼저 시도할 필요가 있다.

둘째, 진학이나 상급학교에서의 지속적 교육은 진로발달의 과정이며, 단계적인 목표이지 최종 진로 목표가 아니라는 점을 강조할 필요가 있다. 많은 학생들이 상급학교 진학을 진로의 목표로 생각하는 경우가 있는데, 이는 진로 개발 과정에 대한 이해 부족이라고 할 수 있다. 보다 장기적 계획을 수립할 수 있도록 지도하고, 진학은 단기 목표이자 달성 과정 중의 하위 목표라는 점을 이해시킬 필요가 있다.

셋째, 진학이 진로발달 과정을 구성하는 수많은 활동에 해당하며, 진학이라는 행위는 내담자가 진학하고자 하는 학교의 평가를 받는 과정을 겪게 된다. 다만 선발(평가) 요소와 기준에 따라 엄격함의 차이는 있지만 학생은 평가를 받고 그 기준을 통과해야만 한다. 따라서 진학상담은 개인의 심리적 특성뿐만 아니라 개인 외적 요인, 즉 해당 학교에 관한 정보, 선발(평가)기준 등도 중요한 요소로 고려해야 한다. 따라서 진학상담 과정에서 진학하고자 하는 학교에 관한 정보를 수집 및 분석하고, 해당 학교의 선발(평가) 요소에 대비한 개인의 준비 정도를 정확히 확인해야 한다.

진로발달이론의 상담 기법

상담진행 과정은 크게 평가단계, 상담개입단계, 종결단계로 구분할 수 있다. 진로발달이론에서 다루는 주요 개념들은 사례개념화와 평가단계에서 많이 활용되고 있다. 여기에서는 이 이론의 주요 개념 및 이론적 제안을 상담 기법 측면에서 활용하고자 한다. 먼저 수퍼는 C-DAC 모형에 따라 진로상담을 진행할 것을 제안하였다. 그리고 생애무지개 그림이나 역할중요도 등을 활용할 수 있도록 하였다. 이러한 개념을 통해 역할에 대한 평가뿐만 아니라 역할을 인식하고 역할들 사이에서 균형 있는 삶을 유지할 수 있도록 도울 수 있다. 이러한 과정을 통해 학생이나 내담자가 삶의 여러 역할과 다양한 상황에 대해 이해하고, 통찰과 행동 변화를 경험할 수 있도록 안내한다. 이와 같은 진로발달이론의 주요 개념, 모형, 심리검사 등을 상담기법으로 활용하는 방법을 모색하고자 한다.

1) C-DAC 모형

수퍼는 자신의 진로발달이론을 실제 진로상담에 적용하기 위해 C-DAC 모형을 제안하였다. 이 모형의 핵심은 개인의 진로발달을 측정하여 그 결과에 대한 해석을 기초로 상담을 진행하는 것이다. 따라서 이 모형에 따른 측정하고 그 결과를 활용한 상담이 이 모형의 기본 골격이라고 할 수 있다. 이 모형에 따라 상담과정을 살펴보면 다음과 같이 검사단계와 상담개입단계로 구분할 수 있다.

우선 측정 모형인 검사단계는 접수 면접, 심리검사 실시 및 결과 확인 등을 포함한다. 접수 면접 및 심리검사를 통해 내담자에 관한 다양한 정보를 수집하는데, 발달이론의 C-DAC 모형에 따르면 내담자의 생애구조와 역할중요도 확인, 진로성숙도 평가, 흥미, 능력, 가치 등을 포함한 진로정체감을 측정한다. 검사단계에서는 진로발달검사, 흥미검사, 가치검사, 역할중요도 검사 등을 실시하고 결과를 종합하여 상담에 적용한다.

그리고 검사 결과를 적용하여 상담을 진행하는데, 검사 결과를 개별적으로, 또는 종합적으로 검토하여 다음과 같은 몇 가지 주제를 확인하고 개입할 수 있다.

(1) 검사 결과를 통해 진로발달 수준 및 진로성숙도를 확인한다. 진로발달검사인 CDI 검사를 통해 진로계획, 진로탐색, 직업정보, 진로의사결정에 대한 지식, 진로발달 태도, 진로발달 지식 등을 평가한다. 각 영역의 평가를 통해 진로발달을 촉진할 영역을 알아보고 개입을 시도한다.

(2) 흥미검사와 가치검사의 결과를 종합하여 흥미와 가치에 따른 갈등이나 불일치가 없는지, 그 갈등을 어떻게 이해하고 받아들일지에 대한 상담 개입을 제공한다.

(3) 개인의 삶 속에 여러 역할의 우선순위를 정하고 역할 간의 조화 등을 평가한다. 이 과정에서 진로 관련된 문제뿐만 아니라 삶의 여러 중요한 주제와 심리적 어려움을 동시에 살피는 것이 중요하다.

(4) 진로의사결정의 정도나 진로의사결정에서의 어려움을 평가하고, 내담자에게 적절한 의사결정이 무엇인지를 안내하고 어떻게 의사결정할지에 대해 다룬다.

2) 삶의 주제 및 역할 평가

평가단계는 내담자가 가지고 있는 문제를 정확히 이해하기 위한 과정이다. 그러나 여기에서 문제의 부정적인 측면만 평가하는 것이 아니라 내담자의 잠재력을 함께 평가하면서 보다 긍정적인 태도로 평가를 바라보고 있다.

발달이론에 따르면 평가 및 개입 단계에서 역할중요도 평가를 통해 개인이 수행하는 역할, 역할 간의 균형, 역할 간 비중의 비교 등을 알아보면서 현재 삶의 중요한 주제를 확인할 수 있다. 앞에서 소개한 것처럼 개인은 각 생활공간에서 여러 가지 역할을 동시에 수행하는데 자신이 이러한 상황을 어떻게 인식하는지를 확인하는 작업부터 각각의 역할의 비중, 역할의 중요도와 수행 정도 간의 비교, 역할들 사이에 균형을 잘 이루고 있는지를 확인해 볼 수 있다. 다음 예를 통해 현재 삶의 주제와 역할을 이해하고 상담을 이끌어가는 방법을 설명하고자 한다. 일반적으로 중·고등학생은 주로 수행하는 역할이 자녀, 학생, 여가인, 가사 역할 등이 있는데, 다음 예시의 주인공은 비교적 열악한 환경에서 성장하여 여러 역할 중에서 학생, 가사, 부모 대신 동생 돌보기, 자녀, 여가 역할을 수행하고 있다. 이 학생을 상담할 때 다음과 같은 방법과 과정을 시도해 볼 수 있다.

(1) 학생에게 자신이 수행하는 역할을 모두 적게 하고, 그중에서 중요한 역할이 무엇인지를 고려해서 중요도의 순위를 매기게 한다.
(2) 지금 수행하고 있는 역할이 생활 속에서 어느 정도 비중을 차지하는지 비율로 표시하게 한다.
(3) 현재 수행 중인 역할의 정도를 평가하여 중요한 역할을 잘 수행하고 있는지를 생각해 보도록 한다.
(4) 확인한 결과를 종합하여 현재 역할의 수행 비중을 파이 그림으로 표시하게 한다.
(5) 실제 역할 비중을 만족스럽게 받아들이는지를 평가한다.
(6) 만족스러운 배분이라면 현재의 이상적인 역할 배분에 대한 그림을 생략하고 몇 년 후의 이상적인 삶의 모습을 상상하여 이상적인 역할 배분을 그리도록 한다.
(7) 만족스럽지 않다면 현재 삶 속에서의 이상적인 모습을 상상하게 하고 그림으로 표현하게 한다. 그리고 이상적인 모습으로 살기 위해 어떤 노력과 어떤 지원이 필요한지를 같이 논의하고 노력할 수 있도록 지도를 한다.
(8) 또한 긍정적으로 계속 생활을 변화시키면서 몇 년의 시간이 흐른 뒤의 자신의 모습을 상상해서 이상적인 역할 배분에 대해 생각해 보고 그림으로 표현하게 한다.

앞에서 언급한 예시 사례를 좀 더 구체적으로 살펴보면 해당 학생은 가사를 매우 높은 비중으로 수행하고 있다. 부모님 대신 동생을 돌보는 일까지 더하면 50%의 비율로 상당히 높은 비중임을 알 수 있다. 이 학생은 자녀로서 부모의 돌봄을 받는 것보다 부모의 역할을 상당 부분 대신하고 있기 때문에 역할의 불균형이라고 할 수 있다. 뿐만 아니라 역할의 수행 정도를 평가한 결과 학생 역할이 비중은 30%이지만 실제 수행 정도는 매우 낮은 수준이고, 가사노동에서의 수행 정도가 더 높게 나타났다. 부모 대신 동생 돌보는 행동도 비교적 높은 수행 정도를 나타냈다. 자녀로서 부모의 돌봄을 받고, 자신만의 여가시간을 보내는 등의 역할에서는 낮은 수행 정도를 나타냈다. 이 사례에서 학생의 현재 어려움은 학생 역할을 잘 수행할 수 없는 가정 환경, 부모의 적극적 돌봄을 받지 못하는 등이다. 전반적으로 학생 역할과 가사인 역할, 부모를 대신하는 역할 간의 불균형이 일어났다고 할 수 있다. 이로 인해 학업이나 진로 개발에 몰입할 수 없는 상황이 발생하게 된다.

표 4-1 역할 평가 예시

수행하는 역할	역할 순위	역할	역할 비중(%)	역할 수행 정도 1—2—3—4—5
학생, 자녀, 부모 대신, 가사, 여가	1	학생	30%	2
	2	가사	30%	4
	3	부모 대신	20%	3
	4	자녀	10%	2
	5	여가	10%	2

현재의 역할 배분

현재의 이상적인 역할 배분

5년 후의 이상적인 역할 배분

3) 생애 전반에 대한 역할 이해 및 계획

진로지도 및 진로상담은 현재 생활뿐만 아니라 생애 전반을 고려한 미래설계를 하는 게 중요하다. 생애 전반에 대해 이해하고 미래를 설계할 수 있는 방법으로 생애무지개 그림을 활용할 수 있다. 생애무지개 그림은 개인적으로 자신의 삶의 역할에 대해 알아보고 미래를 계획하는 개별 활동으로 활용하는 방법도 있고, 이러한 개인적의 삶의 역할을 알아보고 소집단 토론 활동으로 활용하는 방법도 있다. 수업이나 상담 장면 외에 과제를 통해 다른 사람, 예를 들면 부모, 친지 중 어른들, 롤모델 같은 타인을 상대로 하여 그들이 인식하는 자신의 삶의 역할을 조사하여 발표하고 소감을 나누는 활동으로 활용할 수 있다. 이와 같은 활동의 기본 과정은 다음과 같다.

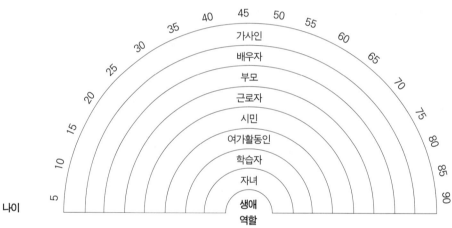

(1) 먼저 역할, 삶의 역할에 대해 어떻게 생각하는지를 이야기 나눈다. 그리고 진로 발달이론에서 제안한 여러 삶의 역할에 대해 설명해 준다.

(2) 생애무지개 그림 양식을 나눠주고 각자 자신의 생애 동안의 역할을 색칠하게 한다. 각 무지개 공간에 역할을 적고 각 역할이 어느 시기에 더 많은 비중을 차지하는지, 그리고 생애 과정에서 역할 비중의 차이를 표현하게 한다. 추가되는 역할이 있으면 무지개를 더 추가할 수 있도록 안내한다. 이 과정에서 교사나 상

담자 자신의 생애무지개 그림을 같이 공유할 준비를 할 수 있다.

(3) 개별 지도의 경우, 작성한 생애무지개 그림을 보고 삶의 역할과 역할 간의 갈등이나 불균형, 희망하는 역할 수행 정도 등에 대해 이야기를 나눈다.

(4) 집단 활동의 경우, 소집단을 구성해서 각각 작성한 생애무지개 그림을 보고 개인의 삶의 역할, 역할 간의 갈등이나 불균형, 이상적인 역할 배분과 역할 수행에 대해 함께 이야기를 나누도록 한다.

(5) 과제로서 주변에서 사회활동을 하는 30-50대의 사람을 대상으로 생애무지개 그림을 이용해 그 사람의 생애역할에 대해 조사하게 한다. 조사 결과를 다시 발표하거나 집단 토론으로 활용하게 한다.

이와 같은 생애무지개 그림으로 현재의 삶과 미래의 삶을 함께 바라볼 수 있게 하고, 보다 이상적인 역할의 배분이나 역할 수행에 대해 생각해 보고 이를 계획하고 실천할 수 있도록 지도한다. 이러한 활동을 통해 학생 또는 내담자의 삶을 전체적으로 조망할 수 있다.

실습과제 1

I. 개별 활동: 삶의 주제 및 역할 평가

1. 삶의 주제 및 역할을 역할 순위별로 쓰고, 각 역할의 비중과 수행 정도를 표에 작성해 본다.
2. 현재 수행하고 있는 역할을 비중에 따라 원그래프에 표시해 본다.
3. 현재 수행하고 있는 역할의 비중이 만족스럽지 못하면 이상적인 역할 배분을 다시 해본다.
4. 필요하다면 몇 년 후의 이상적 역할 배분을 생각해 본다.

역할 평가 예시

수행하는 역할	역할 순위	역할	역할 비중(%)	역할 수행 정도 1—2—3—4—5
	1			
	2			
	3			
	4			
	5			

현재의 역할 배분

현재의 이상적인 역할 배분

몇 년 후의 이상적인 역할 배분

II. 조별 활동: 삶의 역할에 대한 토론

1. 성별, 연령, 전공 등을 다양하게 해서 3-4명이 한 조를 구성한다.
2. 앞에서 작성한 자료를 바탕으로 각자 삶의 역할에 대해 만족스러운 부분과 그렇지 않은 부분에 대해 설명한다.
3. 조원의 발표를 듣고 만족스러운 부분에서는 긍정적 요소를 확인해 보고, 만족스럽지 못한 부분에서는 부정적인 요소를 확인하여 개선점을 논의해 본다.
4. 2번, 3번의 과정을 모두 거치고 한 명씩 활동 소감을 이야기해 본다.

실습과제 2

I. 개별 활동: 생애설계 및 역할 이해

1. 먼저 과거, 현재, 미래의 역할에 대해 생각해 본다.

2. 무지개 각 칸에 생애 기간별로 역할 수행 시기를 표시한다.

3. 각 역할이 연령에 따라 비중이 다를 수 있기 때문에 비중을 얇게, 또는 굵게 표시한다.

4. 기간과 선의 굵기를 모두 고려해서 생애역할을 색칠한다.

5. 원하는 생애설계를 하기 위해 여러 요소, 기준 등을 고려하여 생애무지개 그림을 완성한다.

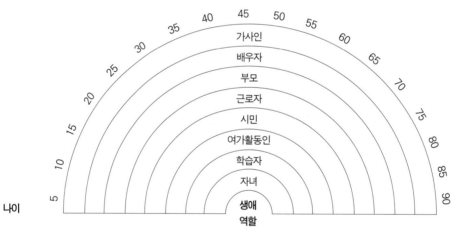

II. 조별 활동: 생애설계에 대한 토론

1. 성별, 연령, 전공 등을 다양하게 해서 3-4명이 한 조를 구성한다.
2. 생애설계 무지개그림을 공유하고 한 명씩 자신의 생애설계에 대해 설명한다.
3. 조원들은 발표하는 조원이 어떤 삶의 가치, 바람 등으로 생애설계를 했는지 질문하고 경청한다.
4. 각자 생애설계와 관련하여 희망하는 현재와 미래의 삶에 대해 생각해 보고 토론해 본다.
5. 모두 발표한 후 활동에 대한 소감을 나눈다.

참고문헌

김봉환, 강은희, 강혜영, 공윤정, 김영빈, 김희수, 선혜연, 손은령, 송재홍, 유현실, 이제경, 임은미, 황매향 (2013). 진로상담. 서울: 학지사.

김봉환, 김병석, 정철영 (2000). 학교진로상담. 서울: 학지사.

김봉환, 이제경, 유현실, 황매향, 공윤정, 손진희, 강혜영, 김지현, 유정이, 임은미, 손은령 (2010). 진로상담 이론: 한국 내담자에 대한 적용. 서울: 학지사.

김현옥 (1989). 청소년의 진로성숙과 관련변인과의 상관관계. 건국대학교 대학원 박사학위논문.

Richard S. Sharf 지음, 김진숙, 김정미, 서영숙 옮김 (2016). 진로상담: 아동기부터 성인기까지 진로발달 이론의 적용(제6판). 서울: 박학사.

이윤주 (2001). 상담사례 개념화 요소목록 개발 및 타당성 검증 연구. 서울대학교 대학원 박사학위논문.

이희영 (2003). 진로성숙과 상담. 서울: 학지사.

Berman, P. S. (1997). *Case conceptualization and treatment planning: Exercises for integrating theory with clinical practice*. Newbery Park, CA: Sage.

Crites, J. O. (1974). Problems in the measurement of vocational maturity. *Journal of Vocational Behavior, 4*(1), 25-31.

Crites, J. O. (1978) *Career Maturity Inventory: Attitude Scale*. Monterey, CA: CTB/McGraw-Hill.

Ginzberg, E. (1972). Restatement of the theory of occupational choice. *Vocational guidance Quarterly, 20*(3), 169-176.

Ginzberg, E. (1984). Career development. D. Brown & L. Brooks (eds.), *Career choice and development*. San Francisco: Jossey-Bass.

Ginzberg, E., Ginsburg, S. W., Axelrad, S., & Herma, J. L. (1951). *Occupational choice*. New York: Columbia University Press.

Issason, L. E., & Brown, D. (1997). *Career information, career counseling, and career development*(6th ed.). Boston: Allyn and Bacon.

King, S. (1990). Background and family variables in a causal model of career maturity: Comparing hearing and Hearing-impaired adolescents. *Career Development quarterly, 38,* 240-260.

Nevill, D. D., & Super, D. E. (1988). Career maturity and commitment to work in university students. *Journal of Vocational Behavior, 32,* 139-151.

Sharf, R. S. (2014). *Applying career development theory to counseling* (6th ed.). Cengage Learning.

Super, D. E. (1953). A theory of vocational development. *American Psychologist, 8,* 185-190.

Super, D. E. (1955). Dimensions and measurement of vocational maturity. *Teachers College Record, 57*(3), 151-163.

Super, D. E. (1973). The career development inventory. *British Journal of Guidance and Counselling, 1*(2), 37-50.

Super, D. E. (1977). Vocational maturity in midcareer. *Vocational Guidance Quarterly, 25,* 294-302.

Super, D. E. (1980). A life-span, life-space approach to career development. *Journal of vocational behavior, 16*(3), 282-298.

Super, D. E. (1990). A life-span, life-space approach to career development. D. Brown & L. Brooks (eds.), *Career choice and development: Applying contemporary theories to practice* (2nd ed.). SanFrancisco: Jossey-Bass. 197-261.

Super, D. E., & Jordaan, J. P. (1973). Career development theory. British Journal of Guidance and Counselling, 1(1), 3-16.

Super, D. E., & Nevill, D. D. (1984). Work role salience as a determinant of career maturity in high school students. *Journal of Vocational Behavior, 25,* 30-44.

Super, D. E., & Ŝverko, B. (1995). *Life roles, values, and careers: International findings of the Work Importance Study.* San Francisco: Jossey-Bass.

Super, D. E., Savickas, M. L., & Super, C. M. (1996). *The life-span, life-space approach to careers.* D. Brown & L. Brooks (eds.), *Career choice and development* (3rd ed.). San Francisco: Jossey-Bass. 121-178.

5장

제한-타협이론의 기법

황매향

제한-타협이론은 갓프레드슨(L. S. Gottfredson)이 제안한 진로발달이론으로, 아동기와 청소년기를 통해 진로와 관련된 진로포부가 어떻게 발달하는가를 나타내는 제한이론과 진로의사결정 단계에서 여러 가지 가능한 대안들을 고려하는 과정을 설명하는 타협이론으로 구성된다. 제한이란 발달 과정을 거치며 진로포부를 현실적으로 축소해 가는 과정을 나타내고, 타협이란 진로의사결정 과정에서 빈번히 나타나는 포기의 과정을 지칭한다. 즉, 어린 시절부터 자신의 특성과 직업세계의 특성에 대해 알아가면서 점차 현실적으로 가능한 진로대안들로 진로포부를 조정하고, 최종적으로 매력적인 진로대안들 가운데 자신에게 최적이라고 생각되는 하나만을 선택해야 하는 포기의 과정으로 제한-타협이론에서는 진로의 결정을 조망한다. 그리고 이러한 진로발달과 진로선택의 과정에서 중요하게 고려되는 측면은 성역할, 사회적 지위, 직업적 흥미인데, 각각은 성장기를 통해 차례로 직업적 자아개념으로 자리를 잡게 되고, 진로포부의 제한과 진로의사결정의 타협 과정에 관여한다. 또한 각 직업이 반영하는 성역할, 사회적 지위, 직업적 흥미에 대한 인식 역시 자아개념의 형성과 함께 진행되는데, 이를 통해 형성된 직업적 인지지도(cognitive map)가 진로포부와 진로대안 선택의 또 다른 준거가 된다. 따라서 제한-타협이론의 내용을 잘 숙지한 교사는 학생이 어떤 선택을 해야 할 시점에서 왜 그런 선택을 하게 되는가 또는 왜 선택을 하지 못하고 망설이는가에 대해 성역할, 사회적 지위, 직업적 흥미의 측면에서 개인이 형성해 온 자아개념과 직업세계 인식을 토대로 개념화할 수 있다. 또한 진로대안에 대한 제한과 타협의 결과를 탐색하면서, 필요 이상으로 축소된 진로포부를 확장시켜 나간다. 이 장에서는 갓프레드슨의 제한-타협이론의 핵심 개념을 알아보고, 제한-타협이론에서 제안하는 상담과정과 기법의 내용을 살펴본 다음, 진로진학상담의 실제에 어떻게 적용할 수 있는지를 진로상담과 진로교육 측면에서 소개할 것이다.

목표

1) 제한-타협이론의 기본 개념을 설명할 수 있다.

2) 제한-타협이론의 기본 개념을 적용해 학생의 문제를 이해할 수 있다.

3) 제한과 타협 과정을 통해 축소된 진로대안의 확장을 도울 수 있다.

4) 정확한 정보를 통해 제한과 타협의 과정이 진행되도록 촉진할 수 있다.

제한-타협이론의 개요

갓프레드슨의 제한-타협이론(Gottfredson, 2005)은 수퍼(D. E. Super)의 진로발달 이론과 마찬가지로 진로와 관련된 발달 과정을 주요 내용으로 한다. 갓프레드슨은 한 개인이 인지적으로 발달하면서 자신에 대한 이해와 환경에 대한 이해를 넓혀나가고, 그 결과 자신에게 더 맞는 진로가 무엇인가에 대한 생각도 구체화된다고 보고 있다. 진로발달을 설명하기 위한 기본 개념으로 인지적 발달(cognitive growth), 자기창조(self-creation), 제한(circumstription), 타협(compromise)을 제안하고 있는데, 인지적 발달과 자기창조는 자신에게 맞는 진로대안을 찾아가는 제한과 타협 과정의 기초가 된다 (Gottfredson, 2005:73). 즉, 연령에 따른 인지적 능력의 향상은 인간의 거의 모든 행동과 삶의 영역에 영향을 미치게 되는데, 진로와 관련한 인지적 발달은 직업에 관한 자아개념(self-concept)과 직업에 관한 인지지도(cognitive map of occupations)로 나타난다. 타고난 자신의 유전적 자질과 환경의 상호작용은 고유한 자신만의 특질(trait)을 형성하게 하고, 이후 잘 변화하지 않는 개인의 특성으로 내면화되어 진로관련 의사결정의 기초가 된다. 제한-타협이론의 4가지 핵심 개념 가운데 진로의사결정 과정과 밀접히 관련된 제한과 타협의 내용을 보다 구체적으로 살펴보면 다음과 같다.

1) 발달 과정에서의 진로대안 제한

진로와 관련해 발달되는 자아개념과 직업에 관한 인지지도의 주요 내용은 성역할, 사회적 지위, 개인적 특성인데, 자신의 성역할에 대한 지각, 자신이 획득 가능한 사회적 지위에 대한 인식, 흥미, 가치, 능력 등 자신의 특성에 대한 이해 등이 자아개념을 구성한다. 자아개념은 개인에 따라 서로 다르게 형성되어 나가는 반면, 각 직업의 성유형, 사회적 지위, 특성에 대한 지각을 망라하는 직업에 대한 인지지도는 직업세계의 현실을 반영하는 것으로 같은 사회의 구성원들은 유사한 내용을 공유하게 된다. 어릴 때부터 '나는 어떤 사람인가', '사회에는 어떤 직업들이 있는가', '나에게 맞는 직업은 무엇인가'라는 질문을 스스로에게 던지면서 자신의 진로에 대한 꿈을 키워간다. 이 과정은 어릴수록 무엇이든 내가 할 수 있다고 자신하는 모습을 보이다 점차 커가면서 가능한 대안을 줄여나가는 방식으로 진행되고, 그러한 의미를 내포한 제한(circumscription)으로 명명된다. 갓프레드슨은 이 제한의 과정이 아동기와 청소년기를 통해 진행되고 질적으로 서로 다른 4개의 단계를 거친다고 제안했는데, 각 내용을 살펴보면 다음과 같다(Gottfredson, 2005:77-82).

1단계 서열 획득 단계(orientation to size and power, 3~5세)

초등학교에 들어가기 이전까지 아동들은 인지적으로 환상적 사고에서 직관적 사고로 발달하고 대상영구성을 획득한다. 사람들을 크고 힘이 센 사람과 작고 힘이 약한 사람으로 분류하기(서열의 개념) 시작하고, 직업은 어른들이 갖는 것임을 알게 되면서 동물이 되고 싶다거나 공주가 되고 싶다는 환상적 포부를 더 이상 말하지 않게 된다. 직업에 대해 '나는 작고 어린 아이이다. 그런데 어른은 크고, 어른이 되면 일이라는 것을 하게 된다'라는 인식을 갖게 되는 것이 이 시기의 발달과업이다. 자신보다 크고 힘이 센 어른들만이 일을 할 수 있다고 생각하면서, 성인이 되어 일을 하게 되는 것에 대한 긍정적 기대와 바람을 갖게 된다.

2단계 성역할 획득 단계(orientation to sex role, 6~8세)

'내가 누구인가(self)'에 대한 개념이 생기면서 나를 어디엔가 동일시하기 시작한다. 이 단계의 발달은 이분법적 동일시에서 출발하는데, '나는 남자다', '나는 여자다'라고 하는 이분법적 정체감을 가장 먼저 형성한다. 성역할 정체감의 발달은 초등학교 시기에 가장 급격하게 일어나고, 초등학교 현장에서 보이는 남녀 대결 구도는 자기를 찾기 위한 노력의 일환이다. 나아가 '○○는 여자들이 하는 일이니까 여자인 나에게 어울려. 남자들이 하는 □□는 나에게 맞지 않아'와 같이 직업세계를 인식한다. 즉, 성역할 사회화가 나타나면서 직업에 대한 성역할 고정관념도 이 시기에 습득하게 된다.

3단계 사회적 가치 획득 단계(orientation to social valuation, 9~13세)

다음으로 그 사회를 구성하는 사람들이 모두 원하는 사회적 가치라는 것이 있다는 것을 알게 한다. 그리고 이것은 원한다고 해서 갖는 것이 아니라 어떤 규칙에 의해 나눠 갖는다는 것도 알게 된다. 자신의 상대적 능력에 대해 판단하기 시작하고 사회 속에서의 상대적 서열과 자신을 관련지으면서, 능력으로 서열이 정해지는 사회적 지위라는 개념까지 포함시켜 직업세계를 인식하게 된다. 그리고 각 직업의 사회적 지위에 자신의 능력을 대비시켜 보면서 진로포부를 조정한다. 높은 지위의 직업과 낮은 지위의 직업에 대한 개념을 가지고 '나는 어느 위치의 일을 할 것인가'를 '나는 어느 정도의 능력을 가졌는가'와 맞춰보면서 생각하기 시작한다. 즉, 자신의 능력을 기준으로 자신에게 맞는 직업 대안의 범위를 줄여나간다. 여기까지의 진로대안 제한의 결과가 바로 그림 5-1의 '수용 가능한 진로대안 영역'이다.

4단계 내적 자아확립 단계(orientation of the internal, unique self, 14세 이후)

'내가 누구인가'라는 정체감 혼란 시기에는 자아정체감을 확립하기 위한 고민과 노력이 여러 영역에서 나타난다. 진로에서는 이전 단계에서 형성한 진로대안의 범위 안에서 '여기에서 나는 뭘 하는 게 좋을까'라는 고민을 시작한다. 자신이 어떤 사람인지, 무엇을 좋아하는지, 무엇을 잘하는지, 무엇을 중요하게 생각하는지 등의 고민을 거쳐 직업적 자아정체감을 확립하게 되고, 지금까지 생각했던 성역할과 사회적 지위도 만족시키면서 자아정체감까지 만족시키는 직업을 선택하게 된다. 그리고 직업적 자아정체감을 형성하는 자신의 특성에 대한 이해는 흥미, 가치관, 적성 등에 대한 이해로 시작되는데, 흥미가 가장 중요하게 고려되는 경우가 많다. 그래서 갓프레드슨은 이때 확립한 자신의 특성에 대한 정체감을 '흥미'로 표현하기도 한다. 자신의 특성(흥미)에 맞는 직업을 정하고, 그와 유사한 직업들까지 가능한 범위로 포함시켜 잠정적으로 자신에게 가능한 대안의 영역(social space)을 형성하면 이 단계의 발달이 종료된다.

지금까지 살펴본 발달단계는 직업의 성유형, 사회적 지위, 흥미라는 순서로 진행되고, 각 단계의 연령도 제시되어 있다. 발달의 순서는 비교적 제시된 순서를 따르는 것으로 알려져 있지만, 각 단계에 제시된 연령은 다를 수 있다고 후속 연구들에서 밝히고 있다(Helwig, 2001; Henderson, Hesketh, & Tuffin, 1988; Hwang et al., 2006). 지금까지 살펴본 발달단계는 축소된 진로대안의 범위로 나타나는데, 중간 정도 성취를 보이는 남학생이 형성하게 되는 진로대안의 범위를 나타내면 다음 그림과 같다. 그러나 우리나라에서 수행된 한 경험적 연구(Hwang et al., 2006)에서는 고등학교 시기까지 진로대안의 범위가 축소되었다가 대학생 시기가 되면 진로대안의 폭이 다시 확장되는 것으로 확인되었다.

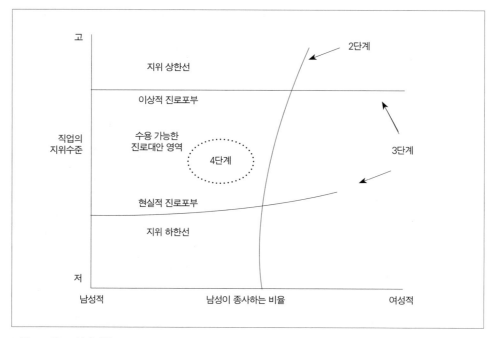

그림 5-1 진로포부의 제한

2) 선택 과정에서의 타협

갓프레드슨의 진로발달이론의 또 하나의 핵심 개념은 진로의사결정 과정에서 나타나는 타협이다. 타협(compromise)이란 진로대안을 선택하는 과정에서 현실적 여건이 안 되어 자신이 원하는 어떤 부분을 포기할 수밖에 없을 때 그 포기하는 과정을 일컫는다. 즉, 제한의 과정이 자신에게 맞지 않는다고 생각하는 직업들을 점차 제외시켜 나가는 과정이라면, 타협의 과정은 가장 원하는 대안은 아니지만 좀 더 접근이 가능한 직업으로 타협해 가는 포기의 과정이다(Gottfredson, 2005:82). 요컨대 제한의 과정을 통해 수용 가능한 진로대안 영역 안에서 자기가 원하는 흥미 영역의 직업을 선택하고 그와 유사한 직업들까지 가능한 대안으로 고려하고 있었지만, 원했던 직업을 선택할 수 없어 유사한 직업을 선택하거나 때로는 그 범위(social space)를 넘어 수용 가능한 진로대안 영역 밖의 선택을 하게 되는 것을 말한다. 타협이 가장 많이 요구되는 경우는 수용 가능한 진로대안 영역까지 넘어서야 할 때인데, 이렇게 타협을 많이 하게 되면 의사결정 과정에 상당한 고통이 따를 수 있다. 이러한 타협의 과정은 직업을 선택하는 것만이 아니라 교육기회를 선택하는 것을 포함해 모든 진로의사결정에서 나타난다. 그리고 대부분의 진로의사결정에는 타협의 정도에서 차이가 있을 수 있어도 타협의 과정을 거치지 않는 경우는 거의 없다고 할 수 있다. 따라서 의사결정을 한다는 것은 타협을 하는 것이라고 볼 수도 있다.

갓프레드슨의 타협이론에서는 이와 같은 타협의 불가피성에 대한 내용과 함께 어떤 과정으로 타협을 해나가는가, 즉 무엇을 어떻게 포기하는가에 관한 내용을 다룬다. 타협을 하는 과정에서 사람들은 무조건 어떤 것을 포기하는 것이 아니라, 무엇을 포기할 것인가에 대해 많은 고민을 한다. 예를 들어, 대학입시에서 6개 대학의 수시 입학전형에 응시하고 3개 대학으로부터 합격통지를 받은 경우를 생각해 보자. 이미 3개의 대학은 자신의 의사와 상관없이 포기된 것이고, 합격한 3개의 대학 중 한 개의 대학을 선택해야 할 때 무엇을 포기할 것인지 고민하게 된다. 불합격한 3개의 대학 중 자신이 가장 원했던 대안이 포함되어 있을 가능성이 크지만, 합격한 3개 대학 중에서도 보다 매력적인 대안이 있을 것이다. '더 매력적인 것'을 고르는 과정이 바로 갓프레드슨이 발견한 타협의 과정이다.

사람들은 무엇인가를 포기해야만 선택할 수 있을 때 각 진로대안이 갖는 어떤 측면들을 포기할 것인지를 고민한다고 한다. 갓프레드슨은 어떤 측면들은 좀 쉽게 포기할 수 있는 반면, 어떤 측면은 양보하기 힘들어한다는 점에 주목한다. 제한이론에서 제시한 진로발달 단계에서 나타났던 성유형, 사회적 지위, 활동유형(흥미)이 타협의 중요한 측면들이 된다. 이 세 가지 중 어느 하나를 포기할 수밖에 없다면 사람들은 자신의 흥미를 가장 쉽게 포기한다고 한다. 활동유형(흥미)을 포기해도 여전히 직업을 선택하기 어려울 경우 사회적 지위를 포기하고, 성유형을 가장 포기하기 어려워한다. 즉, '활동유형(흥미) → 사회적 지위 → 성유형'의 순서로 자신에게 적합한 진로대안을 포기해 나가는데, 발달적으로 먼저 형성된 것일수록 포기하기 어려워한다는 논리에 근거해 제시된 가정이다. 그러나 이 순서를 확인하기 위해 실시된 많은 경험적 연구들은 일관된 결과를 내놓지 못했다. 어떤 사람은 좀 더 쉽게 성역할을 포기하는가 하면, 또 어떤 사람은 좀 더 쉽게 사회적 지위를 포기하는 것으로 나타났다. 90년대 중반에 들어서면서 이런 초기 이론을 보다 정교화하게 되는데, 타협의 정도에 따라 어떤 측면을 포기하게 되는지도 달라진다고 제안하였다.

타협의 과정은 우선순위 정하기, '최고가 아닌 최선'을 선택하기, '좋지 않은 대안' 버리기, 타협에 적응하기의 4가지 원칙에 따라 진행된다. 그리고 이러한 원리들은 모두 개인적으로 간직한 심리적 자아(psychological self)보다는 가시적인 사회적 자아(social self)를 보호하고자 하는 인간의 경향성을 반영하고 있다. 타협의 원칙을 살펴보면 다음과 같다(Gottfredson, 2002:103-107).

우선순위 정하기

성유형, 사회적 지위, 활동유형(흥미)의 상대적 중요성은 타협을 어느 정도로 해야 하는가에 따라 달라진다. 타협을 많이 해야 하는 상황에서는 '성역할 〉사회적 지위 〉활동유형(흥미)'의 순으로 각 영역이 중요하게 여겨지지만, 중간 정도의 타협이 필요할 때는 '사회적 지위 〉활동유형(흥미) 〉성역할'의 순으로, 타협의 정도가 적을 때는 '활동유형(흥미) 〉사회적 지위 〉성역할'의 순으로 그 중요도가 달라진다. 이것은 사회적 지위나 성역할에는 어느 정도까지는 포기가 되고 그 이상 포기해야 하면 그것을 수용할 수 없는 역치 같은 지점이 존재하지만, 활동유형(흥미)은 포기할 수 있는 정도가 비슷하면서 어떤 상황에서도 중요하게 여겨지는 정도가 비슷하다는 걸 보여준다. 그리고 이러한 고려에 있어 성차가 나타나는데, 여성은 남성에 비해 성유형 측면에서 보다 유

연하게 타협할 수 있다. 마치 여성들의 옷차림이 남성들에 비해 남성적인 것에서 여성
적인 것까지 넘나들며 더 자유로운 것과 유사하다.

'최고가 아닌 최선'을 선택하기

대부분의 사람은 자신이 원하던 최고가 아닌 최선의 선택에서 타협점을 찾는다. 그리
고 최고가 아닌 최선의 선택을 하게 되는 이유 중 하나는 최고의 선택을 하기 위해 거
쳐야 하는 자기 자신과 직업세계에 대한 면밀한 탐색과정을 거치기 어렵거나 그렇게
할 의욕이 없기 때문인 경우가 많다. 자신이 원하는 것이 무엇인지 분명히 하고, 실제
직업세계에서 그것을 획득하는 것이 얼마나 가능한지 살펴보아야 최고의 선택을 할 수
있는데, 그 과정을 밟지 않는 것이다.

'좋지 않은 대안' 버리기

자신에게 맞다고 생각했던 영역(social space)에 속해 있지만 별로 마음에 들지 않는
선택지밖에 없다면, 선택을 하지 않을 수도 있다. 다른 대안을 더 찾아보거나, 불가능한
대안을 계속 시도하거나, 노력을 더 기울여볼 것을 고려하거나, 단순히 결정을 미루는
방식의 행동으로 나타날 수 있다.

타협에 적응하기

자신의 의사결정에 대한 만족도는 전반적으로 얼마나 타협을 하지 않았는가에 달려 있
다. 타협을 많이 할수록 심리적인 어려움은 클 수 있는데, 어떤 경우이든 자신이 타협
한 것에 적응하는 과제를 잘 이행해야 한다. 자신이 바라던 최고의 선택을 하지 못하
고, 현실적으로 가능한 최선의 선택을 하면서 포기할 수밖에 없었던 것을 받아들이는
과정이 필요한 것이다. 특히 타협에 대한 심리적인 적응은 선택한 진로에서의 만족도
와 밀접히 관련된다. 예를 들면, 적응적인 직업인들은 자신이 선택한 직업의 영역에 맞
게 자신의 진로기대를 변화시켜 가고 있다는 것이 경험적 연구를 통해 밝혀진 바 있다
(Gottfredson & Becker, 1981). 또한 갓프레드슨은 "개인은 일의 흥미 영역에 대해서는
많은 타협을 했다 해도 심리적으로 잘 적응할 수 있지만, 사회적인 위치를 위협하는 사

회적 지위에 대한 타협이나 성적 정체감의 실현을 어렵게 하는 성역할의 포기에 대해서는 더욱 적응하기 어려워한다"(Gottfredson, 1996:201-202)라고 하면서 타협에 대한 적응의 준비도는 타협의 측면에 따라 달라질 수 있다고 제안한다.

2 제한-타협이론의 상담 과정

제한-타협이론에서 새로운 진로상담의 과정이나 절차를 제안하고 있지는 않다. 제한-타협이론의 기본 입장은 개인과 환경의 조화(matching)에 있어 '자기이해-직업세계 이해-의사결정-진로준비'라는 일반적인 진로상담의 과정을 따른다는 것이다. 단, 제한-타협이론을 적용한 진로상담에서 특히 강조되는 부분은 학생이 추구하고 있는 진로 또는 직업대안만이 아니라 제한과 타협 과정을 통해 제외시켰던 진로대안들에 대해 다룬다는 점이다.

1) 진로문제에 대한 관점

교사는 학생이 진로발달 단계에서 제한과 타협으로 진로대안을 축소해 오면서 스스로 알아차리지 못하고 있던 두 가지 문제를 중요하게 다루어야 한다(Gottfredson, 2002). 학생이 경험하고 있는 문제는 무엇이고 그 원인이 무엇인가에 대해 파악하기 위해 이 두 문제를 중심으로 학생의 어려움을 개념화할 수 있다.

첫째, 많은 청소년들은 실제 가능성을 타진해 보기도 전에 필요 이상으로 진로대안을 축소시켜 놓은 상태라는 문제이다. 일반적으로 진로미결정에 대한 상담은 제한-타협이론에서 제안한 진로발달 단계 중 4단계인 자신의 내적 특성(흥미, 가치관, 적성 등)에 맞는 직업(또는 교육) 찾기에 초점을 두는데, 1~3단계에 걸쳐 이루어진 제한 과정에서 이미 많은 진로대안들이 제외되었다. 즉, 이미 축소된 범위 내에서 어떤 선택을 하려고 하는 상황에 놓이게 되는데 여기에는 좋은 대안이 빠져 있을 수 있다. 따라서 교사는 학생이 원하는 선택지만이 아니라 어릴 때부터 고려해 보지도 않은 채 제외시켜 온 것은 없는지 확인하고 대안의 폭을 넓혀갈 수 있도록 도와야 한다.

둘째, 교사가 주목해야 할 문제는 자신이 매우 원하지만 가능성이 없어 보여 포기한, 즉 이미 타협한 진로대안들이다. 재능이 부족하거나 이미 늦었거나 형편이 안 되는 등 여러 현실적 이유가 포기에 이르게 한 경우라고 하더라도 이에 대한 학생의 판단을 다시 짚어볼 필요가 있다. 여기에 대해 갓프레드슨은 '건설적 현실감(constructive reality)'을 촉진해야 함을 제안한다(Gottfredson, 1996; 2002). 건설적 현실감이란 그 일을 하기 위해 무엇이 필요하고 얼마나 가능한지에 초점을 두고 선택의 폭을 줄이는 것이 아니라, 그 일을 위해 어떤 경쟁력이 필요한지에 초점을 두어 선택의 폭을 넓히는 것을 의미한다. 교사는 현재 학생이 가지고 있는 것만이 아니라 앞으로 무엇을 얼마나 어떻게 신장시킬 수 있는가에 초점을 두고 실현 가능성을 탐색함으로써 건설적 현실감을 촉진할 수 있다.

2) 불필요한 제한 및 타협에 대한 진단

제한-타협이론에서는 학생이 제한과 타협 과정에서 필요 이상으로 대안을 축소시키지 않았는지, 그리고 그렇다면 그 내용은 무엇인지를 파악하는 것을 문제 진단의 가장 중요한 과업으로 제시한다. 다음의 5가지 준거를 적용해 문제를 진단하는 과정을 정리해 보면 다음과 같다(Gottfredson, 1996:218~219).

자신이 원하는 진로대안(직업 또는 전공)이 무엇인지 말할 수 있는가?
자신이 원하는 진로가 무엇인지 명명하지 못한다면 여러 가지 가능성을 염두에 두고 문제를 파악해야 한다. 원하는 것들 중에서 선택을 하지 못해 미결정 상태에 놓였을 수 있고, 현재 가능한 대안들 중에서는 마음에 드는 것이 없어 어느 것도 선택하고 싶지 않기 때문에 미결정 상태에 있을 수도 있다. 그리고 자신에 대해 잘 몰라서 맞는 것이 어떤 것인지 모르는 것인지, 내적으로 갈등이 있는지, 자신이 원하는 것을 반대하는 사람이 있는지, 진입 가능성에 대해 잘못 알고 있는지 등을 확인해야 한다.

선택한 대안이 학생의 흥미와 능력에 적합한가?

흥미와 능력에 맞는 것을 선택하지 않은 경우라면, 앞으로 그 진로를 추구하는 것에서 성공하지 못하거나 성공하더라도 만족하지 못할 수 있다. 교사는 자신에 대한 이해 부족, 자신에게 잘 맞는 일인지에 대한 판단 착오, 성취 가능성에 대한 잘못된 지각, 부모를 비롯한 외적인 압력, 인기 있는 대안의 선택 등 가능한 원인을 찾아야 한다.

자신의 선택에 만족하는가?

대부분 학생이 잠정적으로 한 선택은 현실적 여건에 맞춘 것이기 때문에 거기에 만족하지 못한 상태일 수 있다. 만족하지 않은 경우라면 어떤 측면에서 원하지 않는 타협을 한 것으로 볼 수 있는데, 자신의 흥미, 성역할, 사회적 지위, 부모의 기대 등 어떤 점을 고려한 선택이었는지 점검해 보아야 한다. 그리고 타협을 촉진한 개인 내적 또는 환경적 압력이 무엇인지도 학생과 함께 탐색해 보아야 할 것이다.

진로대안을 필요 이상 제한한 것은 아닌가?

진로대안을 줄여나갈 때 적용한 분명한 기준이 있을 텐데 그것이 적절했는지 살펴볼 필요가 있다. 이 경우는 고정관념에 사로잡혀 있거나, 자신의 능력을 과소평가하거나, 가능한 진로가 무엇인지 알아볼 기회가 없었기 때문일 수 있다.

선택한 진로를 성취할 기회와 장벽에 대해 알고 있는가?

기회를 잡는 데 실패하거나 장벽을 극복하지 못하면 자신이 원하는 진로를 성취할 수 없다. 이런 정보를 제대로 가지고 있지 않으면서 단지 가능성이 없다고 생각하는 학생이 있을 수 있다. 막연히 어떤 진로를 원하기만 하거나, 정보가 부족하거나, 계획이나 실천이 부족할 수 있으므로 여기에 대한 진단이 필요하다.

3) 정보제공을 통한 진로대안의 확장

제한과 타협이 어떤 과정을 통해 진행되었는지를 확인하고, 불필요하게 축소된 진로대안을 확장하는 것이 진로상담의 중요한 과정이 되어야 한다. 이를 위해 어떤 진로를 가능한 진로대안 영역에서 제외시킨 이유를 직접 질문하는 것에서부터 시작해 원하는 자신의 미래상, 얼마나 노력을 기울일 수 있는지에 대한 생각, 기회와 장벽에 대한 지각, 판단의 기준이 되는 준거집단, 가족의 기대 등 타협에 영향을 미친 요인들을 차례로 탐색해야 한다. 이러한 원인에 대한 이해를 바탕으로 진로대안의 확장에 합의하고, 구체적으로 대안 확장을 위한 상담으로 나아가는 데 있어 교사가 고려할 사항은 다음과 같다.

첫째, 직업세계의 모든 직업을 대안으로 두고 다시 고려해 보는 것에서 출발할 수 있다. 지금까지 학생이 생각하고 있던 선호나 가능성에서 벗어나 폭넓게 자신의 미래를 고려해 볼 수 있도록 촉진하는 것이다. 이를 위해서는 학생이 자신이 잘못 알고 있다는 것을 인식할 수 있어야 하고, 각 진로의 진입장벽에 대한 객관적 정보가 제공되어야 할 것이다.

둘째, 제외된 진로대안에 대한 재탐색은 이미 설정한 가능한 진로대안의 영역(social space)을 확인하는 것에서 시작할 수 있다. 갓프레드슨은 추상적으로 어떤 진로대안의 범위를 가지고 있는지 질문하기보다는 직업을 분류한 틀(예를 들면, 직업적 성격유형, 직업 인지지도, OAP 지도[1], 표준직업분류체제 등)을 활용해서 현재 가능하다고 생각하는 범위를 공유할 것을 제안한다. 교사는 어떤 근거와 어떤 과정을 통해 그 영역의 진로를 선택했는지 탐색하는데, 성역할에 대한 고정관념, 자신의 능력에 대한 지각, 해당 진로를 성취하는 데 필요한 조건, 주변의 압력 등에 대해 포괄적으로 알아보아야 한다.

셋째, 자신이 원하는 직업이 속하는 직업군 또는 유사 직업군을 통해 진로대안을 확장해 나갈 수 있다. 학생이 원하는 하나의 진로대안보다는 보다 많은 진로대안으로 확장한 다음, 갓프레드슨이 제안하는 건설적 현실감을 확보해 나간다. 여기에서 주의해야 할 점은 현재 학생이 보유하고 있는 능력만이 아니라 얼마나 더 능력을 신장할 수 있는가에 초점을 두어야 한다는 것이다. 그리고 능력 신장을 위해 학생이 노력할 수 있

---

1   직업에 필요한 역량을 중심으로 4개 영역에 걸친 13개 범주로 직업을 분류한 틀(Gottfredson, 1986)로 이 장의 제 3절 '제한-타협이론의 기법' 부분에서 다룬다.

도록 돕는 것 역시 교사가 해야 할 중요한 일이다.

4) 개입을 위한 지침

제한-타협이론에서는 학생이 지금까지 자신이 축소시켜 온 진로대안들을 다시 탐색해 보고, '건설적 현실감'을 토대로 새로운 목표를 설정하여, 앞으로의 진로를 개척하기 위한 노력을 기울일 수 있도록 돕는 것을 목표로 한다. 이를 위한 개입 과정에서 교사가 염두에 두어야 할 내용을 요약하면 다음과 같다(Gottfredson, 2002:135~138).

학생의 핵심적 특성을 존중하라
지능이나 성격과 같은 개인의 일반적인 특성은 변화시키기 쉽지 않지만, 환경만 변화시켜 상담의 효과를 기대하기는 어렵다. 부적응적인 개인의 특성을 완전히 없앤다거나 개인의 특성을 바꾸기 어려우니 환경을 바꾼다는 방식보다는 진로와 관련된 일반적인 개인적 특성을 크게 바꾸지 않더라도 조금씩 훈련하거나 적응적으로 변화시키는 방향으로 개입하는 것이 현실적이다. 예를 들면, 충동성이라는 특성을 없앨 수는 없지만, 사교성이나 성실성과 같은 긍정적인 특성을 좀 더 발휘할 수 있도록 해서 충동성의 특성을 덜 사용하게 할 수 있다.

직업적 흥미와 가치를 탐색할 수 있는 기회를 제공하라
직업적 흥미와 같은 특성은 지능이나 성격과 같은 일반적 특성과 달리 비교적 환경의 영향을 많이 받는다고 알려져 있다. 즉, 학생이 현재 가지고 있는 직업적 흥미나 가치관은 어떤 환경에 노출되는가에 따라 변화가 가능하다. 교사는 학생의 지금까지의 경험 세계에 대한 탐색을 통해 빈약한 경험을 확대해 직업적 흥미와 가치관을 더 확장할 수 있도록 조력해야 한다. 특히, 인터넷을 통한 정보 접촉이 많아지면서 인터넷 공간에 의해 가공된 정보에 갇혀 있는 청소년들이 많다는 점을 감안하면 그 한계를 인식시키고 뛰어넘을 수 있도록 돕는 교사의 역할이 더욱 중요하다.

자신의 환경에 대한 학생의 이해를 높여라

인간은 주어진 환경 속에서 살아가기도 하고, 스스로 그 환경을 형성하기도 한다. 자신이 환경과 어떤 상호작용을 하고 있는지에 대한 통찰은 자신의 변화와 환경의 변화를 모두 가능하게 한다. 학교나 지역사회와 같은 물리적 환경부터 부모나 친구와 같은 사회적 환경까지 자신이 선택해 만들어가고 있다는 것을 알아차리게 하고, 환경을 조금만 바꿔도 자신과 자신의 삶이 달라질 수 있다는 것을 경험하게 하는 것이 교사가 해야할 일이다.

학생의 개인차를 존중하라

사람들은 모두 고유한 특성을 가지고 있어 동일한 자극에도 서로 다른 반응을 보일 수 있다. 즉, 교사가 똑같이 상담을 해도 학생에 따라 학생에게 미치는 영향과 상담의 성과는 다를 수 있다. 같은 문제를 호소하는 학생들이라도 각자 필요로 하는 지지와 지도의 영역이나 정도는 다를 수 있다는 점을 염두에 두어야 한다. 최종적으로 상담이 지향해야 하는 지점은 바로 학생이 자신의 타고난 특성을 토대로 자신의 환경과 잘 조화를 이룰 수 있는 사회적 자리를 찾아주는 것이다.

학생에 대한 이해는 항상 잠정적인 가설이다

교사가 알 수 있는 것은 학생이 가진 특성 중 겉으로 드러난 것들로, 한 학생의 특징적인 행동의 패턴을 파악할 수 있을 뿐 고유한 특성에 대해 정확하게 알 수는 없다. 어떤 행동은 어떤 특성을 나타낼 수 있다라든가, 어떤 집단(성별, 사회경제적 지위, 인종 등)은 어떤 특성을 나타낸다는 판단이나 고정관념은 상담을 방해한다. 학생에 대해 단정하기보다는 학생의 행동 패턴에 대한 가설을 세우고, 검증하고, 다시 새로운 가설을 세우는 과정을 반복하면서 학생에 대한 이해를 높이기 위해 노력해야 한다.

1) 진로대안을 축소시킨 제한과 타협 과정에 대한 탐색

제한-타협이론에서는 학생이 형성한 가능한 진로대안의 범위(social space)를 그대로 수용해 그 범위 내의 진로대안들 중에서 선택을 조력하는 진로상담의 과정에 문제를 제기한다. 제한과 타협 과정에서 적용했던 자신에 대한 이해와 직업세계에 대한 이해가 정확하지 않기 때문에 그 결과인 진로대안의 범위를 그대로 인정할 수 없다는 것이다. 우리나라에서 수행된 경험적 연구(Hwang et al., 2006)에서도 초등학교 시기에서 고등학교 시기까지 축소되던 가능한 진로대안의 범위가 대학교에 입학한 후 다시 확대되는 것을 확인할 수 있었다. 우리나라의 많은 학생들은 고등학교 시기까지 계속 "이런 건 나에게 맞지 않아", "이런 건 할 수 없을 거야"라는 생각으로 가능한 진로를 지나치게 축소해 버리고 있다. 따라서 상담에서는 자신이 축소시킨 진로대안의 범위를 확장할 수 있도록 도와야 하는데, 다음과 같은 탐색 질문을 사용할 수 있다.

먼저, 학생의 제한 과정을 탐색하기 위해 현재 가지고 있는 대안들로 선택의 범위를 줄여온 과정을 탐색한다. 이를 위해 학생이 제시한 대안들 이외에 고려해 본 대안이 있는지 질문하고, 그 목록을 작성한다. 목록에 있는 대안들 각각에 대해 다음과 같은 질문을 해 제한의 과정을 파악한다.

- ✔ 어떤 점이 맞지 않는다고 생각되었나요?
- ✔ 어떤 부분이 마음에 들지 않았나요?
- ✔ 언제 이 대안을 포기했나요?
- ✔ 경제적 상황과 같은 외적 상황이 영향을 미쳤나요?
- ✔ 부모님이나 다른 사람들의 영향을 받았나요?
- ✔ 자신의 능력으로는 불가능하다고 생각했나요?

특히, 타협의 과정은 자신의 능력으로는 성취할 수 없기 때문이라고 생각하고 대안을 제외시키는 경우가 많다. 그 과정을 보다 구체적으로 살펴보기 위해 다음과 같은 질문을 활용할 수 있다.

✓ 원하지만 불가능할 것 같아서 포기한 대안이 있나요?
✓ 어떤 근거로 안 될 거라고 생각을 했나요?
✓ 가능성을 좀 더 타진해 보기 위해 어떤 노력을 해보았나요?
✓ 더 노력해 볼 수 있는 부분은 없나요?
✓ 포기하고 찾은 지금의 대안에는 얼마나 만족하나요?

2) OAP 지도를 활용한 진로대안의 확장

제한과 타협의 과정을 통해 진로대안을 지나치게 축소시킨 학생에게 갑작스럽게 모든 직업을 처음부터 다시 고려하라고 하는 것은 어려울 수 있다. 학생에게 불안을 일으키지 않는 한 가지 방법은 학생이 고려하고 있는 진로대안에서 출발해 그와 유사한 특성을 갖는 대안으로 확장해 나가는 것이다. 유사한 대안으로의 확장을 위해 직업군에 대해 소개하는 것이 한 가지 방법이다. 예를 들면, 갓프레드슨은 가능한 한 장에 제시될 수 있는 정도의 정보를 가지고 먼저 탐색할 것을 추천하면서, OAP 지도를 소개했다. OAP 지도는 각 직업들에 필요한 능력을 중심으로 유사한 직업들끼리 분류해 한 장의 그림으로 나타내고 있다. 실제 직업에 필요한 능력을 조사한 경험적 자료를 토대로, 모든 직업을 물리적 관계를 다루는 영역, 관료적 위계를 유지하는 영역, 사회적·경제적 관계를 다루는 영역, 직접 수행하는 영역 등 4개의 영역으로 크게 분류하고, 각 영역을 세분해 모두 13개의 범주로 제시하고 있다.

OAP 지도를 이용한 진로대안 확장에서는 학생이 대안으로 선택한 진로가 어느 범주에 속하는지 찾아보게 하고, 그 범주에 속하는 다른 직업에 대해 알아보게 한다. 나아가 동일한 영역에 속하거나 유사한 범주 2~3개 정도를 선정해 거기에 포함된 직업들도 대안으로서 고려해 보면서 점차 제외시킨 대안들의 경계를 허물고 선택의 범위를 넓혀 가도록 촉진한다.

갓프레드슨이 제시한 OAP에 포함된 직업명은 40~50개 정도로, 고려해 볼 직업 목록으로 부족하다면 다양한 직업이 포함된 직업카드를 활용해 각 범주에 직업을 배치해 보는 활동도 추가할 수 있다. 이와 같이 하면 보다 선택지가 많은 가운데에서 자신의 포부를 확장해 나가는 것을 촉진할 수 있다. 특히, 직업세계에 대한 노출이 적어서 직업명을 스스로 떠올리기 힘들어하는 낮은 연령층, 소외계층, 낙후 지역의 학생들에게는 이러한 접근이 더 필요하다.

또한 OAP 지도만이 아니라, 성역할과 사회적 지위를 2개의 축으로 한 직업인지지도에서 제한한 범위를 표시해 보면서 그 범위를 확대해 나갈 수도 있고, 홀랜드 육각형의 유형화를 적용해 동일한 유형 또는 유사한 유형의 직업들을 살펴보는 것도 가능하다. 조금 더 세밀한 직업목록이 필요하다면 한국고용정보원에서 제공하는 한국고용직업분류표를 활용할 수도 있을 것이다.

3) 직업카드를 활용한 진로대안의 확장

구체적인 직업명을 통해 진로대안을 확장할 수 있는 또 다른 방법 중 하나는 직업카드를 이용하는 것이다. 대학입시를 준비하는 학생의 경우라면 직업카드 대신 학과카드를 활용할 수도 있다. 일반적인 직업카드 분류법에서는 직업을 '좋아하는 직업', '싫어하는 직업', '잘 모르는 직업'으로 분류하고, '좋아하는 직업'을 중심으로 다음 탐색을 진행하지만, 제한-타협이론에서는 '싫어하는 직업'과 '잘 모르는 직업'을 탐색한다.

먼저, '잘 모르는 직업'으로 분류한 직업들에 대해서는 해당 직업에 대한 정보가 필요한 것인지, 선호를 결정하지 못하는 것인지 확인한다. 정보가 부족할 경우, 그 직업에 관한 구체적 정보를 제공하거나 정보를 직접 찾아보도록 돕는다. 선호를 결정하지 못할 경우, 어떤 측면이 마음에 들고, 어떤 측면이 마음에 들지 않는지 구체적으로 생각해 보게 함으로써 선호를 명료화시킨다.

Dealing with Physical Relations
(Investigative and Realistic)

Maintaining Bureaucratic Order
(Conventional & Enterprising)

Dealing with Social and Economic Relations
(Enterprising & Social)

Performing
(Artistic)

Cluster P1
Researching, designing, and modifying physical systems
(chemist, physician, engineer)
intelligence--115
verbal--104
numerical--109
spatial--108

Cluster P2
Operating and Testing physical systems
(plant manager, drafter, lab technician)
intelligence--104
numerical--98
spatial--98

Cluster P3
Crafting or inspecting complex objects: repairing, operating or setting up equipment or vehicles
(carpenter, truck driver, bridge inspector)
spatial--87
form perception--83
manual dexterity--85

Cluster P4
Crafting, finishing, assembling, sorting, or inspecting simple objects
(tire inspector, glass cutter, garment sorter)
form perception--80
motor coordination--85
manual dexterity--85

Cluster P5
Tending (machines, buildings, plants, animals) and attending (workers, the public)
(yarn sorter, general labourer, baker helper)
motor coordination--85
manual dexterity--81

Cluster B1
Maintaining bureaucratic rules, records, and transactions
(bookkeeper, police officer, cashier)
intelligence--98
numerical--91
clerical perception--96

Cluster B2
Processing routine information
(dispatcher, receptionist, mail clerk)
intelligence--95
clerical--95

Cluster B3
Manipulating records
(typist, nursing clerk, adding machine operator)
clerical perception--92
motor coordination--88

Cluster S1
Researching, planning, and maintaining societal systems
(urban planner, lawyer, hospital administrator)
intelligence--107
verbal--97
numerical--102
clerical perception--99

Cluster S2
Persuading, informing, and helping individuals
(nurse, sales representative, reporter)
intelligence--101
verbal--99
numerical--95
clerical perception--100

Cluster S3
Serving and caring for individuals
(stewardess, park ranger, nurse aide)
intelligence--95

Cluster A1
Verbal arts
(singer, playwright, announcer)
intelligence 100
verbal--100
clerical perception--100

Cluster A2
Spatial arts
(clothes designer, art teacher, dancer)
intelligence--100
spatial--98

그림 5-2 OAP 지도(Gottfredson, 1986:272-273)

그림 5-3 한국고용직업분류표(출처: 워크넷 인포그래픽)

다음으로 '싫어하는 직업'으로 분류한 직업들을 가지고 다시 한번 분류를 하게 하는데, 싫어하는 이유를 중심으로 분류를 해보도록 한다. 이때 '자신과 잘 맞지 않을 것 같아서'나 '잘 할 자신이 없어서'로 분류된 직업에 대해서는 얼마나 정확한 판단을 한 것인지 점검이 필요하다. 즉, 학생이 '건설적 현실감'을 가지고 그 직업들에 대해 다시 판단할 수 있도록 돕는다.

4) 진로탐색의 건설적 현실감을 증진하는 기법

　제한-타협이론에서는 청소년들이 너무 일찍부터 가능성에 대해 제대로 타진도 해보지 않은 채 어떤 일들에 대해 자신은 할 수 없는 일이라고 단정지어 버렸을 가능성을 염두에 둔다. 대부분 자신에게는 그럴 만한 능력이 없다고 생각하고 포기한 경우들이 많은데, 교사는 그러한 상태를 극복할 수 있도록 도와야 한다. 갓프레드슨은 세 단계를 제안하고 있는데, 그 내용을 요약하면 다음과 같다(Gottfredson, 2003).

　먼저, 교사는 현재 학생이 가진 진로포부가 너무 많은 가능성을 배제하고 있다는 점을 직면시킨다. 앞서 살펴본 OAP 지도, 한국직업표준분류표, 직업카드 등을 활용해 많은 직업들 가운데 하나 또는 극히 일부만을 가능한 대안으로 선택한 것이 과연 적절한가를 질문한다. 그리고 그 과정에서 얼마나 정확한 정보를 활용했는지 질문함으로써 학생 스스로 현재 자신이 가진 진로대안에 의구심을 갖게 한다.

　다음으로 자신의 특성과 현실적 여건을 고려해 적극적으로 알아볼 만한 직업의 목록('best bets')을 작성한다. 이 단계에서는 학생이 현재 가지고 있는 능력만이 아니라 앞으로 신장시킬 수 있는 능력까지 고려해 직업 목록을 추출하는 것이 중요하다. 이때 학생의 능력은 어떤 직업을 가지더라도 필요한 직업기초능력과 특정 직업을 가지는 데 필요한 직무능력을 구분해 파악해야 한다. 특히, 직업기초능력은 누구나 노력하면 획득할 수 있는 기본 역량으로 직업기초능력의 신장을 통해 가능한 진로의 영역이 크게 확대된다. 따라서 교사는 학생이 자신의 능력을 향상시켜 진로대안의 폭을 넓힐 수 있도록 조력해야 한다. 즉, 진로상담에서 학업상담으로 개입의 범위를 확장시켜야 한다.

　또한 교사는 학생이 원하는 진로를 성취하지 못했을 때를 대비한 대안(backup op-tions)을 가지고 있어야 하는데, 학생이 추구하는 진로가 실현 가능성이 적을수록 더욱 필요하다. 교사는 실패에 대한 위험을 학생이 충분히 알고 있다면, 실패 가능성이 있는 대안에도 도전해 보는 것을 촉진해야 한다. 그러나 위험부담이 있는 만큼 실패할 경우 선택할 수 있는 보다 현실적인 대안을 미리 마련해 두어야 한다.

4 진로진학상담에의 활용 가능성

　제한-타협이론에서는 제한과 타협의 과정에서 학생들이 자신과 직업세계에 대한 정보를 잘못 적용해 지나치게 선택의 범위를 줄여버린다고 보고 있다. 즉, 진로진학상담에서는 이 부분을 바로잡아 주는 것이 필요한데, 진로교육을 계획할 때부터 이 부분을 고려해야 한다. 발달의 4개 과정인 인지발달, 자기창조, 제한, 타협 등을 위해 각각 효과적인 학습, 적절한 경험, 자신에 대한 통찰, 현명한 자기투자가 핵심적 과업이라고 제안한다(Gottfredson, 2005). 여기에서는 그 내용을 중심으로 진로진학상담의 영역 중 진로교육이 담당해야 할 과제가 무엇인지 알아보고자 한다.

　인지발달, 자기창조, 제한, 타협의 발달 과정은 아동기와 청소년기를 통해 꾸준히 발달하지만, 연령에 따라 발달이 집중되는 시기가 있다. 그리고 각각 발달적 위기와 과업이 존재하는데, 교사는 교육을 통해 이 위기를 잘 극복하고 과업을 잘 수행해 진로발달을 성공적으로 이루어내도록 해야 한다. 취학 전에 집중되는 인지발달에는 효과적인 학습이, 초등학교 시기에 집중되는 자기창조에는 적절한 경험이, 중학교 시기에 집중되는 제한에는 자기통찰이, 고등학교 시기에 집중되는 타협에는 현명한 자기투자가 주요 발달과업이다. 갓프레드슨은 각 발달과업을 촉진할 수 있는 교사의 대표적 행동 2가지씩을 표로 정리해 제시하고 있다. 교사는 4가지 발달과업을 모두 촉진할 수 있어야 하고, 학생의 연령에 따라 이를 촉진하기 위한 교육활동은 달라져야 한다. 학교급별에 따라 교사가 적용할 교육활동의 예도 함께 표에 요약하고 있다. 최근 진로교육의 양적 팽창과 함께 학생들이 진로교육을 접할 기회가 많아졌지만, 각 학교급별로 진로교육의 목표와 내용이 제대로 구분되지 못하고 있다는 지적이 있다. 이미 해본 것을 또다시 해야 해서 흥미가 떨어진다고 보고하는 학생들도 늘어나고 있는데, 학교급별 활동에 차이를 둘 때 참고할 만한 자료가 될 것이다.

1) 학습의 촉진

인지발달이 진로발달에서 중요한 이유는 인지발달을 통해 좋은 의사결정을 할 수 있는 바탕이 되는 지식의 습득과 활용이 가능하기 때문이다. 실제 진로와 관련된 의사결정을 해야 하는 상황에서는 상당히 복잡한 환경에서 다양한 정보를 적용해야 한다. 이를 위해 꾸준히 인지적 발달을 이루어가야 하는데, 학생의 현재 발달수준에 맞게 교육을 하고 어느 수준 이상의 발달을 이끌어내는 것이 교사의 역할이다. 학생의 수준에 맞는 교육에서 고려해야 할 중요한 요소는 두 가지인데, 바로 복잡성을 경감시키는 것과 인지적 다양성에 부합하는 것이다.

먼저, 정보의 복잡성을 경감시키는 부분에서 교사가 고려해야 하는 것은 제공할 정보의 형태와 양이다. 정보가 많고 추상적이고 다면적이고 모호하고 불확실하고 변화 가능하고 새롭고 다른 자료와 관련이 되어 있을수록 정보를 처리할 인지적 부담이 커진다. 학생들의 인지적 역량은 연령이 높아지면서 발달하기 때문에, 저학년 학생들은 단순한 정보만 처리할 수 있다. 학년이 높아지면서 복잡한 정보의 처리가 가능해지는 반면 간단한 정보는 너무 쉬워 흥미를 잃는다. 교사는 학생의 연령에 맞도록 정보를 선택하고 가공하고 제시하는 방식을 변화시킬 수 있어야 한다. 정보의 복잡성을 경감시키는 것이 불가능하다면 인지적 조력(예를 들면, 비고츠키(L. Vygotsky)가 제안한 비계설정(scaffolding))을 통해 해당 정보를 습득할 수 있도록 돕는다.

다음으로 학생들의 인지적 다양성에 대해 고려해야 하는데, 같은 연령에서도 어떤 학생은 인지적 역량이 우수한 반면 어떤 학생은 인지적 역량이 그에 미치지 못한다. 즉, 생활연령이 같더라도 정신연령에서는 차이를 보일 수 있는데, 정보처리와 밀접히 관련되는 것은 생활연령이 아니라 정신연령이다. 한 교실에 이미 여러 수준의 학생들이 존재하고 있고, 각 학생들의 수준에 맞는 교육을 진행하는 것은 진로교육만이 아니라 모든 교사들의 어려움이다. 한 가지 내용을 앞에서 설명하는 전통적인 방식으로 다양한 학습자의 수준에 맞는 수업을 진행하는 것은 불가능하다. 수업의 내용을 가능한 개별화하고, 학습자들이 서로 협력할 수 있는 방안을 개발하는 것이 필요하다.

2) 경험의 촉진

흥미, 적성, 가치관 등 자신의 진로관련 특성을 이해하기 위해서는 가능한 다양한 활동에 직·간접적으로 참여해야 한다. 성격이나 지능과 같은 일반적인 개인의 특성과 달리 진로관련 특성이나 기술, 습관, 태도 등은 환경과의 상호작용을 통해 형성되기 때문에 학교의 진로교육이 많은 영향을 미친다. 이를 인식한 정책적 노력 중 2016년부터 우리나라의 모든 중학교에서 시작된 자유학기제는 그 대표적인 예이다.

학생들에게 경험을 풍부하게 제공하기 위해 가장 먼저 생각해야 할 문제는 보다 많은 진로대안을 경험할 기회를 제공하는 것이다. 일찍부터 자연스럽게 주어지는 일상 속에서의 경험과 관심 있는 영역에 대한 경험에 집중하는 것은 바람직하지 않다. 교사는 학생들에게 모든 직업세계에 노출시킨다는 의도를 가지고 접근할 필요가 있다. 이를 위해서는 직업을 유사한 직업군으로 분류한 틀을 채택하고, 각 직업군을 하나씩 차례로 다루어가면서 모든 학생들이 모든 직업에 대해 알아가는 교육이 필요하다. 직업군은 홀랜드 직업유형, OAP 지도, 한국고용직업분류표 등 어떤 분류를 사용해도 무방하다.

진로관련 경험과 관련해 고려할 두 번째 문제는 학생들에게 자기주도성을 키워주는 것이다. 시켜서 하는 것이 아니라 자신이 경험의 주체가 되는 경험을 하게 하고 이를 촉진해야 한다. 학업만이 아니라 동아리나 특별활동을 비롯한 학교에서 이루어지는 여러 활동에 적극적으로 참여하게 하고, 가정이나 지역사회의 활동에도 참여해 보면서 경험을 늘려나가도록 격려한다. 그리고 이러한 경험의 종류를 다양하게 제시하고 스스로 취사선택할 수 있는 기회를 주어야 한다. 왜 그 활동을 선택하는지, 그 경험을 통해 어떤 것을 새롭게 알게 되었는지, 자신에게 일어난 변화는 무엇인지 등을 성찰할 수 있는 활동도 병행되어야 한다. 갓프레드슨은 사비카스(Savickas, 1996)의 말을 인용하고 있는데, 자기주도성을 갖게 하기 위해 '나의 진로를 어떻게 만들어가고 있는가?', '일이 나를 한 개인으로 어떻게 성장시키는가?'라는 질문을 던져야 한다고 제안한다.

3) 자기통찰의 촉진

학생들이 선택할 수 있는 폭을 넓혀주기 위해 앞 단계에서 최대한 많은 경험을 하게 하지만, 이러한 경험이 저절로 자신의 진로포부에 반영되는 것은 아니다. 자신의 경험을 통해 자신과 직업세계에 대한 통찰을 얻어 자신에게 잘 맞는 미래의 삶을 구상하는 것을 교사가 도와야 한다. 이를 위해 교사는 학생이 자신에 대해 객관적으로 이해하도록 돕고 자신에게 맞는 미래에 대한 상을 그릴 수 있도록 도와야 한다.

자신에 대한 객관적 이해를 촉진하기 위해 가장 많이 사용되는 방법은 심리검사이다. 우리나라에서는 초등학교 시기부터 자기보고식 심리검사를 사용하는 경우가 많은데, 갓프레드슨은 진로관련 심리검사 사용의 적절한 시기를 고등학교 이후로 제안하고 있다. 초등학교 시기에는 충분히 경험을 하고, 중학교 시기에는 자신이 경험한 것들을 토대로 자신의 특성에 대해 성찰해 보는 경험에 집중하라는 것이다. 예를 들면 동아리, 학생회, 스포츠클럽 등 다양한 공동체에 참여해 보는 경험을 통해 그 속에서 자신이 어떤 모습을 보이는지 알아나가는 것이 가능하다. 또한 소설, 전기, 영화, 드라마 등의 인물[2]을 통한 대리 경험 역시 자신을 알아가는 좋은 수단이 된다. 고등학생과 대학생들에게는 심리검사와 함께 아르바이트나 인턴을 통해 직접 일의 세계와 부딪쳐 보면서 자신을 알아가는 활동을 촉진한다.

자신과 일의 세계의 관계에 대한 인식은 앞으로 어떤 삶을 살아갈 것인가에 대한 밑그림을 그리는 데 적용되지 않는다면 큰 의미가 없을 것이다. 이 과정 역시 교사가 조력해야 하는데, 직업인으로 살아간다는 것과 자신을 연결시켜 볼 수 있는 경험의 제공을 통해 가능하다. 이를 위해 교사는 여러 가지 생애역할에 참여하거나 관찰하면서 일과 다른 역할과의 관련성을 생각해 보게 하거나, 자신과 유사한 특성을 갖는 사람들이 종사하는 영역에 대해 조사해 보는 것 등을 계획할 수 있다. 특히, 잠정적으로라도 미래에 대해 결정을 해야 하는 시기가 되면 진로미결정의 어려움을 보이는 학생들이 나타

2　자료 예시: 커리어패스 사례집 및 활용자료
　http://www.career.go.kr/cnet/front/commbbs/courseMenu/commBbsList.do?BBS_CTGRY=100795

난다. 이들에 대해서는 진로교육만이 아니라 진로상담을 통해 조력할 수 있어야 할 것이다.

4) 자기투자의 촉진

결정했다고 해서 그 진로에 진입이 보장되는 것이 아니기 때문에, 결정된 진로를 성취하는 것은 또 다른 큰 과업이다. 어떤 직업을 갖기 위해 학교나 훈련 프로그램에 들어가는 것부터 시작되는데, 우리나라처럼 입시경쟁이 치열하고 취업의 문이 좁은 상황에서는 더욱 어려운 과제이다. 예를 들어, 가르치는 일이 좋아 교사가 되겠다고 정했다면, 교대나 사대를 진학해야 하고, 그 이후에도 임용고시라는 관문을 통과해야 한다. 결정 이후 해야 할 일이 더 많다고 할 수 있다. 이 단계에서 교사는 학생이 한 결정이 적절한지를 먼저 확인해야 한다. 그리고 그 결정이 현실적이라면 진입에 성공할 수 있도록 역량을 키우고 기회를 찾는 과정에서 성공할 수 있도록 돕는다.

어떤 진로를 추구하기 위해서는 시간, 노력, 자원 등 많은 기회비용을 치르게 된다. 많은 투자를 하는 만큼 선택을 잘해야 하는데, 여러 가지 정보를 찾으면서 계속 선택의 현실성과 실현 가능성을 타진해 보는 것이 필요하다. 얼마만큼의 시간과 노력이 필요하고 그것을 투자할 가능성은 어느 정도인지, 그렇게 투자를 했을 때 성취 가능성은 어떤지 등을 철저히 검토하는 과정이 필요하다. 학급단위로 수업을 통해 모두가 함께 그 과정을 거칠 수도 있지만, 선택한 진로대안에 따라 점검할 정보의 종류와 통로가 달라서 개인적인 접근이 필요할 수 있다. 또한 이 과정에서 진로대안이 변경될 수도 있으므로 훨씬 복잡한 개입 과정이 예상된다.

개인의 역량을 키우지 않고 원하는 진로에 진입이 가능한 경우는 거의 없다. 그리고 개인의 역량만이 아니라 다양한 지원체제의 도움도 받아야 하고, 최대한 많은 기회를 찾고 활용해야 한다. 우리나라 대학입시의 예를 보면, 수시와 정시에 모두 지원할 것을 가정하면 총 9개의 대학과 학과를 선택할 수 있다. 이렇게 많은 선택지가 있는 반면, 각 대학과 학과마다 서로 다른 기준으로 소수의 학생을 선발한다. 따라서 어떤 전형을 위해 무엇을 준비할 것인지를 일찍 결정하면 합격 가능성이 높지만, 선택지가 많다는 것만 생각하고 전형에 맞춰 준비하지 않으면 어디에도 합격하기 어렵다. 즉, 이 단계에서는 개인의 역량을 키우는 과정도 도와야 하지만, 직업세계에서 원하는 것이 무엇인지를 명료화하고 무엇을 준비해야 하는지 파악하는 것을 돕는 것이 더 중요하다. 이를 위해 각 직업의 진입에 필요한 경로에 관한 자료[3]와 자격 취득이나 구직 정보 등 다양한 정보의 확보도 필요하다.

---

3   자료 예시: 50개 직업의 커리어패스 정보(한국직업능력개발원)

표 5-1 제한-타협이론에서 제시한 진로교육의 목표와 내용(출처: Gottfredson, 2005:87)

발달 과정	발달 과업	교사의 과업	교육활동 예시		
			초등학교 시기	중학교 시기	고등학교 시기
인지발달	학습	A. 과업 복잡성의 경감	정보와 과제가 구분되고, 구체적이고, 간명하고, 간단한 주론만을 필요로 하는 정보와 과제	• 보다 많은 내용의 정보 • 여러 가지 생각을 연결하고 일반화하는 과제 • 낮은 능력의 학생에게는 이전 단계의 쉬운 과제 제공	• 복잡한 정보 • 정보의 분석과 통합이 필요한 과제 • 낮은 능력의 학생에게는 이전 단계의 쉬운 과제 제공
		B. 인지적 다양성 적응			
자기 창조	경험	C. 경험의 장 확대	현장학습, 진로의 날, 직업인과의 만남, 체험학습, 포트폴리오 작성	• 소설, 전기, 시사, 일상생활에서 사례 찾기 • 가정과 이웃이 일 돕기 • 동아리, 취미, 학교행사, 스카우트, 지역사회 방문	• 다양한 과목 수강 • 지역사회 봉사, 1일 직업체험, 조합활동, 인턴십, 동아리, 스카우트, 학생회, 스포츠단, 아르바이트 등 참여
		D. 경험에서의 주도성 증진			
제한	자기 통찰	E. 자신에 대한 정보의 통합		• 잠정적 생애목표 설정 • 자신의 정점과 단점, 가족의 기대, 장벽 써보기 • 역할갈등, 자격제도, 제외시킨 직업이 이룸과 그 이유 알아보기 • 목표설정과 의사결정 연습	• 흥미, 능력, 성격, 가치관에 대한 심리검사 • 이전 활동, 지원제제, 장벽, 사회적 영향력에 대한 분석 • 직접 매칭 프로그램 활용 • 진로와 생애목표의 설정과 균형에 대한 연습
		F. 진로에 대한 건전한 개념 증진			
타협	자기 투자	G. 진입 정로에 대한 판단 촉진			• 이력서 쓰기, 입사면접, 자격증, 붙어관리를 위한 교제 및 훈련 프로그램 • 취업지원 서비스 • 진로대안 확정, 지원제체 확립, 멘토 확보를 위한 조력
		H. 자신, 기회, 자기의 증진에 대한 주도성 향상			

실습과제

1. 자신이 가장 최근에 했던 진로관련 결정을 하나 떠올려보고, 이 의사결정에 나타난 제한과 타협 과정에 대해 분석하시오.

2. 다음 사례를 읽고, 제한-타협이론을 적용하여 개입전략을 구상하시오. 구상한 개입전략의 실현 가능성을 조원들과 함께 역할 연기를 통해 검증하시오.

○○는 어릴 때부터 누군가를 가르치는 것을 좋아해서 교사를 꿈꿔왔다. 사람들이 꿈에 대해 질문하면 언제나 "선생님"이라고 답하곤 했다. 그러나 고등학교에 오면서 교사가 정말 될 수 있을까라는 걱정이 되기 시작했다. 교사가 되려면 성적이 아주 좋아야 하는데, ○○의 성적은 교대를 진학하기에는 많이 부족하다. 사대가 있는 대학으로는 입학을 할 수 있을 것 같지만, 임용시험에 합격하기가 정말 어렵다는 얘기를 최근 듣게 되었다.

이미 고등학교 2학년 여름방학이 지나가고 있어 내신을 더 올린다고 해도 쉽지 않다. 선생님이 되려면 공부를 그렇게 잘해야 한다는 걸 몰랐던 ○○는 고민이 많아졌다. 공부를 좋아하지 않고 아주 열심히 하는 스타일도 아니라서 지금부터 있는 힘껏 노력해 보라는 담임교사의 말에는 그냥 "네"라고 대답만 한 상태다.

'진로와 직업' 수업시간에 진로에 대해 고민이 있는 사람은 진로상담을 받아보라는 안내를 받고 혹시나 하는 마음에 상담실을 찾게 되었다.

참고문헌

Gottfredson, L. S. (1986). Occupational aptitude patterns map: Development and implications for a theory of job aptitude requirements. *Journal of Vocational Behavior, 29,* 254-291.

Gottfredson, L. S. (1996). Gottfredson's theory of circumscription and compromise. In D. Brown, L. Brooks, & Associates (Eds.), *Career choice and development* (3rd ed., pp. 179-232). San Francisco: Jossey-Bass.

Gottfredson, L. S. (2002). Gottfredson's theory of circumscription, compromise, and self-creation. D. Brown (eds.), *Career choice and development* (4th ed.), San Francisco, CA: Jossey-Bass. S. D. 85-148.

Gottfredson, L. S. (2003). The challenge and promise of cognitive career assessment. *Journal of Career Assessment, 11,* 115-135.

Gottfredson, L. S. (2005). Applying Gottfredson's theory of circumscription and compromise in career guidance and counseling. S. D. Brown & R. W. Lent (eds.) *Career development and counselling: Putting theory and research to work.* Hoboken, NJ: John Wiley & Sons. 71-100.

Gottfredson, L. S., & Becker, H. J. (1981). A challenge to vocational psychology: How important are aspirations in determining male career development? *Journal of Vocational Behavior, 18,* 121-137.

Helwig, A. A. (2001). A test of Gottfredson's theory using a ten-year longitudinal study. *Journal of Career Development, 27,* 247-265.

Henderson, S., Hesketh, B., & Tuffin, K. (1988). A test of Gottfredson's theory of circumscription. *Journal of Vocational Behavior, 32,* 37-48.

Hwang, M., Kim, J., Ryu, J., & Heppner, M. J. (2006). The circumscription process of career aspirations in South Korean adolescents. *Asia Pacific Education Review, 7,* 133-143.

Savickas, M. L. (1996). A framework for linking career theory and practice. In M. L. Savickas & W. Bruce Walsh (Eds.), *Handbook of career counseling theory and practice* (pp. 191-208). Palo Alto, CA: Davies-Black.

6장

관계적 진로이론의 기법

손진희

일찍이 부모가 개인의 심리발달에 미치는 영향에 대한 프로이트의 언급이 있었지만 진로상담 분야에서 부모를 비롯한 관계적 측면이 조명된 역사는 오래되지 않았다. 더욱이 다양한 진로이론이 상담 실제에 활발히 적용되어 온 것에 비하면 상대적으로 관계적 측면에 초점을 둔 진로이론에 대한 관심은 부족한 편이었다. 이런 현상은 개인의 진로선택과 관련해서 '합리적' 의사결정이 강조되어 온 경향과 무관하지 않아 보인다.

로우(A. Roe)를 선두로 한 관계적 진로이론 발달 초기에는 주로 부모가 자녀의 진로발달에 핵심적인 영향을 미치는 존재로 다루어졌고, 점차적으로 형제자매, 교사, 또래 등으로 대상이 확장되었다. 집단주의적이고 가족지향적인 특성이 강한 우리나라 문화에서 개인의 진로발달에 관여된 다양한 타인들의 영향을 살펴보는 것은 우리나라 청소년의 진로문제를 이해하고 해결방안을 모색하는 데 도움이 될 수 있다. 이 장에서는 진로이론에서 관계적 측면을 다루고 있는 몇 가지 이론을 소개하고, 각 이론이 진로진학상담에 어떻게 적용 가능한지를 논의할 것이다. 이 장에서 다루는 이론은 샤프(R. S. Sharf, 2014)가 관계적 진로이론으로 소개하고 있는 로우의 직업선택이론, 애착이론, 부모-자녀 진로상호작용이론, 필립스(D. Phillips)의 발달-관계 모델이다.

목표

1) 관계적 진로이론의 핵심 내용을 설명할 수 있다.

2) 관계적 진로이론의 상담 과정을 설명할 수 있다.

3) 관계적 진로이론의 기법을 진로진학상담에 적용할 수 있다.

1) 로우의 직업선택이론

　　로우는 처음으로 아동의 발달에 미치는 부모의 영향에 초점을 둔 진로발달 이론가이다(Sharf, 2014). 로우는 자녀가 부모와의 상호작용을 통해서 발달한 심리적 욕구에 기초해서 직업선택을 한다는 데에 관심을 가지고 이를 검증하고자 하였다. 특정한 직업을 가진 사람들은 비슷한 성장배경을 가졌을 가능성을 가정하고, 예술가나 과학자 등의 직업군에 속하는 사람들의 부모-자녀 관계를 살펴보았다. 로우는 부모-자녀 관계와 진로선택에 대한 연결을 확인하기 위해 직업분류체계를 만들어 활용하기도 했는데, 이 분류체계의 핵심은 어린 시절 부모가 자녀에게 보여준 태도에 따라 자녀의 진로선택 경향이 사람지향적이 되거나 사람회피적이 된다는 것이다.

(1) 부모 양육태도 유형

　　로우에 따르면 부모는 자녀에게 세 가지 유형의 양육태도를 갖는다. 자녀에 대한 집중(과보호와 과요구), 자녀 회피(감정적 무시와 거부), 자녀 수용(무관심한 수용과 애정적 수용)이 그것이다. 자녀에게 정서적으로 집중하는 유형의 부모는 자녀의 호기심을 제한하거나 자녀에게 완벽성을 요구하는 경향이 있다. 자녀에 대해 회피하는 유형의 부모는 자녀를 정서적으로 거부하거나 벌주고 비난을 하는 등 애정을 보이지 않는다. 자녀를 수용하는 유형의 부모는 자녀가 안정감을 느낄 수 있는 환경을 만들고 부모의 애정을 느끼게 한다.

(2) 직업분류체계

　　로우의 중요한 공헌 중 하나는 체계적인 직업분류체계의 고안이다(Brooks, 1990). 로우와 클로스에 의해 제안된 8개 직업군은 다음과 같다(Roe & Klos, 1969).

① 서비스직: 다른 사람의 취향, 욕구, 복지에 관심을 갖고 있으며 타인에 대한 봉사와 주로 관련된다. 사회사업, 가이던스(guidance), 가정적이고 보호적인 서비스 등의 직업이 이에 속한다. 이 군에 속하는 직업은 다른 사람을 위해서 무언가를 하고 있는 환경이다.

② 비즈니스직: 일대일 만남을 통해 공산품, 투자상품, 부동산, 용역을 판매하는 것과 관련된다. 대인관계 측면이 있지만 타인을 도와주는 것보다는 어떤 행동을 하도록 타인을 설득하는 것과 관계된다.

③ 행정직: 사업, 산업체, 정부기관 등에서 일하는 화이트칼라 관리직 등이 해당된다. 기업의 조직과 효율적인 기능에 주로 관련된 직업들로 인간관계의 질은 형식적이다.

④ 기술직: 상품과 재화의 생산, 유지, 운송과 관련된 직업 등이 포함된다. 운송과 정보통신과 관련된 직업과 공학, 기능, 기계, 무역에 관계된 직업을 포함하며, 대인관계는 상대적으로 덜 중요하고 사물을 다루는 것과 관련된다.

⑤ 옥외활동직: 농산물, 수산물, 지하자원, 임산물을 비롯하여 다른 천연자원을 개간, 보존 및 수확하는 것과 축산업에 관계된 직업을 포함한다. 기계화의 영향으로 이 군집에 속하던 많은 직업들이 기술직으로 이동되었고 대인관계와는 별로 관계가 없다.

⑥ 과학직: 기술보다는 과학이론과 그 이론을 특정한 환경에 적용하는 것과 관련된다. 심리학, 인류학과 같은 분야뿐만 아니라 전혀 인간관계 지향이 아닌 물리학과 같은 과학적 연구 분야에서조차 군집7 직업군에서 볼 수 있는 인간관계적 측면이 있다(의학직 등이 이에 해당한다).

⑦ 보편적 문화직: 보편적인 문화유산의 보존과 전수 등이 해당된다. 교육, 언론, 법률, 성직, 언어학, 인문학 등과 같은 전공에 관련된 직업이 포함된다. 대부분의 초·중등교사들이 이 군집에 속한다. 고등교육기관의 교사들은 가르치는 교과에 따라 다른 군집에 속하기도 한다. 과학교사는 군집6, 예술교사는 군집8, 인류학 관련 교사는 군집7에 포함된다.

⑧ 예능직: 창조적인 예술과 연예에 관련된 기술을 사용하는 것과 관련된다. 인간

관계가 중요하지만 군집1에서와 같은 직접적인 관계는 아니다.

위의 각 군집은 다시 책임, 능력, 기술의 정도에 따라 여섯 단계로 나누어진다. 각 군집 내에서 개인이 이루는 성취 수준은 개인의 능력이나 사회경제적 배경 요인 등에 영향을 받는다(Zunker, 2004). 로우의 직업분류체계는 미국의 직업선호도검사(Occupational Preference Inventory), 직업흥미검사(Vocational Interest Inventory), 직업명 사전(Directory of Occupational Titles) 등과 같은 분류체계 개발에도 영향을 주었다(Roe & Lunneborg, 1990).

(3) 직업분류체계와 부모양육태도 간의 관계

로우는 부모가 자녀에게 어떤 태도를 보였는지에 따라 자녀가 특정한 욕구를 형성하게 되고 이런 욕구에 기초해서 직업선택을 한다고 보았다. 예를 들면, 수용적 부모 밑에서 성장한 자녀는 어렸을 때부터 타인과의 관계 속에서 자신의 욕구를 해결하는 데 익숙해지고, 이것이 결국 나중에 사람지향적인 성격을 형성하도록 하여 직업선택에서도 사람지향적인 직업군을 선택할 가능성이 크다는 것이다. 반면, 거부적인 가정에서 성장한 자녀는 사람지향적이기보다는 사람회피적인 태도를 갖게 되고, 나중에 사람보다는 사물이나 데이터를 다루는 직업을 선택할 가능성이 더 크다(Roe, 1957). 로우와 시걸먼(M. Siegelman)은 자녀에 대한 부모의 양육태도를 조사하기 위해 12세 이전에 경험한 회상 내용을 검사하는 부모-자녀 관계 검사(Parent-Child Relations Questionnsire: PCR I)를 개발하였다(Roe & Siegelman, 1963). 하지만 아버지와 어머니가 자녀를 대하는 태도가 다르고, 남아와 여아에 대한 태도가 다를 수 있다는 비판을 수용하여 새로운 부모-자녀 관계 검사(PCR II)를 만들어 추가적으로 자신의 가정을 확인하는 시도를 하였다. 부모-자녀 관계 검사에서 확인된 요인은 크게 세 가지였는데, 첫째 사랑 대 거부(Loving-Rejecting: LR), 둘째 변덕 대 요구(Casual-Demanding: CD), 셋째, 지나친 관심(Overt Attention: O)이었다(Roe & Lunneborg, 1990). 로우는 위의 부모 양육태도 중 어떤 유형을 경험했느냐에 따라 사람지향적이거나 사람회피적인 태도를 갖게 된다고 보았고, 이를 앞에서 언급한 직업분류체계의 8개 직업군과 연결시켰다. 8가지 직업군은 사람지향적인 직업군(서비스직, 비즈니스직, 행정직, 문화직, 예능직)과 사람회피적인 직업군(기술직, 옥외활동직, 과학직)으로 구분된다. 어떤 사람이 서비스 지향적인 직업을 선택한다면 아마도 이 사람은 과수용적이거나 과요구적인 양육태도를 가진 부모 밑에서 성장하였고 이로 인해 사람지향적인 태도를 발달시켰을 가능성이 있다.

2) 애착이론

애착이론은 대상관계이론의 한 분파이론으로 유아가 타인, 특히 주 양육자인 어머니와 관계 맺는 방식에 대한 관찰을 통해 도출된 이론이다. 대표적인 학자는 볼비(Bowlby)와 에인스워스(Ainsworth)인데, 이들은 다른 대상관계이론이 정신과적 문제에 대한 진단과 치료에 초점을 둔 데 반해 애착이 아동에게 미치는 영향에 대해 관심을 가졌다(Sharf, 2014). 예컨대, 에인스워스의 애착에 대한 '낯선 상황' 실험은 아동의 애착유형을 이해할 수 있는 대표적인 연구이다. '낯선 상황' 실험이란 엄마와 아기, 연구자가 놀이방에 들어가 자리를 잡은 다음 엄마가 몇 분 동안 그 방을 떠났다가 다시 돌아왔을 때 아이가 보이는 반응, 연구자와 엄마가 모두 떠난 후 아이가 보이는 반응을 관찰하기 위한 조건이다. 그녀는 낯선 상황 실험을 통해 3가지 애착유형을 도출하였다. 첫 번째 애착유형은 안정적 애착유형이다. 이 유형의 아동은 엄마가 떠났을 때 일시적으로 불편감을 보였지만 엄마가 돌아오자 다시 탐색 놀이를 계속하는 행동을 보였다. 두 번째 애착유형은 불안-회피 유형인데, 이 유형의 아동은 엄마가 떠났을 때 불편해 보이지 않고 엄마가 돌아왔을 때 무시했지만 자유롭게 탐색 활동을 하지 못했다. 세 번째 유형은 불안-양가적 유형으로 이 유형의 아동은 분리되었을 때 극심하게 두려워하고 엄마가 돌아왔을 때 엄마에게 매달리면서도 엄마를 밀쳐냈다. 이후에 진행된 애착 연구에서 혼란 유형 같은 새로운 유형이 추가되었다.

애착이론이 청소년의 진로발달에 주는 함의는 생후 6년 동안 안정된 애착을 형성한 아동은 타인과 관계 맺기를 기꺼이 하고, 일과 자신의 주위 사물이나 동물, 활동에 적극적인 관심을 보이게 된다는 점이다(Sharf, 2014). 이런 행동은 결국 자신을 둘러싼 세계와 직업세계에 대한 관심으로 연결되고, 결국 보다 바람직한 방향으로 진로탐색과 진로선택을 하게 된다. 안정된 애착을 형성한 청소년이나 성인은 자신을 둘러싼 세계를 자유롭게 탐색할 수 있으며 직업만족도와 관계된 삶의 영역에서 사회적 유능성을 개발할 수 있게 된다(Lucas, 1999).

최근에는 진로발달에 대한 애착뿐만 아니라 분리와 관계된 연구들로 방향이 확장되었다. 오브라이언(K. M. O'Brien)은 대학생을 대상으로 애착과 진로선택에 대한 관계를 조사했는데, 부모에 대한 애착은 현실적인 진로의사결정에 대한 자신감을 예언할 뿐만 아니라 현실적인 진로선택에 영향을 미친다는 것을 발견했다(O'Brien, 1996). 하지만 애착이론은 로우 이론과 마찬가지로 장기간에 걸쳐서 인간 행동을 예언하는 것이 어렵기 때문에 진로발달에 대한 직접적인 상관관계를 보여주는 명백한 증거를 발견하기는 어렵다는 평가를 받고 있다.

3) 부모-자녀 진로상호작용이론

부모-자녀 진로상호작용이론은 영과 그의 동료들(Young et al., 1997; 2002)에 의해 제안된 이론으로 가족구성원들 간의 상호작용을 진로선택 및 발달의 주요 영향 변인으로 보는 연구이다(선혜연, 2008). 이들은 특히 부모와 자녀의 대화를 분석해서 진로의사결정에서 동의와 불일치를 보이는지를 살펴보았는데, 부모와 자녀의 대화에서 발생하는 느낌과 정서에 초점을 두었을 뿐만 아니라 부모와 자녀가 어떻게 합의에 이르는가를 분석하였다. 이 이론은 기존의 관계적 이론과 달리 부모-자녀 간 진로관련 대화를 실제로 분석함으로써 부모를 포함하는 진로상담기법을 개발하였다는 데 의의가 있다(Sharf, 2014).

이 이론과 맥락을 같이하여 아먼드슨(N. E. Amundson)과 페너(K. Penner)는 부모와 자녀가 함께 참여하는 5단계 진로상담 방법을 고안하여, 이 방법의 성과에 대한 질적 분석을 시도한 바 있다(Amundson & Penner, 1998). 이들의 방법은 부모 관여 진로탐색(Parent Involved Career Exploration: PICE) 상담으로 불리는데, 전체 상담 과정은

'소개', '패턴 규명 연습', '과목 선호와 성적에 대한 논의', '교육과 노동시장 가능성 및 기회 논의', '활동 계획하기'의 5단계로 구성된다. 이 PICE 상담은 한 회기 상담(60~90 분)에서 모두 진행되는 것으로, 한 회기만으로 완결되는 진로상담이나 진로탐색 과정의 한 단계로 활용될 수도 있다. 부모와 함께하는 진로탐색 상담 과정인 PICE는 부모와 학생 모두에게 대체적으로 도움이 되었다는 긍정적인 반응이 있었다(Amundson & Penner, 1998). 이 상담 방법은 특히 부모와 자녀 모두 진로탐색에 흥미를 보이고 동기화된 경우에 가장 잘 적용될 수 있다고 알려져 있기도 하다. PICE 상담과정은 부모를 관여시키는 구체적인 상담방법을 제시하고 있다는 점에서 부모-자녀 진로상호작용이론으로 함께 살펴볼만하다.

4) 필립스의 발달-관계 모델

로우와 애착이론이 부모가 자녀의 진로선택에 미치는 영향에 대해 관심을 보인 반면, 필립스와 그녀의 동료들은 부모 이외에 친구, 형제와 교사 같은 보다 넓은 범위의

표 6-1 관여 정도에 따른 타인의 관여방식 범주

타인관여 행동	높음 ↑	비평(criticism)	타인이 할 수 있는 것을 알려주면서 동시에 상대방의 능력, 흥미, 가치관이나 목표에 대해 비평을 함
		지도(forced guidance)	의사결정자의 관심이나 욕구와 상관없이 제언과 지도를 함
		권유(push or nudge)	특정한 선택을 하도록 타인에게 권유를 함
		진로대안제공(alternatives provided)	진로관련 대안들을 제시
		진로정보 제공(information provided)	의사결정자의 선택지와 관계된 정보를 제공
		무조건적 지지(unconditional support)	의사결정자의 말을 경청하고 지지해줌
	낮음 ↓	소극적 지지(nonactive support)	의사결정과정에 전혀 관여하지 않음

출처: Phillips et al.(2002; Sharf, 2014 재인용)

사람들이 개인의 진로선택에 미치는 영향을 다루고 있다(Sharf, 2014). 필립스 등(Phillips et al., 2001)은 10명에서 20명 정도의 고등학생들을 대상으로 두 가지 중요한 주제인 '타인이 어떻게 개인의 진로의사결정에 관여하는지(Action of Others)'와 '개인이 자신의 진로의사결정에 있어 어떤 식으로 타인의 도움을 구하는지(Self-Directedness)'를 연구하였다. 타인 관여 행동은 7가지로 대별되는데, 낮은 관여에서부터 높은 관여까지 연속선상에 위치한다.

필립스 등의 부모 관여에 대한 이와 같은 연구는 선혜연(2008)과 김영은(2014)의 국내 연구에서도 확인되었다. 선혜연은 부모가 자녀 진로선택에 어떻게 관여하는지를 필립스 모델을 적용하되, 부모의 지각에 초점을 둔 부모 관여 방식 질문지를 제작하였다. 그녀가 재구성한 부모 관여 방식은 신뢰와 위임, 격려와 지지, 정보제공 후 판단 위임, 구체적인 정보와 방법 제공, 정보에 기초한 추천, 부모 경험에 기초한 권유, 부적합한 조건에 대한 지적 등의 7가지로 나타났다. 우리나라 부모는 그중 격려와 지지, 정보에 기초한 추천 방식을 가장 많이 사용하였고, 구체적인 정보와 방법 제공 방식을 가장 적게 사용하는 것으로 나타났다. 김영은 역시 국내외 부모의 자녀 진로의사결정 관여에 대한 도구를 분석하고, 개입과 지지로 구성된 우리나라 부모의 관여 방식을 살펴보았다. 이 연구에 따르면 부모의 자녀 진로의사결정 관여 중 심리적 지지 및 행동적 지지는 자녀의 진로결정과 유의미한 관계가 있었는데, 심리적 지지와 행동적 지지 등의 높은 관여 유형의 경우 다른 유형에 비해 자녀가 진로를 결정한 비율이 매우 높게 나타났다.

타인의 관여 방식 이외에 필립스 등은 진로의사결정에서 사람들이 타인을 어떻게 활용하는지를 자기지향성(Self-Directedness) 개념으로 도출하였다. 자기지향성은 모두 8개 범주로 대별된다. 확신에 찬 독립성(잘못된 자신감), 성공하지 못한 타인 활용, 자신감없는 타인 활용, 신중한 타인 활용, 자신에 대한 정보구하기, 타인의 의견 숙고, 타인을 공명판으로 활용, 체계적인 의사결정 등이 그것이다. 이런 타인 의견 구하기 수준을 검토하는 것 역시 내담자가 진로의사결정을 할 때 도움을 줄 수 있는 접근이다(Sharf, 2014).

앞에서 네 가지의 관계적 진로이론을 살펴보았다. 하지만 비교적 최신 이론인 부모-자녀 진로상호작용이론과 필립스와 등에 의해 제안된 발달-관계 모델을 제외하고는, 관계적 진로이론이 상담 과정에 대해 구체적인 정보를 제공해 주는 것은 제한적이다. 로우의 직업선택이론은 애초에 상담 실제에 적용하기 위한 이론으로 구성되지 않았으며, 애착이론 역시 일반적인 수준에서만 논의가 이루어졌기 때문이다. 여기서는 앞에서 언급한 네 개의 관계적 진로이론을 상담 단계에 따라 어떻게 적용할 수 있을지에 대해 가능성 측면에서 살펴본다. 관계적 진로상담 과정은 '협력적 관계 수립', '내담자 평가 및 목표 수립', '행동계획 수립 및 실행', 마지막으로 '종결하기' 순으로 구성하여 제시한다.

1) 협력적 관계 수립

상담자가 내담자와 맺는 협력적 관계는 상담에서 가장 기초적인 토대이다. 상담자를 안전하고 공감적인 대상으로 지각하는 것은 내담자가 위험을 감수하고 도전을 맞닥뜨릴 수 있는 자신감과 용기를 준다(Amundson & Penner, 1998). 내담자와 협력적 관계를 수립하는 것의 중요성은 관계적 진로이론에 비추어볼 때 그 의미가 더 크다고 하겠다. 관계적 진로이론에서는 내담자의 진로문제를 내담자 주위 인물과의 관계를 통해 면밀히 살펴볼 것을 제안하고 있는데 상담자도 내담자 주변의 한 사람이 될 수 있다는 점 때문이다. 특히 애착이론에서는 내담자의 과거 대인 양식이 상담자와의 관계에서 나타난다고 보기 때문에 상담 초기에 내담자가 상담자에게 경험하는 감정이나 생각을 살펴볼 것을 강조한다. 애착 문제가 있는 내담자가 상담자와 새로운 애착관계를 형성할 수 있도록 따뜻하고 신뢰로운 상담관계를 조성하는 게 무엇보다 중요해지는 것이다. 신뢰로운 상담관계는 내담자가 진로탐색이나 진로준비 행동을 이전보다 적극적으로 할 수 있는 바탕이 된다.

협력적 관계를 형성하기 위해서 상담자는 내담자가 과거에 부모와 맺었던 관계 양식을 탐색함과 동시에 '지금 상담자를 어떻게 느끼는지', '내담자가 상담자를 느끼는 방식은 무엇 때문인지' 등을 질문하고 이에 대한 내담자의 반응을 세밀하게 관찰한다. 또한, 상담자는 내담자가 진로선택에 앞서 느끼는 '불안'이나 '긴장'을 공감적으로 이해하고, 상담자가 내담자의 진로탐색 과정에 함께할 것임을 느끼게 해준다. 내담자가 불안을 느끼고 주저할 때마다 지지와 격려를 함으로써 상담자와 함께 나아갈 수 있음을 경험하게 하여 새로운 탐색에 도전하도록 용기를 주는 것이다. 이런 협력적 관계는 상담 시작부터 종결 시점까지 일관적으로 유지되도록 관리한다.

2) 내담자 평가 및 목표 수립

상담에서 본격적인 내담자 변화를 위한 출발점은 내담자 문제에 대한 평가인데, 이를 바탕으로 상담목표와 상담전략이 수립되기 때문이다. 내담자에 대한 평가와 목표 수립을 하기 위해서는 내담자 진로문제의 핵심은 무엇인가, 진로문제를 야기하는 원천은 무엇인가, 내담자는 왜 이 시점에 상담을 요청했는가 등에 대한 탐색이 필요하다.

(1) 로우의 직업선택이론

내담자의 욕구를 이해하는 것이 우선이다. 로우 이론에서는 욕구와 직업 간의 매칭을 핵심적인 문제로 보기 때문에 내담자 문제의 원천으로 내담자의 '진로와 관련된 욕구인식의 부족, 어떤 직업이 욕구를 실현시켜 줄 것인가에 관한 지식의 부족, 현재의 직업에 대한 욕구 불만' 등을 중요하게 점검해 볼 것을 강조한다(Brooks, 1990). 그런 점에서 상담자의 관심은 '어떤 진로선택이 내담자의 욕구를 실현시킬 수 있을까'에 집중된다. 상담자는 내담자 욕구를 이해하기 위해서 다양한 도구를 유연하게 사용할 줄 알고 무엇보다도 탐색적 질문을 적절하게 구사할 수 있는 역량을 갖추어야 한다. 내담자의 욕구 탐색을 위해 미네소타 중요도 질문지, 흥미검사 도구, 가치관 측정 도구 등이 사용될 수 있다.

(2) 애착이론

애착이론에서는 내담자 진로문제를 과거 부모와 맺었던 관계 양식 때문으로 보기 때문에 진로문제를 제시하는 내담자가 과거에 부모와 맺었던 관계 양식을 살펴보는 것이 도움이 된다(Sharf, 2014). 상담자는 내담자가 과거에 부모와 맺었거나 현재 맺고 있는 관계 방식을 탐색함으로써 내담자의 애착유형을 살펴볼 수 있을 것이다. 특히 상담자는 자신을 통해 내담자가 경험하는 대인관계 양식을 관찰함으로써 내담자의 초기 애착유형을 이해할 수 있으므로 이에 대한 민감성을 갖추어야 한다.

(3) 부모-자녀 상호작용이론

부모-자녀 상호작용이론으로 PICE 접근이 우리나라 학교 장면에서 적용 가능할 것으로 보인다. PICE 상담은 14~18세 청소년을 대상으로 한 단회기 상담 방식으로 최소 한 명의 학생과 학부모, 혹은 그 이상의 학생과 학부모가 한 팀으로 구성되어 상담에 참여한다. 상담 과정은 모두 5단계로 이루어지는데, 두 번째 단계인 '패턴 규명 연습 단계'와 세 번째 단계인 '선호하는 교과와 성적에 대한 탐색'이 내담자 평가 단계에 해당할 수 있겠다.

패턴 규명 연습은 먼저 상담자가 학생에게 자신의 여가활동에 대해 좋을 때와 그렇지 않을 때에 대해 상세한 설명을 하도록 지시하는 것으로 시작하여 학생의 여가활동과 관련된 감정, 생각, 도전, 성공 및 동기와 같은 것을 탐색한다. 학생이 이와 관련된 진술을 하고 나면 상담자는 학생의 패턴이 자신의 목표, 가치, 적성, 성격 특성과 흥미 등으로부터 어떤 영향을 받았는지 생각해 보게 한다. 그리고 규명된 패턴이 학생이 직면한 진로선택과 얼마나 관련되는지 다룸으로써 학생에게 이 둘을 연결시켜 살펴보도록 한다. 이 과정 중에 상담자는 몇 가지 잠정적인 아이디어를 제공하기도 한다. 이와 같은 일련의 탐색 과정이 이루어지고 나면 상담자는 함께 참석하고 있는 부모에게 자녀가 진술한 것에 대해 나름대로의 코멘트를 하도록 요청한다.

평가를 위해서 상담자는 학생이 선호하는 교과목이 무엇인지, 성적은 어떠한지 등도 탐색을 한다. 선호하는 교과와 성적 등을 파악했으면 앞에서 규명한 학생의 패턴과 연결한다. 이후 상담자는 앞 단계와 마찬가지로 동석한 부모에게 자녀에 대한 피드백을 해주도록 요청함으로써 이 단계를 마무리한다.

(4) 필립스의 발달–관계 모델

상담자는 내담자와 함께 부모를 비롯한 타인이 내담자의 진로문제에 얼마나 관여하는지, 내담자는 타인에게 어떤 방식으로 도움을 요청하는지 등에 대해서 점검한다. 상담자는 내담자가 진로의사결정 과정에 타인을 활용하고 도움을 구하는 방식에 대한 정보를 확인함으로써 내담자를 구체적으로 조력할 수 있다. 예를 들어 상담자는 내담자의 진로의사결정 과정에 타인들이 어떻게 관여되어 있는지를 다양한 질문을 통해 탐색한다. 탐색을 통해 얻은 정보로부터 상담자는 내담자의 진로의사결정에 관련되어 있는 존재가 누구이며, 각각의 대상들로부터 어떤 방식으로 영향을 받고 있는지 분류한다. 물론 내담자의 진로의사결정에는 한 가지의 타인 관여 양식만 관계된 것이 아니며 대상에 따라 각각 다른 관여 양식으로부터 영향을 받을 수 있다. 부모로부터는 강한 권유와 같은 관여 양식의 영향을 받지만 교사로부터는 정보를 바탕으로 한 안내 방식의 관여를 받을 수 있는 것이다. 타인 관여 양식과 마찬가지로 내담자가 진로의사결정 과정에 타인을 활용하는 방식에서도 차이를 보일 수 있다. 상담자는 내담자가 의사결정을 할 때 타인을 활용함에 있어 경험하는 편안함의 수준이나 자신감, 의사결정에서 타인에게 도움을 청하는 정도를 평가한다.

내담자 평가를 위해서 진로상담에서 관계적 측면을 조명하는 구체적인 방법을 제안한 슐테이스(D. P. Shulteiss)의 제언도 참고할만하다. 슐테이스는 필립스 등의 모델이 진로상담에 대한 보다 일반적인 관계적 접근과 일맥상통한다고 보고, 진로상담에서 내담자의 관계적 측면을 평가하기 위해서는 내담자의 진로발달에서 가장 영향력이 있었던 긍정적이거나 부정적인 관계를 규명하는 것으로부터 시작하는 게 중요하다고 하였다(Shulteiss, 2003). 상담자의 이런 관심은 내담자에게 긍정적이고 촉진적인 관계적 영향 요인뿐만 아니라 중립적이고, 부정적이거나 갈등적 요인을 드러나게 하기 위함이라는 것이다. 이 과정은 내담자에게 있어 긍정적인 관계적 인물과 함께 이용 가능성이 취약한 관계를 알 수 있게 하며, 관계적 영향 요인에 대한 평가를 구체적으로 할 수 있도록 이끈다. 내담자의 진로의사결정에 관여되어 있는 타인의 영향에 대한 다각적인 평가는 발달-관계 모델의 평가 단계에서 핵심적인 과제라 하겠다.

3) 행동계획 수립 및 실행

내담자의 진로문제에 대한 평가가 이루어졌다면 문제해결을 위한 개입을 실행한다. 내담자가 정보를 수집하거나 상담에 참여하는 등의 실제적인 행동을 취하는 단계이다.

(1) 로우의 직업선택이론

상담자가 내담자의 욕구, 흥미 등을 명료화하는 작업을 수행했다면 이를 직업과 연결시키는 과정이 뒤따라야 한다. 로우의 가정을 따르면, 내담자의 욕구와 흥미는 8개의 직업분류체계에 입각해서 분류된다. 8개의 직업군을 내담자와 검토하고 내담자의 욕구에 부합하는 직업군의 하위 직업을 찾도록 한다. 우선적으로 내담자의 욕구가 사람지향적인지, 사람회피적인지를 평가하고 해당하는 직업군별 하위 직업을 검토하게 할 수 있다. 오늘날 로우의 직업분류체계는 우리나라에서 활용되고 있지 않을 뿐만 아니라 신생 직업이 계속해서 등장하고 있는 상황을 고려할 때 새로운 직업들을 반영한 직업분류체계를 고려하는 게 필요할 것이다. 우선은 한국표준직업분류나 워크넷, 커리어넷 등에서 제공하고 있는 다양한 직업정보를 활용할 수 있을 것이다. 신생 직업, 다양한 직업명의 탐색, 내담자의 성격에 적합한 직업을 먼저 탐색해 보게 계획하고, 그다음으로 구체적으로 정보탐색 행동을 실천하게 한다. 정보탐색을 위해 상담자는 인쇄물이나 컴퓨터를 활용할 뿐만 아니라 내담자의 욕구와 매칭되는 여러 가지 전공이나 직업에 대해 자원봉사를 해보게 하거나 관련 직업 종사자와 탐색적 면담 등을 할 수 있도록 내담자를 격려한다. 이 과정을 통해 내담자는 자신이 선호하는 학과나 직업이 자신이 기대하는 구체적인 욕구를 충족시켜 줄 수 있는지 확인할 수 있게 된다. 이 작업은 개인 및 집단상담 모두에서 적용이 가능하다.

(2) 애착이론

애착이론의 진로상담에 대한 적용은 일반적인 제언에 그치고 있다(Sharf, 2014). 제한적이지만 애착이론으로부터 추론할 수 있는 점은 상담자가 내담자의 새로운 애착 대상이 될 수 있어야 한다는 점이다. 다시 말해 내담자가 자신의 진로와 관련해서 과도한 불안을 갖고 있거나 타인과의 관계적 측면에 문제가 있다는 것이 판명된다면 상담자는 '지금-여기'에서 내담자를 격려함으로써 내담자가 문제해결을 위한 도전에 용기를 낼 수 있도록 조력할 수 있어야 한다. 정보가 부족한 내담자에게는 상담자와의 안전한 애착관계를 형성함으로써 사람들에게 다가가 진로정보를 구하는 방법을 논의하고 실천할 수 있도록 돕는다. 진로와 관련되어 대인관계가 문제가 된다면 우선적으로 이 부분부터 관심을 갖고 해결해 나가는 개입을 한다.

(3) 부모-자녀 상호작용이론

앞에서 언급한 PICE 상담을 활용한다면 이 단계는 '교육과 노동시장 기회에 대한 관점 토의'와 '활동 계획하기'에 해당한다. 이 단계에서 학생들은 미래 교육이나 노동시장에 대해서 자신들의 선택지를 고려하면서 논의할 기회를 갖는다. 논의 이슈는 미래 노동시장 트랜드, 직업에 대한 유연한 태도의 필요성, 노동시장 진입 이전 단계에서 할 수 있는 준비활동, 정보수집을 위한 면담, 미래에 대한 불안, 입학절차와 기준 등이 될 수 있다. 이때 상담자는 동석한 부모를 참여시켜 노동시장의 변화에 대한 부모의 관점과 추천해 줄 만한 대응전략 등을 제안하도록 요청한다. 회기를 마치기 전에 상담자는 학생과 부모에게 학교와 지역사회에 있는 자원들에 대한 정보와 진로탐색 워크북을 제공해 주기도 한다. 다양한 가용 자원에 대한 논의 후에 상담자는 학생들에게 다음 단계에 해야 할 활동계획을 구체적으로 검토하고 수립하도록 요청한다(Amundson & Penner, 1998).

(4) 필립스의 발달-관계 모델

필립스 모델은 진로문제를 다루는 데 타인이 관여하는 방식이나 타인에게 도움을 요청하는 방식을 점검해 보도록 한다. 평가 단계에서 타인의 관여 양식이나 도움 요청 방식이 점검되었다면, 이 단계에서는 문제가 되는 관계 양식을 인식하고 효과적으로 내담자 자신에게 도움이 되는 방식으로 활용할 수 있는 방안 등이 다루어진다.

슐테이스에 따르면 관계적 개입의 핵심적인 목적은 진로문제와 관련된 관계적 문제와 딜레마에 잘 대처하도록 내담자를 돕는 것이다(Shulteiss, 2003). 상담을 통해 내담자는 타인과 접촉해서 관계를 맺는 것을 배우고, 그렇게 함으로써 지지, 도움을 받고 타인과의 관계를 증진시키게 된다. 관계적 개입은 내담자가 그들에게 가장 가까운 사람들과 일의 영역 내에서 자신의 역할을 잘 수행하도록 도움을 주는 것으로 시작할 수 있다. 예를 들어 내담자가 청소년이라면 부모나 교사, 또래 등의 관계를 검토하고 관계적 어려움이 있는 관계가 있다면 이를 풀어나갈 수 있도록 도움을 주는 것으로 내담자 진로문제 해결의 실마리를 찾을 수 있다. 진로 고민에 관계된 가족구성원이 있는지에 대한 추가 탐색을 통해서도 내담자의 상호작용 패턴과 진로발달에 미치는 영향을 통찰하게 할 수 있다. 이 단계에서 상담자는 내담자가 자신의 진로발달을 촉진하거나 지지를 제공할 수 있는 긍정적 관계를 만들 수 있도록 도움을 줘야 한다. 타인들은 효과적인 역할 모델이 될 수도 있고, 정보나 실제적인 도움을 줄 수도 있고, 진로와 관련된 중요한 개인적 신념에 대해서도 영향을 줄 수 있는 관계적 자원이기 때문이다. 만약 내담자가 타인과의 관계가 빈약하다면 상담자는 내담자에게 새롭고 건강한 교류를 발전시킬 수 있도록 안내하거나 내담자에게 타인과의 연결이 주는 긍정적인 기능을 이해할 수 있게 도울 필요가 있다. 가족구성원, 교사, 조언자 등은 모두 잠재적인 관계적 자원이 될 수 있다(Shulteiss, 2003).

4) 종결하기

관계적 진로이론에서 상담을 통한 구체적인 결과는 상담자와의 안전한 관계 속에서 내담자의 욕구에 부합하는 진로선택을 하는 것이다. 즉, 상담 현장에서 내담자의 성격에 부합하며 욕구를 실현시켜 줄 구체적인 전공이나 학과, 혹은 직업을 찾는 것이다. 이처럼 내담자의 진로문제의 해결 방향이 정해졌거나 구체적인 실행 과정을 통해 내담자의 문제가 해결이 되면 상담을 종결한다. 내담자와 전반적인 진로상담 과정을 검토하고, 내담자 스스로 자신의 진로 경로에 대해 정리해서 상담 이후에 실천할 수 있는 방향성을 갖게끔 하면서 상담 종결이 이루어지는 것이다. 관계적 진로이론에서는 특히 종결 시 애착 문제가 있는 내담자에게 발생할 수 있는 이별 감정을 다룰 줄 알아야 한다. 연속적인 진로상담일 경우 사전에 상담이 종결될 시점을 안내하여 내담자가 이를 준비할 수 있도록 한다.

1) 부모 집합교육

진로진학상담교사의 직무 중 하나는 학생에 대한 진로지도뿐만 아니라 학부모에 대한 진로진학관련 교육을 계획하고 실행하는 것이다. 자녀의 진로문제에 가장 많은 관심을 갖고 개입을 하는 존재가 학부모인 만큼 관계적 진로이론은 집합적 진로교육에도 일부 적용 가능해 보인다. 그동안 학교에서 학부모를 대상으로 실시한 진로교육은 진로진학 정보에 치중된 것이 사실이다. 학부모가 학교 행사에 참여하기 어려운 현실적인 제약이 진로진학 정보의 제공 이외에 별도의 프로그램을 실시하기 어렵게 만들었기 때문이다. 하지만 부모가 자녀의 진로발달에 가장 중요하게 관계되어 있는 존재라는 점에서 보다 적극적으로 부모를 활용할 수 있는 방안을 마련하는 것이 필요하다.

관계적 진로이론의 맥락에서 진로진학상담교사는 학부모들에게 자녀를 대하는 양육방식을 점검해 보게 함으로써 부모가 자녀의 진로에 어떻게 영향을 미치게 되는지 이해할 기회를 제공할 수 있다. 예를 들어 진로진학 정보를 주로 다루게 되는 중·고등학생 학부모들에게는 필립스 모델에 따라서 자녀의 진로의사결정 과정에 미치는 부모의 방식을 점검하여 보다 효과적으로 자녀를 조력할 수 있는 태도를 갖추도록 영향을 줄 수 있다. 이 경우에 활용할 수 있는 대표적인 도구는 필립스 모델이 제안한 부모 관여 방식 질문지 같은 것이다. 선혜연(2008)과 김영은(2014)에 의해 타당화된 부모 관여 방식 질문지를 활용해 봄직하다. 학부모 대상 프로그램은 사안에 따라 진로진학상담교사 본인이 직접 담당할 수도 있고, 외부 인적 자원을 활용한 특강 식으로 학년별 혹은 반별로 실시할 수 있을 것이다.

2) 부모 참여 진로상담

일선 학교에서 많은 수의 학부모를 대상으로 집중적인 진로상담을 제공하기란 현실적으로 어렵다. 그렇지만 학생의 진로문제에 부모가 깊이 관여되어 있거나 혹은 부모의 개입이 지나치게 부족한 경우와 같은 상황이라면 부모가 참석하는 진로상담을 실시하는 것이 학생의 진로발달을 위해 긴요하다. 만약 부모를 참여시키는 진로상담을 실시하고자 한다면 관계적 진로이론 중 PICE 상담 방법을 활용할 만하다. 학부모에게 자주 학교 방문을 요청하는 것이 어려운 실정에서 단회기만으로도 면담을 실행할 수 있기 때문이다. 상담 방식은 개인상담이나 여러 명의 학생과 학부모가 동시에 참여하는 워크숍 등을 고려할 만하며, 실시 시기는 방과 후나 방학 중이 효율적일 수 있다.

3) 학생 진로상담

(1) 개인상담

학생의 진로문제를 가장 집중적으로 도와줄 수 있는 방법 중 하나가 개인상담이다. 진로진학상담교사는 개인상담에서 만나는 학생에게서 부모는 물론이고 주위의 다양한 인물들에 대해 탐색할 줄 알아야 한다. 특히 개인상담에서 진로진학상담교사는 학생의 대리 부모 역할을 할 수 있고, 연속적인 상담으로 학생의 문제를 깊이 다룰 수 있는 입장에 있어 다양한 타인이 관여된 진로문제를 잘 이해하고 개입할 수 있다. 개인상담에서 활용할 수 있는 도구와 기법으로는 학생의 진로 욕구를 탐색할 수 있는 가치관 검사지, 미네소타 중요도 검사지나 직업카드 분류 등이 있으며, 진로와 관련되어 있는 사람들을 파악할 수 있는 진로가계도 등이 있다. 다음은 진로상담에서 학생의 관계적 진로문제를 탐색할 수 있는 질문들이다.

나에게 부모님은 어떤 존재인가?
부모님은 나에게 어떤 기대를 하는가?

어렸을 때부터 부모님이 나에게 자주 하시는 말씀은 무엇인가?

부모님은 나의 장점, 약점, 성격, 흥미 등을 어떻게 볼 것 같은가?

부모님은 어렸을 때 나를 어떻게 대했나?

내가 어려움에 처했을 때 부모님은 어떻게 도와주시나?

내 주위에 내가 도움을 요청했을 때 도와줄 사람은 누구인가?

내가 어려움에 처했을 때 내가 필요로 하는 도움을 주는 사람은 누구인가?

(2) 집단상담

진로진학상담교사는 학교 현장에서 다양한 방식으로 집단상담을 수행할 수 있다. 수업을 담당하는 학급의 학생을 소그룹 집단으로 나누어서 프로그램을 운영하거나, 진로동아리 학생을 대상으로 연속적인 집단상담을 수행할 수도 있다. 집단상담에서 활용할 수 있는 관계적 진로이론의 상담기법은 다음 절에서 살펴본다.

4 관계적 진로이론의 상담 기법

1) 욕구 검사지 활용

로우는 우리가 자신의 욕구에 근거해서 직업을 선택한다고 보았지만, 상담에 실제적으로 적용 가능한 욕구 측정 도구나 기법을 개발하지는 않았다. 하지만 학생의 욕구나 흥미에 대한 측정은 진로진학상담교사의 숙달된 면담을 통해 질적인 평가를 할 수 있고, 커리어넷이나 워크넷의 가치관 검사와 홀랜드 흥미검사 같은 것을 활용해 파악할 수 있다. 로우는 욕구를 일종의 성격의 표현으로 보았기 때문에 학생의 욕구를 파악하는 데 성격검사도 활용 가능하며, 직업에 대한 욕구와 가치관을 알 수 있는 미네소타 중요도 검사 역시 활용할 만하다.

2) 타인 관여 질문지와 자기지향성 질문지 활용

개인상담이나 집단상담에서 선혜연(2008)과 김영은(2014)이 제작한 타인 관여 질문지를 활용할 수 있다. 질문지는 부모교육에 참석한 학부모에게 직접 작성하게 하거나 학생을 대상으로 부모에 대한 지각을 측정함으로써 실시할 수 있다. 집단상담에서는 부모 관여가 비슷한 학생들끼리 모둠을 만들고 자신들의 부모 관여 방식이 도움되는 점과 아쉬운 점을 토론하게 하여 부모를 자신에게 도움이 되는 방식으로 활용할 수 있도록 돕는다.

마찬가지로 자기지향성 질문지를 활용하여 학생 자신이 의사결정을 할 때 주로 어떻게 타인을 활용하는지, 자신이 적용하는 방식의 장단점을 점검한다. 이런 과정은 학생에게 진로문제 해결에 타인을 이용하는 방식을 보완하는 새로운 대처 방식을 발견하게 함으로써 진로결정 능력을 향상시킨다.

표 6-2 부모 관여 질문지

방식	부모님의 생각, 행동, 태도
신뢰와 위임	원래 대화가 없거나 사이가 나쁜 것은 아니지만 진로결정 당시에는 적극적으로 관여하지 않았다. 특별한 선택을 강요하지 않고 아이에게 맡기며 대체적으로 아이의 결정을 지지하는 편이었다. ① 매우 비슷하다 ② 약간 비슷하다 ③ 약간 다르다 ④ 매우 다르다
격려와 지지	아이를 믿는 편이어서, 아이가 한 선택에 대해서는 좋은 생각이니 열심히 해보라고 격려했다. 아이가 결정에 대해 불안해하면 잘하고 있다고 안심시키면서 스스로 결정내리도록 했다. ① 매우 비슷하다 ② 약간 비슷하다 ③ 약간 다르다 ④ 매우 다르다
정보제공 후 판단 위임	아이가 관심 있어 하는 분야(계열, 전공, 학교, 학과 등)에 대해 정보를 제공했다. 내가 알고 있는 가능한 정보를 모두 제공하고, 아이가 그러한 정보를 알고 나서 그 분야를 좋아하는지 싫어하는지 스스로 판단하도록 했다. ① 매우 비슷하다 ② 약간 비슷하다 ③ 약간 다르다 ④ 매우 다르다
구체적인 정보와 방법 제공	아이가 관심 분야(계열, 전공, 학교, 학과 등)를 선택한 후, 나는 실제로 입학할 수 있는 기회 및 방법에 관한 구체적 정보를 제공함으로써 적극적으로 도와주었다. ① 매우 비슷하다 ② 약간 비슷하다 ③ 약간 다르다 ④ 매우 다르다
정보에 기초한 추천	내가 알고 있는 아이의 특성과 진로정보(계열, 전공, 학교, 학과에 대한 정보)를 기초로 하여, 특정 분야(계열, 전공, 학교, 학과 등)가 아이에게 '잘 어울리고 좋을 것 같다' 혹은 '적합하다'고 이야기해 주었다. ① 매우 비슷하다 ② 약간 비슷하다 ③ 약간 다르다 ④ 매우 다르다
부모 경험에 기초한 권유	아이의 관심 여부보다는 부모로서 내가 경험했거나 잘 알고 있는 특정 분야(계열, 전공, 학교, 학과 등)의 전망, 보수, 사회적 지위, 안정성과 같은 조건들을 알려주면서 아이에게 그 분야를 선택하도록 권했다. 나 혹은 내가 잘 아는 사람들이 경험한 분야를 권했다. ① 매우 비슷하다 ② 약간 비슷하다 ③ 약간 다르다 ④ 매우 다르다
부적합한 조건에 대한 지적	아이가 관심 있어 하는 특정 분야(계열, 전공, 학교, 학과 등)가 예컨대 아이의 성별이나 적성, 성적과 같은 조건들에 비추어볼 때 부적합한 경우, 이를 간과하지 않도록 상기시켜서 그 분야에 대해 다시 생각하도록 권했다. ① 매우 비슷하다 ② 약간 비슷하다 ③ 약간 다르다 ④ 매우 다르다

출처: 선혜연(2008)

표 6-2에 제시된 질문지는 선혜연(2008)의 부모 관여 질문지이며, 표 6-3은 필립스 등(Phillips et al., 2002, Sharf, 2014 재인용)의 자기지향성 범주에 대한 예시이다. 어떤 것이든 진로진학상담교사는 활용 여건에 부합하고 자신이 사용하기 수월한 도구를 선택하면 된다. 특히 부모 관련 질문지는 주어만 바꾸어서 부모와 학생 양측 모두에게 사용

표 6-3 자기지향성 범주

높음	체계적 의사결정		의사결정을 철저하고 계획적인 방식으로 수행. 타인의 의견을 참조하되 의사결정 책임은 본인이 짐
자기지향성	타인을 공명판으로 활용 (sounding board)		타인에게 자신의 의사결정 과정에 대해 말하되, 도움을 구하지 않음
	타인의 의견 숙고 (weighing options)		의사결정 과정에 타인에게 도움을 구하는 것을 유용하다고 생각. 의사결정 책임은 지되, 타인의 의견을 중요하게 고려
	자신에 대한 정보 구하기 (seeking information about self)		자신의 흥미, 능력이나 가치관에 대해 확신이 부족해서 타인이 보는 자신에 대한 정보를 요구
	신중한 타인 활용 (cautions)		의사결정에서 실수하지 않으려고 타인의 의견을 조심스럽게 고려
	자신감 없는 타인 활용 (insecure use of others)		타인이 조언을 주면 의사결정을 잘 할 수 있다고 생각하지만 의사결정을 잘 하지 못함
	성공하지 못한 타인 활용 (unsuccessful recruitment)		타인의 도움이 필요하다는 것을 알지만 과거에 도움받지 못했던 경험으로 자신에게 도움되는 방식으로 활용하지 못함
낮음	확신에 찬 독립성(잘못된 자신감) (confident independence)		근거 없는 자신감이 있지만 아무런 계획이 없음

출처: Phillips et al(2002, Sharf, 2006 재인용)

할 수 있다. 질문지를 활용하기 위해서는 먼저 학생에게 질문지 작성에 대한 이유를 충분히 소개하고 작성하게 할 필요가 있다. 부모를 대상으로는 자녀에게 가장 큰 영향을 미치는 존재로서 자신의 관여 행동을 살펴보게 함으로써 자신이 자녀에게 끼치는 영향을 자각하게 하고, 자녀의 입장에서 경험할 수 있는 것들을 추측하게 하는 방식으로 활용 가능하다. 학생에게는 현재 진로문제에 부모가 얼마나, 어떻게 관여되고 있는지, 부모의 관여를 자신이 어떻게 경험하고 있는지 생각해 보게 함으로써 바람직한 방향으로 부모를 활용할 수 있는 방안을 모색할 기회를 제공한다.

3) 부모 기대 질문지 활용

부모 기대 질문지는 부모가 자녀에 대해 갖는 기대를 조사하는 것으로 학부모나 학생 모두에게 활용 가능하다. 질문지는 시중에서 구하거나 직접 제작해서 사용할 수 있다. 예를 들어 아래에 제시된 부모 기대 질문지 문항 이외에도 '부모님은 내가 하고 싶은 직업을 선택하길 바라신다. 부모님은 집안의 가업을 잇는 직업을 가지길 원하신다'와 같은 필요한 문항도 첨가해서 활용할 수 있을 것이다.

질문지 작성이 끝나면 개별 문항에 대한 학생과 학부모의 반응을 토대로 다양한 토론거리를 제공한다. 부모의 기대로 인해 학생이 경험하는 것은 무엇이며, 부모로서는 왜 그런 기대를 하는지, 부모의 기대가 자녀에게 어떻게 영향을 미칠 수 있는지 생각해 보게 한다. 이런 질문을 통해 학생은 자신의 진로가 부모의 기대와 관련된다는 것을 자

표 6-4 부모 기대 질문지

아버지					내용	어머니				
전혀 그렇지 않다	그렇지 않은 편이다	보통	그런 편이다	매우 그렇다		전혀 그렇지 않다	그렇지 않은 편이다	보통	그런 편이다	매우 그렇다
①	②	③	④	⑤	부모님은 내가 되도록 경제적으로 성공이 가능한 직업을 갖기를 원한다.	①	②	③	④	⑤
①	②	③	④	⑤	부모님은 내가 부와 명예를 가진 직업을 성취하길 원한다.	①	②	③	④	⑤
①	②	③	④	⑤	부모님은 내가 사회적으로 인정받는 기업에 취업하길 원한다.	①	②	③	④	⑤
①	②	③	④	⑤	부모님은 내 직업을 다른 사람에게 자랑스럽게 소개하길 원할 것이다.	①	②	③	④	⑤
①	②	③	④	⑤	부모님은 내가 사회적 지위를 향상시킬 수 있는 직업을 갖기 원한다.	①	②	③	④	⑤
①	②	③	④	⑤	부모님은 내가 주위에서 부러워하는 직업을 갖길 원한다.	①	②	③	④	⑤

출처: 김영은(2014)

각하게 되며, 부모 역시 자녀에 대한 기대를 명료하게 인식하게 된다. 필요한 경우에는 학부모와 학생을 함께 상담에 참여시켜 각자가 서로에게 갖고 있거나 지각하는 진로 기대가 학생의 진로문제와 어떻게 연결되는지 이해할 수 있도록 돕는다. 앞서 언급한 PICE 상담에 부모 기대 질문지를 활용하는 것도 한 가지 방법이다. 학술연구정보서비스(RISS), 한국학술정보(KISS) 등의 학위논문 검색에서 다양한 부모 기대 질문지를 검색할 수 있으므로 진로진학상담교사 입장에서 활용하기 용이한 질문지를 선택하여 사용한다.

4) 진로가계도 검사

진로가계도는 진로상담의 '정보수집' 단계에서 사용할 수 있는 질적 평가 과정이다 (Gysbers et al., 1998). 진로가계도는 원래 가족상담 이론가인 보웬(Bowen)의 가족상담 가계도인데, 진로상담에서는 진로가계도라고 부른다. 다글레이(Dagley, 1984)는 내담자는 자신의 사회적, 심리적, 문화적, 환경적 유산, 즉 가족이라는 맥락 위에서 가장 잘 이해될 수 있다고 하였다(Gysber et al., 1998).

여기서는 기스버스(N. C. Gysbers) 등의 진로가계도 활용 절차를 제시해 본다. 진로가계도 사용은 3단계로 구성된다. 1단계는 학생과 진로가계도의 목적을 공유한다. 진로가계도 작업을 왜 하는지 학생이 이해하도록 한다. 2단계는 학생에게 진로가계도 그리는 방법을 설명하고 직접 그리게 한다. 진로가계도 그리기 안내는 다음과 같이 진행될 수 있다. "진로가계도는 00가 할아버지 할머니를 포함해서 00의 가족을 이해하는 데 도움이 될 수 있어요. 00의 부모님으로부터 시작해서 다른 가족을 그려보세요. 여기 주어진 종이 하단 2/3 지점에 다음의 기호를 활용해서 부모님부터 그려보세요. 그리고 각 기호 아래에 부모님의 나이를 적어보세요. 그런 다음에 형제자매가 있다면 형제자매를 그리고 나이를 표시해 보세요. 그 다음은 할아버지, 할머니, 이모, 삼촌 등 외가 쪽을 포함해서 00가 알고 있는 가족을 표시해 보세요. 그리고 각 가족 표기 아래에 그분들의 직업을 적으세요." 마지막 단계는 진로진학상담교사의 질문과 이에 따른 토의가 진행된다. 학생과 상호작용에 활용할 수 있는 질문은 다음과 같다. "아버지의 직업은 무엇인가? 어머니의 직업은 무엇인가? 부모님은 직업에 대해 어떤 태도를 갖고 있는가? 형제자매가 있다면 형제자매의 꿈은 무엇인가? 할아버지, 할머니의 직업은 무엇인가? 이모, 삼촌, 고모의 직업은 무엇인가? 부모님이 직업에 대해 주로 하시는 말씀은 무엇인가? 부모님이 중요시 여기는 가치는 무엇인가? 가족의 가훈은 무엇인가? 학교교육이나 성공에 대한 가족의 메시지가 있는가?" 등.

진로진학상담교사는 이런 가계도 분석을 통해 잠정적으로 생각했던 학생 진로문제에 대한 가설을 폐기하거나 수정한다. 진로가계도의 중요한 목표는 학생이 자라온 과정이 학생에게 어떤 영향을 주었는지를 파악하는 것이다. 학생이 반복적으로 제시하는 주제를 찾아 학생 문제에 대한 더 정확한 평가를 할 수 있게 된다.

다음은 가계도를 그리는 데 참조할 수 있는 기호들이다.

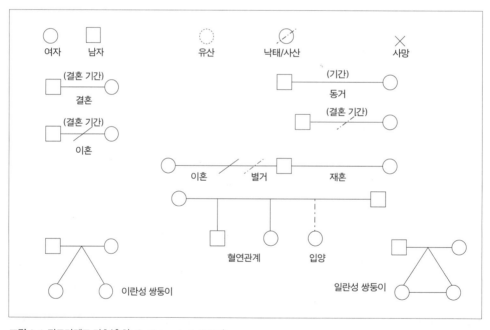

그림 6-1 진로가계도 기호(출처: Gysbers et al., 1998)

5) 직업카드 분류

직업카드 분류는 내담자의 흥미, 기술, 욕구, 가치 혹은 미리 결정된 아이디어들을 분류하거나 우선순위를 매기는 반구조화된 방법이다(Gysbers et al., 1998). 카드는 상담 초기에 내담자와 친밀한 관계 형성을 위해서 사용될 수 있다. 관계적 진로이론에서 직업카드 분류를 사용하는 이점은 직업을 통해 진로욕구를 거꾸로 알아보게 하거나, 평가된 진로욕구에 근거해서 직업을 연결시키는 데에 있다.

카드 분류는 진로진학상담교사의 아이디어에 따라 다양하게 활용될 수 있는데, 여기서는 직업카드 분류에 대해서 소개한다. 진로진학상담교사는 직업명이 적혀 있는 카드를 제시하고 각 카드를 좋아하는 것, 무관심한 것, 싫어하는 것으로 구분해 세 가지 카테고리 안에 넣도록 안내한다. 구체적인 지시사항은 다음과 같다. "여기 ○○ 앞에는 카드가 한 세트 놓여 있어요. 각각의 카드에는 직업 이름이 적혀 있는데, 이 직업들 중에는 흥미가 있는 것도 있고 없는 것도 있고 잘 모르는 것도 있습니다. 카드를 보면서 여기에 있는 세 바구니에 넣는데, 바구니 하나에 ○○가 했으면 하고 바라는 것을 넣고, 또 하나에 싫어하거나 하지 않을 것 같은 직업을 넣고, 나머지 하나에는 할지 말지 확신이 서지 않거나 잘 모르는 직업이 적힌 카드를 넣으면 됩니다. 카드를 다 분류하고 나면 왜 그 카드를 세 개의 바구니에 다르게 넣었는지 이야기를 나눌 거에요. 시간이 제한된 것은 아니지만 가능한 ○○에게 먼저 떠오르는 생각대로 넣는 것이 한 가지 방법이에요."

국내에는 한국고용정보원에서 발행한 60장의 청소년용 카드가 있으며, 개인 연구자들이 개발한 초등용, 청소년용, 성인용 직업카드가 시판되고 있다. 진로진학상담교사는 자신이 훈련받은 직업카드나 다른 적합한 직업카드를 활용해서 개인상담과 집단상담에 활용할 수 있다. 직업카드에는 모두 활용 방법이 제시되어 있으니 이를 충실히 따라하면 어렵지 않게 진행할 수 있다.

요약

이 장에서는 청소년의 진로발달과 관련된 관계적 맥락으로 평가될 수 있는 대표적인 진로 이론을 살펴보았다. 각 이론들이 상담 과정 실제에 적용될 가능성과 함께 특히 진로진학상담에서의 활용 가능성을 탐색해 보았고, 마지막으로 관계적 진로이론의 기법을 살펴보았다.

로우는 부모의 양육태도가 자녀의 진로선택과 관련될 수 있는 가능성을 제기하였으며, 직업분류체계를 개발하였고, 부모가 자녀의 진로발달에 미치는 중요성에 대한 인식을 할 수 있도록 기여하였다. 애착이론 역시 부모의 초기 애착 경험이 청소년의 진로탐색에 미치는 측면을 조명함으로써 내담자가 상담 과정 중에 보이는 대인관계 양식을 고려할 필요성을 다루었다. 부모-자녀 상호작용이론 중 PICE 상담은 부모와 함께 참여하는 단회기 상담 과정으로 우리나라 진로상담에 적용 가능하다는 점이 논의되었다. 그외 필립스의 발달-관계 모델은 부모를 비롯한 다양한 주위 사람들이 자녀의 진로의사결정에 관여하는 정도나 타인을 활용하는 방식을 검토함으로써 자녀를 효과적으로 조력할 수 있다는 점이 언급되었다.

관계적 진로이론은 구체적인 상담기법이 부족하지만 상담 과정에서 상담관계의 중요성을 강조한 이론으로서 의의가 있다. 활용해 볼 수 있는 구체적인 상담도구로 가치관 검사, 부모 관여 검사, 부모 기대 검사, 진로가계도 그리기, 직업카드 분류 등이 제안되었다. 진로진학상담교사는 개인상담, 집단상담, 집단교육 등과 같은 다양한 방식을 활용해 부모나 주위 사람들이 학생에게 미치는 영향성을 주목하고 개입할 것이 언급되었다.

실습과제

1. 나의 진로발달 인생 그래프를 나이순으로 그려보고, 나의 진로의사결정에 영향을 미쳤던 사람들은 누구였으며, 그들로부터 어떤 영향을 받았는지 적어보자. 인생 그래프 작성이 이루어지면 3~4명씩 조를 구성해서 서로 발표를 해보자.

2. 현재 나의 진로욕구는 무엇이며, 그 욕구를 충족시킬 수 있는 방안에 대해 생각해 보자. 자신의 생각이 정리되었으면 3~4명씩 조를 구성해서 발표하고, 조원들은 발표자의 욕구 충족 방안에 대한 대안을 찾아서 조언해 주자.

참고문헌

김영은 (2014). 일반고등학교 학부모의 자녀 진로의사결정 관여와 부모 및 자녀 특성의 관계. 박사학위논문, 서울 대학교.

선혜연 (2008). 청소년기 진로의사결정에서 부모의 관여 방식. 박사학위논문, 서울대학교.

Amundson, N. E., & Penner, K. (1998). Parent involved career exploration. *Career Development Quarterly, 47,* 135-144.

Brooks, L. (1990). Career counseling methods and practice. D. Brown, L. Brooks, & Associates (eds.), *Career choice and development.* San Francisco: Jossey-Bass. 455-472.

Gysbers, N. C., Heppner, M. J., & Johnston, J. A. (1998). *Career counseling: Process, issues, and techniques.* Allyn & Bacon.

Lucas, M. (1999). *Predicting at-risk adolescent work adjustment: An application and extention of attachment theory.* Doctorial dissertation, University of Missuri-Columbia.

O'Brien, K. M. (1996). The influence of psychological separation and parental attachment on the career development of adolescent women. *Journal of Counseling Psychology, 47,* 301-315.

Phillips, D., Christopher-Sisk, E. K., & Gravino, K. I. (2001). Making career decisions in a relational context. *The Counseling Psychologist, 29,* 193-213.

Roe, A. (1957) Early determinants of vocational choice. *Journal of Counseling Psychology, 4,* 212-217.

Roe, A., & Klos, D. (1969). Occupational classification. *The Counseling Psychologist, 1,* 84-92.

Roe, A., & Lunneborg, P. W. (1990). Personality development and career choice. D. Brown, L. Brooks, & Associates (eds.), *Career choice and development.* San Francisco: Jossey-Hass. 68-101.

Roe, A., & Siegelman, M. (1963). A parent-child relations questionnaire. *Child Development, 34,* 355-365.

Sharf, R. S. (2014). *Applying career development theory to counseling(6tb. ed.).* Belmont, CA: Brooks/Cole.

Shulteiss, D. P. (2003). A relational approach to career counseling: Theoretical integration and practical application. *Journal of Counseling and Development, 81,* 301-311.

Zunker, V. G. (2004). *Career counseling: Applied concepts of life planning*(6th ed.). Pacific Grove, CA: Brooks/Cole.

7장

우연학습이론의 상담 기법[*]

강혜영

[*] 원고를 읽고 의견을 주신 김성회, 김지연, 문영주, 엄성혁, 우은미 선생님께 감사드립니다.

진로발달 및 진로선택을 설명하는 다양한 이론들은 각 이론이 태동된 배경, 설명하려는 주된 현상 등이 다르며, 이에 따라 상담에서 활용 가능한 구체적인 내용과 방법에도 차이가 있다. 우연학습이론은 크롬볼츠(J. D. Krumboltz)가 제안한 이론이다. 그는 진로결정과정에서 '학습(learning)'의 중요성을 강조하였고, 자신의 이론을 사회학습이론(Social Learning Theory), 계획된 우연 이론(Planned Happenstance Theory), 우연학습이론(Happenstance Learning Theory: HLT)[1] 등으로 발전시켜왔다(Krumboltz & Baker, 1973; Krumboltz, 1996; 2009). 최근 제시된 우연학습이론은 초기의 사회학습이론 중 '계획된 우연'의 개념을 중심으로 설명한 것이며 상담과 교육 장면에서 어떻게 활용할 수 있는지를 제시하고 있다(Krumboltz, 2009).

이 글에서는 크롬볼츠의 초기부터 최근까지 제시된 이론의 내용 중 학교장면에 중요한 시사점을 제공한다고 보이는 몇 가지 내용을 선별하여 소개하였으며, 가장 최근 제시된 우연학습이론(Krumboltz, 2009)에 무게를 두어 소개하였다. 우연학습이론은 한 개인의 진로결정에 초점을 둔다기보다는 일생을 살아가면서 끊임없이 변화하는 세상 속에서 만족한 삶을 살아갈 수 있는 능력을 키우는 것에 초점을 두고 있다. 이런 점에서 크롬볼츠의 우연학습 이론은 급격한 변화가 예상되는 미래사회의 진로상담에 시사하는 바가 큰 이론이라 하겠다.

목표

1) 우연학습이론의 개요를 설명할 수 있다.

2) 우연학습이론의 상담과정과 상담기법을 이해하고 설명할 수 있다.

3) 우연학습이론을 진로진학 지도에 활용할 수 있다.

---

1 Happenstance Learning Theory를 우연학습이론이라 번역하여 사용하였다. 외국이론을 우리나라에 소개할 때, 이런 식으로 단어를 그대로 번역하여 옮기는 것보다는 그 이론의 핵심을 제대로 잘 전달할 수 있는 한국어를 찾아 옮기고 괄호 안에 원어를 써주는 것이 적절하다고 본다. 상담에서 중요한 용어를 번역할 때는 해당 분야의 전문가들 간에 논의와 합의 과정을 거쳐 가장 적당한 용어를 선별하는 것이 바람직하다는 입장이다. 아직은 이러한 논의와 합의가 진행되지 않아, 우선은 아쉽지만 우연학습이론으로 표현하였다. 이외 여기서 사용된 다른 용어들(예: 계획된 우연)도 같은 맥락에서, 추후 더 적절한 번역어가 나와야 할 것으로 생각한다.

사회학습이론은 크롬볼츠의 초기 이론으로, 진로선택 과정에서 학습의 중요성이 강조되었던 이론이다. 여기서는 ① 진로선택에 영향을 미치는 요인들, ② 진로선택 과정에서 '신념'의 중요성과 오류, ③ 우연학습이론(HLT) 등으로 구분하여 설명하였다.

1) 진로선택에 영향을 미치는 요인들[2]

교사로서 학생들의 진로를 지도하고 상담하면서 드는 생각 가운데 하나는 '사람들은 어떻게 진로를 선택하는 것일까, 앞으로 이 학생들은 어떤 진로를 선택해 나갈까?' 하는 것이 아닐까 싶다. 이에 대한 대답은 다양한 이론과 방법을 통해 찾을 수 있겠지만 사람들의 진로선택에 영향을 미치는 요인들이 무엇인가를 구체적으로 살펴보는 것도 하나의 방법이 될 수 있을 것이다.

크롬볼츠는 진로선택에 영향을 미치는 요인을 네 가지로 설명하였는데, 유전적 요인들, 환경적 상황과 여러 가지 일들, 학습경험들, 당면한 문제들을 다루는 기술 등이 그것이다(Mitchell & Krumboltz, 1996; 김봉환 외, 2011). 그러나 최근 우연학습이론에서는 진로선택에 한정하기보다 사람의 행동이라는 더 넓은 관점에서 이러한 영향 요인을 설명하고 있다. 그는 '사람들은 왜 자신의 방식대로 행동하는가(Why people behave the way they do)' 하는 질문을 제기하면서 그 이유를 '유전적 요인들, 학습경험들, 환경적 상황과 여러 가지 일들, 부모와 양육자, 동료집단, 학교와 같은 구조화된 교육장면들, 불완전한 세상' 등으로 설명하고 있다. 여기서 '부모와 양육자, 동료집단, 학교와 같은

2　진로선택에 영향을 미치는 요인에 대한 보다 자세한 설명은 김봉환 외(2011: 182-186)의 관련 내용을 참조하기 바란다.

구조화된 교육장면들'은 '환경적 상황과 여러 가지 일들'에 포함되는 것으로 볼 수 있고, '불완전한 세상'에 대한 설명은 초기 이론에서 이야기되었던 '당면한 문제들을 다루는 기술'과 관련된 것으로 볼 수 있다. 따라서 여기서는 초기 제시된 네 가지 요인들(유전적 요인들, 환경적 상황과 여러 가지 일들, 학습경험들, 당면한 문제들을 다루는 기술)을 중심으로 설명하고자 한다.

(1) 유전적 요인들

개인이 선천적으로 타고난 유전적 요인들은 개인의 행동 및 진로선택에 영향을 미친다. 타고난 신체적 특징, 재능, 기질 등이 한 개인이 어떤 상황에서 어떻게 행동할 것인지, 어떤 진로를 선택할 것인지 등에 다양한 방식으로 영향을 준다는 것은 이해하기에 어렵지 않을 것이다. 예를 들면, 신체적으로 키가 크고 체력이 좋은 사람은 그렇지 않은 사람에 비해 운동에 관심이 많고 운동과 관련된 진로를 선택할 가능성이 더 높을 것이다. 최근에는 직업적 흥미가 유전적 요인과 관련 있다는 것이 연구를 통해 증명되고 있다(Bouchard, 2004).

(2) 환경적 상황과 여러 가지 일들

우리는 삶에서 다양한 상황들을 만나면서 새로운 경험을 하게 되고 그 경험을 통해 지식, 정서, 믿음, 관심과 흥미 등을 배우고 형성해 나가게 된다. 이 이론에서 환경적 상황이란 내가 태어난 가정과 가족, 내가 다닌 학교, 학교에서 만난 다양한 친구와 선생님들, 그리고 내가 직접 경험한 그밖의 다양한 활동상황과 사람들을 포함함은 물론, 나에게 간접적으로 영향을 주는 지역사회, 국가의 정책, 세계경제와 국제관계, 자연환경, 기술의 변화, 교육체제, 법 등 광범위한 상황을 모두 포함하는 개념이다.

최근에는 과거에 비해 사회적 변화가 더욱 가속화되고 한 개인에게 미치는 영향이 한층 커지고 있다는 것을 생각하면, 환경적 상황이 개인의 진로결정에 미치는 영향도 그만큼 커짐을 짐작할 수 있겠다. 그런데 이러한 환경적 상황은 모든 국가나 사회에서 동일한 것이 아니라 더 긍정적 상황도 있고, 그렇지 않은 상황도 있다. 그렇기에 한 개인이 어떠한 환경에서 살고 있는가에 따라 개인의 진로가 달라질 수 있다.

이러한 맥락에서 크롬볼츠는 최근 제시한 우연학습이론에서 사회적 정의에 대해 언급하고 있다. 그는 개인들에게 주어진 상황이나 기회가 공평하지 않음을 지적하면서 상담자들이 개인의 문제를 다루는 것과 함께 개인이 속해 있는 조직의 변화를 위해서도 노력하고 일해야 함을 강조한다(Blustein, McWhirter, & Perry, 2005; Krumboltz, 2009).

(3) 학습경험들

크롬볼츠는 초기 제시한 사회학습이론이나 최근 제시한 우연학습이론 모두에서 '학습경험(learning experiences)'을 중요하게 다루고 있다. 여기서 이야기하는 학습경험은 학교에서 배우게 되는 지식적 측면에서의 학습만을 의미하는 것이 아니라 다양한 삶의 장면을 통해 배우고 형성하게 되는 믿음, 정서, 관심과 흥미 등을 포함하는 넓은 의미이다. 사람들은 활동, 책, 사람과의 관계, 성공, 뜻밖의 사건 등 다양한 경험을 통해 이럴 때는 이렇게 하는 것이라는 지식뿐 아니라, 이럴 것이야라는 믿음도 형성하고, 어떤 정서를 느끼는 것도 배우게 되며, 어떤 것을 좋아하거나 좋아하지 않는 태도도 갖게 된다. 이렇듯 살아가면서 경험을 통해 배우게 되는 모든 산물을 통틀어 학습경험이라는 말로 표현한 것이다.

사람들은 자신이 과거 경험을 통해 배운 것을 토대로 행동하게 되는데, 진로결정이라는 행동도 예외는 아니다. 어떤 직업에 대해 긍정적 경험을 하게 되면 그 직업을 좋아하는 경향이 생기고, 그것이 진로결정에도 영향을 줄 수 있다. 반대로 어떤 직업에 대해 부정적 경험을 하게 되면 그 직업을 좋아하지 않는 경향이 생기고, 그것이 진로결정에 영향 줄 수 있음은 말할 나위 없다. 사실, 이렇게 보면 한 개인이 어떠한 경험을 하였고, 그 경험을 통해 무엇을 배우게 되었는가(지식, 정서, 믿음, 관심과 흥미 등의 측면에서)는 그 개인이 어떤 행동을 하게 되고 어떤 진로선택을 하게 되는지를 이해하고 도움을 주는 데 매우 중요하다는 것을 알 수 있을 것이다.

(4) 당면한 문제들을 다루는 기술[3]

우리는 살아가면서 다양한 상황에서 예견하지 못했던 많은 문제들을 겪게 된다. 당면한 문제를 해결해 나가는 기술은 개인에 따라 다른데, 크롬볼츠는 초기 이론에서 이것을 진로결정에 영향을 미치는 매우 중요한 기술이라 보았다(Sharf, 2002:340-341). 당면한 문제를 해결해 가는 기술에는 목표를 정하는 것, 자신에게 중요한 것이 무엇인지를 명료화하는 것, 대안을 찾아보는 것, 직업정보를 찾아보는 것, 미래 일어날 일을 예측해 보는 것 등이 포함된다. 이러한 문제해결 기술은 앞서 언급한 타고난 특성과 능력, 환경적 상황, 학습경험이 서로 영향을 주고받으며 습득되는 것이다. 예를 들어, 어떤 학생이 생각보다 시험을 잘 보지 못해 낙심되는 상황을 맞았을 때 어떻게 이러한 문제 상황을 해결해 가는가를 생각해 보자. 아마 타고난 지적 능력, 시험의 중요도, 이전의 유사한 경험에서 취했던 행동과 그 결과 등에 의해 다른 행동을 취하게 될 것이다.

2) 진로선택 과정에서 '신념'의 중요성과 오류

크롬볼츠 초기 이론에서는 진로선택 과정에서 내담자가 진로와 관련하여 갖게 되는 신념(belief)의 중요성에 대해 설명하고 있다. 이는 앞서 언급한 진로선택에 영향 미치는 네 가지 요인들(선천적으로 타고난 유전적 요인들, 학습경험, 환경적 상황과 여러 가지 일들, 당면한 문제들을 다루는 기술)에 의해 형성되는 것이다. 개인은 타고난 유전적 특성을 갖고 자신을 둘러싼 환경에서 다양한 일을 경험하며 자신이 해결할 수 있는 방식으로 문제를 해결하며 살아가는데, 이 과정에서 자신과 세상에 대해 나름의 신념을 갖게 된다. 즉, 한 개인에게 '나는 이러저러하구나' 또는 '세상은 이러저러하구나' 하는 일반화된 생각을 하도록 만드는데, 이러한 자기 자신과 세상에 대한 일반화를 각각 '자기관찰 일반화(self-observation generalization)'와 '세계관 일반화(worldview generalization)'라 한다(김봉환 외, 2011:185-186).

---

3   Task approach skill을 번역한 말로, 일반적으로 다른 책에서는 '과제접근기술'로 번역되어 있다.

'자기관찰 일반화'란 살아오면서 자신에 대해 관찰한 결과 얻어진 자신에 대한 일반화된 신념을 말하며, '세계관 일반화'란 자신을 둘러싸고 있는 환경에 대한 일반화된 신념을 말한다. 그런데 이러한 신념은 개인의 주관적인 생각이므로 어느 정도 오류가 있을 수 있고, 도움 되지 않는 역기능적 신념들은 진로선택에 방해가 될 수 있다.

따라서 상담자는 진로선택 과정에서 내담자에게 방해가 되는 신념들을 찾아내어 변화시키는 것이 중요하다. 크롬볼츠는 이를 위해 진로신념검사(Career Belief Inventory)를 개발하기도 하였다. 이 검사는 내담자의 진로발달 및 선택을 방해하는 생각, 가정(비합리적 신념)을 명료화하여 상담에서 구체적으로 다루기 위한 목적으로 개발되었다(Krumboltz, 1994). 이 검사의 내용은 크게 5개 영역, 25개의 척도(scale), 96개 문항으로 구성되어 있으며 5점 척도로 평정하게 되어 있다(김봉환 외, 2011: 187에서 재인용). 이 검사는 우리나라에서 본격적인 타당화 작업 및 출판이 진행되지 않아 실제적으로 활용되고 있지는 않다.[4]

3) 우연학습이론으로 발전

크롬볼츠 이론이 다른 이론들과 구별되는 가장 중요한 내용은 진로선택 과정에서 나타나는 우연적 요인에 주목하여 이를 이론화하였다는 점이다. 처음에는 계획된 우연이론(Planned Happenstance Theory)으로 명명되다가 최근에는 우연학습이론(Happenstance Learning Theory: HLT)으로 명명되고 있다(Mitchell, Levin, & Krumboltz, 1999; Krumboltz, 2009).

이 이론의 전제는 삶의 상황 중 어떤 것은 내가 통제할 수 있지만 어떤 것은 내가 통제할 수 없다는 것이다. 삶이란 끊임없이 예상하지 못한 우연한 일들이 일어날 수밖에 없고 이러한 상황에서 확실한 미래를 예견하기 어렵다. 따라서 현재 시점에서 진로를 결정하게 하는 것이 중요한 것이 아니라 변화하는 세상에서 만족한 삶을 살아갈 수

---

4   진로신념검사에 대한 자세한 내용은 이경희(2001), 곽다은(2012)의 논문을 참조하기 바란다.

있도록 돕는 것이 중요하다는 점을 강조하고 있다. 이런 점에서 진로상담자는 내담자들이 불확실한 삶 속에서 최선의 만족한 삶을 살아가도록 돕는 교육자 역할을 해야 한다고 설명한다.

이 이론은 사람이 아무리 자신의 진로를 잘 계획한다고 하여도 예상치 못했던 크고 작은 일들을 만나게 되고, 그 과정에서 진로계획이 변화할 수밖에 없는 현실을 반영하는 이론이다. 사람들이 왜 그리고 어떻게 다양한 삶의 길을 선택하게 되는지, 상담자들이 그 과정을 어떻게 긍정적으로 도울 수 있는지를 제시하고 있다.

크롬볼츠는 사람들이 변화하는 세상에서 잘 적응하고 만족하며 행복한 삶을 살기 위해서는 그러한 상황에서 취해야 할 적절한 행동을 취할 수 있어야 하지만, 많은 경우 사람들은 개인 나름대로 취하는 행동방식이 있다고 설명한다. 그것이 긍정적이고 만족한 결과를 가져오는 방식이면 다행이지만, 그렇지 않은 경우에도 사람들은 자신이 해오던 방식으로 행동하기 쉽다. 그렇다면, 어떤 이유에서 사람들은 자신의 행동이 긍정적이고 만족할 만한 결과를 가져오지 않음에도 불구하고 그러한 방식으로 행동하는 것일까? 간략히 말하면, 개인의 유전적 요인들, 환경 조건과 사건들, 학습경험들에 의해 사람들은 저마다 자신의 행동방식을 형성하게 되고, 이는 쉽게 바뀌지 않기 때문이라는 것이다. 따라서 교사(상담자)가 해야 할 중요한 역할은 학생(내담자)으로 하여금 만족한 삶을 영위하는 데 도움이 될 행동방식을 선택할 수 있도록 가르치는 것임을 강조하고 있다.

우연학습이론에 근거하여 진로상담을 한다고 하였을 때, 구체적으로 어떻게 상담할 수 있을까? 사실, 크롬볼츠가 우연학습이론을 설명하고 있는 논문(Krumboltz, 2009)에서는 상담의 과정을 별도의 제목으로 설명하고 있지는 않다. '기본적 전제 네 가지'와 '진로상담자와 기타 교육자에게 주는 시사점'을 제시하는 내용 속에 진로상담에 대한 내용을 포함하여 기술하고 있다. 따라서 이 글에서 제시하고 있는 '우연학습이론의 상담 과정'은 필자가 크롬볼츠(Krumboltz, 2009)의 논문 내용 중 진로상담 과정과 관련된다고 보이는 내용을 '진로상담의 목표, 진로상담에서 다루어야 할 내용, 진로상담의 평가'로 재구성하여 기술한 것이다.

1) 진로상담의 목표

진로상담의 목표는 학생(내담자)으로 하여금 단일한 진로를 결정하도록 돕는 것이 아니라, 보다 만족한 진로와 생활을 위해 실천해야 할 행동을 배우도록 돕는 것이다.

우연학습이론에서는 '너는 나중에 커서 무엇이 되려고 하니?'와 같은 질문은 적절하지 않다고 본다. 끊임없이 변하는 세상에서 무엇이 되겠다고 미리 계획하는 것이 별 의미가 없다고 보기 때문이다. 같은 맥락에서 진로상담의 목표도 미래에 무엇을 하겠다는 단일한 진로결정을 하도록 돕는 것이 아니라, 학생들이 미래에 더 만족한 진로를 선택해 가고 더 만족한 삶을 누릴 수 있도록 하기 위해 본인이 취해야 할 행동이 무엇인지 알고 행할 수 있도록 돕는 것에 있다.

다시 말해, 진로상담에서 교사가 목표로 해야 할 일은 학생으로 하여금 특정한 직업을 결정하도록 하는 것이 아니라, 변화를 예측하기 어려운 미래 상황에서 만족한 삶을 살아갈 수 있는 방법을 알고 실행할 수 있도록 돕는 것이다. 예컨대, 탐색활동을 하는 것, 필요한 사람이나 기관에 연락을 취해 보는 것, 인터뷰를 해보는 것, 자신의 관심사를 표현하는 것, 동아리에 가입하는 것, 자원봉사 활동을 하는 것, 시간제 일을 해보는 것과 같은 다양한 활동경험을 해보도록 하는 것이다. 이를 통해 자신의 삶을 더 만족하게 만들어갈 수 있는 능력을 갖추도록 하는 것이 상담의 목표가 되어야 한다.

크롬볼츠가 처음부터 이러한 입장을 취한 것은 아니다. 초기 이론에서는 그도 진로상담의 목표가 진로결정을 하도록 돕는 것이고, 이러한 결정에 영향을 미치는 다양한 영향 요인들을 제시했었다(Krumboltz, 1975). 그러나 진로선택 과정에서 우연적 요인의 중요성에 관심을 두면서 진로결정에 대한 시각에 변화가 생긴 것이다. 그는 진로를 결정하지 않은 것을 부정적으로 볼 것이 아니라, 아직 마음을 열어놓고 있는 상태(open-minded)로 보길 바란다고 기술하고 있다.

2) 진로상담에서 다루어야 할 내용[5]

크롬볼츠는 우연학습이론에 근거하여 상담할 때 다루어야 할 5가지 내용을 정리하여 제시하고 있다(Krumboltz, 2009: 146-148). 이는 반드시 따라야 할 순서로 제시된 것은 아니며 내담자의 문제, 상담 상황에 따라 다르게 활용될 수 있다.

(1) 상담에 대해 올바른 기대를 갖도록 준비시키기
상담이 성공적으로 진행되기 위해서는 내담자로 하여금 '삶에서 우연한 일들은 자연스러운 것이고 필요한 일'이라는 것을 받아들이도록 하는 것이 중요하다. 이는 상담을 시작할 때 할 수도 있고, 상담을 진행하면서 이러한 주제가 다루어지는 시점에서 할 수도 있다. 예를 들어 다음과 같이 말할 수 있다.

---

5 예로 든 상담자의 말이나 행동은 Krumboltz(2009: 146-148)에 제시된 예의 일부를 옮긴 것이다.

- 자신의 미래를 예측할 수 있는 사람은 아무도 없어요. 모든 사람의 진로는 많은 우연한 일에 의해 영향을 받게 되지요.
- 진로를 찾아가는 길은 뜻하지 않은 일을 겪게 되었을 때 내가 어떻게 할 것인가를 결정하고 그것을 통해 배우게 되는 평생에 걸친 학습 과정이에요.
- 상담은 ○○가 스스로 더 만족한 삶을 만들어갈 수 있도록 돕기 위한 것이에요.
- 상담 과정에서 우리가 할 일은 삶의 어떤 시점에서 만나게 될 예측했던 혹은 예측하지 못했던 일을 ○○에게 유익한 상황으로 만들기 위해서 어떻게 해야 하는지를 배울 수 있도록 하는 것이에요.

(2) 내담자의 관심이 무엇인지 명료화하기

상담자들은 내담자들로 하여금 무엇이 자신들의 삶을 더 만족스럽게 만들 것인지를 명료화하도록 도와야 한다. 이를 위해 상담자가 할 수 있는 것은 다음과 같다.

- "마음속에 떠오르는 것을 나에게 이야기해 주세요"라고 말하기
- 경청하기
- 상담자가 내담자의 상황과 감정을 이해하고 있다는 것을 확신하게 하기
- "이제까지 살아오면서 힘(에너지)이 솟는 것을 느꼈던 일(활동)이 있었나요?"라고 질문하기
- "당신에게 힘(에너지)을 주는 활동들을 어떻게 발견할 수 있었나요?"라고 질문하기

(3) 과거에 성공적으로 다루었던 우연한 경험을 현재 당면한 일에 활용할 수 있도록 하기

상담자는 내담자가 과거 성공했던 일들에서 얻은 교훈을 토대로 현재에 무엇을 해야 할지를 찾을 수 있도록 격려해야 한다. 과거 그러한 경험을 통해 무엇을 배웠는지, 어떤 영향을 받았는지에 대해 이야기할 수 있도록 하는 것이다. 다음과 같은 질문들을 할 수 있다.

- 그런 경험을 통해 어떤 것을 배우게 되었나요?

- 다음에 유사한 일을 겪는다면 더 잘 해내기 위해 어떤 기술이 필요할 것이라 생각하나요?
- 어떻게 당신이 연락해야 할 중요한 사람에게 연락할 수 있었나요?
- 그렇다면 지금 당신이 취할 수 있는 유사한 행동들은 무엇이 있을까요?

(4) 잠재적 기회를 알아차리는 데 민감하도록 만들기

내담자로 하여금 예상하지 않았던 우연한 일들을 진로에 유용한 기회로 만드는 것을 배우도록 도와야 한다. 이를 위해 상담자는 다음과 같은 것들을 할 수 있겠다.

- 이 상황이 ○○에게 보다 유용한 기회가 되도록 만들려면 지금 ○○이가 무엇을 할 수 있을까요?
- ○○이가 지금 실천한다면(그렇게 행동한다면) 삶이 어떻게 달라질까요?
- ○○이가 지금 아무것도 하지 않는다면 삶이 어떻게 달라질까요?

(5) 실천하는 데 방해되는 장애물들을 극복하도록 하기

내담자들이 건설적인 행동을 하지 못하게 만드는 역기능적인 신념들을 극복하도록 도와야 한다. 이를 위해 다음과 같은 질문들을 할 수 있다.

- ○○이가 생각하기에 본인이 정말 원하는 것을 하지 못하도록 막는 것이 무엇인 것 같나요?
- ○○이가 생각하기에 본인이 원하는 것에 보다 가까이 다가가기 위해 지금 할 수 있는 첫 한 발짝(시도)이 무엇인 것 같나요?
- ○○이 생각에 그 첫 한 발짝을 떼기 어렵게 만드는 것이 무엇인 것 같나요?
- 우리가 다음에 만나기 전까지 어떤 것을 실천해 보면 좋을까요?

3) 진로상담의 평가

크롬볼츠는 진정한 상담의 평가란 상담실 안에서가 아니라 상담실 밖에서 내담자의 행동을 통해 이루어져야 함을 강조한다. 상담이 성공적으로 진행되었다는 것은 실제 내담자가 삶의 현실에서 어떻게 지내고 있는가에 의해 판단될 수 있다는 것이다. 따라서 상담자가 상담시간에 내담자와 해야 할 중요한 일은 상담실을 나간 후 내담자가 어떻게 행동할 것인가에 대해 서로 협력하여 계획을 세우는 것이라 설명한다. 이것은 아주 간단한 일부터 어려운 일까지를 포함한다. 예를 들면, '직장에 다니는 엄마께 엄마의 휴가에 대해 여쭤보기', '주말에 내 방 청소하기', '관심 갖고 있는 동아리에서 활동하는 친구에게 전화하여 동아리에 대해 자세하게 이야기 들어보기' 등이다.

상담을 마친 후 다음 상담에 오기 전까지 최소한 한 가지라도 어떤 행동을 해보기로 약속하고, 약속한 기한까지 자신이 무엇을 했는지 간단히 상담자 이메일로 보내도록 하는 것이 좋은 방법임을 제안하고 있다(Krumboltz, 2009: 145). 이때 중요한 것은 내담자가 약속을 지키지 않아도 비난해서는 안 되며 그럴 만한 이유가 있을 것이라 생각하고 그 이유를 함께 찾아보아야 한다. 예컨대, 해보기로 한 행동이 너무 모호했을 수도 있고, 내담자가 별로 관심 없는 행동이었을 수도 있다. 만약 그렇다면, 무엇을 해볼 것인지를 보다 분명하게 정하고, 다시 내담자와 이야기하여 해보고 싶은 행동의 우선순위를 다시 정하도록 하는 것이다. 아팠다거나 가정에 무슨 일이 있었다거나 컴퓨터에 문제가 생겼다거나 하는 등 상황적인 요인이 있었다면 다시 기한을 정해서 해오도록 한다. 이때 중요한 것은 수업시간에 교사가 일방적으로 학생에게 내주는 과제처럼 진행해서는 안 된다는 것이다. 상호 협력하여 진행해야 하는데, 행동을 실천해 보는 것의 궁극적 결정자는 내담자여야 한다. 내담자가 생각하기에 자신에게 도움 될 만한 것을 실천하도록 정하는 것이 중요하다. 언제까지 해서 올 수 있는지도 내담자가 정하도록 한다. 행동 실천에 대한 성공 여부도 내담자가 자신이 그것을 통해 얼마나 배웠는지에 근거하여 스스로 판단하도록 한다.

이런 관점에서 볼 때, 상담의 성공은 다음과 같은 기준에 의해 평가될 수 있다

(Krumboltz, 2009: 148)

- 내담자가 삶의 만족이 증가되었다고 표현할 때
- 예상치 못했던 일을 당한 경우, 도움이 될 만한 행동을 할 수 있었을 때
- 새로운 학습기회를 유용하게 활용할 수 있었을 때
- 실천에 방해가 되는 내적, 외적 방해물들을 극복하였을 때

크롬볼츠는 자신이 쓴 저서나 논문에서 '상담 기법'이라는 제목으로 정리하여 제시하고 있지는 않다. 여기서 제시한 '주요 상담 기법'은 그의 저서 및 논문(Krumboltz & Baker, 1973; Mitchell & Krumboltz, 1996; Krumboltz, 2009)과 진로상담 문헌(강혜영, 선혜연, 2009; 김봉환 외, 2011; Liptat, 2001) 등을 토대로 필자가 재정리한 것이다.

1) 진로와 관련된 비합리적 신념을 탐색하고 변화시키기

사람들은 살아오면서 다양한 경험을 하게 되고, 이를 통해 자기 자신과 이 세상에 대해 나름의 신념(belief)을 갖게 된다. 그런데 이러한 신념 중에는 진로를 선택해 나가는 데 걸림돌이 되는 비합리적인 것들도 있게 마련이므로 상담자는 상담 과정에서 내담자의 비합리적 신념을 찾아내어 이를 변화시키는 것이 필요하다.

진로와 관련된 내담자의 비합리적 신념을 찾는 방법으로 크롬볼츠(Krumboltz, 1994)는 진로신념검사를 개발하여 제시하였으나 앞서 기술한 대로 현재 우리나라에서 상용화되고 있지는 않다.[6] 이 검사의 일차적 목적은 내담자가 갖고 있는 진로와 관련된 비합리적 신념을 찾아내기 위한 것이다. 심리검사를 통해 진로에 방해되는 생각을 찾아내는 것도 가능하겠으나 상담하는 과정에서 내담자가 이야기하는 내용을 통해 방해되는 생각을 찾아낼 수도 있다.

어떤 것들이 비합리적인 생각인지를 알면 상담자가 내담자의 이야기 속에서 비합리적인 생각을 끄집어내기가 수월할 것이다. 이런 점에서 네보(Nevo)가 제시한 '진로상담에서 나타나는 비합리적인 사고'(Nevo, 1987: 2-11)를 살펴보는 것은 유용하리라 생

---

6   상용화되고 있는 유사한 검사로는 진로사고검사(Career Thought Inventory)가 있다.

각되어 소개하고자 한다.

1. 나에게 맞는 직업은 세상에 한 가지밖에 없다.
2. 완벽한 직업 선택을 할 때까지 나는 만족할 수 없을 것이다.
3. 누군가가 나에게 알맞은 직업을 찾아줄 수 있다.
4. 지능검사는 내가 얼마나 가치 있는지를 말해 줄 것이다.
5. 나는 내 직업 분야에서 크게 성공하든가 전문가가 되어야만 한다.
6. 열심히 노력한다면 어떤 것도 할 수 있다. 혹은 내 재능에 맞지 않는 것은 어떤 것도 할 수 없다.
7. 내 직업은 내 삶에서 중요한 사람들을 만족시켜야만 한다.
8. 직업을 갖게 되면 내 모든 문제가 해결될 것이다.
9. 나는 그 직업이 나에게 잘 맞는다는 것을 직관적으로 느낄 수 있어야 한다.
10. 한번 직업선택을 잘 하면 모든 것이 해결된다.

비합리적인 신념이란 쉽게 말하면, 현실적으로는 그럴 수 없거나 반드시 그런 것은 아님에도 불구하고, 그렇다고 단정지어 생각하는 것이라 할 수 있다. 비합리적 신념이 발견되면 그것에 대해 이야기 나누면서 변화시키는 것이 필요하다. 이는 심리상담 이론에서 제시하고 있는 다양한 인지치료 기법을 활용하면 된다.

인지적 변화를 위한 기법(예)
• 그렇게 생각하는 명확한 근거 또는 구체적인 사례가 있는지 질문해 보기
• 그렇게 생각하는 경우와 예외인 경우는 없는지 질문해 보기
• 하루를 지내면서 자기 스스로에게 하는 부정적인 말을 기록해서 갖고 오도록 하여 이를 긍정적인 말로 바꾸어보기
• 실제 체험해 보게 하기

2) 학습경험 촉진하기

학습경험은 사회학습이론에서 매우 강조되는 것으로, 진로상담교사(상담자)는 학생(내담자)으로 하여금 다양한 학습경험을 하도록 해야 한다. 앞서 언급한 대로, 학습경험은 학교 수업에서 배우는 것만 의미하는 것이 아니라, 다양한 활동을 통해 자기 자신과 세상에 대해 갖게 되는 지식, 정서, 신념, 행동방식 등을 포함하는 개념이다. 학습경험을 통해 직업에 대한 정보도 습득하게 하고, 다양한 상황에서 당면할 문제들을 해결해 나가는 능력도 향상시키게 된다.

진로를 찾아가는 과정에서 예상하지 못했던 다양한 일들을 경험하게 되는 것은 아주 자연스러운 일이다. 중요한 것은 그 일들을 어떻게 자신에게 유리한 상황으로 만들고, 그것을 기회로 만들어낼 수 있는가 하는 것이다. 이것은 길러야 할 능력이고, 다양한 경험을 통해 길러질 수 있는 것이기 때문에 교사(상담자)는 상담 과정에서 이를 배울 수 있도록 도와야 한다. 다양한 탐색활동에 도전해 보고 경험할 수 있도록 정보를 제공하고, 격려와 지지를 해주는 것이 그 예가 된다.

학습경험 촉진(예)
- 교내·외에서 진행되는 다양한 활동, 기회에 대한 정보 제공하기
- 새로운 경험을 할 수 있도록 격려와 지지하기
    - 새로운 취미활동을 해보는 것
    - 학교 프로그램에 참여해 보는 것
    - 동아리에 가입해 보는 것
    - 조별 활동에서 리더(조장)를 해보는 것
    - 다양한 진로체험에 참여해 보는 것

3) 학습경험 촉진 도구로 심리검사 활용하기

진로상담을 하면서 다양한 심리검사를 활용하게 된다. 예를 들어, 직업흥미검사, 성격검사, 진로신념검사, 진로성숙도 검사 등을 실시하게 되는데, 특성요인이론에서는 개인의 특성을 파악하여 이를 토대로 직업을 선택하도록 하는 데 활용해 왔다. 그런데 우연학습이론에서는 개인 역시 변화할 수 있고, 가능성이 있는 존재이기 때문에 현재 개인의 특성에 한정하여 이해하는데 그치기보다는 새로운 가능성을 열어두어 새로운 것에 도전해 볼 수 있도록 하는 도구로 활용하라고 설명한다(Krumboltz, 2009:143-144).

학습경험 촉진을 위한 심리검사 활용(예)
- 직업흥미검사를 실시한 경우
"이 검사는 ○○에게 맞는 직업을 결정해주는 검사라기보다 ○○에게 잘 맞는 직업을 찾아볼 수 있도록 도와주는 검사예요. 직업은 무수히 많고, 또 새롭게 생겨나는 직업도 있기 때문에 이 검사에서 보여주는 직업은 아주 일부분이거든요. 그리고 ○○ 역시 계속 변하잖아요. 그래서 흥미도 달라질 수 있고, 새로운 것에 흥미가 생길 수 있기 때문에 현재 나온 결과는 지금 시점에서 ○○를 이해하기 위한 것이고 ○○에게 맞는 직업을 단정짓는 것은 적절하지 않겠지요."

그외 다른 심리검사를 사용할 경우에도 학생의 성격, 진로와 관련된 신념, 진로성숙도 등에 대해 '너는 이런 상태다'라는 것을 확인하는 데 초점을 두기보다는 이러한 개인의 특성이 현재에 어떤 어려움을 줄 수 있는지, 그 어려움을 해결해 나가기 위해서는 어떻게 하는 것이 좋은지를 이야기 나누는 도구로 활용할 수 있을 것이다.

심리검사 활용 시 일반적 주의사항

진로상담 과정에서 온라인·오프라인 심리검사를 실시하는 경우가 많은데, 심리검사 실시와 관련하여 다음과 같은 사항에 주의할 필요가 있다.

첫째, 심리검사는 대부분 학생들이 문항을 읽고 답하도록 하는 자기보고식이다. 이러한 자기보고식 심리검사는 학생의 문장이해능력, 상황판단능력, 반응경향성 등에 영향을 받기 때문에 나이가 어린 학생들에게 실시할 경우 특별히 신중해야 한다. 정말 이 검사가 학생에게 필요할지 잘 생각해 보고, 학생이 이 검사를 제대로 이해하고 해낼지 생각해 보아야 한다.

둘째, 검사결과를 전달하거나 해석해 줄 때 학생들이 심리검사 결과를 맹신하지 않도록 해야 한다. 예를 들어, 홀랜드(Holland) 검사를 실시한 경우 자신의 흥미유형을 너무 단정적으로 생각하고 자신의 진로를 그것에 맞추어 결정해야 한다는 생각을 할 수 있다. 교사가 심리검사를 실시할 때, 이러한 심리검사의 부정적 영향을 고려하여 신중히 검사 실시 여부를 결정하고 해석 시에도 검사의 한계점을 이야기해 주어야 한다.

4) 당면한 문제들을 다루는 기술[7] 향상시키기

크롬볼츠는 뜻하지 않은 우연한 일들을 자신에게 유리한 상황으로 만들기 위한 방법을 ① 우연한 일이 일어나기 전(before), ② 일이 일어나는 동안(during), ③ 일이 일어난 후(after)의 세 가지 측면에서 이야기하고 있다(Krumboltz, 2009: 144-145).

① 일이 일어나기 전(before) - 다양한 활동을 경험해 보기

---

7   Task approach skill을 번역한 말로, 일반적으로 다른 책에서는 '과제접근기술'로 번역되어 있다.

② 일이 일어나는 동안(during) - 기회가 될 만한 일이 없는지 관심 갖고 주의 깊게 살펴보기

③ 일이 일어난 후(after) - 필요한 일들을 행동으로 옮기기

일이 일어나기 전에는 앞서 제시한 '학습경험 촉진하기'에서 설명한 대로 다양한 탐색활동을 통해 지식, 정서, 신념, 행동방식 등을 익히는 기회를 갖는 것이 중요하다는 의미로 이해할 수 있겠다. 또한 어떤 뜻하지 않은 일이 벌어진 그 상황에서는 마음을 가다듬고 그 상황에서 한 걸음 물러나 나에게 유리한 상황으로 만들 수 있는 길을 찾아보라는 뜻이라 하겠다. 이미 어떤 상황이 벌어진 후라면 자신에게 도움 되는 적절한 행동을 실천할 수 있도록 도와야 한다는 것이다.

이와 더불어, 크롬볼츠의 초기 이론 인 사회학습이론에서는 삶에서 일어나는 우연한 일들을 자신의 진로에 유리하게 활용하기 위해 도움 되는 기술들을 다음과 같이 설명하고 있다. 즉, 호기심(curiosity), 인내심(persistence), 융통성(flexibility), 낙관성(optimism), 위험감수(risk taking) 등이며, 진로상담자는 내담자들이 이러한 기술을 발달시킬 수 있도록 도와야 한다고 말한다(Mitchell, Levin, & Krumboltz, 1999; 김봉환 외, 2011: 190).

- 호기심(curiosity): 새로운 학습기회를 탐색하는 것
- 인내심(persistence): 좌절에도 불구하고 노력을 지속하는 것
- 융통성(flexibility): 태도와 상황을 변화시키는 것.
- 낙관성(optimism): 새로운 기회가 올 때, 그것을 긍정적으로 보는 것
- 위험감수(risk taking): 불확실한 결과 앞에서도 행동화하는 것

4 진로진학 지도에의 활용 가능성

최근 미래세계의 변화에 대한 주제가 사회적으로 자주 거론되고 있으며 지금까지 우리가 겪어보지 못했던 새로운 세상이 전개될 것이라 이야기되고 있다. 이러한 시대의 변화 속에서 진로상담을 바라보는 관점과 내용에도 변화가 필요하다. 개인-환경 매칭이론에 속하는 특성요인이론이나 홀랜드 흥미이론과 같은 과거 전통적인 진로선택이론이 여전히 진로상담에 주는 의미도 있으나, 이제는 시대의 변화를 반영한 진로상담이론이 필요하다는 것이다.

크롬볼츠의 우연학습이론은 기존의 이론과 달리, 한 개인의 진로결정에 초점을 둔다기보다는 일생을 살아가면서 끊임없이 변화하는 세상 속에서 어떻게 자신의 일을 찾아가며 적응해 살아갈 것인가 하는 점에 초점을 두고 있다. 이런 점에서 크롬볼츠의 이론은 변화무쌍한 미래사회를 살아갈 학생들에 대한 진로상담에 주는 시사점이 매우 큰 이론이라 하겠다.

여기서는 앞서 살펴본 크롬볼츠의 초기 사회학습이론과 최근 우연학습이론의 주요 내용을 토대로, 진로진학상담교사가 학교에서 활용할 수 있을 것이라 생각되는 내용들을 기술해 보았다. ① 진로수업 및 집단 프로그램 ② 개인 진로상담 ③ 심리검사 ④ 학부모 교육 등의 측면에서 구체적인 활용 방법에 대해 생각해 보도록 하자.

1) 진로수업 및 집단 프로그램에의 활용

진로수업은 일반적으로 진로관련 교과서를 활용하여 진행하고 있는데, 진로 교과서의 큰 틀은 자기 자신에 대한 이해, 직업세계 및 상급학교 진학에 대한 정보 탐색, 의사결정 훈련 등으로 구성되어 있다. 이러한 과정을 따라가다 보면 진로선택 과정이 매우 합리적이어서 이대로만 하면 내가 원하는 것이 분명해지고 그것을 달성할 수 있을 것이라는 생각을 할 수 있다.

그러나 우연학습이론에 따르면, 교사는 학생들에게 '목표를 달성하는 과정에는 반드시 장애물[8]이 있다'는 것을 알려주고, 다양한 경험을 통해 이러한 '장애물을 극복해 나가는 능력을 키울 수 있도록 하는 것'이 중요하다. 내가 원하는 것을 찾고, 그것을 이루어 가는 과정에서 만나게 되는 장애물들을 크게 구분해 보면 내가 예측할 수 있고 대비할 수 있는 장애물과 내가 예측하기 어렵고 대비하기 힘든 장애물로 구분해 볼 수 있다.

이 가운데 우연학습이론에서 강조하여 다루는 것은 후자에 해당하는 것으로, 우리가 살면서 당면하게 되는 예측할 수 없는 다양한 일, 즉 예측하기 어려운 장애물에 대한 것이다. 이러한 고난을 잘 견디고 역경을 헤쳐나가는 힘을 길러주는 것이야말로 진로교육에서 다루어야 할 중요한 내용이라는 것이다. 그렇다면, 어떻게 이러한 힘을 길러줄 수 있을까? 진로수업에서 할 수 있는 다음과 같은 방법들을 생각해 볼 수 있겠다.

(1) 인생 선배들을 통해 지혜 얻기

나보다 앞서 세상을 살아가는 인생 선배들의 이야기를 들음으로써 뜻밖에 당면하는 일들에 대한 대처 능력을 키울 수 있을 것이다. 여기서 인생 선배란 가깝게는 부모님이나 선생님 등 주위 어른들을 비롯하여, 멀게는 책, 인터넷, TV, 라디오 등을 통해 접하게 되는 다양한 사람들도 포함된다. 그들의 삶에서 ① 뜻하지 않게 닥친 어려움, 역경은 어떤 것들이 있었고, ② 그때 어떻게 대처했는지를 살펴보는 것이다(그 당시 나이 고려). 그리고 그 사람에게 직접 물어볼 수 있는 상황이라면 ③ 지금 다시 그러한 상황에 처한다면 어떻게 할 것 같은지를 질문하여 더 나은 대처방법에 대해 배우도록 할 수 있을 것이다. 그런 다음, 끝으로 ④ 만약 지금 내가(학생이) 그러한 일을 겪는다면 어떤 마음이 들고, 어떻게 할 것 같은지에 대해서도 적어오도록 하는 것이다. 다음과 같은 방식으로 활동지를 만들어 학생들에게 조사 또는 인터뷰를 해오도록 할 수 있을 것이다(활동지 예시 A, B 참조).[9] 그리고 집단토론으로 활용할 때에는 작성해 온 것을 친구들과 이

---

8   사회인지진로이론에서는 진로장벽(career barrier)이라는 용어로 설명하고 있다.
9   필자가 예시로 제시한 활동지는 초·중·고 각 학교급별에 맞게 적절히 수정 보완하여 사용하면 된다.

야기해 보고 더 좋은 다양한 대처방법들에 대해 공유하도록 할 수 있겠다.[10]

활동지 예시 A

☆ 우리는 뜻하지 않은 다양한 장애물을 만나게 되는데, 이것을 극복하는 힘을 기르는 것이 매우 중요합니다. 부모님이나 선생님 등 주위 어른들을 만나 다음의 내용에 대해 이야기를 나누어보고 적어보기 바랍니다.

....

〈주위 어른들이 겪었던 뜻하지 않은 어려움에 대해 들어보기〉

① 삶에서 뜻하지 않게 닥친 어려움, 역경에는 어떤 것들이 있으셨나요?

- 청소년시절에 겪은 어려움이 있다면 그 때 이야기를 중심으로 들어보세요.

② 그 때 어떤 마음이 들었고, 어떻게 대처하셨나요?

③ 지금 다시 그러한 상황에 처한다면 어떻게 할 것 같으신가요?

〈자기 자신에게 적용해보기〉

④ 만약, 여러분이 이러한 일을 비슷한 시기에 겪었다면 어떠했을 것 같은지요? 혹은 지금 내가 그러한 일을 겪는다면 어떤 마음이 들고, 어떻게 할 것 같은지요?

〈더 나은 방법 찾아보기〉

⑤ 이야기해주신 분이 겪었던 일(혹은 유사한 일)을 겪는다고 했을 때, 더 좋은 대처방법에는 어떤 것들이 있을지 친구들과 이야기 나누어보고, 기록해보세요.

---

10 '활동지 예시'는 개인과제, 조별과제, 집단토론 등, 다양하게 활용하면 된다.

☆ 우리는 살아가면서 뜻하지 않은 다양한 장애물을 만나게 되고, 이것을 극복하는 힘을 기르는 것이 매우 중요합니다. 책, 인터넷, TV, 라디오 등을 통해 알게 된 사람들의 이야기 중, 본인에게 감동이 되었던 내용을 떠올리며 다음의 사항을 적어보기 바랍니다.

〈사람들이 겪었던 뜻하지 않은 삶의 어려움에 대해 적어보기〉

① 그 분들의 삶에서 뜻하지 않게 닥친 어려움, 역경에는 어떤 것들이 있었나요?

– 청소년시절에 겪은 어려움이 있다면 그 때 이야기를 중심으로 적어보세요.

② 그 때 그분들은 어떻게 대처한 것으로 보이나요?

〈자기 자신에게 적용해보기〉

③ 만약, 여러분이 이와 유사한 일을 비슷한 시기에 겪었다면 어떠했을 것 같은지요? 혹은 지금 내가 그러한 일을 겪는다면 어떤 마음이 들고, 어떻게 할 것 같은지요?

〈더 나은 방법 찾아보기〉

④ 이런 일을 겪을 때 좋은 대처방법에는 어떤 것들이 있을지 친구들과 이야기 나누어보고, 기록해보세요.

(2) 나의 경험을 통해 지혜 얻기

뜻밖의 상황에서 나에게 도움이 되는 방식으로 행동하기 위해서는 사전에 학습이 필요한데, 이는 인생 선배들의 삶을 통해서도 가능하지만 본인의 삶을 돌아보며 성찰하는 것을 통해서도 가능하다. 지금까지 지내오면서 학생 본인에게 ① 뜻하지 않게 닥친 어려운 일들에는 어떠한 것들이 있었고, ② 그때 어떻게 대처했는지를 살펴보는 것이다. 그리고 ③ 그때는 왜 그렇게 했던 것 같은지, 지금 다시 그러한 상황에 처한다면 어떻게 할 것 같은지를 생각해 보도록 하는 것이다. 그리고 집단토론으로 활용할 때에는 작성해 온 것을 친구들과 이야기해 보고 더 좋은 다양한 대처방법들에 대해 공유하도록 할 수 있겠다.[11] 다음과 같은 방식으로 활동지를 만들어 학생들에게 나누어줄 수 있을 것이다(활동지 예시 C 참조).

이상의 활동들은 진로수업 시간이나 진로 집단 프로그램의 한 활동으로 진행할 수 있다. 개인이 작성해 보고 스스로 생각해 보도록 하는 개인 작업으로 끝낼 수도 있고, 개인 작업을 마친 후 조별 작업을 통해 내용을 공유하고 토론으로 이끌 수도 있다. 어떻게 활용할 것인지는 얼마든지 교사가 응용할 수 있을 것이다.

이 활동은 학생들이 즉석에서 생각하고 작성하기에 어려움이 있기 때문에 사전에 과제로 제시하여 해오도록 하는 것이 적절하다. 과제를 내줄 때는 반드시 ① 이러한 과제를 왜 내주는 것인지 이유 및 의미를 설명해 주고(과제 제시 이유 및 의미 설명) ② 과제를 하는 데 어려움은 없겠는지 질문하여 어려움이 있다면 어떤 어려움이 있는지 들어보고 적절하게 설명해 주어야 하며(과제의 어려움 파악 및 방안 찾기) ③ 과제를 해올 것인지를 질문하여 수행 동기를 높이는 것이 필요하다(과제 수행 동기 점검).

이러한 활동에서 교사가 짚어 주어야 할 핵심 사항은 다음과 같다.

교사가 짚어 주어야 할 핵심 사항
- 살아가면서 누구나 예측하지 못한 일을 겪게 된다는 것

---

11 학생 개인의 경험을 친구들과 이야기 나누도록 할 때는 학생이 편하게 개방할 수 있는 수준에서 할 수 있도록 하고, 서로 비방하지 않고 공감하며 지지해 줄 수 있는 분위기를 조성한 후 진행하는 것이 중요하다.

☆ 우리가 오랜 세월을 살아온 것은 아니지만 그래도 나름대로 뜻하지 않게 겪었던 크고 작은 어려움들이 있었을 것입니다. 앞으로 살아가면서도 뜻하지 않은 일들을 겪으며 살게 될 것이구요. 이러한 일을 겪을 때 나에게 도움 되는 방식으로 지혜롭게 행동하는 것이 중요한데, 이것은 평소에 잘 익혀두지 않으면 쉽지 않습니다. 여러분의 경험을 떠올리며 다음의 사항에 대해 생각해 보고 적어보기 바랍니다.

....

① 여러분이 지금까지 지내오면서 뜻하지 않게 겪게된 어려움, 역경에는 어떤 것들이 있었나요?

② 그때 어떻게 (대처)했나요? 그리고 왜 그렇게 했던 것 같은가요?

③ 만약, 여러분이 이와 유사한 일을 다시 겪는다면 어떻게 할 것 같은지요? 더 좋은 방법이라고 생각하는 것은 무엇이 있나요?

④ 친구들과 여러분의 경험을 공유할 수 있다면, 함께 이야기 나누어보고, 이런 일을 겪을 때 좋은 (대처)방법에 어떤 것들이 있을지 의논해 보세요.

- 그러한 일을 겪을 때 개인이 선택할 수 있는 행동은 다양하다는 것
- 그 다양한 행동들 가운데 어떤 행동을 할 것인가는 개인의 선택에 달려 있다는 것
- 그리고 선택한 행동에 따라 그 다음에 일어날 일에 차이(긍정적 방향, 부정적 방향)가 발생한다는 것
- 우리는 긍정적 방향으로 갈 수 있는 행동을 선택할 수 있도록 나 자신을 성장시켜 나가야 한다는 것

2) 개인 진로상담에의 활용

학생 개인에 대한 진로상담을 진행할 경우에도 우연학습이론을 적용해 볼 수 있다. 일반적으로 상담은 학생을 이해하기 위한 탐색적 질문으로부터 시작하는데, 이 이론에 따르면 학생이 그동안 어떤 다양한 학습경험을 해왔는지에 대해 탐색하는 것이 중요하다. 이를 위해 학생이 경험했던 일들, 활동, 뜻밖의 사건, 그리고 사람과의 관계 등을 살펴볼 수 있겠고, 이러한 경험을 통해 자기 자신과 세상에 대해 어떤 믿음을 갖게 되었는지, 어떤 것에 관심(흥미)을 갖게 되었는지, 어떤 정서를 느끼고 있는지 등을 이해하는 것이 필요하다.[12]

개인 상담의 구체적인 진행은 학생의 진로문제와 상황에 따라 다양하기 때문에 여기서는 몇 가지 사례를 제시하고, 이 이론에 근거하여 교사가 해줄 수 있는 말이나 취할 수 있는 행동에 대해 간략히 설명해 보기로 하겠다.

사례 1 가정의 갑작스런 변화로 충격을 받아 자신의 삶에 대해 자포자기하고 의기소침해 있는 학생 예) 부모의 이혼, 아버지의 경제적 파산, 가까운 지인의 죽음 등

---

12 앞서 제시한 '나의 경험을 통해 지혜 얻기' 활동을 개인 상담에 적용해도 좋을 것이다.

학생과 진로상담을 진행할 때, 꼭 미래 직업이나 진학에 대한 이야기만 하게 되는 것은 아니다. 학생이 처한 어려운 상황에 대한 이야기가 자연스럽게 나올 수 있다. 이때 교사로서 어떻게 할 수 있을까. 아마도 학생의 힘들었던 상황을 이해하고, 위로 및 지지해 주는 말을 할 수 있을 것이다.

> 예) "힘든 상황에서도 잘 견디었구나/ 참 대단하다/ 많이 외로웠겠구나/ 힘들었을 텐데, 지혜롭게 잘 극복한 것을 보면, 앞으로 어떤 일이든 잘 헤쳐나갈 수 있을 거야" 등

이러한 말도 학생에게 힘이 될 수 있을 것이다. 그런데 우연학습이론에 의하면, 위로와 지지에 덧붙여 경험의 중요성, 그 경험 과정에서 자신에게 도움 되는 방식으로 행동하는 능력의 중요성 등을 깨닫도록 도와주는 것이 필요하다. 즉, "세상은 매우 많은 변화가 있는 곳이고 이런 세상에서 살아가기 위해서는 인내심, 긍정성(낙관성), 융통성, 호기심, 위험감수 등의 내적인 힘을 기를 필요가 있다는 것, 그런데 이것은 하루아침에 기를 수 있는 것이 아니며 더군다나 머리로 다 이해할 수 있는 것도 아니라 경험을 통해 배우고 그러면서 성장하게 된다는 것"을 학생이 마음으로 받아들이고 이해할 수 있도록 하는 것이다. 이는 교사가 설명으로 전달할 수도 있지만 대화를 통해 깨닫도록 하는 것이 더 효과적일 수 있다.

대화 예)[13]

교사1: 뜻밖에 생각지도 못했던 일을 당해서 얼마나 놀라고 힘들었니. (공감적 반응을 해줌)

학생1: 사실, 그 때는 정말 아무 생각도 안 나고 그냥 좀 멍하더라구요. 짜증나서 아무 것도 하기 싫고...

교사2: 나라도 그랬을거야. 원망스럽고 화도 나고…그런 상황에서 학교에 매일 출석하는 것도 쉽지 않을 수 있는데, 그래도 ○○는 학교에 빠지지 않고 잘 나왔던 것

13　대화 예는 필자가 우연학습이론과 해결중심 상담기법을 중심으로 가상으로 만들어본 것이다.

같은데, 어떻게 그렇게 할 수 있었니? (학생이 했던 작은 긍정적 행동에 초점을 두어 질문   함)

학생2: 학교는 나왔지만 수업 시간에 집중도 안 되고 성적도 많이 떨어졌어요.

교사3: 그런 상황에서 안 그런 게 오히려 이상한 거지. 그런 일을 겪으면 누구나 그럴 수 있어. 그래도 그 힘든 시기를 잘 견뎌온 것 같은데, 어떻게 그렇게 할 수 있었니?

(공감적 반응과 긍정적 행동에 초점 둔 질문을 함)

학생3: 그냥, 잘 모르겠어요, 누구나 그 정도는 하는 것 같은데... 근데, 엄마 생각이 많이 났어요. 엄마도 너무 고생하는데 나라도 정신차리자 하는 생각을 해서 학교는 빠지지 않았던 것 같아요.

교사4: 와, 그 와중에 ○○이 자신만 생각하기도 벅찼을 수 있는데, 엄마 생각이 났구나. 그런데 ○○가 "누구나 그 정도는 하는 것 같은데"라고 했잖아. 정말 그럴까?

(힘든 상황에서 대처하는 방식은 다양하고 개인의 능력에 따라 다름을 이야기하기 위해 이 주제에 초점을 맞추어 질문함)

학생4: 글쎄, 그럴 것 같은데… 잘 모르겠어요.

사례 2 진로결정을 하지 못하고 있는 학생

진로미결정 학생에 대한 긍정적 시각에서 출발하기

진로결정을 하지 못하는 이유는 다양한데, 크게 보면 '동기 부족 및 불안, 지식 및 정보 부족, 내적·외적 갈등' 등으로 구분해 볼 수 있다.[14] 우연학습이

---

14 워크넷 사이트(work.go.kr) 심리검사 중 청소년 진로발달검사 하위 검사로 '진로미결정' 검사 요인을 참조하기 바란다.

론에서 보면, 진로결정을 하지 못하고 있는 것은 진로발달 측면에서 문제가 있거나 뒤처져 있는 것이 아니라, 아직 결정할 만큼 준비가 되어 있지 않은 것이다. 즉, 진로미결정 상태를 부정적으로 보고 있는 다른 이론과는 달리, 진로미결정 상태를 긍정적 시각에서 보고 있는 것이 기존 이론과의 차이라 하겠다.

따라서 우연학습이론에 의하면, 진로결정을 하지 못한 학생을 바라보는 교사의 시각부터 바꾸어야 한다. 교사는 학생으로 하여금 진로미결정 상태에서 빨리 벗어나도록 하기 위한 목적에서 진로상담을 하는 것이 아니라, 아직은 진로를 결정하기 위해 필요한 무엇인가가 충분히 갖추어지지 않았고, 그것이 무엇인지를 이해해 보자는 시각에서 상담을 진행하는 것이 필요하다.

그렇다면, 학생들이 진로결정을 하지 못하는 큰 이유는 무엇일까? 중요한 이유 중 하나는 '진로에 방해되는 부적절한 생각' 때문이다. 교사는 개인상담 과정에서 학생이 하고 있는 생각 중 진로에 방해되는 생각을 찾아 그렇게 생각하게 된 이유를 탐색하고, 보다 도움되는 적절한 생각으로 바꿀 수 있도록 도와야 한다. 이를 위해 우선, 학생들이 진로와 관련하여 하게 되는 비합리적 생각들에는 어떤 것들이 있는지 생각해 보도록 하자.

학생들이 진로와 관련하여 하게 되는 비합리적 생각들 (강혜영, 선혜연, 2009:75)

- 부정확한 정보에 기초한 편견

  예) 제가 어디서 들었는데, △△학과는 잘사는 애들이 많이 간대요. 잘사는 애들은 이기적이잖아요. 그런 애들이 많은 학과는 가고 싶지 않아요.

- 잘못된 귀인

  예) 제가 이번에 시험을 잘 치르지 못한 것은 ○○이와 같은 반이 되지 않아서라고 생각해요.

- '반드시 실패한다'는 전제조건

  예) 제가 △△대학교에 간다고 하면 다들 웃을 거예요. 저는 갈 수 없어요.

- '해야만 한다'는 전제조건

  예) 저는 꼭 선생님이 되어야 해요. 우리 엄마, 언니들, 이모들 다 선생님이거든요.

- 부적절한 의사결정 유형

  예) 저는 중요한 결정을 해야 할 때 무엇인가 계시 같은 것에 의지해요. 제가 이 학교를 가려는 이유도 그런 거예요. 우연히 진로박람회 갔다가 처음으로 지원서를 받은 학교거든요.

- 실현 불가능한 목표

  예) 저는 저에게 맞는 완벽한 결정을 하고 싶어요. 그런데 제 마음에 쏙 드는 것을 찾기가 어려워요.

  상담 과정에서 위와 같은 생각이 발견되면, 다음과 같은 질문을 활용할 수 있다.

활용할 수 있는 질문(예)

- 그렇게 생각하는 명확한 근거 또는 구체적인 사례가 있는지 질문해 보기
  - ○○이가 그렇게 생각하는 이유가 있을 것 같은데, 물어봐도 될까?
  - 그렇게 생각하게 된 어떤 경험이 있니? / 실제 그런 경험이 있었니?

- 그렇게 생각하는 경우와 예외인 경우는 없는지 질문해 보기
  - 그래, 그런 일이 있었구나. 그런데 그때 그런 일이 있었다고 앞으로도 항상 그럴까?
  - 그럴 수도 있겠지만 또 다른 경우는 없었니?

- 하루를 지내면서 자기 스스로에게 하는 부정적인 말을 기록해서 갖고 오
  도록 하여 이를 긍정적인 말로 바꾸어보기
  - 수첩이나 메모할 만한 것을 갖고 다니면서 스스로에게 하는 부정적인
    말을 적어보자. 가능한 다 적으면 좋겠지만 어려울 수 있으니 할 수 있
    는 만큼만 해도 괜찮아.
  - (기록한 것을 상담시간에 갖고 오면) 왜 그런 말을 스스로에게 하게 되
    었을까? (학생 이해하기)
    → 극단적이지 않은 보다 중립적인 말, 비난의 말 대신 위로와 용기를 주
      는 말 등으로 바꾸어 표현해 준다.
- 실제 체험해 보게 하기
  - ○○이 생각이 맞는지 실제로 △△학과에 다니는 선배들을 만나 이야기
    를 해보면 어떨까?
  - 그럼, 이번 방학에는 △△△에 참여해 보는 것이 좋을 것 같은데, 어때?

3) 심리검사에의 활용

진로상담 과정에서 학생의 특성을 이해하기 위한 목적으로 많이 사용하는 방법이 심리검사이다. 그런데 학생으로 하여금 자기 자신을 이해하도록 돕기 위한 방법은 심리검사 이외에도 여러 가지가 있다. 예를 들면, 직접 체험을 하도록 하는 것, 간접경험을 위해 동영상 시청이나 책을 읽도록 하는 것, 어떤 사례에 대해 선생님이 이야기를 들려주는 것, 강연을 듣도록 하는 것, 개인상담을 받도록 하는 것, 집단 프로그램에 참여하도록 하는 것, 동아리 활동에 참여하도록 하는 것 등이다. 이러한 다양한 방법이 있음에도 불구하고 '나는 어떤 이유에서 학생들에게 이 심리검사를 하도록 하는가?' 자문해 볼 필요가 있다.

전통적으로 심리검사는 앞서 언급한 대로 학생들이 무엇을 좋아하는지(흥미), 무엇에 능력이 있는지(적성), 다른 학생과 비교하여 어떤 성격적 특성이 있는지(성격) 등 학생의 현재 특성을 알아보기 위한 목적에서 실시되었다. 그런데 다음과 같은 질문을 던져볼 수 있다. '사람은 변화할 수 있고, 특히 발달 과정에 있는 학생들은 더욱 변화의 가능성이 많은데, 현재 이 시점에서 측정한 특성을 바탕으로 미래의 진로를 결정하는 것이 과연 적절할 것인가?' 즉, 흥미도 변할 수 있고, 적성도 변할 수 있는데 지금 현재 시점에서의 심리검사 결과를 토대로 진로결정을 돕는 것에 문제가 없는가 하는 것이다.

크롬볼츠 우연학습이론에서는 기존의 전통적인 관점과 다른 관점에서 심리검사 활용을 이야기하고 있다. 개인은 계속해서 변할 수 있다. 따라서 현재 나타난 심리검사 결과를 그 사람의 전부라 단정하지 말고, 앞으로 어떤 특성을 더 개발할 수 있는지 가능성에 더 초점을 두어 활용하자는 것이다. 예를 들어 홀랜드 직업흥미검사를 실시하였을 경우, 현재 어떠한 흥미유형이 우세하게 나타났는지 그 결과만 보고 학생의 진로결정을 도울 것이 아니라, 현재 우세하게 나타나지 않은 흥미유형은 무엇인지, 그리고 그러한 이유가 무엇인지에 대해서도 함께 살펴볼 필요가 있다는 것이다. 이때, 아무런 설명 없이 '△△에 흥미가 낮게 나타난 이유가 무엇이라고 생각하니?'라고 질문하게 되면 학생들이 답하기 어려울 것이다. 상담교육을 통해 익힌 대화기법이나 기본적 이론을 토대로 다음과 같이 이야기해 볼 수 있을 것이다.

교사: (학생이 RA유형이 높게 나타나고, SC유형이 상대적으로 낮게 나타난 경우) 지금 검사 결과를 보니까 ○○이는 눈에 보이는 어떤 도구를 갖고 조작해 보는 것을 좋아하고, 같은 일을 반복하는 변화 없는 일보다는 뭔가 새로운 것을 생각해내고 색다른 일을 찾아 해보는 것을 좋아하는 것 같은데, 실제는 어떠니?

학생: 저는 기계 만지는 것을 좋아해요. 아버지께서 기계 수리하는 일을 하셨는데, 어렸을 때부터 옆에서 보면서 나도 고쳐보고 싶다는 생각을 했어요.

교사: 그랬구나. 아버지 하시는 일을 보면서 기계 만지는 것에 관심을 가지게 되었구나… 그런데 사람들과 함께 지내는 것은 어떠니? 사람들과 함께 일하고, 다른 사람을 돕는 일을 한다거나 그런 일에 대해서는 관심을 갖거나 재미를 느

껴본 적이 있니?

학생: 사람을 싫어하는 것은 아닌데, 함께 일하는 것보다는 혼자 지내는 것이 더 편하고 좋아요. 혼자 기계 갖고 노는 것이 더 재미있어요.

교사: 지금까지 지내오면서 친한 친구들은 누가 있었니?

학생: 사실, 어렸을 때 전학을 많이 다녀서 기억에 남는 친한 친구들은 별로 없어요…

교사: 아, 전학을 많이 다녔구나. 전학 가서 낯선 학교에서 적응하는 것이 쉬운 일은 아니었을 텐데, 어땠는지 이야기해 줄 수 있겠니?

학생: 초3 때 △△학교로 전학을 갔는데요, 그때 심한 것은 아니지만 친구들이 저를 좀 따돌리고 같이 놀아주지 않아서 많이 힘들었어요…

교사: 그런 일이 있었구나. 어린 나이에 정말 많이 외롭고 무섭기도 했겠다…

이러한 이야기를 통해 현재 S유형이 낮게 나타난 것은 어린 시절의 경험과 관련 있을 수 있다는 것을 이해할 수 있다. 그리고 앞으로 사람과의 관계에서 재미있고 성공적인 경험을 할 가능성이 얼마든지 있고, 그렇기 때문에 사람과 관련한 관심도 지금보다 더 많이 생길 수 있다는 것을 이야기 나눌 수 있을 것이다. 즉, 어린 시절 경험으로 인해 아직 발견되지 않은, 발달하지 않은 측면에 대한 가능성에 대해 이야기 나누고 격려해 주는 것이다.

4) 학부모 교육에의 활용

우연학습이론은 학부모를 대상으로 진로교육과 상담을 할 때도 활용할 수 있다. 앞서 살펴보았듯이, 이 이론의 핵심은 '끊임없이 변화하고, 예측하지 못했던 일들을 경험하며 살 수밖에 없는 상황에서 가장 중요한 진로교육의 강조점은 자신에게 도움 되는 행동이 무엇인지 찾아내어 실행할 줄 아는 능력'에 있다. 이러한 능력은 구체적으로 말하면, '호기심, 인내심, 융통성, 낙관성, 위험을 감수할 줄 아는 도전성' 등을 말한다.

그런데 이러한 능력은 하루아침에 길러질 수 있는 것이 아니고 가정에서 부모를 통해 길러져야 하는 인성적 측면과 맞닿아 있다. 따라서 학부모 교육에서 '변화하는 사회에서 적응능력을 기르는 것의 중요성, 적응을 위해 갖추어야 할 5가지 특성'[15] 등을 설명하는 것은 유익할 것이다. 부모가 가정에서 해야 할 진로교육은 이러한 인성적 측면을 길러주는 것임을 학부모 교육에서 강조하는 것이다.

---

15 이와 관련된 구체적인 내용은 '4) 당면한 문제들을 다루는 기술 향상시키기(pp. 229-230)'를 참조하기 바란다.

실습과제

토론해 보기

- 진행방법: ① 20명이 수업을 듣는다고 가정할 때, 4명 정도를 한 조로 구성하여 다음의 주제에 대해 토론해 보도록 한다(약 20분 내외). 이때 각 조에서 이야기된 내용을 1명이 정리하게 한다.

  ② 각 조별 토론이 끝난 다음에는 전체적으로 어떤 이야기가 나왔는지 공유하는 차원에서 각 조에서 정리한 내용을 3분 정도로 발표하도록 한다.

  ③ 원활한 토론을 위해서 수업 전에 미리 토론주제에 대해 생각해 오도록 한다.

- 토론주제: 진로를 찾아가는 과정에서 예상하지 못했던 다양한 일들을 경험하게 되는 것은 아주 자연스러운 일이다. 중요한 것은 그 일들을 어떻게 자신에게 유리한 상황으로 만들고, 그것을 기회로 만들어낼 수 있는가 하는 것이다. 이것은 길러야 할 능력이고, 다양한 경험을 통해 길러질 수 있는 것이기 때문에 교사(상담자)는 상담 과정에서 이를 배울 수 있도록 도와야 한다는 것이 크롬볼츠 이론에서 강조되는 점이다. 예를 들면, '새로운 취미활동을 해보는 것, 학교 프로그램에 참여해 보는 것, 동아리에 가입해 보는 것, 조별 활동에서 리더(조장)를 해보는 것' 등에 대해 학생이 새로운 도전을 해보도록 할 수 있다. 교사(상담자)로서 학생들에게 추천(권장)할 만한 것에는 어떤 것들이 있고, 그것을 학생이 실행하도록 하려면 어떤 점들을 고려하는 것이 좋을지에 대해 서로 의견을 나누어 보자.

참고문헌

강혜영, 선혜연 (2009). 진로상담기법. 한국기술교육대학교 HRD전문대학원 교재. 비매품.

곽다은 (2012). 한국 대학생의 진로신념 요인에 관한 연구. 석사학위논문, 서울대학교.

김봉환, 이제경, 유현실, 황재향, 공윤성, 손진희, 강혜영, 김지현, 유정이, 임은미, 손은령 (2011). 진로상담
    이론: 한국내담자에 대한 적용. 서울: 학지사.

이경희 (2001). 진로신념검사의 번안과 문항분석. 석사학위논문, 서울대학교.

Blustein, D. L., McWhirter, E. H., & Perry, J. C. (2005). An emancipatory communitarian ap-
    proach to vocational development theory, research, and practice. *The Counseling Psychol-
    ogist, 33,* 141-179.

Bouchard, T. J., Jr. (2004). Genetic influence on human psychological traits: A survey. *Current
    Directions in Psychological Science, 13,* 148-151.

Krumboltz, J. D. (1994). The career beliefs inventory. *Journal of Counseling & Development, 72,*
    424-428.

Krumboltz, J. D. (1996). A learning theory of career counseling. M. L. Savickas & W. B. Walsh
    (eds.), *Handbook of career counseling theory and practice.* Palo Alto, CA: Consulting Psy-
    chologists Press. 55-80.

Krumboltz, J. D. (2009). The Happenstance Learning Theory. *Journal of Career Assessment,
    17*(2), 135-154.

Krumboltz, J. D., & Baker, R. (1973). Behavioral counseling for vocational decisions. H. Borow
    (ed.), *Career guidance for a new age* . Boston: Houghton Mifflin. 235-284.

Krumboltz, J. D., Mitchell, A., & Gelatt, H. G. (1975). Applications of social learning theory of
    career selection. *Focus on Guidance, 8,* 1-16

Liptat, J. J. (2001). *Trearment planning in career counseling.* Brooks/Cole Thomson Learning.

Mitchell, L. K., & Krumboltz, J. D. (1996). Krumboltz's learning theory of career choice and
    counseling. D. Brown, L. Brooks, & Associates (eds.), *Career choice and development*(3rd
    ed.). San Francisco: Jossey-Bass. 230-280.

Mitchell, L. K., Levin, A. S., & Krumboltz, J. D. (1999). Planned happenstance: Constructing unexpected career opportunities. *Journal of Counseling and Development, 77,* 115-124.

Nevo, O. (1987). Irrational expectations in career counseling and their confronting arguments. *The Career Development Quarterly, 35,* 239-251.

Sharf, R. S. (2002). *Applying career development theory to counseling*(3rd ed). Brooks/Cole.

8장

사회인지진로이론의 기법

공윤정

사회인지진로이론은 과업의 수행에서 자기효능감의 중요성을 강조한 반두라(A. Bandura)의 이론을 기반으로 발전한 진로이론이다. 자기효능감은 과업 수행에 필요한 능력을 자신이 얼마나 갖고 있는지에 대한 스스로의 평가를 뜻한다. 반두라는 학생의 실제 능력보다 자기효능감이 수행 정도를 더 잘 예측한다고 보았고, 자기효능감은 학생들의 진로행동을 예측하는 데에도 적용되어 사회인지진로이론으로 발전하였다. 원하는 진로에의 진입 혹은 수행관련 자기효능감은 진학이나 전공 선택과 같은 진로행동에 영향을 준다는 것이다. 이 장에서는 사회인지진로이론의 주요 내용, 사회인지진로이론에 기반한 상담의 과정 및 상담기법, 사회인지진로이론의 진로진학상담에의 적용 가능성 등이 다루어진다. 특히 사회인지진로이론의 핵심 개념인 자기효능감의 평가와 개입이 중요하게 기술되었다.

목표

1) 사회인지진로이론의 주요 내용을 이해하고 설명할 수 있다

2) 사회인지진로이론에 기반한 상담기법의 예를 들고 설명할 수 있다.

3) 사회인지진로이론을 적용해 진로진학 문제의 원인과 개입 방법을 제시할 수 있다.

1 사회인지진로이론의 개요

1) 사회인지진로이론의 발달

학업이나 진로에서 자신에게 주어진 역할을 얼마나 잘 수행하는지는 학생의 실제 능력과도 관련되지만, 능력에 대한 믿음과도 밀접하게 관련된다고 알려져 있다. 반두라는 주어진 과업을 수행할 수 있는 자신의 능력에 대한 믿음을 자기효능감(self-efficacy belief) 개념을 도입하여 설명하였다. 자기효능감은 원하는 수행 결과를 얻기 위해 필요한 활동들을 조직하고 실행하는 자신의 능력에 대한 믿음이다(Bandura, 1986). 자기효능감은 주어진 과업과 관련한 성공경험, 생리적 각성, 모델링, 언어적 설득을 통해 발달한다. 예를 들어 반장 역할에 대한 자기효능감은 리더의 역할을 맡아 잘 해낸 경험이 있을 때, 반장을 맡게 되었을 때 지나치게 긴장하는 등의 불안 반응이 적을 때, 자신과 유사한 특성을 가진 사람이 반장 역할을 잘 해내는 것을 보았을 때, 자신을 잘 아는 교사나 부모가 반장 역할을 잘할 수 있다고 설득했을 때 높아질 수 있다는 것이다. 네 가지 요소 중 성공경험은 자기효능감에 가장 큰 영향을 미치는 요인으로 알려져 있다.

자기효능감을 진로의 영역에 도입하여 전공 선택을 자기효능감과 관련하여 설명한 사람은 베츠(Betz)와 해킷(Hackett)이다(Betz & Hackett, 1981). 이들은 전통적으로 남자 직업(예를 들면 고속도로 순찰대, 수학자, 공학자 등)과 여자 직업(예를 들면 초등학교 교사, 치위생사, 비서 등)으로 분류되는 직업목록을 대학생들에게 나눠준 후, 이 직업들에 대한 남녀 대학생의 자기효능감과 흥미 등을 측정하여 성별 차이를 비교하였다. 그 결과 남학생들은 남자 직업과 여자 직업에 대한 자기효능감과 흥미가 별 차이 없이 비슷한 반면에, 여학생들은 전통적인 여자 직업에 비해 남자 직업에 대한 자기효능감이 낮았으며 낮은 자기효능감은 남자 직업에 대한 낮은 흥미와 관련된다는 것을 발견하였다. 이는 특정한 활동이나 직업에 대한 자기효능감이 그 직업에 대한 흥미 및 진로결정과 관련될 수 있다는 가정을 낳게 하였고, 이후 사회인지진로이론의 발달에도 중요한 토대가 되었다.

자기효능감이 진로선택에 영향을 주는 중요한 변인이라는 연구결과들이 축적되면서, 자기효능감과 결과기대(outcome expectations) 등 진로 선택과 수행에 영향을 주는 중요 변인들을 통합하여 이론으로 발전시킨 것이 사회인지진로이론(social cognitive career theory)이다(Lent et al., 1994; 1996). 사회인지진로이론은 자기효능감, 결과기대, 흥미의 발달 및 진로목표설정 등 진로와 관련된 주요 변인들 간의 관계를 설정하고 이를 진로행동을 설명하는 모델로 통합한 것이다. 기존의 진로상담이론들이 개인의 자아개념, 흥미 등 심리 내적 요인들만을 강조하여 진로선택을 설명한 데 반해, 사회인지진로이론에서는 사회적 지지나 진로장벽 등의 맥락적 요인이 진로선택에 미치는 영향을 이론의 틀 안에 통합하여 제시한다. 이러한 점에서 이 이론은 보다 현실을 반영하는 진로이론으로 볼 수 있다. 진로상담이론이 먼저 개발된 이후에 이론의 가설에 대한 검증이 이루어지고 있는 다른 진로이론들과는 대조적으로, 사회인지진로이론은 경험적으로 증명된 결과들을 통합하여 진로이론으로 발전시킨 점도 특징적이다.

2) 사회인지진로이론의 선택 모델

사회인지진로이론에서는 진로목표 선택 및 계획의 실행이 자기효능감, 결과기대, 흥미의 영향에 의해 상당 부분 결정된다고 설명한다(Lent et al., 1994; 1996). 사회인지진로이론의 진로선택 모델은 그림 8-1에 제시되었다. 진로선택과 관련한 주요 변인들을 자세히 살펴보면 다음과 같다.

(1) 개인 변인, 배경 변인과 학습경험

진로결정에 중요한 영향을 미치는 능력이나 흥미의 발달은 성장 과정에서 경험하는 다양한 학습경험에 영향받는다. 학습에는 학교에서 정규교과로 배우는 내용뿐만 아니라 학교 밖에서의 훈련 경험, 취미활동, 부모나 주변인을 통한 간접체험 등이 모두 포함된다. 그림 8-1을 보면 학생들의 학습경험은 개인의 여러 특성들과 배경 변인에 영향

받아 이루어짐을 알 수 있다.

학습에 영향을 주는 대표적인 개인 변인으로는 개인의 성향, 성별, 인종이나 민족, 장애 유무 등을 들 수 있다. 개인의 성향은 내성적인지 외향적인지 등과 같은 타고난 개인의 선호를 뜻한다. 개인의 성향에 따라 혼자서 집중할 수 있는 활동, 야외활동, 신체활동, 사람들과 어울리는 활동 등 선호하는 활동이 달라질 수 있는데, 이에 따라 학습활동의 선택 및 지속 여부가 영향받게 된다. 성별은 학습경험에 영향을 주는 대표적인 개인 변인이다. 성별은 아주 어린 시절부터 부모나 학생이 어떤 학습 활동을 선택할지에 영향을 주는데, 성별에 따라 태권도나 무용을 선택하는 빈도가 달라지는 것이 한 예가 될 수 있다. 장애 유무는 신체활동이나 지적 활동의 범위에 영향을 주어, 학생이 선택할 수 있는 학습과 밀접하게 관련된다.

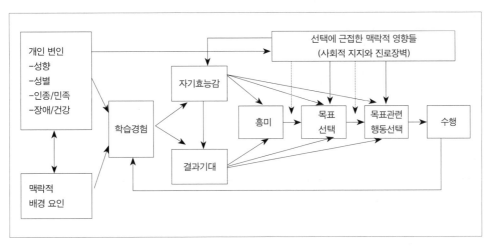

그림 8-1 진로선택에 대한 사회인지이론의 선택 모델(출처: Lent et al., 1994; 2000)

학습에 영향을 주는 맥락적 배경 변인으로는 가정의 경제적 지위나 부모의 양육태도와 같은 요인이 대표적이다. 가정의 경제적 지위나 사회문화적 배경은 학생의 성장 과정에서 고려할 수 있는 학습활동의 종류 및 선택에 영향을 준다. 예를 들어 그림이나 음악 등 문화적으로 다양한 환경에 노출된 아동이라면 이와 관련된 활동을 배울 가능성이 높은 것처럼, 개인이 속한 사회문화적 배경과 경제적 배경은 특정한 학습경험의 선택과 관련된다. 이와 같이 개인의 내적 변인 및 배경 변인은 성장 과정에서 어떤 학습

과정에 접하고 무엇을 선택하는지와 밀접하게 관련되고, 학습경험은 이후의 자기효능감, 결과기대, 흥미와 같은 진로관련 변인들의 발달에 영향을 준다.

(2) 자기효능감과 결과기대

자기효능감은 원하는 수행 결과를 얻기 위해 필요한 활동들을 조직하고 실행하는 자신의 능력에 대한 믿음이다(Bandura, 1986). 자기효능감은 특정한 행동을 선택할 때의 결과기대, 흥미, 이후 진로목표의 결정 및 수행에까지 영향을 주는 요인으로 가정된다. 자기효능감은 목표 및 수행과 관련한 세 가지 행동에 영향을 미치는데, 특정한 행동이나 과업에 접근하거나 회피하는 행동, 목표영역에서 수행의 질, 장애가 있더라도 목표를 위해 지속적으로 노력하는 정도에 영향을 주게 된다(Bandura, 1997).

성장 과정에서 다양한 영역별 수행에 대하여 개인은 차별적인 강화를 받으며, 학습경험과 차별적 강화를 통해 특정 활동과 영역에 대한 능력, 자기효능감, 수행에 대한 기대감을 점차 발달시켜 나간다. 자기효능감의 발달에 가장 크게 기여하는 요인은 개인의 성취 경험으로 알려져 있다. 진로와 관련해서 보면 수학에서 시험을 잘 본다거나 칭찬을 받는 등의 경험이 쌓이면 수학에 대한 자기효능감이 높아지고, 이는 결국 수학관련 흥미 및 수학관련 진로선택에 영향을 주게 된다. 학생이 능력에 비해서 자기효능감이 낮으면 이는 이후의 목표설정 및 진로선택에 영향을 주게 되므로, 상담에서 학생의 자기효능감을 평가하고 개입해 능력을 충분히 반영하는 진로선택이 이루어지도록 돕는 것이 중요한 과제가 된다.

결과기대는 특정한 행동을 수행할 때의 결과에 대한 개인적인 믿음으로, 일을 성공적으로 해냈을 때 받을 수 있는 물리적 보상 및 타인의 인정과 같은 외적 강화, 자신에 대해 자부심을 느끼는 등의 자기지향적 결과, 주어진 과제를 수행하는 과정 자체에서 오는 결과를 포함한다(Lent et al., 1996). 자기효능감이 '내가 이 일을 할 수 있을까?'에 대한 믿음이라면, 결과기대는 '이 일을 했을 때 어떤 보상을 얻을 수 있을까?'에 대한 생각이라고 볼 수 있다. 공무원이라는 직업을 선택하는 가장 큰 이유가 안정적인 고용이라면 이는 직업을 선택했을 때 주어지는 외적 보상, 즉 결과기대를 중요하게 고려한 의사결정이라고 볼 수 있다. 사회인지진로이론에서 자기효능감은 특히 한국의 공과 대학 학생들의 진로선택에 영향을 준 변인이었으며(Kim & Seo, 2014), 우리나라를 비롯한 아시아계의 학생들에게는 결과기대가 진로선택에 중요한 영향을 미치는 것으로 나타났다(Gong, 2002). 학업 및 진로와 관련한 많은 선택은 자기효능감과 결과기대의 영향으로 이루어진다고 가정된다.

(3) 흥미 및 목표 선택과 수행

흥미는 진로와 관련된 활동이나 직업에 대하여 좋아하거나 싫어하거나 무관심한 패턴을 말한다(Lent et al., 1994). 그림 8-1에서 볼 수 있듯이, 흥미는 학습경험을 통해 형성된 자기효능감과 결과기대의 영향을 받아 발달한다. 특정한 활동이나 과목, 직업에 대하여 잘할 수 있다는 평가를 받으면서, 수행에 대한 긍정적인 내적, 외적 보상을 기대할 수 있을 때 흥미가 증가한다는 것이다. 사회적 인정이나 물질적 보상과 같은 외적 보상보다는 주어진 활동을 했을 때 얻을 수 있는 자기만족이나 능력의 향상과 같은 내적 보상이 진로 흥미의 발달에 특히 중요한 역할을 하는 것으로 간주된다(Bandura, 1986). 한편 학습경험을 통해 발달하는 능력은 흥미의 발달에 영향을 주기는 하지만 직접 영향을 주기보다는 자기효능감을 매개로 간접적으로 영향을 주는 것으로 가정된다. 자기효능감은 흥미에 직접 영향을 미치면서 결과기대를 통해 간접적으로도 영향을 미친다는 면에서 흥미에 영향을 주는 가장 강한 변인이라고 볼 수 있다.

진로목표는 진로와 관련해 특정한 활동에 참가하겠다거나 특정한 결과를 얻겠다는 개인의 의도를 뜻한다(Lent et al., 1994). 목표가 정해지면 이는 개인의 여러 행동들을 지속하도록 하는 동기가 되며, 어려움이 있더라도 자기조절을 유지하게 하는 힘이 된다. 특정한 고등학교에 진학하겠다거나, 특정한 대학 전공을 선택하겠다거나 하는 생각들이 모두 진로목표에 해당한다고 할 수 있다. 특정한 고등학교에 진학하겠다는 목표가 있다면, 현재 감당해야 하는 힘든 일이나 즉각적인 보상이 없는 활동들도 견딜 수 있도록 힘을 주는 역할을 한다. 진로목표에 영향을 미치는 요인들은 자기효능감, 결과기대, 흥미, 맥락적 요인들이 있다. 자기효능감과 결과기대는 진로목표에 직접 영향을 주며, 흥미의 발달을 통해 간접적으로 진로목표에 영향을 주기도 한다. 특히 이 세 요인 중 자기효능감은 진로목표와 수행에 가장 영향을 많이 주는 요인으로 여겨지며 이는 경험적으로도 지지되었다(Sheu et al., 2016).

학생들은 여러 진로영역에서 흥미를 발달시킬 수 있는데, 그중 특정한 흥미가 진로목표로 전환되는 데에는 사회적 지지와 진로장벽과 같은 맥락적 변인들의 영향을 받는 것으로 가정된다. 예를 들어 여러 흥미영역 중에서 직업을 구할 가능성이 높거나(기회구조), 부모가 지지하는 진로를 목표로 정할 가능성이 높다는 것이다.

목표설정에 따른 진로계획의 선택과 수행은 학생의 자기효능감, 결과기대, 목표에 영향받아 이루어진다. 교사가 되고 싶은(진로목표) 학생이 대학의 관련 과에 진학했을 때(목표 행동) 대학에서 얼마나 잘 적응하면서 주어진 과업을 수행하는지는 교사 역할에 대한 자기효능감, 교사가 되었을 때 얻을 수 있는 내적 외적 강화(결과기대), 목표의 뚜렷함 정도 등이 영향을 줄 수 있다.

(4) 진로목표설정과 수행에서 맥락적 요인의 영향

사회인지진로이론에서 맥락적 요인이 진로발달 및 선택에 영향을 미치는 과정은 크게 두 가지로 나타난다. 먼저 부모의 사회경제적 배경이나 문화적 배경과 같은 배경 변인은 개인의 학습경험에 영향을 주어 자기효능감, 결과기대, 흥미 등의 발달에 영향을 준다. 이와 구분되는 개념으로 진로선택에 직접 영향을 주는 근접 맥락 요인이 있다. 근접 맥락 요인은 개인이 진로선택을 할 때 이를 지지하거나 방해하는 요인으로 그림 8-1의 오른쪽 위에 나타나 있다.

근접 맥락 요인은 다음의 두 가지 경로를 통해 진로선택에 영향을 준다고 가정된다 (Lent et al., 1994). 첫째, 직업을 가질 수 있는 사회의 기회 구조는 진로목표설정 및 수행에 직접 영향을 미친다. 흥미나 자기효능감, 결과기대 등을 기반으로 진로선택을 하려고 해도, 원하는 직업을 가질 수 있는 기회가 거의 없다면 진로를 수정할 가능성이 높아진다. 둘째, 가족의 지지, 지각한 진로장벽과 같은 환경적 요인들은 진로선택과 수행에 직접적인 영향을 미친다. 예를 들어 우리나라에서는 부모가 자녀의 진로에 직접 개입해 특정 진로를 선택하거나 배제하도록 하기도 하는데, 이와 같은 가족의 지지나 반대와 같은 맥락적 요인들은 진로목표에 직접 영향을 미쳐 개인 내적 변인들인 자기효능감, 결과기대, 흥미의 진로목표에 대한 영향의 정도를 변화시킨다.

사회인지진로이론에서는 진로장벽의 개념이 근접 맥락 요인의 틀 안에서 다루어진다. 진로장벽이란 진로선택과 수행에 부정적인 영향을 미치는 맥락적 요인이다(Lent et al., 2000). 진로장벽은 자기효능감, 결과기대, 흥미와 상호작용하거나 진로목표에 직접 영향을 주는 방식으로 작용한다. 진로장벽을 외적 요인만으로 보는 사회인지진로이론의 견해는 진로장벽 연구자들이(손은령, 김계현, 2002; Swanson et al., 1996) 진로장벽을 진로발달을 방해하는 개인 내적, 외적 사건이나 환경으로 정의했던 것과는 구분된다. 사회인지진로이론의 진로장벽에는 사회적 혹은 가족의 영향(선택한 진로에 대한 가족들의 부정적인 피드백 등), 경제적 어려움(선택한 진로를 위해 필요한 훈련을 받는 데 드는 경비의 부족 등), 도구적 장벽(안내해 주는 사람이 충분히 잘 지도하지 못하는 경우 등), 성차별 혹은 인종차별 등이 해당된다(Lent et al., 2000). 사회인지이론의 진로장벽은 잘 해낼 것이라는 믿음이나 실패에 대한 두려움과 같은 내적 장벽 요인들을 포함하지 않으면서, 선택한 진로/직업을 성취했을 때 무엇을 얻을 수 있는지에 대한 믿음인 결과기대와도 구분되는 독립적인 개념으로 볼 수 있다.

3) 사회인지진로이론의 진로자기관리 모델

진로발달 및 진로선택 과정에는 진로선택 및 진로장벽에 효과적으로 대처할 수 있는 자기관리 능력이 중요한 역할을 한다. 사회인지진로이론의 선택 모델이 특정한 진로영역을 선택하는 데 영향을 주는 변인들을 제시한 내용 중심의 모델인 데 반해, 진로자기관리(career self-management) 모델은 진로탐색, 진로의사결정, 진로장벽에 대한 대처 등 진로발달과업을 다루어나가는 과정에 초점이 주어져 있다.

자기관리 모델은 그림 8-2에 제시되었다. 이 모델에서는 진로발달과업들을 다루어나가는 에이전트(agent)로서의 개인의 역할이 강조된다. 진로자기관리 모델에 따르면 개인은 유전적인 요인과 배경 변인의 영향을 받아 학습경험을 선택하고, 학습경험을 통해 자기효능감, 결과기대를 발달시키고 이를 통해 진로목표설정, 목표설정에 따른 진로행동, 행동의 결과 진로관련 성취를 하게 된다. 성취 정도는 다시 학습행동에 영향을

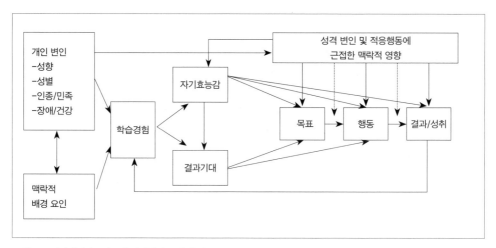

그림 8-2 사회인지진로이론의 자기관리 모델(출처: Lent & Brown, 2013)

주어 순환적으로 진로행동이 이루어진다. 이때 개인의 성격이나 진로장벽 및 지지와 같은 맥락적 변인은 진로목표설정, 목표에 따른 행동, 행동의 결과에 직접, 간접으로 영향을 주는 것으로 가정된다.

진로자기관리 모델을 아동기와 청소년기의 진로발달과업인 진로탐색과 의사결정 과정에 적용하면 그림 8-3과 같다. 그림 8-3에서 보면 진로탐색 및 진로의사결정 자기효능감과 결과기대는 진로탐색 및 의사결정 목표에 영향을 미치고, 설정된 목표는 관련 행동 및 그 결과(진로의사결정 혹은 미결정 수준, 진로의사결정과 관련된 불안 수준 등)에 영향을 미치는 것을 볼 수 있다. 진로탐색 및 의사결정에 근접한 진로장벽 및 지지는 목표, 행동, 결과에 직접 영향을 주는 것으로 가정된다. 예를 들어 진로탐색에 대한 부모의 지지는 목표설정 및 탐색 행동을 수월하게 진행하도록 도울 것이다. 진로자기관리 모델에는 진로과업의 수행에 영향을 주는 성격의 역할이 포함되어 있는데, 성격의 5요인 중 성실성은 끈기를 요구하는 진로과업(예컨대 진로탐색)에, 외향성과 정서적 안정성은 사회적 상호작용이 필요한 진로과업을 수행하는 데 도움이 되는 것으로 알려져 있다.

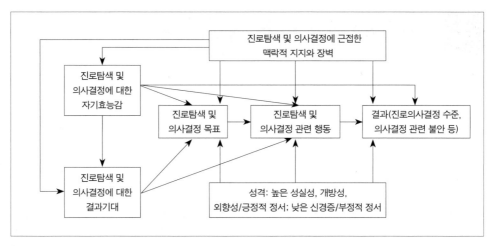

그림 8-3 사회인지진로이론의 진로자기관리 모델: 진로탐색 및 의사결정에의 적용(출처: Lent & Brown, 2013)

2 사회인지진로이론에 기반한 진로상담

사회인지진로이론에서는 진로흥미의 발달과 진로탐색, 진로결정에 영향을 미치는 요인들을 확인하고 이러한 변인들에 개입하여 진로흥미의 확장, 진로과업의 수행, 진로 및 진학에 대한 선택과 계획 등이 이루어지도록 돕는다. 사회인지진로이론가들은 진로선택에 영향을 주는 개별적인 변인인 자기효능감, 결과기대, 진로장벽 등을 어떻게 평가하고 개입할 것인지는 제시하였으나(Lent, 2005; Lent et al., 2000), 사회인지진로이론을 적용한 전반적인 진로상담의 과정에 대해서는 구체적으로 제시하지 않았다. 여기에서는 진로상담의 일반적인 과정을 따라가면서 사회인지진로이론가들이 제안한 특정한 진로관련 변인들을 어떤 단계에서 어떻게 평가하고 개입할지를 제시하였다.

1) 관계의 형성 및 문제의 이해

진로상담 초기의 주요 과제는 학생과의 관계형성, 상담 문제의 확인, 학생에 대한 전반적인 이해 및 평가, 상담목표의 설정 및 상담계획 수립 등이다. 진로상담에서 학생들이 주로 호소하는 문제는 '내신을 생각해서 일반고에 진학해야 할까요? 특목고에 진학해야 할까요?' '6년 동안 운동을 해왔는데 아무래도 이쪽으로는 가능성이 없을 것 같아요. 어떤 진로가 제게 맞을까요?' '어떤 대학, 어떤 전공이 제게 맞을까요?'와 같이 진로목표 및 진로선택과 관련한 문제부터 '현재 수학 성적이 40-50점 정도인데, 방송 PD가 될 수 있을까요?' '파일럿이 되고 싶은데 어떻게 준비해야 할까요?'와 같이 진로준비와 관련된 질문까지 다양하다.

학생이 어떤 문제로 상담을 받고 싶은지를 확인한 후, 호소문제와 관련해 노력해 본 사항들, 노력의 결과 도움이 된 부분, 진로상담에서 특히 도움을 받고 싶은 부분이 무엇인지를 확인한다. 이때 교사는 학생의 현재 상황 및 진로와 관련한 경험을 구체적으로 탐색하고 경청하면서 학생과의 관계형성이 이루어지도록 한다. 교사와 학생 간의 바람직한 관계형성을 통해 학생의 솔직한 고민이 상담에서 드러날 수 있다. 개인상담에서 교사와 학생 간의 관계형성이 상담의 성과에 중요한 것과 마찬가지로 진로상담에서도 진로상담교사와 학생 간의 상담관계는 학생의 진로의사결정의 어려움을 감소시키는 등 진로성과에 긍정적인 영향을 주는 것으로 확인되었다(Masdonati et al., 2009).

상담의 목표는 학생의 호소문제와 진로문제에 대한 상담자의 평가 등을 종합하여 설정한다. 예를 들어 학생이 파일럿이 되고 싶은데 어떻게 준비해야 하는지를 호소문제로 상담을 신청한 경우에 준비 과정을 알아보는 것을 상담의 목표로 할 수도 있지만, '파일럿'이라는 진로목표를 어떻게 갖게 되었는지, 진로탐색이 충분히 이루어진 후에 갖게 된 목표인지 등을 평가한 후, 파일럿이 되기 위한 준비 과정을 알아보는 것뿐만 아니라 진로대안을 넓히는 것 등을 포함해 좀 더 확장한 상담의 목표를 세울 수 있다. 진로상담의 목표에 대한 합의가 이루어지면, 목표달성을 위한 상담계획을 수립한다.

2) 호소문제와 관련된 사회인지진로이론의 주요 변인들의 평가

학생의 호소문제를 탐색하면서 자기효능감, 결과기대, 목표설정에서의 어려움, 맥락적 변인(사회적 지지와 진로장벽)들이 영향을 주고 있는 정도 등을 확인하여 호소문제의 원인에 대한 가설을 설정할 수 있다. 호소문제는 여러 가지 문제들의 조합(이를테면 낮은 자기효능감, 진로정보 부족에 따른 부적절한 결과기대의 문제 등)으로 나타날 수 있으므로 포괄적인 탐색을 통해 문제에 영향을 주고 있는 변인을 확인하고, 사회인지진로이론의 관점에서 문제의 원인에 대한 가설을 세운 후 개입의 방향을 결정한다.

중학생이 '현재 수학 성적이 40-50점 정도인데, 방송 PD가 될 수 있을까요?'와 같은 호소문제로 상담을 신청했다면, 이 학생은 원하는 진로에 진입하는 데 대한 자기효능감 문제를 가지고 있다고 가정할 수 있다. 이때 상담에서는 학생이 방송 PD가 되고자 하는 이유, 방송 PD가 되어서 하고 싶은 일은 무엇인지, 방송 PD가 되려면 어떤 능력이 필요하다고 생각하는지, 자신의 능력 중 방송 PD에 잘 맞는 능력은 무엇인지, 방송 PD가 되기 위해 어떻게 준비하고 있는지 등을 종합적으로 탐색하여 학생의 능력 및 자기효능감을 확인한다. 이 과정에서 방송 PD가 되기 위해 필요한 일들을 준비하는 데 대한 자기효능감, 방송 PD가 되어서 일하는 것에 대한 결과기대(월급, 인정, 성과물 등), 사회적 지지와 진로장벽 등을 탐색하여 현재 문제의 원인을 파악하고 개입의 방향을 결정한다. 교사는 학생과의 면접을 통해 관련 변인들을 파악할 수 있지만, 흥미검사나 자기효능감 검사, 진로장벽 검사 등을 함께 사용해 학생의 평가에 활용하는 것이 도움이 된다.

3) 상담목표와 관련해 개입이 필요한 변인의 선정 및 개입

학생의 현재 진로문제가 자기효능감, 결과기대, 뚜렷한 흥미의 부재, 목표설정의 어려움, 사회적 지지의 부재나 진로장벽의 문제 등과 관련되어 있는지를 파악한 후 변화가 가능한 변인을 평가하여 개입전략을 세워 실행한다. 능력에 비해 낮은 자기효능감을 가지고 있으며, 이로 인해 흥미의 축소, 특정 진로영역의 배제 등이 발생하고 결과적으로 진로의사결정이 어렵다면 자기효능감을 높이기 위한 개입이 이루어질 수 있다. 특히 아동과 청소년 대상의 진로상담에서는 현재의 자기효능감을 평가해서 미래의 직업과 단순히 매칭하기보다는, 학생이 원하는 직업을 준비하기 위해 어떤 영역에서 능력과 자기효능감이 길러져야 하는지를 평가하고 높여나가는 방식으로 진행하는 것이 바람직하다. 자기효능감이나 결과기대가 낮고, 이러한 요소가 여러 진로영역에서의 낮은 흥미로 이어지고 있다면, 직업정보 제공 등을 통해 현실적인 결과기대를 하도록 돕고 이를 통해 다양한 진로영역으로 흥미가 확장될 수 있도록 돕는다.

진로목표의 설정 및 목표에 따른 계획의 수립과 실천도 진로상담에서 중요한 개입의 대상이다. 진로결정에서 주로 다루어지는 주제들-자신에 대한 평가, 진로정보의 습득, 자신과 일에 대한 정보를 종합한 진로의사결정, 진로결정과 관련되는 불안을 완화하여 목표설정을 돕는 것-을 탐색하여 학생이 진로의사결정을 할 수 있도록 돕는다. 진로의사결정을 상담에서 다룰 때에는 학생이 이미 진로목표를 가지고 있더라도 이를 다시 검토하면서 충분한 탐색을 통해 결정했는지를 확인하는 작업, 학생에 대한 정보와 진로에 대한 정보를 종합하여 진로목표를 정하는 작업, 몇 가지 가능한 진로대안들을 확인하는 작업 등이 이루어질 수 있다. 이때 발달과정에서 진로목표의 설정은 임의적이며, 앞으로 자기이해와 진로정보 수집이 누적됨에 따라 변화할 수 있고 이러한 변화가 일반적이라는 점을 알린다. 필요하다면 의사결정 훈련이 함께 이루어질 수 있다.

진로목표의 설정 및 계획의 실행 과정에는 사회적 지지와 진로장벽이 영향을 미치게 된다. 부모나 교사, 친구를 비롯해 학생의 진로목표를 지지할 수 있는 사회적 지지원을 찾아 활용할 수 있도록 돕는다. 학교상담에서 도움이 되는 부분은 필요한 경우 교사가 학생의 부모와 직접 접촉하여 사회적 지지를 줄 수 있도록 도울 수 있다는 점이다. 이와 함께 진로목표설정 및 수행과 관련한 진로장벽을 확인하고 대처방법을 찾아서 실행할 수 있도록 한다. 자기효능감, 결과기대, 목표설정, 사회적 지지 및 진로장벽에 대한 보다 자세한 개입방법은 제3절 '사회인지진로이론의 주요 기법'에서 다룬다.

4) 상담 성과의 평가 및 마무리

진로상담의 마무리 단계에서는 상담 성과의 평가 및 앞으로의 계획 등이 다루어진다. 아동 및 청소년 대상의 진로상담에서 현재 진로목표를 정했다고 하더라도 이러한 목표는 계속 변화할 수 있고 변화는 자연스러운 과정임을 전달하면서 상담을 마무리할 수 있다. 상담 종결에서 일반적으로 다루어지는 주제들-상담 종결 후 진로관련 계획, 다시 경험할 수 있는 어려움, 어려움에 대한 대처방법 등-이 함께 다루어지는 것이 바람직하다. 특히 불안 정도가 높은 학생의 경우엔 진로목표를 정하고 상담을 종결하더라도 결정에 대한 불안 때문에 진로문제를 다시 경험할 가능성이 높으므로 이러한 가능성에 대해서도 미리 정보를 제공하여 필요한 경우 다시 진로상담을 받을 수 있도록 안내한다.

사회인지진로이론의 주요 기법

1) 자기효능감의 평가와 개입

자기효능감은 아동과 청소년이 특정 진로에 대해 흥미를 갖고 진로를 선택하는 데 영향을 주는 변인이다. 학생이 흥미검사 결과 보통 이상의 흥미를 보이면서도 낮은 자기효능감으로 인해 그 영역을 미래의 진로대안(혹은 지금 선택하려는 진로)에서 배제하였다면, 제한된 진로대안만 고려함으로써 진로선택에 어려움을 경험할 수 있다. 이때 낮은 자기효능감으로 인해 제외한 진로나 직업영역을 확인하고 관련된 자기효능감을 높여주면 제외된 직업들에 대한 흥미가 높아질 수 있고, 흥미영역의 확장을 통해 진로대안의 확장과 진로선택이 이루어지도록 도울 수 있다.

자기효능감의 평가는 특정한 진로에 대한 자기효능감과 진로의사결정 자기효능감이라는 두 측면에서 이루어질 수 있다. 특정한 진로영역의 자기효능감이란 엔지니어가 되면 잘할 수 있다거나, 교사가 되면 잘 해낼 수 있다고 생각하는 등 구체적인 진로나 직업을 얼마나 잘할 수 있을지에 대한 믿음이다. 이에 반해 진로의사결정 자기효능감은 진로의사결정 과정을 효과적으로 수행할 수 있다는 믿음으로, 진로의사결정에 필요한 자기평가, 직업정보, 진로목표설정, 미래계획 세우기, 문제해결과 관련된 자기효능감을 뜻한다(Betz et al., 1996). 진로의사결정 자기효능감이 낮으면 진로 미결정 상태로 있게 될 가능성이 높아지므로 상담에서 개입의 대상이 된다.

(1) 진로영역별 자기효능감의 평가와 개입

학생이 능력이 있지만 자기효능감이 낮아 관련 진로를 진로대안에서 제외하고 있다면 상담에서는 이러한 진로를 확인하는 작업이 우선 진행될 수 있다. 낮은 자기효능감으로 인해 진로대안에서 제외한 직업을 확인할 수 있는 방법으로 렌트(R. W. Lent)는 다음의 두 가지 방법을 제안하였다(Lent, 2005). 첫째, 진로상담에서 흥미검사와 적성검사를 실시하고 그 결과의 차이를 검토하여 개입하는 방법이다. 적성검사 결과 적성이 높게 나타났지만 흥미검사에서 점수가 보통보다 낮게 나타난 진로가 있다면, 이는 학생이 자신의 능력을 낮게 평가하여 낮은 자기효능감을 형성한 결과 흥미가 낮아진 것으로 볼 수 있다. 따라서 흥미검사와 적성검사의 차이를 이용해서 낮은 자기효능감으로 인해 배제한 직업을 확인할 수 있다.

둘째, 직업카드를 활용해 낮은 자기효능감으로 인해 진로대안에서 제외한 직업을 확인할 수 있다. 먼저 직업카드를 활용해 (1) 아마도 선택할 직업, (2) 아마도 선택할 것 같지 않은 직업, (3) 어느 쪽에도 속하지 않는 직업으로 나누어 3개 직업군으로 분류하게 한다. 이중에서 아마도 선택할 것 같지 않거나 어느 쪽에도 속하지 않는 직업군에 대해서 (1) 능력이 있다면 선택할 것 같은 직업(자기효능감 관련), (2) 나에게 중요한 가치를 충족시켜 준다면 선택할 것 같은 직업(결과기대), (3) 어떤 상황에서도 선택할 것 같지 않은 직업으로 다시 나눈 후, 자기효능감이 충분히 높지 않아 제외된 직업군을 확인하여 관련된 자기효능감에 개입하는 것이다.

자기효능감을 낮게 평가해 미리 제외해 버린 진로대안들을 확인했다면, 주어진 진로영역에서 자기효능감을 높이기 위한 개입을 진행할 수 있다. 자기효능감에 대한 개입은 성공경험, 설득, 모델링, 생리적 각성의 네 가지 측면에서 평가하고 개입하는 것이 일반적이다.

성공경험에 대한 평가는 관련 영역에서의 수행경험 중 성공경험을 확인하고 부각하는 방식으로 진행된다. 성공경험은 시험에서의 좋은 성적, 수행에 대한 타인으로부터의 긍정적인 피드백 등을 포함한다. 학생의 진로관련 경험은 성공경험과 기대만큼 잘하지 못한 경우가 섞여 있을 수 있으므로, 관련 영역에서 학생의 경험을 포괄적으로 탐색하여 성공경험을 확인하는 과정이 우선적으로 필요하다. 성공경험의 확인은 자기효능감의 향상에 도움이 된다.

한편 성공경험이 있더라도 이를 외적으로 귀인하여 '시험이나 과제가 쉬웠다거나', '운이 좋아서 잘할 수 있었다' 등으로 해석할 수 있으므로, 자신의 노력과 능력으로 성공할 수 있었음을 알도록 하는 인지적 재구조화가 자기효능감의 향상에 도움이 된다. 또한 성공경험이 있더라도 부정적인 경험에만 주의를 기울이면서 자신이 그 영역에서 잘하지 못한다고 생각하는 경우도 있다. 예를 들어 교생 실습을 나간 한 대학생은 실습에서 전체적으로 좋은 피드백을 받고 성적도 좋았지만, 자신을 담당한 교사가 한 번의 모의수업에 대해 부정적인 피드백을 준 것을 가장 중요하게 생각해 '나는 교사에 자질이 없다'라고 평가하였다. 따라서 상담에서는 관련 영역에서 학생의 경험을 포괄적으로 평가해, 학생의 수행 수준을 확인하고 외적 귀인, 부정적 측면의 강조 및 긍정적 측면의 무시, 최소화 등의 인지적 왜곡을 확인하고 교정함으로써 자기효능감의 향상을 도울 수 있다.

학생이 제한된 경험으로 인해 관련 진로영역에서 성공경험이 부족하다면, 성공 가능성이 높은 일련의 학습경험을 계획해서 순차적으로 수행하도록 하고, 학습경험의 결과를 상담에서 확인하면서 자기효능감이 높아지도록 조력할 수 있다. 자기효능감은 학생의 진로와 관련해 단기목표를 세우고 단기목표 달성에 필요한 순차적인 과제를 수행하면서 성과를 나타낼 때 향상될 수 있다. 학생이 원하는 진로가 수학을 필요로 하는 직업인데 수학관련 자기효능감이 낮은 경우, 학생의 현재 수준을 평가해 일련의 수학 과제를 계획하고 단계적으로 문제를 풀어보도록 해 관련 자기효능감을 높여주는 것이 한 예이다. 교사가 되고 싶은 학생이 자신이 잘 가르칠 수 있을지에 대해 고민한다면, 공부방이나 주변의 초등학생을 가르치는 경험 등을 계획하여 수행해 보게 함으로써 자기효능감을 높여줄 수 있다. 자기효능감을 높이기 위한 일련의 과제를 계획할 때에는 담당과목의 교사나 부모 등 학습을 도와줄 수 있는 관련인과의 협조가 도움이 될 수 있다.

성공경험이 있는 상황에서 설득을 통해 자기효능감을 높이고자 하는 경우, 학생이 진입하고자 하는 진로영역 전문가 혹은 유의미한 타인의 설득이 도움이 되는 것으로 알려져 있다. 담임교사, 진로관련 영역의 전문가, 상담자, 부모 등이 중요한 역할을 할 수 있는데, 특히 진로상담교사는 학생과의 의미있는 관계형성을 통해 상담에서의 설득이 힘을 갖도록 할 수 있다.

학생이 특정 과제를 수행할 때의 불안이나 다른 부정적인 정서를 경험하는 등의 생리적인 요인도 자기효능감을 낮추는 원인이 된다. 따라서 관련 과제를 수행할 때의 불안 수준에 관심을 갖고, 불안이 높다면 이에 개입해서 불안 수준을 낮추는 것이 자기효능감의 향상에 도움이 된다. 예를 들어 학생에게 발표불안이 있다면 다른 사람들 앞에서 말을 하거나 발표를 해야 하는 직업을 잠정적인 직업목록에서 제외할 수 있다. 이때 불안을 유발하는 부정적인 생각을 탐색해 교정하거나, 쉬운 발표에서부터 좀 더 많은 사람들 앞에서 하는 까다로운 발표까지 다양한 수준의 발표를 계획해서 수행해 보도록 하면서 발표불안을 줄여나가도록 도울 수 있다. 발표불안이 줄어들면 결과적으로 관련 직업에 대한 자기효능감이 높아지는 데 도움이 된다.

이와 같이 특정 진로영역의 자기효능감에 대한 개입은 능력에 비해 자기효능감이 낮을 때 자기효능감이 능력에 맞게 형성되도록 도와 미래의 직업목록을 확장해서 학생의 진로발달과 선택을 돕는 기법이다.

(2) 진로의사결정 자기효능감의 평가와 개입

진로의사결정 자기효능감은 자기평가, 직업정보, 진로목표설정, 미래계획 세우기, 문제해결 등 일련의 과정을 수행해 나가는 자신의 능력에 대한 믿음을 뜻한다(Betz et al., 1996). 진로의사결정에 대한 학생의 자기효능감을 평가하고 진로의사결정 능력 및 진로의사결정 자기효능감을 높이는 개입이 진로상담에서 이루어질 수 있다.

진로의사결정 자기효능감을 평가하는 척도로는 진로의사결정 자기효능감척도 단축형(Career decision self-efficacy scale-short form)이 있다(Betz et al., 1996). 이 척도는 대학생이 진로의사결정에 필요한 과업들(자기평가, 진로정보 수집, 목표설정, 계획성, 문제해결)을 성공적으로 수행할 수 있다는 믿음을 측정한다. 국내에서 개발된 검사로는 고등학생 대상의 진로자기효능감 척도(박명심, 김성회, 2006)가 있으며, 이 척도는 고등학생의 진로발달과업과 관련된 진로탐색효능감, 진로결정효능감, 진로수행효능감의 3요인을 측정한다. 학생이 진로의사결정을 어려워하면서, 진로자기효능감 검사에서 특정한 요인의 점수가 낮게 나온다면 점수가 낮은 요인 중심으로 자기효능감을 높이기 위한 개입을 할 수 있다.

진로탐색자기효능감을 높이기 위해서는 자기평가 및 진로정보 수집 방법에 대한 정보제공 및 교육 등을 통해 진로탐색능력을 키워주는 것이 도움이 된다. 진로결정효능감은 진로의사결정 훈련 및 진로목표설정 등을 통해 높아질 수 있는데, 이와 관련된 개입은 '3) 진로목표 및 계획의 수립과 실행을 위한 개입'에서 자세히 제시하였다.

2) 결과기대의 평가와 개입

자기효능감이 높더라도 특정한 진로에 대한 결과기대가 낮다면 그 진로를 진로대안에서 제외하기 쉽다. 사회인지진로이론의 결과기대는 가치를 포함하는 개념이므로, 결과기대가 낮다는 것은 학생이 중요하게 여기는 가치가 주어진 진로를 통해 충족되지 않을 것이라 평가함을 뜻한다. 학생이 부적절한 결과기대로 인해(즉 실제로 자신의 가치를 충족시켜 줄 수 있음에도 그렇지 못할 것이라고 잘못 평가하고 있을 때) 특정 진로를 진로대안에서 제외하고 있다면, 결과기대에 대한 개입을 통해 진로대안을 확장해 줄 수 있다.

진로상담에서는 흥미검사와 가치관검사를 실시하여 두 검사결과의 차이를 분석함으로써 부적절한 결과기대가 진로대안의 축소에 영향을 주고 있는지 확인할 수 있다. 학생의 가치관과 잘 맞을 수 있는 직업에 대해서 흥미가 발달하지 않았다면 이는 그 직업에 대해 부정확한 직업정보를 가지고 있기 때문일 가능성이 많다. 특히 청소년기에 모호한 직업정보에 기반해 결과기대를 형성하거나, 부분적인 정보만으로 진로 전체를 판단하여 제외하는 경우가 있는지 확인하는 것이 도움이 된다. 예를 들어 교사라는 직업에 대해서 '학생들이 말을 듣지 않아 힘들 것 같다'라는 생각 때문에 이 진로를 진로대안에서 제외하고 있다면 학생이 직업에서 추구하는 가치는 무엇인지, 그중 어떤 가치가 교사라는 직업을 통해 충족될 수 있을지 등을 종합적으로 탐색해 직업에 대한 결과기대를 조정하도록 도울 수 있다.

결과기대의 조정은 대부분 진로 및 직업에 대한 정보탐색을 통해 이루어질 수 있다. 학생이 특정 직업에 대한 정보를 알아보도록 하거나 상담시간에 함께 탐색한 후, 탐색한 정보를 진로상담교사와 학생이 함께 확인하면서 현실적인 결과기대를 가질 수 있도록 돕는다. 이 과정을 통해 제외했던 직업에 대한 흥미를 높일 수 있고, 결국 진로대안을 넓혀 자신에게 맞는 진로를 선택하는 데 도움이 된다.

3) 진로목표 및 계획의 수립과 실행을 위한 개입

진로목표는 진로계획을 세우고 어떻게 준비할지를 구성하고 안내하는 역할을 한다. 진로목표 및 계획을 실행하기 위해서는 목표가 구체적이고 명백한 것이 도움이 된다. '하고 싶은 일을 찾는다'라는 목표보다는 '3주간의 진로상담을 통해서 대학에서 택하고 싶은 전공을 2개 이상 결정한다'와 같은 구체적인 목표가 바람직하다. 또한 장단기 목표가 세워져 있어 시간의 변화에 따라 목표를 적절하게 적용할 수 있게 하는 것이 좋다.

학생이 진로목표는 있지만 목표 달성을 위한 구체적인 행동을 하고 있지 않다면 상담에서 목표를 달성하기 위한 행동계획을 짜서 실행하도록 도울 수 있다. '현재 하고 있는 활동들이 진로목표와 일치하는지?' '현재 하고 있는 활동들이 진로목표 달성에 도움이 되는지?' '하고 싶은 일을 하기 위해 노력하고 있는지?'와 같은 탐색 질문을 통해 학생이 어떤 노력을 하고 있고, 그러한 노력이 진로목표 달성에 도움이 되는지를 함께 평가해 본다. 이때 진로목표 달성을 위한 노력 중에서 성적을 올리는 것만을 탐색하기보다는 목표 달성에 도움이 되는 광범위한 과제를 탐색하는 것이 도움이 된다. 청소년기의 진로과업인 지속적인 진로탐색(Lent & Brown, 2013), 즉 다양한 직업에 대한 정보수집, 직업 관찰, 자신에 대한 관찰과 평가 등을 비롯해 수업, 과외활동, 동아리활동, 인턴십, 봉사활동 등을 통한 경험과 기술의 향상이 진로목표와 관련해 적절하게 이루어지고 있는지를 확인하고, 현재 하고 있는 노력들 중 지속할 부분과 변화가 필요한 부분을 확인한다. 추가적으로 실행이 필요한 과제가 있다면 함께 계획을 세우고 실천할 수 있도록 돕는다.

4) 사회적 지지 및 진로장벽의 탐색과 개입

전공이나 직업의 선택과 같은 진로목표는 자기효능감, 결과기대, 흥미의 종합적인 영향으로 형성되지만, 자기효능감, 결과기대, 흥미가 진로목표로 변환되는 과정에는 사회적 지지나 진로장벽이 개입하여 영향을 미친다. 따라서 상담에서는 사회적 지지나 진로장벽을 평가하여 사회적 지지를 높이는 한편 진로장벽을 평가하고 대처할 수 있도록 개입한다.

(1) 사회적 지지의 평가 및 개입

사회적 지지는 교사, 부모, 친구, 상담자 등이 학생의 진로탐색 및 의사결정을 정서적으로 지지하면서, 도움이 될 수 있는 필요한 정보를 제공하거나, 원하는 진로에서 역할모델을 만날 수 있도록 도구적인 도움을 주는 등의 다양한 지원을 하는 것을 뜻한다. 사회적 지지가 있을 때 학생은 자기효능감, 결과기대, 흥미 등 자신의 심리적 특성에 따라 원활하게 진로목표를 세울 수 있다.

상담에서는 학생의 진로관련 경험과 관련해 주변 사람들이 어떤 방식으로 도움을 주었는지 확인하고, 진로탐색 및 진로결정 과정에서 사회적 지지를 적극적으로 활용할 수 있도록 격려한다. 예를 들어 고등학교 진학 등 진로와 관련한 중요한 의사결정을 할 때 부모와 어떻게 의논했으며 부모가 어떤 역할을 했는지 등을 탐색해 보면, 학생의 현재 진로고민과 관련해 부모에게 어떤 도움을 요청하는 것이 좋을지 결정할 수 있다. 이 과정에서 진로진학상담교사는 학생이 진로결정 과정에서 좀 더 적극적으로 사회적 지지를 활용할 수 있도록 격려한다. 정보와 정서적 지지를 얻을 수 있는 자원(부모, 교사, 이웃, 선배, 친구 등)을 더 알아보거나, 자신이 원하는 진로와 관련해 더 지지적인 친구들이 있는 동아리에 가입하는 것 등(Lent et al., 1999)이 그 예가 될 수 있다. 진로상담의 전 과정에서 진로진학상담교사도 학생의 진로탐색 및 진로결정을 돕는 중요한 사회적 지지자의 역할을 하게 된다.

사회적 지지체계의 구축은 상담에서 구체적으로 다루어질수록 학생에게 도움이 된다. 학생의 주변에 심리적, 정보적, 물리적 도움을 줄 수 있는 사람이 누구인지, 누구에게 어떤 도움을 요청할 것인지, 어떤 환경적 자원을 활용할 수 있는지 등을 구체적으로 확인하고 계획해서 학생이 상담 회기 후 쉽게 행동으로 옮길 수 있도록 돕는다.

(2) 진로장벽의 평가 및 개입

진로장벽은 학생의 자기효능감, 결과기대, 흥미가 진로목표로 전환되는 과정에서, 자신에게 이상적인 진로보다는 현재 환경에서 쉽게 택할 수 있는 진로로 진로선택을 제한하게 한다. 이 과정을 진로타협이라고 볼 수도 있는데, 사회인지진로이론에서는 진로타협을 인정하면서도 진로장벽의 인식이 지나치지는 않은지, 혹은 대처할 수 있는 장벽인지 등을 확인하고 가능하면 대처방법을 찾아 진로선택의 제한이 적어지도록 개입한다. 렌트는 진로장벽을 상담에서 다루는 과정에 대해서, 첫째 가능한 진로장벽의 확인, 둘째 진로장벽을 실제 경험할 가능성의 확인, 셋째 진로장벽에 대한 대처방법 탐색의 과정을 거치도록 제안하였는데(Lent, 2005) 보다 자세한 과정은 다음과 같다.

진로상담에서 흥미검사 및 적성검사 결과 흥미와 적성이 모두 높고 결과기대도 높은데도 특정한 진로를 진로대안에서 제외한다면, 이는 진로장벽 인식으로 인한 결과일 가능성이 있다. 진로장벽의 평가는 학생에게 잘 맞을 것 같은 진로를 대안에서 제외한 이유를 면접을 통해 확인하거나, 진로장벽을 평가하는 검사를 사용하여 이루어질 수 있다. 국내에서 개발한 진로장벽 검사는 광범위한 진로장벽을 측정하는데, 대상에 따라 여자 청소년용(황매향, 이은설, 유성경, 2005), 남자 청소년용(황매향, 이아라, 박은혜, 2005), 여자 대학생용(손은령, 김계현, 2002) 등을 사용한다. 학생들이 흔히 인식하는 진로장벽은 부모와의 불일치, 경제적 어려움, 성별에 따른 차별, 진로와 관련한 사회적 네트워크의 부족으로 인한 정보의 부족 등이 있으므로 이를 고려하여 진로장벽을 탐색하면 도움이 된다.

진로장벽을 확인한 후에는 학생이 지각하는 진로장벽이 어느 정도 변화나 통제가 가능한 장벽인지, 사회체제의 문제여서 개인적인 통제가 어려운지를 확인한 후 구분해서 개입할 필요가 있다. 진로선택 및 수행은 우리가 속한 사회 내에서 일어나는 일이고 모든 진로장벽이 통제 가능한 것은 아니므로, 상담에서는 이러한 구분을 통해 개인이 어느 정도 대처할 수 있는 진로장벽에 초점을 두어 다룬다.

통제 가능한 진로장벽에 대해서는 먼저 그 장벽을 경험할 가능성이 얼마나 되는지를 평가해 볼 수 있다. 우리나라에서는 특정한 전공이나 직업에 진입하는 과정이 어려운 경우가 많은데, 성별 차별로 인해 원하는 직업을 얻지 못할 가능성이 있다고 할 때 이러한 가능성이 100%인 경우와 10%인 경우는 이를 장벽으로 받아들이는 정도가 다를 것이다. 따라서 학생이 지각하는 진로장벽에 대하여 이를 실제로 경험할 가능성이 얼마나 되는지를 평가하여 현재 진로결정에 영향을 주는 가장 중요하게 대처해야 할 진로장벽이 무엇인지를 확인한다.

진로장벽을 경험할 가능성을 평가할 때 학생들은 실제보다 경험 가능성을 더 높게 평가할 수 있다. 예를 들어 '부모와의 의견의 불일치'가 주요 진로장벽으로 나타났다면, 이러한 지각이 실제 부모의 반대의견에 근거한 것인지, 학생이 그럴 것이라고 추측한 것인지를 확인하는 것이 도움이 된다. 때때로 학생들은 부모의 생각에 대해서 '그럴 것'이라고 추측하여 진로장벽으로 지각하는 경우가 있으므로, 이를 확인하여 이후 개입의 방향을 결정한다.

실제로 경험할 가능성이 높은 진로장벽에 대해서는 어떻게 예방하거나 대처할지를 함께 탐색하면서 학생의 대처효능감을 키워나간다. 경제적 어려움과 같이 진로를 결정하고 추진해 나가는 데 영향을 주는 문제라면 학비나 생활비를 마련할 수 있는 방법(장학금, 아르바이트 등)을 찾아보는 등의 문제해결 중심 대처가 도움이 될 수 있다. 인지적 재구조화는 진로장벽에 대처할 수 있는 다른 유용한 방법이다. 인지적 재구조화는 당면한 문제를 다른 시각으로 바라보면서 그 문제가 가진 긍정적 측면에 초점을 두는 것이다. 예를 들어 여학생이 적은 분야를 전공으로 선택하고 싶은데 여학생이 적어서 차별을 받을 것 같다는 불안을 갖고 있다면, 이를 오히려 소수자인 여성의 특성을 살려 진로를 발달시켜 나갈 기회가 많은 것으로 시각을 바꾸어 문제를 바라보게 하는 것이다. 인지적 재구조화는 학생이 문제로 지각하는 부분을 가능성으로 바꾸어 바라보도록 함으로써 장벽에 대처하도록 돕는다. 진로장벽에 대한 대처효능감이 높아지면 진로장벽으로 인해 제외했던 진로를 진로대안에 포함할 수 있고, 학생이 자기효능감, 결과기대, 흥미에 따른 진로선택을 하는 데 도움이 된다.

사회인지진로이론은 아동의 진로발달과 청소년기의 진로선택을 위한 진로상담 및 교육에 잘 적용될 수 있는 이론이다. 이후 이론이 확장되면서 아동 및 청소년기의 진로 발달, 후기 청소년기와 초기 청년기의 진로선택 및 수행, 진로 전환, 직업 적응 및 직업 만족 등에 모두 적용 가능한 것으로 평가된다. 아동과 청소년 대상의 진로상담에서 사회인지진로이론을 적용할 수 있는 예는 다음과 같다.

1) 초등학생과 중학생의 흥미 발달을 위한 진로상담

아동기와 청소년기는 경험을 통해 자기효능감과 결과기대를 발달시키고, 이를 통해 다양한 진로영역에 대한 흥미를 발달시켜 나가는 시기이다. 이 시기에는 직업포부나 직업기대의 발달 등이 진로발달에서 중요한 과업이 된다. 가정이나 학교에서 진로와 관련한 경험이 부족하면 이는 제한된 흥미를 낳게 되므로, 학교의 진로교육과 상담에서는 다양한 직접/간접 경험을 통해 긍정적이면서 현실적인 자기효능감과 결과기대를 높이고, 이를 통해 진로흥미를 확장하는 데 도움을 주는 것이 바람직하다. 특히 자기효능감의 발달을 위해서는 다양한 학습경험이 도움이 되는데, 여기에는 수학/과학과 같은 학업과 관련된 부분뿐만 아니라, 리더십, 문제해결기술 등 진로의 발달에 일반적으로 영향을 미치는 기본적인 기술의 발달이 포함된다(Lent et al., 1999).

렌트는 진로흥미의 발달을 위해 가장 중요한 요인으로 자기효능감의 증진과 진로 정보 제공을 통한 결과기대의 변화를 들었다(Lent, 2005). 자기효능감은 구체적인 영역에서의 성취경험을 통해 발달하는데, 특히 수학이나 과학 영역의 자기효능감이 낮으면 과학, 공학 영역의 낮은 흥미와 관련되므로 이러한 영역에서 성취경험을 쌓을 수 있도록 교사가 기회를 제공하고, 성취경험을 축적해 자기효능감을 높일 수 있도록 돕는다.

특히 성취경험을 상담에서 다룰 때에는 학생의 성취경험을 구체적으로 찾아보고, 성취를 학생 개인의 능력이나 노력에 귀인할 수 있도록 돕는다.

진로흥미의 발달을 도울 수 있는 다른 방법은 결과기대의 평가를 통해서이다. 결과기대는 고려하는 직업에 대한 직업정보를 기반으로 형성된다. 아동과 청소년이 특정한 진로에 대한 흥미를 잃고 진로대안에서 제외할 때 이는 부정확한 진로정보에 기반한 경우가 많다. 렌트는 진로상담에서 직업카드를 이용하는 방법이 사회인지진로이론에서도 유용하다고 제안하였다(Lent, 2005). 학생의 발달단계에 적절한 직업카드를 이용해, 좋아하는 직업, 싫어하는 직업, 잘 모르겠는 직업의 세 개 카테고리로 직업을 구분한 후, '잘 모르겠다'에 속하는 직업목록이 진로개입의 대상이 될 수 있다고 보았다. 전공이나 진로, 직업에 대한 정보 부족으로 관련 직업을 '잘 모르겠다'로 분류했다면 직업에 대한 정보를 함께 찾아보면서 대상 진로에 대한 흥미를 확장할 수 있다.

2) 중학생과 고등학생의 진로선택 및 진학을 위한 상담

사회인지진로이론의 자기효능감은 진로탐색 및 선택을 위한 상담에서도 효과적으로 사용될 수 있다. 진학을 비롯한 진로선택에는 선택지에 대한 정보, 의사결정 기술, 목표를 정하고 이를 추진해 나가는 기술 등이 요구된다. 상담에서는 학생 앞에 몇 가지 선택지가 있을 때, 선택을 한 이후 수행에 대한 자기효능감, 결과기대, 선택한 목표를 수행하는 데 있어 지지와 장벽 등을 탐색하여 보다 명확하게 함으로써 학생의 진로결정을 도울 수 있다.

학생의 진로목표와 계획의 실행을 돕는 과정에서 진로의사결정 활동지(decisional balance sheet)를 사용하는 것도 도움이 된다(Lent, 2005). 진로의사결정 활동지는 학생이 고려하는 진로 혹은 진학 대안이 몇 개로 좁혀졌을 때, 각각의 대안들을 추진하는 데 있어 학생이 지각하는 진로장벽들을 확인하고, 이러한 장벽이 일어날 수 있는 가능성을 생각해 본 후 실제 그러한 장벽을 만날 가능성이 있을 때 이에 대처하는 방법들을 탐색하도록 돕는 일련의 방법이다. 몇 가지 진로/진학 대안에 대해서 이러한 과정을 반복해서 사용해 진로장벽 및 대처방법 등을 확인함으로써 학생이 진로의사결정을 쉽게 할 수 있도록 돕는다. 진로/진학 목표가 세워진 이후에는 목표의 효율적인 추진을 위해 자기관리 및 환경의 지지체계를 구축할 수 있도록 돕는다.

3) 여학생의 진로문제와 상담

사회인지진로이론에서 중점적으로 다루는 자기효능감은 남녀 학생 모두의 진로상담에 적용될 수 있지만, 특히 여학생의 진로상담에서 중요하게 다루어질 수 있다. 여학생들은 성장과정에서 관계 능력에서 긍정적인 피드백을 받지만, 수학이나 과학 영역에서 자기효능감이 낮게 형성되는 경우가 많으며 이러한 경험은 진로선택의 폭을 제한하게 된다. 또한 여학생은 남학생과 구분되는 몇 가지 진로발달의 특징을 가지는데 이러한 부분들을 진로상담에서 통합해서 다루는 것이 바람직하다. 여학생의 진로상담에서 중요하게 고려해야 할 주제들의 예는 다음과 같다(Betz, 2005).

- 남자 직업/여자 직업에 대한 고정관념 및 이로 인해 한정된 흥미 다루기
- 일과 가족의 양립과 같은 다중 역할에 대한 염려 다루기
- 진로장벽이 진로목표에 미치는 영향을 확인하고 다루기

이와 같은 주제를 진로상담에서 통합하여 다루기 위해 상담자는 '이상적으로 진로를 선택한다면 어떤 진로를 선택하고 싶은지?' '이상적인 진로선택을 어렵게 만드는 어떤 요인이 있는지?' '진로와 관련한 환상(fantasy)은 무엇이며, 환상을 목표로 하기 어려운 이유가 무엇인지?' '무엇이든 할 수 있다면 어떤 진로를 선택하고 싶은지?'와 같은 질문을 적절하게 사용할 수 있다(Betz, 2005). 이 질문들은 여학생의 이상적인 진로와 진로 방해 요인을 탐색하는 데 도움이 되며, 이를 토대로 직업에 대한 성별 고정관념, 다중 역할과 관련한 결과기대, 잠정적인 진로장벽 요인 등의 탐색 및 대처방안 수립 등이 상담에서 다루어질 수 있다. 특히 여자의 비율이 낮은 진로를 선택하고자 할 때, 부

모나 교사, 친구 등 주변인의 지지가 진로선택 및 선택한 진로를 지속적으로 추구하는데 중요한 영향을 미치므로(Ericksen & Schultheiss, 2009) 사회적 지지체계를 구축하여도움을 받을 수 있도록 한다.

사회인지진로이론은 흥미와 진로목표설정에 중요한 영향을 미치는 자기효능감이 능력보다 낮게 형성되어, 선택 가능한 진로대안이 축소되고 진로선택이 제한되는 문제를 중요하게 다룬다. 진로상담에서도 낮은 자기효능감으로 인해 진로대안이 축소되었는지를 확인하고, 자기효능감을 회복해 진로대안을 확장하도록 도와 그 안에서 진로목표를 설정하도록 하는 과정이 중요하게 다루어진다.

한편 진로상담에서는 능력이 충분하지 않아 원하는 진로에 진입하기 어려운데도 능력에 비해 자기효능감이 지나치게 높은 경우도 만날 수 있다. 대학 진학과 같이 현재 선택을 해야 하는 시기라면 이런 특성을 가진 학생은 현실적으로 진입하기 어려운 진로를 시도하고 실패하는 과정을 반복할 가능성이 있다. 이런 경우에 진로상담에서는 자기효능감보다는 실제 학생의 능력을 평가하여 현실적인 준비과정이나 대안을 탐색하면서 진로결정을 돕는 것이 바람직하다.

아동과 청소년 대상의 진로상담은 이들이 진로와 관련한 여러 능력들을 키워나가는 시기에 있다는 점에서 성인 대상의 진로상담과는 다른 개입이 필요하다. 진로상담에서 학생의 현재 자기효능감, 결과기대, 흥미를 평가하고 이에 따른 직업을 탐색하기도 하지만, 이와 동시에 적절한 과제들을 계획해 능력과 자기효능감이 함께 발달할 수 있도록 돕는 개입이 필요하다. 진로와 관련한 다양한 학습 기회를 제공하여 경험하도록 하고, 진로상담을 통해 그 경험을 되돌아봄으로써 능력 및 자기효능감의 발달이 이루어지도록 개입하는 것이 도움이 된다. 사회적 지지체계나 진로장벽을 다루는 방식에서도 현재의 사회적 지지체계나 진로장벽을 확인하고 그 내에서 진로를 계획하기보다는, 환경의 자원을 확인하고 사회적 지지체계를 확장하면서 진로장벽에 대한 대처방법을 찾아나가도록 돕는 보다 적극적인 대처방식을 취할 것이 요청된다.

한편 진로상담에서는 한 가지 이론적인 입장을 취해 상담을 진행하기도 하지만, 학생의 문제에 따라 적합한 이론과 기법들을 통합적으로 적용해 상담을 진행하는 경우가 많다. 진로상담에서는 다음의 요소들을 사용했을 때 보다 효과적인 것으로 나타났으며, 사회인지진로이론에 따른 진로상담에서도 이러한 결과를 반영하여 상담을 진행할 수 있다. 진로상담에서 사용했을 때 효과적이라고 밝혀진 몇 개의 요인은 다음과 같다 (Brown et al., 2003).

첫째, 쓰기 활동을 포함해서 상담 및 교육을 진행하는 것이다. 진로진학상담교사 일방적으로 정보를 제시하기보다는 학생들이 활동지 등을 통해 쓰기 활동을 함께 할 때 더 효과적인 것으로 나타났다. 둘째, 개인상담, 소규모 집단상담, 학급 단위의 진로 교육 등 개입의 형태와 상관없이 개인적 관심을 주는 것이 필요하다. 학급 단위의 진로 개입에서도 학생 개개인의 진로발달 정도, 진로선택에서의 어려움, 검사결과 등에 관심을 가지고 피드백을 제공하는 것이 바람직하다. 셋째, 진로상담 및 진로교육 시간 중에 수집된 진로정보가 도움이 되는 것으로 나타났다. 진로상담에서 진로정보를 찾아보도록 숙제를 내주는 경우도 많이 있지만, 진로상담 회기 중에 찾아본 진로정보가 학생들의 진로선택에는 더 도움이 되었다. 이에 반해서 컴퓨터를 통해 학생이 혼자 정보를 찾고 관리하도록 하는 개입의 효과는 낮게 나타났다. 컴퓨터를 통한 정보탐색 과정 중이나 후에는 진로진학상담교사가 정보를 함께 검토하고 통합하는 과정이 도움이 된다. 넷째, 학생들이 관심 있어 하는 진로와 관련해 역할모델이 있을 때 상담은 더 효과적이었다. 끝으로 학생들이 진로선택 및 계획 과정에서 사회적 지지를 얻을 수 있는지 확인하고 적극적으로 도움을 얻도록 격려하는 작업도 효과적이었다.

사회인지진로이론을 적용한 진로상담에서도 자기효능감이나 결과기대, 진로목표의 설정, 사회적 지지와 진로장벽의 평가 등을 다루면서, 진로상담에서 효과적이라고 밝혀진 위의 요소들을 적극적으로 활용해서 상담을 진행하는 것이 도움이 될 것이다.

실습과제

3~4명씩 소집단을 구성해 다음의 진로 사례에 대하여 논의하고 그 결과를 전체 집단에서 발표해 보시오.

1. 중학교 1학년 여학생 대상의 진로상담에서 학생이 건축가가 되고 싶다고 한다. 건축가가 되려면 수학을 잘해야 진학할 수 있는데, 자신은 수학 성적이 낮아 이 꿈을 포기하고 새로운 꿈을 생각해야 할지 고민이라고 하였다. 사회인지진로이론을 기반으로 상담할 때 이 학생의 경우 무엇을 평가하고 어떻게 개입할지 논의해 보시오.

2. 고등학교 2학년 남학생이 진로상담에서 자신은 실용음악과에 진학하여 작곡가가 되고 싶은데, 실용음악 전공자를 아는 사람도 없고 어떻게 준비해야 할지 모르겠다고 한다. 이 학생과의 진로상담에서는 무엇을 초점으로 어떻게 상담을 진행할 것인지 사회인지진로이론의 관점에서 계획해 보시오.

참고문헌

박명심, 김성회 (2006). 고등학생용 진로자기효능감 척도 개발 및 타당화. 상담학연구, 7(2), 385-397.

손은령, 김계현 (2002). 여자대학생이 지각한 진로장벽 요인에 관한 연구. 한국심리학회지: 상담 및 심리치료, 14(1), 121-139.

황매향, 이아라, 박은혜 (2005). 청소년용 남성 진로장벽 척도의 타당도 검증 및 잠재평균 비교. 한국청소년연구, 42, 125-159.

황매향, 이은설, 유성경 (2005). 청소년용 여성 진로장벽 척도의 개발 및 구인타당도 검증. 상담학연구, 6(4), 1204-1223.

Bandura, A. (1986). *Social foundations of thought and action: A social cognitive theory.* Englewood Cliffs, NJ: Prentice Hall.

Bandura, A. (1997). *Self-efficacy: The exercise of control.* New York, NY: Freeman.

Betz, N. E. (2005). Women's career development. S. D. Brown & R. W. Lent (eds.), *Career development and counseling: Putting theory and research to work*(253-277). Hoboken, NJ: John Wiley & Sons.

Betz, N. E., & Hackett, G. (1981). The relationship of career-related self-efficacy expectations to perceived career options in college women and men. *Journal of Counseling Psychology, 28*(5), 399-410.

Betz, N. E., Klein, K. L., & Taylor, K. M. (1996). Evaluation of a short form of the career decision making self-efficacy scale. *Journal of Career Assessment, 4*(1), 47-57.

Brown, S. D., Ryan Krane, N. E., Brecheisen, J., Castelino, P., Budisin, I., Miller, M., & Edens, L. (2003). Critical ingredients of career choice interventions: More analyses and new hypotheses, *Journal of Vocational Behavior, 62*, 411-428.

Ericksen, J. A., & Schultheiss, D. E. P. (2009). Women pursuing careers in trades and construction. *Journal of Career Development, 36*(1), 68-89.

Gong, Y. (2002). *Career choice of Asian Americans in the investigative and social domains: The influences of personal and parental variables.* Purdue University: Unpublished doctoral dissertation.

Hackett, G., & Betz, N. E. (1981). A self-efficacy approach to the career development of women. *Journal of Vocational Behavior, 18*, 326-339.

Kim, M. S., & Seo, Y. S. (2014). Social cognitive predictors of academic interests and goals in south Korean engineering students. *Journal of Career Development, 41*(6), 526-546.

Lent, R. W. (2005). A social cognitive view of career development and counseling. S. D. Brown & R. W. Lent (eds.), *Career development and counseling: Putting theory and research to work*(pp. 101-127). Hoboken, NJ: John Wiley & Sons.

Lent, R. W., & Brown, S. D. (2013). Social cognitive model of career self-management: Toward a unifying view of adaptive career behavior across the life span. *Journal of Counseling Psychology, 60*(4), 557-568.

Lent, R. W., Brown, S. D., & Hackett, G. (1994). Toward a unified social cognitive theory of career and academic interest, choice, and performance. *Journal of Vocational Behavior, 45*, 79-122.

Lent, R. W., Brown, S. D., & Hackett, G. (1996). Career development from a social cognitive perspective. D. Brown & L. Brooks (eds.), *Career: Choice & development*(373-421). San Francisco, CA: Jossey-Bass.

Lent, R. W., Brown, S. D., & Hackett, G. (2000). Contextual supports and barriers to career choice: A social cognitive analysis. *Journal of Counseling Psychology, 47*, 36-49.

Lent, R. W., Hackett, G., & Brown, S. D. (1999). A social cognitive view of school-to-work transition. *The Career Development Quarterly, 47*, 297-310.

Masdonati, J., Massoudi, K., & Rossier, J. (2009). Effectiveness of career counseling and the impact of the working alliance. *Journal of Career Development, 36*(2), 183-203.

Sheu, H.-B., Lent, R. W., Miller, M. J., Truong, N. N., Penn, L. T., & Cusick, M. E. (2016). *Meta-analysis of social-cognitive predictors of STEM choice in underrepresented students*. Paper presented at the 124th annual convention of American Psychological Association. CO: Denver.

Swanson, J. L., & Daniels, K. K., & Tokar, D. M. (1996). Assessing perceptions of career-related barriers: The career barriers inventory. *Journal of Career Assessment, 4*, 219-244.

9장

진로의사결정이론의 기법

정진선

진로의사결정은 청소년기의 진로발달에서 중요한 역할을 하며, 진로상담과 진로지도의 최종적인 결과로 나타나는 핵심적인 개념이라고 할 수 있다. 진로의사결정이론은 의사결정이 필요한 과제를 인식하고 그에 반응하는 개인의 특징적 유형에 따라서 의사결정을 내릴 수 있도록 돕는 과정을 설명하고 있다.

차트란드(J. M. Chartrand)와 캠프(C. C. Camp)는 1991년에 약 20년간의 진로발달 관련 문헌을 고찰하면서 진로의사결정에 관한 연구의 동향을 크게 3가지로 언급하였다. 첫 번째 연구동향은 고전적 의사결정 모형에 관한 연구들(Janis & Mann, 1977; Vroom, 1964)이고, 둘째는 일련의 발달적 관점에서 진로의사결정을 기술하는 발달적 접근(Gelatt, 1962; Harren, 1979; Jepsen & Dilley, 1974; Mitchell & Krumboltz, 1984)이며, 세 번째 연구동향은 진로의사결정에서의 개인차를 밝히고자 하는 연구(Holland & Holland, 1977; Johnson, 1978; Salomone, 1982)이다(김봉환 외, 2010에서 재인용). 그리고 진로의사결정의 영성적인 접근으로 밀러-티드맨(Miller-Tiedeman, 1997)의 생애진로이론, 한센(Hansen, 1997)의 생애계획에 대한 전체적 접근과 1980년대 페터슨, 샘프슨 및 리어든(Peterson, Sampson, Readon, 1991) 등에 의해 진로에 관심을 두게 된 인지적 정보처리접근이 있다. 이 장에서는 발달적인 접근에서 주요한 진로의사결정이론을 살펴보고, 인지적 정보처리 접근을 토대로 진로의사결정 과정과 진로의사결정의 효과적인 방법에 대해서 정리하고자 한다.

목표

1) 진로의사결정이론의 주요 개념 및 발달과정에 대한 이해를 돕는다.

2) 진로의사결정이론에 근거한 상담 과정과 주요 상담기법의 이해를 돕는다.

3) 진로의사결정이론을 토대로 한 진로진학상담에 활용할 수 있는 구체적인 방안을 모색한다.

1 진로의사결정이론의 개요

1) 진로의사결정이론의 개념

의사결정이란 여러 가지 대안들 중 가능성이 있는 대안을 선택하고 결정하는 행위이며, 의사결정 모델은 의사결정을 하는 개인의 정보수집 방법과 절차에 따라서 어떤 결론에 다다르는지를 이해하기 위해서 하나의 개념적 틀을 제공하는 것이다. 이러한 의사결정 모델이 직업 행동에 적용될 때 진로의사결정 모델로 간주할 수 있으며, 진로의사결정은 개인이 정보를 조직하고 여러 대안을 신중하게 검토하여 진로선택을 위한 행동 과정에 전념하는 심리적인 과정으로 정의된다(Harren, 1979). 진로의사결정은 진로발달에서 중요한 역할을 하기 때문에 진로발달의 다양한 선택 시점에서 결정하게 되는 의사결정 과정에 관심을 갖는다. 그리고 의사결정 과정에 따른 진로의사결정 모형은 정보의 조직과 대안을 고려하기 위해서 사용하는 심리적 내용이 포함되기 때문에 진로의사결정에 대한 연구는 진로발달의 미시적 분석이라고 할 수 있다(Phillips & Pazienza, 1988). 김봉환 등은 진로의사결정은 진로상담과 진로지도의 최종적인 결과로 나타나기 때문에 진로상담에서 매우 핵심적인 개념으로 자리잡고 있다고 하였다(김봉환 외, 2006). 진로의사결정이론을 설명하는 대표적인 학자로 겔라트(Gelatt, 1962), 캐츠(Katz, 1963), 티드맨과 오하라(Tiedeman & O'Hara, 1963), 하렌(Harren, 1979), 블록과 리치먼드, 밀러−티드맨, 한센(Bloch & Richmond, Miller-Tiedeman, Hansen, 1997), 페터슨, 샘프슨, 리어든(Peterson, Sampson, Readon, 1991) 등을 들 수 있다.

2) 진로의사결정이론

(1) 겔라트에 의한 접근

상담의 중요한 목표 중 하나가 학생으로 하여금 최적의 결정을 내릴 수 있도록 돕는 것이라는 가정 아래 이루어진 겔라트(Gelatt, 1962)의 진로의사결정이론은 무엇보다도 의사결정의 과정을 중요시하며, 직업선택과 발달과정을 의사결정의 순환과정으로 설명하였다. 의사결정의 순환과정은 우선적으로 목표를 수립하고 정보를 수집한 후에 가능한 대안을 탐색하고 대안의 실현 가능성을 예측하게 된다. 그리고 가치평가를 거쳐서 의사결정을 하고 평가와 재투입의 과정을 거치게 된다. 이러한 과정에서는 무엇보다도 목표의 중요성을 강조하므로 개인의 가치체계에 따라 목표와 목적이 달라진다. 특히 진로상담에서 고려해야 할 사항으로 어떤 기준에 근거해서 파악할지에 대한 4가지 기준을 제시한다. 첫째는 학생이 의사결정을 내리고자 하는 준비가 되어 있는가를 파악하는 것이다. 둘째는 학생이 자신에 대한 지식이 충분한가를 파악하는 것이다. 셋째는 교육수준과 직업에 대한 정보탐색이 적절한가를 파악하는 것이다. 마지막으로 학생이 의사결정 과정에 대해서 이해하고 있는지를 파악하는 것이다.

(2) 캐츠에 의한 접근

캐츠(Katz, 1963)는 가치결정에 근거를 둔 개인의 목적을 결정하기 위한 특성을 제시하였다. 이 이론은 개인의 업적이나 관계성 및 명성과 수입 또는 여가시간 등의 가치를 점검해서 개개인의 가치를 실현하고 극대화할 수 있는 직업을 구별해 낼 수 있도록 돕는 특징을 갖는다.

진로지도에서 이루어지는 정보제공의 체제는 컴퓨터를 활용한 상호작용 진로지도 프로그램으로 구성되어 있는데 몇 단계를 거쳐 진로의사결정이 이루어진다. 두 단계의 가치체제 과정에서 처음 단계는 다른 사람이 지닌 가치와 비교해서 사람들이 추정한 가치가 지닌 장점을 수용한다. 두 번째 단계는 컴퓨터의 정보제공 체제를 통해서 진로의사결정을 하고 자신의 진로의사결정을 검증한다. 이때 개인의 가치를 조화시키기 위해서 가치의 크기를 다중화하고 각각의 직업에 대한 가치로 전환한다. 또한 직업에 대한 반환가치가 효율적일수록 더 적합한 직업을 얻게 되므로, 진로의사결정을 획득하는 능력에 있어서 개인의 신념은 기대된 가치가 부여되고 기대가치가 높을수록 적합한 선택이 가능하다(이현림, 2007).

(3) 티드맨과 오하라에 의한 접근

티드맨과 오하라(Tiedeman & O'Hara, 1963)는 직업의사결정과 관련된 분화와 통합의 과정을 개념화하여 예상기와 이행기로 나누어 설명하고 있다. 예상기는 좀 더 세부적으로 탐색단계, 구체화단계, 선택단계, 명료화단계의 4단계를 거쳐서 문제를 한정하고 정보를 수집한 후에 대안을 평가하고 선택을 내리는 과정을 말한다. 탐색단계는 자신 스스로가 지향하는 목적 부분에 대한 전반적인 고려와 대안을 추진해 나갈 수 있는 능력을 갖추었는지, 그리고 여건을 갖추었는지에 대해 우선적인 평가를 하고 각각의 대안에 대한 가치가 충분한지의 여부를 분석한다. 구체화단계는 향후 방향과 목적을 달성했을 때 나타날 수 있는 결과를 충분하게 고려하여 자신의 가치관이나 삶의 목적과 실용성에 비추어 가장 적합한 것으로 선택하여 나아갈 준비를 한다. 이때 불만족이 나타나면 새로운 대안을 마련하기 위해 다시 탐색 과정을 거쳐서 적합한 선택을 하기 위해 서열화하거나 조직화를 하게 된다. 선택단계는 직업관련 대안들 가운데 확신의 정도에 따른 중요한 선택을 하게 되며 개인의 결심에 영향을 미친다. 명료화단계는 실제로 선택을 하기 전에 선택 가능한 결과를 명료화하고 결과도 예측해 봄으로써 결정을 하고 난 뒤에 갖게 되는 의문을 줄이게 된다.

한편 이행기는 적응, 개혁, 통합의 3단계로 구분되며 분화와 통합의 과정을 거쳐서 개인의 목표와 집단의 목표가 유사해지는 과정을 말한다. 적응은 자신이 선택한 것이 처음 행동으로 옮겨지는 시작이라고 할 수 있고, 자신의 선택을 따르기 위한 노력에 수동적으로 적응해 가는 과정이다. 이때는 자신의 목표와 포부가 집단의 목표에 동화되며 수정되기도 한다. 개혁은 수동적인 수용의 성격에서 좀 더 주장적인 자세로 변화되어 가는 모습을 보이는 과정으로 자신의 가치감을 발달시키게 된다. 그리고 집단의 목표를 자신의 목표와 부합하는 방향으로 수정하려고 노력한다. 통합은 의사결정 과정에서 분화와 통합이 이루어지는 최종적인 단계이다. 이 단계는 집단의 목표가 자신의 개인적인 목표와 유사하다고 생각하게 될 때 이루어지며, 통합이란 오래된 것과 새로운 것 사이의 역동적인 평형 상태를 의미한다.

(4) 하렌에 의한 접근

하렌(Harren, 1979)의 진로의사결정유형이론은 의사결정이 필요한 과제를 인식하고 그에 반응하는 개인의 특징적 유형에 따라 의사결정을 내리는 방식을 말한다. 하렌은 티드맨과 오하라의 진로의사결정 모형을 토대로 하여 의사결정 과정뿐 아니라 다른 변인들의 관계를 가정하고 진로의사결정에 포함되는 여러 중요한 변인들을 포함하는 광범위한 모형으로 발달시켰다.

또한 하렌이 개발한 진로의사결정 프로그램은 전공선택에 대한 확신의 부족, 직업선택에 있어서 미결정 상태인 학생들을 위한 것으로, 소집단이나 워크숍의 형태로 생활지도과목이나 진로상담센터에서 사용할 수 있도록 고안된 구조화된 프로그램이다. 전체 구성은 총 13단원이고, 각 단원마다 하렌의 의사결정 모형과 연계된 활동이 제시되어 있다. 특히 매 회기마다 집단과정의 목표를 명시하고 있고, 집단 자체의 치료적이며 교육적인 힘을 강조하였다. 이 프로그램은 한 단원을 진행하는 데 2시간이 소요되는데 프로그램의 과정은 5단계로 나누어진다. 1단계는 집단형성의 과정(단원 1), 2단계는 개인의 내적인 면에 대한 이해에 초점을 두는 단계(단원 2-7), 3단계는 외적인 또는 환경적인 면에 초점을 두는 단계(단원 8-10), 4단계는 내적인 요인과 외적인 요인을 통합하여 구체적인 행동계획을 세우는 단계(단원 11-12), 5단계는 집단의 종결(단원 13) 단계이다(Kivlighan, Jr, 1990; 고향자, 1992에서 재인용).

특히 진로의사결정은 진로선택의 다양한 시점에서 사용하는 심리적 과정에 초점을 맞추었고 이 과정에 포함시킨 매개변수로는 의사결정자의 특징과 당면한 발달과업 그리고 의사결정상황 등이 있다. 이에 따라 의사결정의 과정, 의사결정자의 특징, 당면한 발달과업, 의사결정상황에 대한 내용을 살펴보면 다음과 같다(고향자, 1992).

의사결정의 과정

인식단계: 이 단계는 분화가 시작되는 시기로 티드맨과 오하라의 사전 탐색 단계에

해당하는데 심리적 불균형을 느끼게 되어 어떤 결정을 해야 할 필요성을 인식하는 것을 의미한다. 현재 상황에서 자신에 대한 평가결과 불만족이나 불안이 일어나면 대안을 탐색할 필요를 인식하고 계획단계로의 변화가 일어난다.

계획단계: 이 단계는 티드맨과 오하라의 탐색단계와 구체화단계를 결합한 것이다. 여러 가지 대안을 탐색하여 가치의 우선순위에 따라 교체, 확장, 제한하는 과정으로 구체적인 대안을 결정하고 다음의 확신단계로 나아갈 때까지 계속된다.

확신단계: 이 단계에서는 티드맨과 오하라 모형의 선택단계와 명료화단계를 결합하여 선택과 명료화에 포함된 상호적 영향을 함께 설명한다. 즉, 자신의 선택에 대한 탐색과 검토를 통해 선택의 장단점을 명료화한다.

이행단계: 이 단계는 적응, 개혁, 통합 단계로 이루어진 티드맨과 오하라의 이행기와 비슷한데 하렌은 이행단계를 동조, 자율, 상호의존의 세 가지 하위 단계로 나누고 있다. 동조단계는 사회적 인정이나 수용에 대한 높은 욕구를 경험함에 따라 자신의 욕구-가치-목표를 억누르거나 금지시킨다. 자율단계에서는 이러한 욕구들이 주장되고 과장되어지며, 상호의존단계에서는 자신과 상황 간에 역동적인 균형과 평형을 나타내면서 적응적으로 조절되고 다른 사람과의 상보적이고 상호적인 작용으로 변화된다. 이와 같이 이행단계에서는 사회적 인정 욕구와 자신이 선택한 가치 사이에서 조화와 균형을 추구하며 선택한 대안에 적응한다.

의사결정자의 특징

합리적 유형: 자신이나 상황에 대한 정확한 정보수집과 신중하고 논리적이며 책임 있는 의사결정을 하며, 의사결정에 대한 준비는 예측되는 상황에 대한 정보를 수집함으로써 이루어지게 된다. 따라서 의사결정의 효율성은 상황에 대한 정확한 정보수집과 현실적인 자기평가의 정도에 달려 있다.

직관적 유형: 자신의 감정에 주의를 기울이고 정서적 자각을 사용한 의사결정을 하며 비교적 신속한 의사결정과 더불어 결정에 대한 책임을 갖는다. 또한 환상이나 현재의 감정, 그리고 정서나 자각 등이 결정의 근거가 되는데 어떻게 결정했는지에 대해 명확하게 말할 수 없다. 이 유형은 합리적인 유형처럼 의사결정에 대한 책임을 가지지만 합리적 유형보다 효율성이 낮다.

의존적 유형: 타인의 영향을 많이 받고 수동적인 의사결정을 하며 사회적 인정 욕구가 높은 유형이며, 합리적 유형 및 직관적 유형과는 달리 의존적 유형은 의사결정에 대한 개인적 책임을 거부하고 그 책임을 외부로 투사하는 특성이 있다.

발달과업

진로발달과업을 통해 진로의사결정 능력이 획득되는데, 발달과업 중에서 자율성이나 대인관계의 성숙도, 그리고 목적의식 등이 진로의사결정 능력을 촉진시켜 준다.

의사결정상황

의사결정상황은 의사결정자와 현재 심리상태에 영향을 미치는 상황적인 요인들로 대인평가, 심리상태, 의사결정과업 조건들, 전후 배경 조건 등으로 가정한다.

대인평가: 의사결정자가 다른 사람으로부터 받는 긍정적, 부정적 피드백을 뜻하며 진로의사결정에서 확신과 이행 단계에 영향을 미친다.

심리상태: 의사결정자의 방어적 행동 유형뿐만 아니라 상태불안 수준을 말하는데, 지나치게 높은 불안이나 낮은 불안은 비효과적인 의사결정을 가져오나 적절한 불안은 의사결정 과정을 촉진시키며 다음 단계로 나아가게 돕는다.

의사결정과업 조건들: 의사결정자가 진로와 관련된 이행을 하기 전에 이용할 수 있는 시간의 양, 의사결정자가 지각하는 여러 대안들과 함께 자신과 타인에게 미치는 긍

정적, 부정적 결과를 포함한다.

전후 배경 조건들: 의사결정자에게 중요한 영향을 미치는 여러 진로의사결정 모형과 상호작용하는 의사결정 과제들로서 타인이 의사결정에 의해 영향을 받는 정도를 의미하는 상호성 조건, 의사결정을 이행하는 데 타인으로부터 정서적 재정적 지원이 되는 지지 조건, 그리고 이행이 일어나기 위해 반드시 필요한 타인의 의사결정을 뜻하는 확률 조건을 포함한다.

(5) 진로결정수준에 의한 접근

진로결정수준이란 학교를 졸업한 이후에 일과 관련한 자신의 진로에 대한 결정과 그에 대한 확신의 정도를 의미한다(김봉환, 김계현, 1997). 진로결정에 대한 확신의 정도에 따라 진로결정, 진로미결정, 우유부단함으로 나뉜다. 진로결정에 대한 확신의 정도가 크면 진로결정, 확신의 정도가 낮으면 진로미결정으로, 충분한 정보의 정도에 따른 결과로 청소년의 발달단계에서 나타나는 자연스러운 현상이다. 한편 우유부단함은 성격적 소인을 반영하는 것으로, 결정을 내리고 행동을 취할 수 있는 심리적인 능력의 결여를 의미한다(Salomone, 1982; 고향자, 1992에서 재인용).

진로심리학자들의 주요 관심사가 되는 진로미결정에 대한 논의는 1960년대부터 1970년대에 확산되었으며, 홀랜드와 홀랜드(Holland & Holland, 1977)에 의해 시작된 진로미결정 연구에 따르면, 진로미결정은 개인의 정체감 및 진로정체감 부족에 따른 결과로 나타났다. 이 연구는 차후에 진로미결정 측정법을 더욱 정교화시키는 역할을 하게 되었다. 이후 홀랜드 등(1980)에 의해 개발된 MVS(My Vocational Situation)는 진로의사결정에 곤란을 겪고 있는 사람을 진단하는 척도로서, 진로결정과 관련된 개인의 목표, 흥미, 재능 수준을 측정하는 진로정체감, 개인이 갖고 있는 진로지식의 부족한 부분을 알 수 있게 해주는 직업정보, 자신의 진로결정을 방해한다고 느끼는 장애목록을 제공해 주는 진로장애와 관련된 문제로부터 발생한다고 하였다(맹영임, 2001).

진로미결정을 측정하기 위해서 몇몇 도구들이 개발되어 사용되고 있는데, 대표적으로 진로결정척도(Career Decision Scale: CDS. Osipow, Carney, & Barak, 1976), 직업결정척도(Vocational Decision Scale. Jenes & Chenery, 1980), 진로미결정척도(Career Decision Difficulties Questionnaire: CDDQ. Gati, Krausz, & Osipow, 1996) 등이 많이 활용되고 있는데 다음과 같다(김봉환 외, 2010).

진로결정척도

전체적인 미결정 점수의 산출과 요인분석을 통해 구조와 확신의 부족, 접근-접근 갈등, 선호하는 선택에 대한 지각된 외적 장애물, 개인적 갈등이라는 진로미결정의 네 가지 원인을 진단하도록 되어 있으며, 국내에서는 고향자(1992)가 우리나라에 적절한 문장표현으로 번안하여 사용하였다.

직업결정척도

진로결정성, 결정성 수준에 대한 편안함의 정도와 미결정에 대한 원인을 파악하기 위한 목적으로 개발되었으며, 미결정의 원인을 자기 불확실성, 선택/일의 중요성, 과도 기적 자아 등으로 구분하였다. 진로미결정 요인을 불안 요인과 함께 측정하여 진로를 결정하지 못한 내담자들을 더 명확하게 진단하고 분류해준다.

진로미결정척도

진로미결정척도는 피검사자의 배경에 대한 질문, 진로결정의 어려움에 대한 질문으로 피검사자가 진로결정에 대해 느끼는 전반적인 어려움을 평가하는 도구이다. 최상위에 진로결정의 어려움, 그 하위에 준비의 부족, 정보의 부족, 정보에 대한 불일치 요인을 두고 있다.

(6) 진로의사결정의 영성적인 접근

최근에 진로의사결정의 영성적인 접근으로 밀러-티드맨의 생애진로이론, 한센의 생애계획에 대한 전체적 접근이 대두되었다. 진로의사결정에 대한 최근의 관심은 진로의사결정 과정에 대한 이해와 사고과정 및 의사결정의 역할에 대한 이해에 초점을 두고 있다.

밀러-티드맨의 생애진로이론

블록과 리치먼드는 자기인식과 타인인식을 결합하는 진로의사결정 모델을 제공하기 위해서 영성과 사회적 가치에 대한 인식의 교차를 보여주고 있다. 여기에서 사용되는 7가지 주제는 변화, 균형, 에너지, 공동체, 소명, 조화, 일체감을 포함하며, 영적인 관점에서 직업과 자신의 삶에서의 만족을 어떻게 얻을 수 있는지를 말한다. 그리고 이러한 개념들은 교사가 학생을 바라보는 하나의 방식이 된다.

밀러-티드맨(1997)은 의사결정은 생애진로이론에 의한 정보처리 과정을 통해서 할 수 있다고 가정한다. 밀러-티드맨은 자기 내면에 귀기울이기를 강조하며 사적 현실과 공적 현실을 구분한다. 무엇이 옳은가에 대한 개인의 감각을 말하는 사적 현실은, 의사결정자에게는 자신이 내린 결정이나 선택한 방향이 정확하고 적합한 것이라는 것이다. 반대로 공적 현실은 개인이 해야 한다고 다른 사람들이 말해 주는 것이다. 예를 들면 너는 훌륭한 교사가 될 거야라고 말해 주는 것이다. 교사는 생애진로와 학생을 깊은 존중으로 대해야 하고, 학생을 위해서 진로의 흐름을 학생 스스로가 타도록 지원하는 것이 중요하다. 그리고 학생이 덜 판단적인 태도를 갖고 좀 더 자신에 대해 알아가도록 도와야 한다. 그러한 과정을 통해서 7가지의 주제에 초점을 두어 일체감을 경험하게 된다.

한센의 생애계획에 대한 전체적 접근

한센(1997)의 일을 바라보는 관점은 블록과 리치먼드, 밀러-티드맨과 비슷하나 접근은 생애역할의 변화를 위한 사회적 맥락에 초점을 맞추어 6가지의 생애과제를 제시한다. 첫째는 변화하는 세계적 맥락에서 필요한 일 발견하기, 두 번째는 우리 삶을 의미 있는 전체로 엮어내기, 세 번째는 가정과 일 연결하기, 네 번째는 다원주의와 포용성 높이 평가하기, 다섯 번째는 개인적 전환과 조직의 변화 관리하기, 여섯 번째는 영성, 삶의 목적, 의미 탐색하기이다. 즉, 한센은 통합적 생애계획 접근에서 삶의 중요한 개념들이 서로 어떻게 연결되어 있는지를 보여준다. 한센은 개인의 정체성은 인종과 성별, 사회적 계층, 장애 등에 영향을 받기 때문에 정체성 탐색은 서로 관련이 있는 사회적, 지적, 신체적, 영성적 관심사 및 경력개발 관심사와 관련된다고 강조한다. 이러한 요인들은 이성관계 및 가족관계, 일, 학업, 여가와 같은 생애역할에 영향을 주고 진로의사결정에 영향을 준다. 특히 의사결정 과정에서 성과 문화적 다양성의 주제를 고려하는 것이 중요하다고 강조한다.

(7) 인지적 정보처리 접근

인지적 정보처리(Cognitive Information Processing: CIP) 이론은 페터슨과 샘프슨, 리어든(1991)에 의해서 개발된 것이다. 진로에서의 인지적 정보처리 접근은 어떻게 진로결정을 내리고 진로문제 해결 및 의사결정 시 정보를 어떻게 이용하는지 측면에서 인지적 정보처리 이론을 진로발달에 적용시킨 것이다.

인지적 접근에서는 문제, 문제해결, 의사결정이라는 핵심 개념의 정의를 살펴보는 것이 중요하다(고향자, 김영아, 2003). 문제는 현재의 미결정 상태와 바라는 상태 간의 차이를 말하는데, 이러한 차이는 인지적 부조화를 가져와 문제를 해결하고자 하는 동기를 불러일으킨다. 문제해결은 개인이 현재 상태와 바라는 상태 간의 차이를 제거할 수 있는 정보와 학습, 인지적 전략을 얻는 것을 말하는 것으로, 문제해결 과정에서 얻어지는 결과는 개인이 처한 위치와 바라는 위치 간의 차이를 좁히기 위한 적당한 가능성을 지닌 선택이다. 의사결정은 문제해결뿐만 아니라 문제해결을 위한 계획을 세우는 데 필요한 인지적, 정의적 과정을 포함하며 그 계획을 추구하는 데 따르는 위험을 감수한다.

따라서 인지적 정보처리 접근 방식의 일차적 목적은 학생으로 하여금 현재의 진로문제를 해결하고 진로의사결정을 하도록 조력하는 것뿐만 아니라 학생이 결정을 한 후에도 사고과정이 진로의사결정에 어떤 영향을 주는지에 관심을 가지며, 진로의사결정에 영향을 주는 흥미, 능력, 가치, 선호하는 직장, 직업세계에 대해 알아가도록 하며, 사고방식 등이 진로의사결정에 어떤 영향을 주는지를 이해할 수 있도록 돕는 데 관심을 가진다. 특히 직업에 대한 신념체계에 대해서 자신에게 의문을 갖도록 하고 진로의사결정을 위한 효과적인 전략을 학습할 것을 강조한다. 인지적 정보처리 접근에 대한 가정은 다음과 같다. 첫째 정서와 인지적 처리 둘 다 진로의사결정의 중요한 구성요소이다. 둘째 적절한 진로의사결정을 하려면 자기 자신과 직업세계에 대해 알아야 하고 사고와 함께 진로의사결정에 영향을 주는 방식에 대한 정보를 가지고 있어야 한다. 셋째 자기 자신과 직업세계에 대한 정보는 계속해서 변화하며 도식과 같은 인지적 구조는 일생을 통해 발달하고 성장한다. 넷째 정보처리 능력을 향상시킴으로써 자신의 진로문제 해결능력을 향상시킬 수 있다.

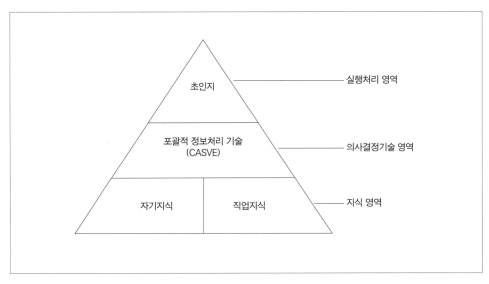

그림 9-1 진로의사결정에서 정보처리 영역의 피라미드

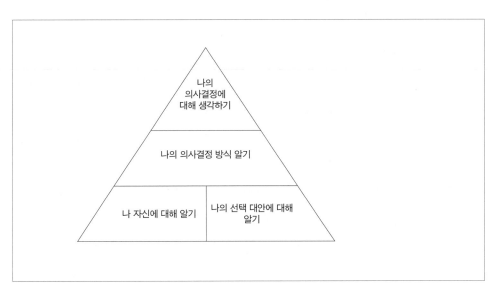

그림 9-2 진로선택에 포함된 요인

정보처리 피라미드

정보처리 피라미드(Information Processing Pyramid)는 인간의 지능 이해에 대한 로버트 스템버그(Robert Stemberg, 1980; 1985)의 접근에 기초한 것으로 그림 9-1과 그림 9-2와 같다. 피라미드는 진로문제 해결과 의사결정의 주요한 측면에 대한 자각을 증가시키기 위한 것으로 인지적 정보처리는 지식영역, 의사결정기술 영역, 실행처리 영역의 3요소로 구성되었다. 지식영역은 자기 자신에 대해서 아는 것과 직업 및 직업세계 선택지에 대해 아는 것으로 구성된다. 의사결정기술 영역은 의사결정 방법을 배우고, 실행처리 영역은 학생이 자신의 사고가 어떻게 자신의 결정에 영향을 주는지를 알아차리게 된다. 이러한 진로의사결정 과정에는 문제 전달하기, 정보 및 자료 분석하기, 대안의 확장과 축소를 통한 통합하기, 각 대안의 장단점 평가하기, 대안의 우선순위 정하기, 다양한 행동을 취함으로써 계획 실행하기 등이 포함된다. 의사결정기술 영역에서 사용되는 정보는 자기지식과 직업지식이며 이러한 과정은 하나의 진로의사결정의 관점이다(김진숙 외, 2016).

지식영역: 지식영역은 자기지식과 직업지식으로 분류된다. 샘프슨 등(2004)은 자기지식에 대하여 상이한 방식을 제시하였다. 즉 자기 자신에 대해 학습하기 위해서는 먼저 사건을 해석하고 재구성해야 하고, 사건을 해석하려면 현재 사건에 대한 자신의 감각을 기억에 저장되어 있는 에피소드와 매칭시켜야 한다는 것이다. 이러한 에피소드는 주제와 행위, 감정, 대상, 결과를 포함하며 현재 사건과 관련된 에피소드들은 사람들이 자신에 대한 견해를 형성하는 것을 돕기 위해 시간대를 거쳐 서로 연결된다. 재구성은 과거의 사건을 현재의 사회적 맥락에 놓고 해석하는 것이다. 이를 통해 자신에 대한 새로운 견해나 자아개념의 윤색이 일어난다. 자기지식에는 이전의 학업수행과 직업수행, 타인과의 상호작용, 과거 사건에 대한 관찰에 대한 정보, 흥미검사 및 능력검사의 점수, 성적, 학교와 직장, 여가생활에 대한 반응 등이 포함된다. 직업지식은 직업에 대한 새로운 정보를 학습하면 기존의 정보에 새로운 정보를 끊임없이 결합시켜 정보를 관련 개념으로 구조화하고 조직화하게 된다는 것이다. 도식은 교육이나 직업과 관련된 정보를 조직화하여 의미 있는 연결이 이루어지도록 하는 방식이다.

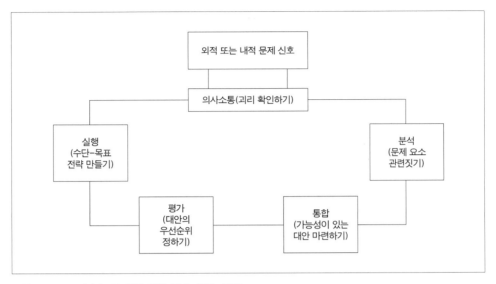

그림 9-3 CASVE(의사소통, 분석, 통합, 평가, 실행) 5단계

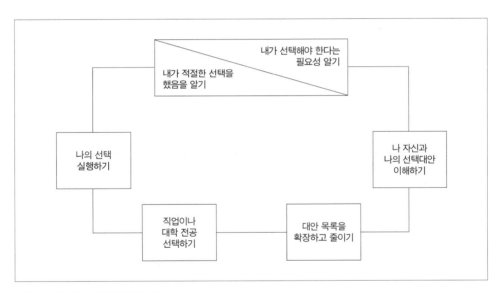

그림 9-4 적절한 의사결정을 위한 지침

　　의사결정기술 영역: CASVE(communication-analysis-synthesis-valuing-execution)
로 알려졌으며(Samson et al., 2004), 이 기술은 하나의 주기로 약술되고 페터슨 등의 의
사결정기술인 5가지 기술을 제시한다. 즉 의사소통, 분석, 통합, 평가, 실행을 포함하는

데 자기 자신과 직업에 대한 정보처리를 가능하게 하는 능력을 포괄적인 정보처리 기술이라고 한다. CASVE 과정의 주기는 하나의 특정한 선택을 행동으로 옮기는 실행을 할 수 있는데 이때 행동은 그 선택의 결과로 나오는 것이다. 이 과정에 문제가 발생하면 의사소통 단계부터 시작해서 탐색 경험을 점검하면서 CASVE 주기를 재순환한다. CASVE(의사소통, 분석, 통합, 평가, 실행) 5단계는 그림 9-3에서, 적절한 의사결정을 위한 지침은 그림 9-4에서 확인할 수 있다.

실행처리 영역: 그림 9-1과 그림 9-2에서 보여지는 바와 같이 고차원적인 기능을 하는 정보처리 영역의 최상단을 말한다. 이를 실행처리라고 하며 자신이 어떻게 생각하고 느끼고 행동하는지를 점검하는 것이다. 의사결정에 관해 사고하는 3가지 주요 방식을 자기대화, 자기인식, 모니터링과 통제로 나누었다. 자기대화는 자기 자신에게 주는 메시지이며, 자기인식은 효과적인 문제해결능력을 갖기 위해서 무엇을 원하는지, 왜 하는지를 인식하는 것이다. 모니터링과 통제는 의사결정기술을 익히는 과정이 이루어지는 방식을 모니터링하고 각 단계에서 필요로 하는 시간을 공급할지의 여부를 통제하는 것이다.

2 진로의사결정이론의 상담 과정

1) 상담관계 수립 및 내담자 문제의 평가

효과적인 진로상담을 위해서는 교사와 학생이 정서적 유대관계를 형성하고 협조관계를 맺는 것이 전제되어야 한다. 진로상담의 대가들은 진정성 있는 공감적 관계 형성 및 작업동맹 형성을 상담 초기의 중요한 과제로 보았으며, 이를 위해 학생을 격려하고 지지하며 학생의 진로문제를 있는 그대로 받아주고 학생이 편안하게 느낄 수 있게 반응하는 등의 노력을 하는 것으로 나타났다(Whiston et al., 2005).

교사는 무엇보다 진로의사결정이론에 근거한 상담의 전반적인 과정을 이해해야 하고, 진솔함, 공감적 이해와 경청, 수용적인 자세로 학생을 대해야 한다. 그럴 때 안정된 상담관계가 수립된다. 도움을 받기 위해 찾아온 학생이 편안한 마음으로 자신의 어려움을 드러낼 수 있도록 도와서 상담에 대한 동기를 강화하도록 돕는 것이 일차적인 과제이다. 상담에 대한 동기를 강화하기 위해서는 학생의 호소문제를 평가하는 과정이 선행되는데 이때 교사는 학생에 대한 기본적인 정보를 수집하게 되며 수집과정에서 필요로 하는 각종 검사를 활용하게 된다. 수집된 정보와 검사결과를 통해서 내담자의 문제를 평가할 수 있다. 이때 주어지는 검사들은 의사결정유형검사, 진로결정수준검사, 진로사고검사 등이 주로 사용되며, 각각의 검사의 해석 기준에 따라 내담자 문제를 평가할 수 있다. 내담자 문제의 평가결과에 따라 상담의 목표와 계획이 달라지는데, 진로의사결정 수준에 따른 특징을 살펴보면 다음과 같다(Sampson et al., 1992). 진로결정자는 자신의 선택에 확신이 있어서 명료화하기를 원하거나 자신의 결정을 이행하기 위해서 도움을 필요로 하는 학생을 말한다. 그리고 진로를 결정한 것처럼 보이지만 실제로는 결정하지 못한 학생도 해당한다. 진로미결정자는 자신이나 직업에 대한 지식, 혹은 의사결정을 위한 지식이 부족하거나 지나치게 많은 기회를 갖게 되어 진로결정을 하기 어려운 학생이다. 또한 진로결정을 하지 못했지만 성격적인 문제는 없는 학생을 말한다. 그리고 우유부단형은 생활 전반에 장애를 주는 불안을 동반한 학생이며 문제해결 과정에서 부적응적인 성격을 지니고 있는 학생이다.

2) 목표수립과 행동계획

문제 확인, 목표 설정, 목표 합의 과정에서 학생들은 자신의 진로상담의 필요성과 목적을 인식하고 진로상담의 방향을 설정하게 되며 적극적인 참여가 이루어진다. 진로 상담의 목표는 구체적이고, 관찰 가능한 형태로 진술되어야 하며, 현실적이고, 성취 가능한 것이어야 한다. 또한 내담한 학생이 진정으로 원하는 것이어야 한다. 진로의사결 정은 진로에 대한 명확한 탐색과 계획을 토대로 한 행동 수행이 수반되어야 한다. 자신 과 환경에 대한 정보 수집활동과 능력향상 활동, 진로준비행동은 합리적인 행동수행이 이루어지게 한다.

김계현은 진로의사결정 수준에 따른 상담목표의 차이를 다음과 같이 제시하였다 (김계현, 1995). 먼저, 진로결정자는 진로결정의 계기 및 과정 탐색, 충분한 진로정보 습 득 및 확인, 합리적인 과정으로 결정된 진로목표에 따른 행동계획 수립 및 실행, 학생의 잠재 가능성을 확인하는 것을 상담목표로 한다. 다음으로, 진로미결정자의 상담목표는 자기 자신 및 자신의 능력에 대한 구체적인 파악, 직업세계에 대한 지식 습득, 직업정보 의 제공, 구체적인 직업정보의 활용능력 증진, 의사결정 연습을 통한 진로의사결정능력 증진 등이다. 마지막으로, 우유부단형의 상담목표는 불안이나 우울, 불확실감 감소, 기 본적 생활습관의 변화 및 동기의 개발, 긍정적 자기개념의 확립, 자아정체감의 형성, 개 인의 문제 인식과 해결을 위한 심리상담 후에 진로상담으로 연결한다.

3) 목표달성을 위한 개입

목표달성을 위해서 앞에서 제시한 이론적인 특성을 고려한 개입활동이 이루어진다. 학생의 목표달성을 위해 적합한 기법을 절차에 따라 적용하였을 때 보다 효과적이라고 할 수 있다.

진로의사결정 수준에 따른 개입으로 보았을 때 내담자의 문제 상황에 따라 다음에 제시된 방법들을 선택적으로 활용할 수 있다(김봉환 외, 2000). 진로결정자에 대한 개입은 첫째 자신의 진로결정을 구체적으로 준비할 수 있도록 현장 견학이나 실습의 기회를 가지게 한다. 둘째 결정한 목표를 향하여 더 치밀하게 정보를 수집하고 구체적인 실천방안을 모색하게 한다. 셋째 진로결정을 재확인하고 구체적인 직업탐색을 할 수 있도록 한다. 넷째 진로결정 과정에 뒤따르는 불안을 줄이고 자신감을 향상시키는 개입이 이루어져야 한다. 다섯째 잠재된 능력을 개발해서 효과적으로 적응할 수 있도록 조력한다. 여섯째 목표로 하는 직업에 도달할 수 있는 가능한 방법을 알아오게 하거나 알려주고 실천할 수 있도록 학생과 함께 계획을 세운다. 때로는 그 직업에 종사하는 사람을 만나 더 구체적이고 자세한 정보를 얻게 하는 것도 유익한 방법이다. 진로미결정자에 대한 개입은 첫째 진로를 결정하지 못하는 것이 단순한 정보의 부족인지 심층적인 심리적인 문제인지를 확인한다. 둘째 경우에 따라서 체계적인 개인상담이 수행되어야 하며 실제 결정 과정을 도와준다. 셋째 자기이해, 즉 흥미와 적성 그리고 다른 필요한 정보를 수집하여 결정의 범위를 점점 좁히고 스스로 진로를 결정할 수 있도록 조력한다. 넷째 진로결정의 필요성을 인식시키고 자신의 능력과 바람을 일깨워줌으로써 진로의사결정을 할 수 있도록 준비시킨다. 다섯째 지나치게 많은 관심분야를 가지고 있을 때는 의사결정 기술을 익히게 한다. 그리고 우유부단형에 대한 개입은 계획 없는 회피형이냐 정보를 가진 우유부단형이냐에 따라 다르다. 계획 없는 회피형의 경우에는 구조화된 개입에서 도움을 주고 문제와 관련된 심리적인 장애 등을 다루기 위한 심리상담을 제공한다. 그리고 진로계획을 수립하는 일을 돕는다. 정보를 가진 우유부단형의 경우에는 자기에 대한 부정적인 지각을 중심으로 도와주고 학생 자신의 의사결정 과정이나 방법에 초점을 맞춘다.

4) 종결과 추수지도

상담관계 수립을 통해 효과적인 상담이 원활하게 진행되고 문제가 해결되면 교사는 학생과 함께 합의된 목표의 달성 여부를 확인한다. 종결을 위해서는 무엇보다도 합의된 목표에 준하는 행동변화가 있는가를 평가한다. 이때 평가하는 방법은 학생으로 하여금 처음에 왔을 때 도움을 요청했던 것과 진행 과정을 통해서 체험된 변화의 특성을 요약 진술하도록 하고 교사가 파악한 의견을 더한다. 합의된 목표가 달성이 되었다면 상담의 종결에 대해 논의하고 종결 후에 예측되는 문제와 해결방안을 마련한다. 또한 추수지도는 진로의사결정에 따른 계획이 제대로 실행되고 있는지를 확인하고 그 과정에서 필요한 부분에 대한 도움을 제공하며 지속적인 수행이 이루어지도록 지도한다.

진로의사결정이론의 기법

1) 의사결정유형 진단의 적용

의사결정을 할 때 합리적 전략 혹은 정의적 전략을 사용하는 정도와 자신의 결정에 대하여 책임을 지는 정도에 기초하여 딩클레이지(Dinklage)가 분류한 8가지 유형을 기초로 합리적 유형, 직관적 유형, 의존적 유형의 3가지로 제시하였다. 이외에도 의사결정유형은 다양하게 분류되고 있으며, 그에 따라 다양한 척도가 개발되었다. 이중 폭넓게 상담장면이나 연구에서 사용되고 있는 척도는 하렌이 개발한 후 벅과 다니엘스(Buck & Daniels, 1985)가 보완한 의사결정유형검사이다. 진로의사결정유형은 합리적 유형, 직관적 유형, 의존적 유형으로 나뉘며 의사결정유형검사를 활용하여 합리적인 의사결정양식을 위한 의사결정의 절차를 5단계로 구성하였다(김봉환 외, 2013).

1단계: 문제 상황을 명확히 하는 단계

개인이나 집단이 부딪히고 있는 문제 상황을 분명하게 이해하는 단계이다. 이 때는 상황과 관련된 개인의 가치추구와 목표를 명료화시키는 것이 필요하다.

2단계: 대안을 탐색하는 단계

문제해결이 가능한 다양한 방안 및 대안을 모색하는 단계이다. 비슷한 상황에서 대처했던 과거 경험이나 같은 상황에서 다른 사람들이 대처하는 방법 등에 대한 검토가 필요하다.

3단계: 기준을 확인하는 단계

탐색한 대안들에 대한 평가의 기준을 마련하는 단계이다. 평가기준은 문제해결 및 원하는 결과를 위한 최소한의 충족 기준이다.

4단계: 대안을 평가하고 결정을 내리는 단계

탐색된 다양한 대안을 앞 단계에서 설정한 기준으로 평가하고 판단하는 과정이다. 평가는 대안의 적절성, 가능성, 위험성을 판단하고 결정하며 불만족스러운 결과가 나타나면 2단계로 돌아가서 새로운 대안을 찾도록 안내한다.

5단계: 계획을 수립하고 실행하는 단계

선택한 대안의 수행을 위한 계획을 수립하고 실천하는 단계이다. 이 과정에서 새로운 정보를 수집하기도 하며 기존의 계획을 재검토할 필요가 있거나 계획의 변경이 필요할 수도 있다.

2) 의사결정 정도 진단의 적용

진로미결정을 측정하기 위해서 몇몇 도구들이 개발되어 사용되고 있다. 대표적인 것으로 진로결정척도(CDS. Osipow, Carney, & Barak, 1976), 직업결정척도(Vocational Decision Scale. Jenes & Chenery, 1980), 진로미결정척도(CDDQ. Gati, Krausz, & Osipow, 1996) 등이 많이 활용되고 있는데 다음과 같다(김봉환 외, 2010).

진로결정척도

진로미결정검사는 전체적인 미결정 점수를 산출할 뿐만 아니라 요인분석을 통해 추출해 낸 구조와 확신의 부족, 접근-접근 갈등, 선호하는 선택에 대한 지각된 외적 장애물, 개인적 갈등이라는 진로미결정의 네 가지 원인을 진단하도록 되어 있다.

직업결정척도

이 도구는 진로결정성, 결정성 수준에 대한 편안함의 정도, 미결정에 대한 원인을 파악하기 위해서 개발되었고, '결정한-편안한, 결정한-불편한, 결정하지 않은-편안한, 결정하지 않은-불편한'으로 분류되었다. 미결정의 이유는 자기명료화의 부족, 직업에 대한 지식 부족, 결단성 부족, 진로선택의 중요성을 들고 있다. 특히 진로미결정 요인을 불안 요인과 함께 측정하여 진로를 결정하지 못한 학생들을 좀 더 명확하게 진단하고 분류해 준다.

진로미결정척도

진로미결정척도(CDDQ)는 전체적인 미결정 점수를 산출할 뿐만 아니라 요인분석을 통해 추출해 낸, 구조와 확신의 부족, 접근-접근 갈등, 선호하는 선택에 대한 지각된 외적 장애물, 개인적 갈등이라는 진로미결정의 네 가지 원인을 진단하도록 되어 있다. 국내에서는 고향자(1992)가 우리나라에 적절한 문장표현으로 번안하여 사용하였다.

3) 진로사고검사의 적용

진로사고검사

페터슨, 샘프슨, 리어든, 선더스가 1996년에 개발한 진로사고검사(Career Thoughts Inventory)는 진로문제 해결과 진로의사결정에서의 역기능적 사고를 측정하는 자기보고식 검사이다. 진로사고검사는 진로의사결정에 대한 부정적 사고를 돕는 데 사용되며 진로사고검사와 병행하여 활용할 수 있는 워크북을 개발(Sampson et al., 1996)하였다. 그리고 세 하위 척도는 의사결정 혼란, 외적 갈등, 전념 불안으로 구성하였다. 이러한 절차는 진로대안을 탐색함으로써 부정적 사고를 긍정적인 사고로 전환할 수 있게 된다 (Sharf, 2014; 김진숙, 김정미, 서영숙, 2016).

의사결정 혼란: 의사결정을 시작하거나 지속시키는 데서 겪게 되는 어려움을 말한다. 의사결정 혼란 점수가 높을수록 진로의사결정 과정에 대한 이해의 부족으로 문제에 압도당하여 의사결정 과정을 시작하기 어려우며 문제해결 과정에서 불안이나 다른 정서적 문제로 나타날 수 있다. 즉 의사결정 자체에 대한 이해부족이나 정서적인 문제로 인해서 의사결정 과정을 시작하거나 지속시키는 것과 관련된 어려움을 반영한 척도

이다. 의사결정 혼란 척도는 CASVE 주기 중 CAS 국면에서 겪을 수 있는 어려움과 관련이 된다.

수행 불안: 진로의사결정 과정의 결과에 관한 일반화된 불안 때문에 특정한 진로를 선택하는 결단능력이 부족한 정도를 반영한 척도로 진로선택을 이행하는 어려움에서 오는 불안이나 공포를 가리킨다. 이러한 불안은 진로미결정을 지속시키게 된다. 의사결정 과정에서 수행 불안이 높은 사람은 주어진 대안 중 한 가지 대안을 선택하거나 대안에 대한 우선순위를 매기는 등의 일련의 선택과정에서 결단을 내리기가 어렵게 된다. 이는 CASVE 주기 중 평가(valuing) 단계와 관련된다.

외적 갈등: 자신이 중요하다고 지각하는 것과 타인이 중요하다고 지각하는 것 사이에 균형을 맞추는 능력이 부족한 정도를 반영한다. 자신의 직업과 직업관련 정보에 대한 자기 자신의 견해와 타인의 견해 간의 균형을 잡는 데에서 겪는 어려움을 말한다. 사람들은 자기 자신이 투입한 것과 다른 사람들이 투입한 것 간의 균형을 맞추는 데 어려움이 있으면 자신의 진로의사결정에 대해 책임지기를 꺼려 하게 된다. 즉 진로의사결정에 대한 책임감을 회피하게 하는 갈등에 관한 것으로, 중요한 타인에게서 얻는 정보의 중요성과 자신이 지각한 정보의 중요성 간의 균형 조절에 있어서의 무능력을 반영한 척도이다. 외적 갈등 척도 또한 CASVE 주기의 평가 단계에서의 어려움과 관련된다.

진로사고검사 워크북

진로사고검사 워크북(Improving Your Career Thoughts: A Workbook for the Career Thoughts Inventory)은 내담자의 진로사고를 수정하기 위해 인지적 재구조화를 통해서 부정적인 진로사고가 진로결정 능력을 어떻게 방해하는지 보여주고, 진로의사결정에 보내는 시간을 가장 최적으로 활용할 수 있게 하는 정보를 제공해 준다. 샘프슨 등(Sampson et al., 1996)은 진로지도 및 진로상담에서 진로사고검사의 활용방안으로 4가지를 들고 있다. 첫째는 진로사고검사는 선별도구로 사용된다. 둘째는 진로문제의 평가도구로도 활용될 수 있다. 셋째는 주된 활용방안으로 학습지원으로서의 활용이 가능하다. 넷째는 진로상담 및 진로프로그램의 효과 측정에 활용가능하다. 또한 진로사고검사와 진로사고검사 워크북은 학생들이 미래의 더 나은 문제해결 방법을 학습할 뿐만 아니라 현재 진로의사결정에도 도움이 되도록 설계되었다. 진로사고검사 워크북은 5개의 영역으로 구성되었으며 인지적 정보처리 이론을 진로선택 문제에 적용할 수 있는 방법을 보여준다. 1영역은 부정적 진로사고의 정도 알아보기, 2영역은 부정적 진로사고의 속성 확인하기, 3영역은 부정적 진로사고에 도전하기, 바꾸기, 그리고 행동하기, 4영역은 훌륭한 결정을 할 수 있는 능력 향상시키기, 5영역은 타인의 지원을 잘 활용하기로 구성되었다. 한편 진로사고검사를 사용하는 교사는 학생의 부정적 진로사고를 다루게 될 때 워크북을 유용하게 사용할 수 있다(Sampson et al., 1996; 이재창 외, 2004; 이재창, 박미진, 2005).

1영역: 부정적 사고의 정도 알아보기

역기능적인 사고가 많을수록 전문가의 도움이 더 많이 필요하며 이를 통해 얻는 이점 역시 많은 것임을 이해시키기 위한 내용으로 구성되어 있다. 이 내용을 통해서 학생 자신의 욕구에 부합되는 적절한 서비스를 받고자 하는 동기를 갖게 된다.

2영역: 부정적 진로사고의 특성 찾아내기

역기능적 사고의 발생과 특징에 관한 통찰을 얻도록 하는 내용으로 구성되어 있다. 이 내용을 통해서 학생은 좀 더 자기 자각이 높아지고 좀 더 모니터링을 하게 되고 좀 더 인지를 조절하게 되면서 부정적 진로사고를 인지적으로 재구성하고 진로의사결정을 실행으로 옮기는 일에 더 많은 동기를 갖게 된다.

3영역: 부정적 진로사고에 도전하기, 바꾸기, 행동하기

역기능적 진로사고가 진로문제 해결과 진로의사결정에 치명적인 영향을 주는지에 대한 인식을 향상시키고 부정적인 자기 독백에 대한 모니터링과 통제능력을 향상시키며 연습을 통해 부정적 진로사고에 대한 인지적 재구성을 촉진시키는 동시에 진로자원과 서비스 활용을 위한 개인별 실천계획 구상을 돕고자 고안되었다. 이 내용을 통해서

자신의 역기능적 진로사고를 감소시킬 수 있으며 진로 자원과 서비스를 좀 더 효과적으로 사용할 수 있게 되어 궁극적으로는 역기능적 사고가 감소되고 적절한 진로결정에 이를 수 있다.

4영역: 의사결정 능력 향상

의사결정 학습을 통해 학생의 현재 그리고 미래의 의사결정 능력을 배양시키는 내용으로 구성되어 있다. 이 내용을 통해 학생은 진로문제 해결과 의사결정에서 자신의 기술을 좀 더 잘 평가하고 적용하게 된다.

5영역: 타인에게 지원 요청하기

학생으로 하여금 다른 사람들에게 어떻게 지원을 요청하여 인지적 재구성, 진로탐색, 의사결정에서 도움을 받을지에 대해 좀 더 잘 이해하도록 구성되어 있다. 학생은 유용한 전문가와 중요한 사람들을 효과적으로 활용하여 좀 더 적극적이고 현명한 소비자가 된다.

4) 7단계 서비스 전달 접근에 의한 상담단계 적용

진로사고검사를 통해서 파악되는 진로의사결정의 부정적 사고를 다루기 위한 워크북은 다음의 7단계의 서비스 절차에 따라 사용할 수 있다(김진숙 외, 2016).

1단계(초기면접): 내담자가 가진 진로문제의 맥락에 대한 정보를 수집한다. 내담자와 라포(rapport)를 형성하고 정보처리 영역의 피라미드와 CASVE 주기를 설명한다.

2단계(예비평가): 진로사고검사와 같은 선별도구를 내담자에게 사용하고 상담의 준비도를 평가한다.

3단계(문제 정의 및 원인 분석): 내담자가 목표를 세울 수 있도록 문제를 명료화하고 규정한다. 교사와 학생은 현재의 진로미결정상태와 진로결정상태 간의 차이의 특성과 잠재적 원인에 대한 요약 등을 통해 사전 문제를 이해하는 것이다.

4단계(목표설정): 교사와 학생이 함께 3단계에서 검토한 진로문제에 근거하여 학생의 목표를 설정한다. 목표는 5단계의 개인별 학습계획의 기초가 된다.

5단계(개인별 학습계획 구상): 교사와 학생은 함께 개인별 학습계획을 만드는데 여기에 학생이 목표를 달성함으로써 완수할 수 있는 활동 목록을 포함시킨다.

6단계(개인별 학습계획 실행): 학생은 교사의 도움을 받으면서 CASVE 주기에 통합된 개인별 학습계획을 이행해 나간다.

7단계(부가적인 개관 및 일반화): 교사는 학생이 개인별 학습계획을 완료하고 나면 3단계에서 확인하였던 문제의 해결을 위한 노력의 진전에 대해 논의한다.

5) CASVE의 5단계 적용

인지적 정보처리 접근에 의하여 사용되는 CASVE는 의사결정기술이라고 한다. 구체적인 기술로는 의사소통, 분석, 통합, 평가, 실행 등이 있으며 필요에 따라 재순환된다.

의사소통단계: 내적 외적 정보 신호와 접촉하여 의사소통을 시작하며 자기 자신과 환경, 존재하는 문제를 검토하여서 정보에 대한 어떤 행동을 하거나 어떤 선택을 해야 할 필요가 있음을 인식한다. 리어든 등(Reardon et al., 2000)은 이상적인 상태와 현재의 상태 간의 차이를 의사소통하는 정보를 받아들이게 되는데 이때 내적 외적 의사소통이 이루어진다. 내적 의사소통은 안절부절, 들뜸, 실망 등의 정서 표현과 나른함, 두통, 기

운 없음 등의 신체적인 표현일 수 있다. 외적 의사소통은 졸업 후의 진로에 대한 질문을 받거나 진로준비에 대한 질문을 받는 것일 수 있는데 이러한 과정은 자신이 선택할 필요가 있다는 것을 아는 단계로서 인지적이고 정서적인 문제가 발견된다.

분석단계: 자기지식과 직업지식 영역을 검토하는 것으로 자신의 가치, 흥미, 기술, 선호하는 일자리, 가족상황을 재검토하는 일을 한다. 문제해결을 위해 이상적인 상태와 현재 상태의 차이에 대해서 생각하고 살피고 탐구하고 이해하는 것으로 문제해결자로서의 직업, 학업, 여가, 직장 조직, 지리적 조건 등을 통한 선택을 위해 지식을 더한다. 그리고 흥미, 가치, 기술의 영역에서도 자기지식을 더하며 자기지식과 직업지식의 관계에 대한 파악으로 자신과 자신의 선택에 대해 이해한다.

통합단계: 정보수집과 분석을 거치고 나면 정교화하거나 결정화하여서 정보를 통합하게 된다. 정교화(확장)는 가능성이 없는 해결책마저도 포함하여 가능한 한 가능성이 많은 해결책을 고안하는 것이다. 브레인스토밍이나 은유(metaphor)를 만들어낼 수 있으며 현실적인 제약은 이후에 다룬다. 결정화(혹은 축소)는 재정 문제와 능력과 같은 현실적인 제약을 고려하여 잠정적인 대안을 제한하는 정교화의 반대개념이다(Sampson et al., 2004). 개인의 흥미, 능력, 가치, 일자리 선호에 맞지 않는 직종은 이때 배제할 수 있으며 이 과정에서 다시 직업적 및 교육적 정보를 활용하면 결정화 과정에서 학생에게 도움이 된다. 이 단계는 발산적 사고의 단계이며 수렴적 사고의 단계로서 많은 잠재적인 해결책을 생각하도록 하여 문제해결을 위한 모든 가능한 선택의 목록을 확장하고 주요 가치나 흥미, 기술 간의 불일치에 따라서 선택에 대한 대안을 제거함으로써 대안목록을 줄이게 된다.

평가단계: 잠정적인 대안들이 결정화되거나 좁혀지면 가능한 행동 또는 진로방향을 평가할 수 있으며 잠정적인 대안의 순서대로 직업적 선택지나 다른 선택지를 하나씩 평가할 수 있다. 학생 스스로가 질문을 던질 수 있는데 지금 나에게 최선의 선택은 무엇인가? 이 선택이 나의 미래 삶과 내가 아끼는 사람들에게 어떤 영향을 줄 것인가? 내가 속

한 공동체에는 어떤 영향을 미칠 것인가? 등의 질문은 내담자가 답을 얻고자 하는 질문의 성격에 따라 특정한 교육적 혹은 직업적 가능성, 직업 분야나 특정 지위를 가리킬 수도 있다(Sampson et al., 2004). 평가를 함에 있어서 학생은 자기지식과 직업의식 영역 둘 다 고려하는데 이 단계는 일자리 기회나 자격, 직무, 교육비나 훈련비용을 고려하기도 한다. 즉 문제해결을 위해 학생이 중요하게 여기는 사람과 속한 집단에 미치는 영향에 관해 대안을 적용해 보고 평가하는 과정을 거치며 대안의 우선순위 매김을 포함한다.

실행단계: 평가 과정을 거친 후 작은 중간 단계를 거쳐 선택을 실행하기 위한 계획이나 전략을 수립할 수 있다. 선택지의 시도를 통해 자신에게 맞는지를 알아보게 된다. 자원봉사활동, 시간제 일, 특정 과정 훈련, 특정 직업의 종사자와 함께 시간을 보내는 것, 이력서 제출 등을 포함한 진로관심사에 따라 상이한 유형의 활동이 적절할 수 있다. 즉 선택행동을 실행하는 행동계획을 세우며 목적과 방법의 관계에 대한 파악을 통해 목표달성을 위한 논리적인 전개를 따르는데, 무엇보다도 계획하기, 시도하기, 적용하기 등의 구체적인 활동이 이루어진다.

6) 피라미드 모형의 적용

진로발달에 대한 접근은 정보처리의 피라미드로 잘 보여줄 수 있다. 로버트 스텐버그의 인간지능이론에 기초한 것으로 피라미드의 가장 윗부분인 정보처리 영역은 자신이 어떻게 생각하고 느끼고 행동하는지를 점검하기 때문에 좀 더 고차원적인 기능을 한다. 페터슨 등(Peterson et al., 2002)과 샘프슨 등(Sampson et al., 2004)은 의사결정에 관해 사고하는 세 가지 주요 방식으로 자기대화, 자기인식, 모니터링과 통제를 들어 설명한다.

자기대화: 진로선택과 다른 문제에 대해서 개인 스스로에게 주는 내적 메시지를 의미하며 긍정적일 수도 부정적일 수도 있다. 의사결정(의사소통, 분석, 통합, 평가, 실행)에

서 긍정적인 자기대화를 사용하면 더 적절한 의사결정을 할 수 있다.

자기인식: 자신의 진로의사결정 과정을 인식하는 것이 현재 상황에 대해 자신이 어떻게 생각하고, 어떻게 느끼는지, 자신의 선택에 대한 정보를 어떻게 분석하는지, 대안의 통합은 어떻게 하는지, 대안의 우선순위는 어떻게 정하고 평가하는지, 어떻게 행동을 취해 계획을 실행하는지를 인식함으로써 CASVE 과정을 따를 수 있다.

모니터링과 통제: 정확한 모니터링과 통제가 가능하면 통합단계로 넘어가기 전에 진로선택안을 분석하는 데 얼마나 많은 정보가 필요한지를 알 수 있다. 그리고 진로생성을 위한 정보통합의 소요시간과 평가에 필요한 시간과 노력을 가늠할 수 있다. 그러고 나서야 행동계획으로 넘어가 자신이 내린 결정을 실행하게 된다.

4 진학상담에의 활용 가능성

1) 진로의사결정이론의 적용 대상 및 범주의 이해

진로의사결정이론의 국내 연구는 1992년에 대학생을 대상으로 한 고향자의 박사학위논문에서 비롯되었다. 그후에 진로의사결정유형, 진로결정수준, 진로사고 등에 대한 연구들이 활발하게 이루어졌고, 진로의사결정에 영향을 미치는 대표적인 요인들인 성, 학년, 연령, 지능, 흥미, 자아개념, 자기효능감, 직업가치관, 심리적 독립, 부모의 소득이나 교육수준, 부모의 진로지지, 성역할정체감, 진로의사결정효능감, 여성성역할갈등, 역기능적 사고, 부모양육태도, 개인의 심리적 특성과 관련된 연구들이 많다(고향자, 1992; 김봉환, 1997; 맹영임, 2001; 박미진, 최인화, 이재창, 2001; 이백령, 김민배, 문승태, 2012; 정진선, 2001; 조성연, 문미란, 정진선, 2005; 하문선, 2014).

학업우수 남자대학생과 여자대학생을 대상으로 한 손진희의 각각의 연구결과(손진희, 2010a; 2010b)는 다음과 같다. 학업우수 남자대학생들은 진로를 결정할 때 자신의 내적인 특성과 자신감을 바탕으로 하면서 높은 성취감을 추구하는 등의 자신의 평가에 근거한 기준을 고려해서 능동적으로 진로를 결정하려는 욕구가 큰 것으로 나타났다. 또한 학업우수 여자대학생들은 자신의 내적 특성이나 높은 성취를 추구하고 자아실현을 할 수 있는지의 여부와 학업능력 및 자신의 능력에 대한 자신감에 기초해서 진로를 결정한다고 하였다. 이 두 연구결과에 따르면, 학업우수자들은 성별이나 발달단계에 상관없이 진로결정 과정에서 자아실현이나 성취추구와 같은 내적 동기를 우선적으로 고려해서 진로를 결정하는 것으로 이해된다. 일반학생들을 대상으로 한 연구결과들, 특히 박미진 등(박미진 외, 2001)이 고등학생을 대상으로 진로결정유형을 연구한 연구결과에서는 군집분석 결과 진로결정유형의 구분에 있어서 전반적으로 진로확신보다는 역기능적 진로사고가 좀 더 의미 있는 양태를 보여주었는데 이는 진로결정에서 인지의 영향이 큼을 간접적으로 나타내는 것으로 볼 수 있다. 반면에 공윤정이 정서지능이론을 토대로 정서와 진로의사결정의 관련성을 살펴본 바에 의하면(공윤정, 2004), 진로경험은 많은 경우 정서적 각성을 동반한 경험이라고 보고 있으며 정서는 진로주제를 찾고 진로이야기를 구성하는 데 중요한 단서로 활용되었다. 경험적 연구 결과에 따르면 진로의사결정의 어려움은 우울 및 불안과 같은 정서적 문제와 공존하는 경우가 많았으며, 진로의사결정 과정에서 경험하는 정서는 정보로 활용되어 진로정보탐색 및 진로선택에 영향을 줄 수 있는 것으로 나타났다. 또한 진로의사결정을 위한 상담에서 정서를 통합하여 다루기 위한 방법 중 정서를 효과적으로 활용하기 위한 과제를 제시하였다. 고등학생과 대학생을 대상으로 한 조성연 등의 연구결과에서는 고등학생이 대학생보다 역기능적 사고 전체 항목에서 유의하게 점수가 높게 나타났고, 고등학생과 대학생 모두 가족 과정적 변인인 부모의 양육태도(돌봄과 자율성)와 역기능적 진로사고(의사결정, 수행 불안, 외적 갈등) 변인들 간에 유의한 상관을 나타내었다(조성연 외, 2005). 또한 가족 과정적 변인(돌봄과 자율성)이 의사결정, 수행 불안, 외적 갈등과 관련된 진로사고에 더 큰 설명력을 가지고 있었다. 이는 어느 정도 진로가 결정된 대학생들과 달리, 고등학교 시기는 대학입학을 준비하는 입시생이나 취업준비생 모두 아직 진로가 확정되지 않은 경우가 많고 또한 자신에 대한 이해도 제대로 되지 않은 학생들도 많기 때문에 상대적으로 역기능적 진로사고를 많이 할 수 있다는 것을 말해 준다. 또한 부모의 양육태도는 자녀의 정서에 영향을 미치고 보다 합리적인 의사결정을 돕는 데 영향을 미치기 때문에 진로의사결정에 인지적인 면과 정서적인 면이 모두 중요하게 고려되어야 한다.

정서가 전체적인 진로경험의 일부이며 진로의사결정이 매순간 정서와 서로 영향을 주고받으며 이루어지는 것으로 이해한다면 진로의사결정을 돕는 과정에서 의사결정에 영향을 주는 정서적인 요소를 동시에 다루는 것이 바람직하다(공윤정, 2014). 또한 대학생들의 졸업유예 경험에 대한 질적 분석 결과(강경연 외, 2015)에 따르면 졸업유예를 결정할 당시에 설정한 목표의 성취 여부와 관련한 외적 성과 및 진로방향이나 삶에 대한 관점이 전환된 내적 성과에 대한 인식 변화, 기업체 채용과정에 졸업자와 졸업예정자 간 차별이 크지 않음을 경험하면서 기업 채용방식에 대한 인식 변화가 있었음을 보고하였다. 또한 대부분의 사례에서 불안(결정 전)·안도감(결정 직후)·초조함(현재)의 정서 변화가 있었음을 나타냈다. 이는 대학에 들어가기 전에 진로결정이 이루어졌으나 취업을 앞두고 진로결정을 다시 하게 되며 이 과정에서 졸업유예를 결정하고 정서적인 변화를 체험하게 됨을 알 수 있다. 이는 직업인으로서의 생활을 통해 진로이직의 과정에서도 경험하게 되는 일련의 과정으로 나타나고 있다. 또한 다변화되어지고 직업활동을 장기간 수행할 수 있는 현대사회에서는 진로의사결정이론의 적용 대상이 청소년에 국한되기보다는 성인기와 중년기로 확장되어 사용되어질 수 있다.

또한 진로결정수준과 진로준비행동이 학년이 올라감에 따라서 높아지는 것으로 나타나며 이렇게 진로의사결정은 발달적인 속성을 지닌다. 진로의사결정수준과 진로준비행동의 두 차원을 중심 개념으로 하여 두 차원의 점수가 높은 집단을 A타입으로, 진로결정수준은 높으나 진로준비행동의 수준이 낮은 집단을 B타입으로, 진로결정수준은 낮으나 진로준비행동이 높은 집단을 C타입으로, 진로결정수준과 진로준비행동이 모두 낮은 집단을 D타입으로 분류하였는데, A타입의 학생들이 진로성숙도와 진로정체감이 높고 합리적인 의사결정유형을 소유하고 특성 불안의 수준이 낮게 나타났다. 따라서 진로발달 분야에서도 인지(태도)와 행동 간에 밀접한 관련이 있는 것으로 볼 수 있다(김봉환, 1997). 이상의 연구 내용을 요약하면 진로의사결정은 인지, 정서, 행동 간의 밀접한 관련이 있음을 시사하고 있으며 정서적인 안정은 자신의 바람에 대한 탐색과 행동에 대한 이해가 원활하며 자신이 하고자 하는 일에 대한 준비행동이 적극적일 수 있음을 말한다.

2) 진로의사결정을 위한 측정도구의 이해와 활용

의사결정유형검사

하렌은 의사결정유형검사(Assessment of Career Decision Making: ACDM)를 1984년에 개발하여 30문항으로 구성하였다. 의사결정유형의 검사 문항은 다음 표 9-1과 같다.

표 9-1 의사결정유형 검사 문항

1. 나는 중요한 의사결정을 할 때 한 단계 한 단계 체계적으로 한다.

2. 나는 내 자신의 욕구에 따라 매우 독특하게 의사결정을 한다.

3. 나는 얻을 수 있는 모든 정보를 수집하지 않고는 중요한 의사결정을 거의 하지 않는다.

4. 나는 의사결정을 할 때 내 친구들이 나의 결정을 어떻게 생각할 것인가를 매우 중요시한다.

5. 나는 의사결정을 할 때, 이 의사결정과 관련된 결과까지 고려한다.

6. 나는 다른 사람의 도움 없이는 중요한 의사결정을 하기 힘들다.

7. 나는 어려운 문제에 부딪히면 재빨리 결정을 내린다.

8. 나는 의사결정을 할 때, 내 자신의 즉각적인 느낌이나 감정에 따른다.

9. 나는 내가 하고 싶은 것보다 다른 사람이 어떻게 생각하느냐에 영향을 받아 의사결정을 할 때가 많다.

10. 어떤 의사결정을 할 때, 나는 시간을 갖고 주의 깊게 생각해 본다.

11. 나는 문제의 본질에 대해 찰나적으로 떠오르는 생각에 의해 결정을 한다.

12. 나는 친한 친구에게 먼저 이야기하지 않고는 의사결정을 거의 하지 않는다.

13. 나는 중대한 의사결정 문제가 예상될 때, 그것을 계획하고 생각할 시간을 충분히 갖는다.

14. 나는 의사결정을 못한 채 뒤로 미루는 경우가 많다.

15. 의사결정을 하기 전에 올바른 사실을 알고 있나 확인하기 위해 관련된 정보들을 다시 살펴본다.

16. 나는 의사결정에 관해 실제로 생각하지는 않지만 갑자기 생각이 떠오르면서 무엇을 해야 할지를 알게 된다.

17. 어떤 중요한 일을 하기 전에 나는 신중하게 계획을 세운다.

18. 의사결정 시 나는 다른 사람의 많은 격려와 지지를 필요로 한다.

19. 나는 의사결정을 할 때 마음이 끌리는 쪽으로 결정을 한다.

20. 나의 인기를 떨어뜨릴 의사결정은 별로 하고 싶지 않다.

21. 나는 의사결정을 할 때 예감 또는 육감을 중요시한다.

22. 나는 조급하게 결정을 내리지 않는데, 그 이유는 올바른 의사결정임을 확신하고 싶기 때문이다.

23. 어떤 의사결정이 감정적으로 나에게 만족스러우면 나는 그 결정을 올바른 것으로 본다.

24. 올바른 의사결정을 할 수 있는 능력에 자신이 없기 때문에 주로 다른 사람의 의견에 따른다.

25. 종종 내가 내린 각각의 의사결정을 일정한 목표를 향한 진보의 단계들로 본다.

26. 내가 내리는 의사결정을 친구들이 지지해 주지 않으면 그 결정에 대해 확신을 갖지 못한다.

27. 의사결정을 하기 전에, 나는 그 결정을 함으로써 생기는 결과에 대해 가능한 한 많이 알고 싶다.

28. 나는 '이것이다'라는 느낌에 의해 결정을 내릴 때가 종종 있다.

29. 대개의 경우 나는 주위 사람들이 바라는 방향으로 의사결정을 한다.

30. 여러 가지 정보를 수집하거나 검토하는 과정을 갖기보다는 나에게 떠오르는 생각대로 결정을 내리는 경우가 자주 있다.

출처 : 고향자(1992)

• 채점 방법 : 다음의 각 유형별 문항에서 '그렇다'에 응답한 수가 많을수록 그 유형의 경향이 높은 것임.

   1) 합리적 유형 : 1, 3, 5, 10, 13, 15, 17, 22, 25, 27
   2) 직관적 유형 : 2, 7, 8, 11, 16, 19, 21, 23, 28, 30
   3) 의존적 유형 : 4, 6, 9, 12, 14, 18, 20, 24, 26, 29

이와 같이 제시된 의사결정유형검사(ACDM)는 현재 우리나라에서 많이 사용하고 있는데 합리적, 직관적, 의존적 유형으로 구분하여 이중 무엇이 지배적인지를 측정하는 것이기 때문에 개인의 독특한 방식을 고려하지 못하는 아쉬움이 있다.

진로미결정검사

이 척도는 개인의 진로결정에 방해가 되는 장애요소를 확인하고 진로선택과 관련하여 그가 경험하고 있는 미결정 정도를 측정하여 4점 척도의 자기보고식 문항 18개와 자유반응형 문항 하나가 첨가되어 전체 19문항으로 이루어졌다(표 9-2 참조). 처음의 2 문항은 진로와 전공선택에 대한 확신 수준을 나타내며 다음의 16문항은 교육과 직업미결정의 전체 조건을 확인한다. 그리고 마지막 문항은 피험자로 하여금 앞에서 반응한 내용을 명료화할 기회를 주며 채점에는 포함하지 않는다.

표 9-2 진로미결정 검사 문항

1. 나는 진로를 결정했으며 그 결정에 대해 편안함을 느낀다. 그리고 어떻게 수행해 나갈지를 알고 있다.

2. 나는 내가 선택한 전공에 대해 편안함을 느끼며 어떻게 수행해 나갈지를 알고 있다..

3. 나에게 재능이 있고 기회도 주어진다면 나는 _____이(가) 될 수 있다고 믿지만, 실제로 그것은 불가능한 일이다. 그렇다고 나는 다른 어떤 대안을 생각해 보지도 않았다.

4. 나는 똑같이 호감이 가는 직업들 중에서 하나를 결정하느라고 애를 먹고 있다.

5. 나는 결국 직업을 가져야 하지만 내가 아는 어떤 직업에도 호감을 느끼지 못한다.

6. 나는 _____이(가) 되고 싶지만 나에게 관심을 갖고 있는 사람들의 생각과 다르기 때문에 당장 진로결정이 어렵다. 내 자신과 그들의 생각이 일치되는 직업을 발견하고 싶다.

7. 지금까지 나는 진로선택에 관해 많이 생각해 보지 않았다. 내 스스로 결정해 본 경험이 별로 없고 또 당장 진로결정을 할 정도의 충분한 정보도 없기 때문에 혼란스럽다.

8. 진로선택에 관한 모든 것이 너무 모호하고 불확실해서 당분간 결정하는 것을 보류하고 싶다.

9. 나는 내가 어떤 진로를 원하는지 알고 있다고 생각했지만 최근에 그것을 추구하는 것이 불가능하다는 것을 알게 되었다. 그래서 이제 가능한 다른 진로를 모색하려고 한다.

10. 나의 진로선택에 확신을 갖고 싶지만 내가 아는 어떤 진로도 나에게 이상적으로 생각되지 않는다.

11. 진로선택을 해야 한다는 것이 부담스럽기 때문에 빨리 결정해 버리고 싶다. 내가 어떤 진로를 택해야 할지 알려줄 수 있는 검사라도 받고 싶다.

12. 나의 전공 분야가 내게 만족할 만한 진로를 제공해 줄 수 있는지 잘 모르겠다.

13. 나는 나의 적성과 능력을 잘 모르기 때문에 진로결정을 당장 할 수 없다.

14. 나는 나의 관심분야가 어떤 것인지 모른다. 흥미를 끄는 분야가 몇 가지 있지만 나의 진로 가능성과 어떤 관계가 있는지 모르겠다.

15. 나는 많은 분야에 관심이 있으며, 어떤 진로를 선택하든지 잘할 수 있다는 것을 안다. 그러나 내가 원하는 하나의 직업을 찾기가 힘들다.

16. 나는 진로결정을 했지만 그것을 어떻게 수행해 나갈지 확실하지 않다. 내가 선택한 _____이(가) 되기 위해 어떤 준비가 필요한지 모르겠다.

17. 진로결정을 하기 전에 여러 가지 직업들에 관해 더 많은 정보가 필요하다.

18. 나는 어떤 직업을 선택해야 할지 알고 있지만 나 스스로 결정을 내리기 위해서는 도움이 필요하다고 느낀다.

출처 : 고향자(1992)

- 채점방법 : 문항 1, 2와 문항 3-18을 구분하여 채점하는데 문항 1, 2는 점수가 높을수록 높은 확신 수준을 의미하며, 문항 3-18은 점수가 높을수록 진로가 더 미결정되어 있음을 의미한다. 모든 문항은 4점 척도로 1점(전혀 그렇지 않다), 2점(대체로 그렇지 않다), 3점(대체로 그렇다), 4점(매우 그렇다)의 범위에서 응답하도록 구성되었다.

진로사고검사

진로사고검사(CTI)는 국내에서는 박미진 등에 의해 번안되었으며 현재 활발하게 사용되고 있다. 진로사고검사는 진로문제 해결과 진로의사결정에 손상을 일으킬 수 있는 진로와 관련된 역기능적 사고를 측정하는 것으로, 인지적 정보처리이론과 인지치료를 이론적 근거로 하여 개발하였다. 의사결정 혼란(14문항), 수행 불안(10문항), 외적 갈등(5문항)의 세 가지 하위 변인으로 구성되어 있고, 역기능적 사고는 전체는 48문항으로 구성되어 있다. 그리고 '전혀 그렇지 않다(0)'에서 '매우 그렇다(3)'까지 응답하도록 되어 있는 리커트(Likert)식 4점 척도 형태로 전체 응답 중 무응답이 5개 이상이면 무효 처리한다(박미진 외, 2001).

요약

진로의사결정이론은 개인과 직업 환경의 특성에 대한 객관적인 정보를 수집하고, 이에 기반해 합리적인 의사결정을 내릴 수 있도록 돕는 것이다. 진로의사결정이론은 발달적인 접근을 통해서 개인차를 고려하며, 최근에는 생애적인 접근과 인지적 정보처리 접근이 이루어지고 있다. 하렌 등은 진로선택의 다양한 시점에서 사용하는 심리적 과정에 초점을 맞추고 의사결정의 과정(인식, 계획, 확신, 이행), 의사결정자의 특징(합리적, 직관적, 의존적), 개인의 발달과업 상태, 그리고 의사결정자와 현재 심리상태에 영향을 미치는 상황적인 요인들로 의사결정상황(대인평가, 심리상태, 의사결정과업 조건들, 전후 배경 조건들)을 가정한다. 진로결정수준은 진로결정의 확신 정도에 따라 진로결정, 진로미결정, 우유부단함으로 나눈다. 특히 진로미결정을 측정하기 위한 진로결정척도, 직업결정척도, 진로미결정척도 등을 사용하여 진로지식의 부족한 부분을 알 수 있게 해주는 직업정보, 진로결정을 방해하는 장애목록을 제공해 주는 진로장애와 관련된 문제를 다룰 수 있도록 한다. 이와 같이 발달적인 접근에서는 합리적인 의사결정을 돕기 위한 여러 가지 제반 조건을 갖추도록 돕는 것에 주안점을 두고 있다.

진로의사결정은 밀러-티드맨, 한센 등에 의한 영성적인 접근으로 전 생애 관점에서 고려하게 된다. 또한 진로의사결정이론의 적용 대상이 청소년에 국한되는 것이 아니라 성인기 및 중년기까지 확대된다. 특히 페터슨, 샘프슨과 리어든에 의해 개발된 인지적 정보처리이론을 토대로 한 진로사고검사를 실시하여 진로의사결정에 이르도록 돕는 안내가 이루어지고 있다. 인지적 정보처리 접근 방식의 일차적 목적은 학생으로 하여금 현재의 진로문제를 해결하고 진로의사결정을 하도록 조력하는 것뿐만 아니라 학생이 결정을 한 후에도 사고과정이 진로의사결정에 어떤 영향을 주는지에 관심을 가지며, 진로의사결정에 영향을 주는 흥미, 능력, 가치, 선호하는 직장, 직업세계에 대해 알아가도록 하고, 사고방식 등이 진로의사결정에 어떤 영향을 주는지를 이해할 수 있도록 돕는 데 관심을 가진다. 특히 직업에 대한 신념체계에 대해서 자신에게 의문을 갖도록 하고, 진로의사결정을 위한 효과적인 전략을 학습할 것을 강조한다. 로버트 스템버그의 인간의 지능 이해에 대한 접근인 정보처리 피라미드는 진로문제 해결과 의사결정의 주요한 측면에 대한 자각을 증가시키기 위한 것이다. 인지적 정보처리는 지식영역, 의사결정기술 영역, 실행처리 영역으로 구성된다. 각각의 영역의 어려움을 해결하기 위해서 CASVE 및 피라미드 모형을 적용하고, 이러한 영역에 대한 이해의 과정에서 진로사고검사를 실시하여 진로의사결정의 역기능적 사고를 측정한다. 측정된 기준을 토대로 워크북을 적용하여 문제해결을 촉진하도록 한다.

실습과제

1. 하렌의 진로의사결정유형 검사를 실시하고 자신의 의사결정유형이 무엇인지, 해당 유형의 특징과 장단점은 무엇인지, 자신의 유형은 누구로부터 어떠한 영향을 받았는지 등에 대해서 적어보고 팀원들과 나눈다.

2. 현재 자신이 가진 문제를 합리적인 의사결정 5단계(자신의 문제상황을 명확히 하기, 대안을 탐색하기, 대안에 대한 평가기준 마련하기, 평가기준에 따른 대안 평가하고 결정하기, 계획을 수립하고 실행하기)의 절차에 따라 적어보고 팀원들과 나눈다.

참고문헌

강경연, 박숙경, 이제경 (2015). 대학생 졸업유예 경험에 대한 질적 분석. 직업교육연구, 34(2), 31-51.

고향자 (1992). 한국 대학생의 의사결정 유형과 진로결정주순의 분석 및 진로결정 상담의 효과. 박사학위논문, 숙명여자대학교.

고향자, 김영아 (2003). 대학생 진로상담에서 인지적 정보처리접근의 유용성 고찰. 한국심리학회지: 상담 및 심리치료, 15(3), 383-402.

공윤정 (2014). 진로의사결정 과정에서 정서의 역할에 대한 탐색적 논의. 아시아교육연구, 15(1), 27-43.

김계현 (1995). 상담심리학. 서울: 학지사.

김봉환 (1997). 대학생의 진로결정수준과 진로준비행동의 발달 및 이차원적 유형화. 한국심리학회지: 상담 및 심리치료, 9(1), 311-333.

김봉환, 강은희, 강혜영, 공윤정, 김영빈, 김희수, 선혜연, 손은령, 송재홍, 유현실, 이제경, 임은미, 황매향 (2013). 진로상담(한국상담학회 상담학 총서 6).

김봉환, 김계현 (1997). 대학생의 진로결정수준과 진로준비행동의 발달 및 이차원적 유형화. 한국심리학회지: 상담 및 심리치료, 9(1), 311-333.

김봉환, 이제경, 유현실, 황매향, 공윤정, 손진희, 강혜영, 김지현, 유정이, 임은미, 손은령 (2010). 진로상담 이론-한국 내담자에 대한 적용. 서울: 학지사.

김봉환, 정철영, 김병석 (2006). 학교진로상담(2판). 서울: 학지사.

맹영임 (2001). 가족체계와 심리적 독립수준 및 진로미결정의 관계. 박사학위논문, 홍익대학교.

박미진, 최인화, 이재창 (2001). 고등학생의 진로결정유형에 관한 연구. 한국심리학회지: 상담 및 심리치료, 13(1), 125-146.

손진희 (2010a). 여자대학생의 진로결정과정 요인 탐색: 청소년기 학업우수자를 중심으로. 한국심리학회지: 상담 및 심리치료, 22(2), 435-457.

손진희 (2010b). 청소년기 학업우수 남학생의 대학 재학 시 진로결정 영향요인. 청소년상담연구, 18(2), 187-204.

이백령, 김민배, 문승태 (2012). 농업계 특성화고등학생의 자기효능감, 직업가치관이 진로결정수준에 미치는 영향. 진로교육연구, 25(1), 53-72.

이재창, 박미진 (2005). 진로사고검사를 활용한 진로상담의 효과연구. 진로교육연구, 18(1), 35-49.

이재창, 최인화, 박미진 (2003). 진로사고검사의 한국 표준화 연구. 한국심리학회지: 상담 및 심리치료,

15(3), 529-550.

이현림 (2007). 진로상담. 경기: 양서원.

정진선 (2001). 대학생의 성역할정체감이 진로의사결정효능감 및 진로결정유형에 미치는 영향. 박사학위논문, 홍익대학교.

조성연, 문미란, 정진선 (2005). 가족관련 변인과 역기능적 진로사고의 관계. 한국심리학회지: 상담 및 심리치료, 17(1), 111-129.

하문선 (2014). 여자고등학생의 여성성역할, 여성성역할갈등과 부모진로지지, 의사결정의존성 및 진로결정 간 관계. 직업교육연구, 33(2), 59-84.

Bloch, D. P., & Richmond, L. J. (1998). *Soul work: Finding the work you love, loving the work you have.* Palo Alto, CA: Davies-Black.

Buck, J. N. & Daniels, M. H. (1985). *Assessment of career decision making manual.* Los Angeles: Western Psychological Service.

Chartrand, J. M., & Camp, C. C. (1991). Advances in the measurement of career development constructs: A 20-year review. *Journal of Vocational Behavior, 39,* 1-39.

Fuqua, D. R., Newman, J. L., & Seaworth, T. B. (1987). The relationship of career indecision and anxiety: A multivariate examination. *Journal of Vocational Behavior, 30,* 175-186.

Gati, I., Krausz, M., & Osipow, S. H. (1996). A taxonomy of difficulties in the career decision making. *Journal of counseling psychology, 43,* 510-526.

Gelatt, H. B. (1962). Decision making: A conceptual frame of reference for counseling. *Journal of Counseling Psychology, 9,* 240-245.

Hansen, L. S. (1997). *Integrative life planning: Critical tasks for career development and changing life patterns.* San Francisco: Jossey-Bass.

Harren, V. H. (1979). A model of decision making for college student. *Journal of Vocational Behavior, 14,* 119-133.

Harting, P. J. (2011). Barriers or benefit?: Emotion in life-career design. *Journal of Career Assessment, 19*(3), 296-305.

Holland, J. L., & Holland, J. E. (1977). Vocational indecision: More evidence and speculation. *Journal of Counseling Psychology, 24,* 404-414.

Holland, J. L., Gottfredson, D. C., & Power, P. G. (1980). Some diagnostic scales for research in decision making and personality: Identity, information, and barriers. *Journal of personality and Social Psychology, 22*, 1191-1200.

Janis, I. L., & Mann, L. (1977). *Decision making: A psychological analysis of conflict, choice, and commitment.* New York: Free Press.

Jepsen, D. A., & Dilley, J. S. (1974). *Review of educational research, 44*(3), 331-49.

Jones, L. K., & Chenery, M. F. (1980). Multiple subtypes among vocationally undecided college students: A model and assessment instrument. *Journal of Counseling Psychology, 27*, 469-477.

Katz, M. R. (1963). A model of guidance for career decision-making. *Vocational Guidance Quarterly, 15*(1), 2-10.

Kivlighan, D. M., Jr. (1990). Career group therapy. *The Counseling Psychology, 18*, 64-79.

Miller-Tiedman, A. L. (1997). The Lifecareer peocess theory: A healthier choice. In D. P. Block & L. J. Richmond (Eds.), *Connections between spirit and work in career development* (pp. 87-113). Palo Alto, CA: Davies-Black.

Mitchell, L. K., & Krumboltz, Z. D. (1984). Research on human decision making: Implications for career decision making and counseling. In Brown, S. D., & Lent, R. W. (Eds.), *Handbook of counseling psychology* (pp. 238-280). New York: John Wiley & Sons.

Norman C. Gysbers, Mary J. Heppner, Joseph A. Johnston 공저, 김봉환 옮김 (2003). 진로상담의 실제. 서울: 학지사(원서는 1998년에 출간).

Osipow, S. H., Carney, C. G., & Barak, A. (1976). A scale of education vocational undecidness: A typological approach. *Journal of Vocational Behavior, 9*, 233-243.

Peterson, G. W., Samson, J. P., Jr., & Reardon, R. C. (1991). *Career development and services: A cognitive approach,* Pacific Grove, CA: Brooks/Cole.

Peterson, G. W. Sampson, J. P., Jr., Lenz, J. G., & Reardon, R. C. (2002). Becoming career problem solvers and dicision makers: A cognitive information processing approach. In D. Brown & L. Brooks(Eds.), *Career choice and development* (4rd ed.)(pp. 312-369). San Francisco: Jossey-Bass.

Phillips, S. D., & Pazienza, N. J. (1988). History and theory of the assessment of career development and decision making. Walsh, W. B., & Osipow, S. H. (eds.), *Career decision making.* Hillsdale, NJ: Erlbaum. 1-31.

Reardon, R. C., Lenz, J. G., Sampson, J. P., & Peterson, G. W. (2000). *Career development and planning: A comprehensive approach.* CA: Wadsworth/Thomson Learning.

Richard S. Sharf 지음, 김진숙, 김정미, 서영숙 공역 (2016). 진로상담-아동기부터 성인기까지 진로발달 이론의 적용. 서울: 박학사(원서는 2014년에 출간).

Salomene, P. R. (1982). Career counseling: Steps and stages beyound Parsons. *Career Development Quarterly, 36,* 218-221.

Sampson, J. P. Jr., Peterson, G. W., Lenz, J. G., & Reardon, R. C. (1992). A Cognitive approach to career services: Translating Concepts into practice. *The Career Development Quarterly, 41*(1), 67-74.

Sampson, J. P., Peterson, G. W., Reardon, R. C., & Lenz, J. G. (2000). Using readiness assessment to improve career services: A cognitive information-processing approach. *The Career Development Quarterly, 49,* 146-174.

Sampson, J. P., Peterson, G. W., Reardon, R. C., & Lenz, J. G. Reardon, R. C., & Saunders, D. E. (1996). *Career Thought Inventory: Professional manual.* Odessa, FL: Psychological Assessment Resources.

Sampson, J. P., Jr., Reardon, R. C., Peterson, G. W., & Lenz, J. G. (2004). *Career counseling E services: A cognitive information processing approach.* Belmont, CA: Brools/Cole.

Stenberg, R. J. (1980). Instrumental and componential approaches to the nature of training on intelligence. In S. Chapman, J. Segal, & R. Glaser (Eds). *Thinking and learning skills: Research and open questions.* Hillsdale, NJ: Erlbaum.

Tiedeman, D. V., & O'Hara, R. P. (1963). *Career development: Choice and adjustment.* Prinston, NJ: College Entrance Examination Boad.

Vroom, V. H. (1964). *Work and motivation.* New York: Wiley.

Whiston, S. C., Lindeman, D., Rahardja, D., & Reed., J. H. (2005). Career counseling process: A qualitative analysis of experts' cases. *Journal of Career Assessment, 13*(2), 169-187.

10장

구성주의 진로상담이론의 기법

이제경

21세기의 직업 환경은 잦은 이직과 진로 불안정성으로 대표된다. 따라서 오늘날 직업세계는 이전보다 더 많은 노력과 깊은 자기이해, 더욱 높은 신뢰를 요구하며, 불안정성에 대처하기 위해서 개인은 더욱더 진로상담을 요청할 것이다. 그리고 그것은 지금까지의 접근과는 다른 종류의 도움일 것이다(Savickas, 2012; 이제경, 2016). 이러한 직업 환경의 변화는 학교 진로진학지도의 목적과 방향이 어떠해야 하는가에 대해서도 시사하는 바가 크다. 우리나라에서도 지난 2015년 진로교육법을 공포하면서 '학생에게 다양한 진로교육 기회를 제공함으로써 변화하는 직업세계에 능동적으로 대처하고 학생의 소질과 적성을 최대한 실현하여 국민의 행복한 삶과 경제사회 발전에 기여함'을 목적으로 밝히고 있다. 즉, 현대사회로 접어들면서 급속한 기술발달과 정보통신 활용의 확산에 따른 산업구조의 변화 및 인력수요 변화가 각 직업의 직무 및 역할의 조정, 새로운 직업의 창조 및 새로운 분야의 창업 등 다양한 직업세계의 변화 사례를 낳고 있음에 따라 학교 진로교육의 목표도 수정되어 가고 있다(교육부, 2016). 학교 진로교육은 미래지향적 진로교육에 중점을 두고, 첫째 미래 인재로서 갖추어야 할 역량은 무엇인가, 둘째 진로 · 직업의 의미와 개인의 삶과의 연계성의 성찰, 셋째 직업세계에 대응하는 주도적이고 실천적인 태도를 강조하고 있다는 점에서 구성주의 특징과 맞닿아 있다.

이 장에서는 구성주의 진로상담이론에 대한 주요 가정 및 상담 과정을 이해하고, 이를 토대로 구성주의 진로상담에서 사용하는 주요 기법들을 우리 청소년 진로진학상담에서도 적용할 수 있도록 돕고자 한다. 따라서, 일반적인 청소년 진로진학상담의 필요성이나 목적, 목표는 이미 숙지하고 있으리라 전제하며, 진로상담에서 이론이 갖는 중요성과 기법을 어떻게 이해해야 하는가에 대해서는 생략하고자 한다. 다만, 구성주의 이론에서 특히 '기법'을 어떻게 이해하고 학생들에게 어떻게 활용해야 하는가에 관한 이슈는 구성주의 이론의 주요 가정, 개념, 상담 과정과 함께 이 장의 주요 내용이 될 것이다.

목표

1) 구성주의 진로상담이론의 주요 가정 및 기본 개념을 설명할 수 있다.

2) 구성주의 진로상담이론을 적용한 상담 과정을 설명할 수 있다.

3) 구성주의 진로상담이론을 진학상담 사례에 적용하여 학생을 도울 수 있다.

구성주의 진로상담이론의 개요

여기서는 구성주의 진로상담이 왜 필요하게 되었는지 간략하게 그 주요 배경과 구성주의의 강점과 단점을 우선 살펴보고, 이어서 개인적 구성주의와 사회적 구성주의로 대표되는 주요 관점을 간략히 소개할 것이다. 끝으로, 구성주의 진로이론에서 전제하는 주요 가정 및 관련 주요 개념이 무엇인지 소개하고자 한다.

1) 구성주의 진로상담의 관점

구성주의 진로상담이 무엇인지 알기 위해서는 우선 구성주의를 이해하고, 이것이 진로상담에 어떻게 적용되었는가를 이해하는 것이 필요하다. 본래 구성주의는 포스트 모더니즘이라는 철학적 입장에서 발전된 심리학적인 접근법으로, 포스트모더니즘 철학을 추종하는 사람들은 진리란 고정된 것이 아니며, 개인의 구조나 인식 자체가 그들 자신의 실재 혹은 진리라고 믿었다(Neimeyer & Stewart, 2000). 즉, 포스트모더니즘은 모더니즘에 대한 반동으로 생겨난 것인데, 모더니즘은 과학적 증거를 강조하며, 과학과 기술 발전을 반영한 합리주의적 접근을 말한다. 따라서 포스트모더니즘은 심리학자, 상담자, 철학자를 포함한 모든 사람들이 개개인마다 무엇이 실재인가에 대한 자신만의 구조나 관점을 가질 수 있다고 인식하는 다문화적인 다양한 세계를 반영한다(Sharf, 2006:303).

아울러, 구성주의는 다음의 3가지 특징이 있는데, 이는 프로차스카와 노크로스(Prochaska & Norcross, 1999:438-439)가 구성주의자 상담 접근방식이 갖는 세 가지 공통 특징을 지적한 데서 비롯되었다. 첫째, 상담 회기가 비교적 짧은 단기치료이다. 둘째, 문제의 원인이 아니라 변화와 자원에 초점을 둔다. 셋째, 객관적인 현실보다는 내담자의 독특한 주관적인 관점이나 자기 구성적인 이야기를 강조한다(노안영, 2013:380).

또한 구성주의가 전제하는 2가지가 있다. 즉, 누구도 객관적 입장에서 다른 사람의 현실을 결코 충분히 이해할 수 없으며, 객관적 현실에 대한 인간 지식이 가능하지 않다는 것이다. 이런 전제에 따라 구성주의자 상담 접근방식에서 강조하는 것은 개인의 주관적인 관점이나 이야기이다. 부적응적인 사람들은 부정적인 구성개념과 이야기를 가진다. 상담자가 내담자의 부정적인 이야기를 해체하는 데 사용할 수 있는 중요한 도구들 중의 하나가 질문이다. 따라서 상담자는 효과적인 질문을 사용하는 방법을 터득하는 것이 중요하다(노안영, 2013:380)

이러한 구성주의에 기초한 진로상담은 학교상담에서 '이야기상담' 혹은 '스토리텔링', 그리고 '내러티브상담'으로 많이 다루어지는데, 학교장면에서 구성주의 진로상담 접근을 시도할 때 교사가 알아야 할 구성주의 진로상담의 강점과 단점을 포함한 주요 특징을 살펴보자.

우선, 구성주의 진로상담에서는 개인의 생활이나 정체성을 변화시킴으로써 학생의 진로결정과 의사결정 과정이 바람직하게 변화한다고 보는 차원에서 개입을 하게 된다. 개인의 생활이나 정체성을 변화시키기 위해서는 개인의 스토리를 변화시켜야 하고, 이러한 스토리를 변화시키는 것이 진로상담에 있어서의 내러티브 개입의 목적이라고 할 수 있다(Rehfuss, 2009; 이제경, 2014). 진로상담에 있어서 내러티브의 강점(Stebleton, 2010)은 학생을 임파워링(empowering)하며, 일상의 경험에 의미를 포함하게 하며, 이주민 등 이민·소외 계층에 효과적(Clark et al., 2004; Stebleton, 2010에서 재인용)이라는 것이다. 또한 내러티브 관점은 학생이 생애진로계획은 발전적이며 순환적인 과정이라는 사실을 인지하도록 교육시키며, 내러티브를 기반으로 한 접근은 학생이 자신의 커리어 문제를 결점이 아닌 강점의 차원에서 볼 수 있는 가능성을 갖게 한다.

한편 구성주의 진로상담의 한계점은 다음과 같다. 우선, 학생과 상담자가 서로 도와주는 역할을 하는 중에 서로 기대가 다를 수 있는데 이로 인한 부조화가 발생할 경우 주의가 필요하다. 또한 시간이 많이 걸려서 효과적인 상담에 다소 방해가 될 수 있으며, 상담자가 훈련에 대한 관심이 적어 훈련을 하지 않거나 혹은 구조화에 대한 기술이 부족하면 내러티브적 관점을 적용시키는 것이 힘들 수 있다. 이는 구조화하는 기술과 더불어 끊임없이 훈련하지 않으면 내러티브적 관점은 적용하기 힘들다는 것을 말해 준다. 또한 내러티브적 상담은 효능과 효과의 수준을 결정할 수 없어서 객관적인 자료의 제시가 어렵고, 학생의 스토리를 지나치게 단순화시키거나 혹은 학생이 상담자에게 지나치게 의존할 가능성이 있다. 그러나 이러한 단점에도 불구하고 내러티브를 기반으로 한 진로상담은 다양한 관점 속에서 가치와 역할에 대한 비중이 커지고 있다(Savickas, 2005).

이러한 구성주의 진로상담은 크게 개인적 구성주의 관점과 사회적 구성주의 관점으로 나누어볼 수 있다. 개인적 구성주의와 사회적 구성주의의 주요 특징에 대해 간략히 살펴보자.

먼저 개인적 구성주의의 관점에서 보면, 우리는 스스로 실재 자체를 만들어내는 것이 아니라 실재에 대한 표상을 만드는 것이다. 다시 말해 진로와 관련된 실재가 존재하는 것이 아니라, 진로와 관련된 경험에 대해 개인적인 의미를 부여함으로써 이른바 진로가 형성된다는 것이다. 개인이 자신의 경험이나 기억 또는 미래에 대한 희망에 개인적인 의미를 부여하면서 진로를 형성하고, 이렇게 형성된 주관적인 진로는 진로와 관련된 행동을 이끌어간다. 그러므로 기존에 실재하는 사실들을 탐색함으로써 진로를 결정하는 것이 아니라 경험에 대한 의미를 만들어가면서 진로를 결정하게 된다. 다음으로 사회적 구성주의 관점에서 보면, 진로발달은 환경에 적응하는 과정을 통해 이루어지는 것이지 개인 내적인 요인들이 성숙함으로써 이루어지는 것이 아니다. 즉, 진로는 시간이 지나면서 저절로 발달해 가는 것이 아니라 개인이 구성해 가는 것이며, 사회적 요구에 부응하고 반응하는 과정이라고 할 수 있다. 다시 말해 환경이 개인을 형성하지만 개인 역시 환경을 만들어간다는 입장에서 발달의 가소성 및 발달 주체로서의 개인에 대한 인식 향상을 상담의 중요한 목표로 삼는다(김영빈, 2016).

이러한 구성주의의 2가지 접근은 내담자의 가치나 구조(그들이 세상을 보는 방법)를 이해할 것을 강조한다는 공통점이 있다. 개인의 구조에 대한 상담은 내담자들이 자신의 실재를 보는 관점에 대한 방법을 이해하고 그것을 직업선택에 적용하는 켈리(Kelly)의 접근에 기초를 두고 있다(Sharf, 2006:304). 켈리의 이론적 기초는 개인 각자가 서로 세계관이 다르다고 보는 데 있다. 이것이 구성개념적 대안주의(constructive alternativism)라고 불리는 개념이다. 자신의 세계를 이해하기 위해, 개인은 사람이나 사건을 바라보는 구조와 이론을 발달시킨다. 본질적으로 개인은 마치 과학자들이 선행 연구로 사건을 예측하고 이론을 검증하듯이 행동한다. 개인은 그들의 예언을 강화시키는 방향으로 계속해서 수정되는 일련의 독특한 구조를 갖는다. 일련의 구조가 예언적일수록 구조는 점점 안정된다(Sharf, 2006:305).

2) 구성주의의 주요 가정

이 이론의 주창자인 사비카스(Savickas)는 구성주의 진로발달이론은 수퍼(Super)의 최초 이론(Super, 1957)에서 출발하고 있다고 밝히고, 사회구성주의를 메타이론으로 삼아 진로발달이론의 주요 개념을 재개념화함으로써 수퍼의 아이디어를 현대적 시각의 진로에 통합하고 있다고 기술하고 있다(Savickas, 2005:42). 즉, 인식론적 구성주의에 터함으로써 실재의 표상을 구성하는 것이 아니라 우리 스스로 실재를 구상해 나간다는 입장을 취하고 있고, 유기체적 세계관에서 맥락주의적 세계관으로 이행하여 발달은 내적 구조의 성숙보다는 환경(context)에의 적응 과정을 통해 이루어지는 것이라고 본다. 사회적 요구에 부응하는 과정으로서의 진로를 강조하여 진로를 사회적 과업에 반응하는 것으로 표현하기도 한다. 무엇보다 환경이 개인을 형성하지만 개인도 환경을 만들어간다는 입장에서, 발달의 가소성 및 발달의 주체로서의 개인에 대한 인식 향상을 상담의 중요한 목표로 삼는다. 이러한 구성주의 진로발달이론의 속성은 16가지 가정을 통해 보다 구체적으로 표현되고 있는데, 아래는 이 16가지 가정을 요약하여 정리한 것이다(황매향, 2015:106).

구성주의 진로발달이론의 16가지 가정

1. 사회는 사회적 역할을 통해 개인의 삶의 과정을 구성한다.

2. 직업은 핵심적인 역할을 부여하고 성격 조직의 중심이 된다.

3. 개인의 진로유형(직업지위, 직업의 순서, 지속기간, 변경빈도 등)은 부모의 사회경제적 지위와 교육수준, 능력, 성격, 자아개념, 기회에 대한 적응 능력에 달려 있다.

4. 능력, 성격, 자아개념 등 직업관련 특성에서 개인차가 존재한다.

5. 각 직업이 요구하는 직업관련 특성도 서로 다르다.

6. 사람들은 다양한 직업을 가질 자질을 가지고 있다.

7. 일에서의 역할이 자신의 탁월한 직업관련 특성과 맞는 정도가 직업적 성공을 좌우한다.

8. 만족감은 직업적 자아개념의 실현 가능성에 비례한다.

9. 진로구성 과정이란 직업적 자아개념의 발달 및 실현의 과정이다.

10. 자아개념과 직업적 선호는 계속 변한다.

11. 진로는 성장, 탐색, 확립, 유지, 쇠퇴의 과정을 순환한다.

12. 전환기에는 성장, 탐색, 확립, 유지, 쇠퇴의 5단계가 반복된다.

13. 진로성숙도란 발달과업의 수행 정도로 정의할 수 있다.

14. 진로적응도란 발달과업을 수행할 수 있는 준비도와 자원이다(태도, 신념, 능력).

15. 진로구성은 진로발달과업에 의해 시작되고 발달과업에 대한 반응으로 완성된다.

16. 발달과업을 설명하는 대화, 적응력 훈련, 자아개념을 명료화하는 활동으로 촉진할 수 있다.

3) 구성주의의 주요 개념

사비카스는 그의 저서에서 "진로구성주의 이론은 개인들이 개인의 직업행동에 대한 방향과 의미를 구성함으로써 설명적이고 상호작용적인 과정을 설명하는 것"이라고 진로구성주의 이론을 특징지었다(Savickas, 2005). 이 이론은 세 가지 구성요소, 즉 직업적 성격(vocational personality), 진로적응도(career adaptability), 생애주제(life theme)로 구성되어 있고, 이 가운데 생애주제가 기본적으로 구성주의와 내러티브 커리어 상담에 중심을 두고 있다고 보고 있다. 개인의 내러티브와 진로에 대한 주관적인 경험이 생애주제를 만들기 때문에, 진로상담은 학생들이 스스로의 이야기(story)와 주관적인 커리어를 발전시킬 수 있도록 촉진시켜야 하다고 주장했다(이제경, 2014).

구성주의 진로발달이론에서는 개인이 자신의 진로관련 행동과 직업적 경험에 의미를 부여하면서 스스로의 진로를 구성해 간다고 보고 있으므로, 이미 존재하는 어떤 사실을 발견하는 것이 아니라 적극적으로 의미화하는 과정을 통해 진로행동을 이끌고, 조절하고, 유지할 수 있다. 따라서 상담자는 내담자들이 자신에게 의미 있는 경험을 찾아내도록 촉진하고, 이것을 통해 내담자 자신만의 진로이야기(career theory)를 만들어 갈 수 있도록 돕는다. 그리고 이 진로이야기 속에서 내담자의 직업적 성격, 진로적응도, 생애주제를 찾아간다. 여기에서는 이 세 가지 중심 요소를 통해 구성주의 진로발달이론의 내용과 상담의 실제에 대해 알아보고자 한다(황매향, 2015:108-112).

(1) 직업적 성격

직업적 성격(vocational personality)이란 진로와 관련된 각 개인의 능력, 욕구, 가치, 흥미 등을 의미한다. 이러한 개인차를 반영한 진로선택의 전통을 구성주의 진로발달이론에서도 부인하지 않는다. 진로와 관련된 개인의 특성은 서로 다르고, 개인의 특성에 맞는 진로를 선택할 수 있도록 내담자를 돕는 과정이 진로상담의 과정이 된다는 것에는 동일한 입장을 할 수 있다. 그러나 개인차를 바라보는 관점과, 개인차에 맞는 진로 대안을 찾아가는 과정에서 차이를 보인다. 구성주의 진로발달이론의 관점을 취하는 상담자도 표준화된 직업흥미검사를 사용하는데, 그 결과를 가지고 내담자의 '진짜' 흥미라고 해석하지는 않고, 하나의 가능성으로 가설을 만드는 데 활용한다는 점이 다른 점이다(Savickas, 2005). 그리고 이 과정에서 홀랜드(Holland)의 RIASEC 모형은 내담자의 특성과 직업세계의 특성을 간결하게 표현하는 어휘로서 역할하게 된다.

(2) 진로적응도

진로적응도(career adaptability)는 일이 자신에게 맞도록 자신을 일에 맞추어나가는 과정에 동원되는 개인의 태도, 능력, 행동을 말한다. 변화가 중요한 키워드가 된 21세기는 직업세계에도 많은 변화를 가져오고 있어 고용상태의 변화, 직업의 종류와 구조의 변화, 직무의 내용 및 요구되는 직업능력의 변화 등을 누구나 경험하고 있다. 따라서 자신의 진로에서 성공하고 만족하기 위해서는 이러한 직업세계의 변화에 잘 적응할 수 있어야 한다. 이러한 변화에 대한 개인의 적응력을 구성주의 진로발달이론에서는 진로적응도라고 명명하면서, 진로성숙도의 개념을 대체해 나가고 있다. 앞서 살펴본 직업적 성격이 진로에서의 구체적 직업을 강조한다면, 진로적응도는 자신의 진로를 구성해 나가는 과정에서의 극복 과정을 강조한다(Savickas, 2005).

구성주의 진로발달이론에서는 진로적응도를 설명하기 위해 사회가 개인에게 요구하는 기대를 발달과업으로 정리한 다음 발달과업의 성공적 이행에 필요한 진로적응도의 속성에 대해 기술하고 있다. 이중 발달과업 부분은 수퍼의 발달과업을 정리하면서, 소순환의 반복을 강조하고 있다. 따라서 이 부분은 진로발달이론에서 이미 학습했을 것이므로 여기에서는 진로적응도에 대한 내용만 소개하고자 한다.

구성주의 진로발달이론에서는 발달과정을 내부구조의 성숙으로 보기보다는 환경에의 적응 과정으로 개념화한다. 진로적응도란 현재 당면한 진로발달과업, 직업전환, 마음의 상처 등을 극복하는 데 필요한 개인의 준비도와 자원을 의미하는 심리적 구인이다(Savickas, 2005:51). 적응력은 개인이 사회와 접촉하고 그 사회가 부과하는 과제들을 처리하기 위해 스스로의 진로관련 행동들을 조절하기 위해 필요한 능력이면서, 동시에 이렇게 자신을 환경으로 확장해 나가는 과정에서 형성되기도 한다. 즉, 진로적응도를 통해 개인은 자신의 자아개념을 직업적 역할 속에서 실현해 내고(수퍼 발달이론의 핵심 요소), 그것이 바로 자신의 진로를 새롭게 만드는 과정이 된다.

사비카스는 진로적응도가 발휘되는 장면에 필요한 진로적응도의 자원과 전략에 따라 네 가지 차원을 구분하고, 이를 각각 관심(concern), 통제(control), 호기심(curiosity), 자신감(confidence)이라고 명명하여 표 10-1과 같은 모형을 제시하고 있다. 즉, 적응적인 개인은 일하는 사람으로서 자신의 미래에 대해 관심을 가지고, 자신의 직업적 미래에 대한 **통제력**을 높이고, 가능한 자신의 모습과 미래의 일에 대해 호기심을 갖고, 자신의 포부를 추구함에 있어 **자신감**을 키워나가는 사람이다. 표 10-1에서 질문은 사회가 개인에게 촉진하는 질문이고, 진로문제는 그 질문에 잘 대처하지 못했을 때를, 적응차원은 그 질문에 잘 대처했을 때를 나타낸다. 그리고 진로적응도를 구성하는 요소로 태도(attitudes)와 신념(beliefs), 역량(competencies)을 제시하고 있는데, 진로적응도의 ABC로 줄여 부르기도 한다. 이 ABC가 바로 발달과업 성취, 직업전환 수행, 마음의 상처 해결 등을 위한 구체적 대처행동을 생산해 내는 것이다. 여기에서 태도란 대처행동을 할 때 느끼는 감정(정서)적 측면을, 신념은 행동을 이끌어가는 능동성 측면을, 역량은 이해력과 문제해결력을 포함하는 인지적 능력으로 진로관련 선택과 그 수행에 필요한 자원을 의미한다.

표 10-1 진로적응도의 차원

질문	진로문제	적응차원	태도와 신념	역량	대처행동	관계측면	개입
미래가 있는가?	무관심	관심	계획적인	계획하기	알아차리는 관여하는 준비하는	의존적	방향성을 잡는 활동
누가 나의 미래의 주인인가?	미결정	통제	결정적인	결정하기	주장적인 훈육된 의도적인	독립적	의사결정 연습
미래에 대해 원하는 것이 무엇인가?	비현실성	호기심	궁금해하는	탐색하기	실험적인 위험을 감수하는 질문하는	의존적	정보탐색 활동
할 수 있을까?	억제	자신감	효과 있는	문제해결	지속하는 노력하는 근면한	동등한	자기존중감 향상

출처: Savickas, 2005:53

(3) 생애주제

생애주제(life theme)는 직업적 선호를 표현하는 과정에서 자신이 어떤 사람이라고 생각하는지를 직업적 용어를 써서 나타내고, 어떤 직업에 들어가서는 자신의 자아개념을 구현해 내려고 노력하고, 그 직업에서 안정을 찾은 후에는 자신의 잠재력을 실현하고 자기존중감을 유지하려고 한다는 수퍼(Super, 1951)의 가정에 근거하고 있다(Savickas, 2005:44). 즉, 직업의 선택을 통해 자아개념을 구체화하고, 일을 통해 자신을 드러내는 진로관련 행동의 이유가 바로 생애주제이다. 각 개인은 저마다의 생애주제를 가지고 있고, 자신만의 고유한 생애주제를 활용하여 의미 있는 선택을 하고 직업인으로서의 역할에도 적응해 나간다. 이런 생애주제를 담은 개인의 진로 경험담을 진로이야기(career stories)라고 명명하는데, 내담자의 여러 진로이야기들을 통합하여 생애주제를 찾아나가는 과정이 바로 상담의 과정이 된다.

2 구성주의 진로상담이론의 상담 과정

구성주의 진로상담에서는 앞에서 살펴본 주요 가정 및 개념 외에도 이야기의 중요성과 이야기를 구성하는 내러티브에 대한 이해가 강조된다. 따라서 여기서는 이야기와 내러티브에 대한 이해를 토대로 구성주의 진로상담이 어떻게 이루어지는지에 대한 전반적인 과정을 소개하고자 한다.

즉, 구성주의 진로상담의 과정은 내러티브의 구성-해체-재구성-협력구성 과정을 거친다고 볼 수 있는데, 이때 내러티브는 구성주의적 시각에 기초하며, 개인은 다양한 맥락 속에서 특히 개인을 둘러싸고 있는 사회적 환경과 상호작용하며 형성된다는 시각에서 출발한다. 개인을 하나의 시스템적인 모형에 입각하여 설명하는 것이 아니라, 개인마다 독특한 생활양식과 구조가 존재하고 있고, 따라서 동일한 개인이 아닌 각자 다른 개인으로 이해해야 한다는 포스트모던 관점에서 개인 이해의 틀을 제공한다. 즉, 개인을 이해하는 그 틀은 내러티브이며, 내러티브는 구성주의적 시각에서 출발하여, 포스트모던 관점으로 내담자를 이해하는 틀을 제공할 수 있는 도구이자 방법이라고 할 수 있다. 내러티브를 통해서 개인들이 어떻게 그들의 정체성을 만드는지, 어떻게 그들의 생애 스토리에서 주요 주인공이 되는지, 생애주제를 바탕으로 그들의 삶을 어떻게 구성하는지를 설명할 수 있는데, 이러한 내러티브는 개인의 진로 및 직업에 관한 이해를 돕는다고 믿는 많은 학자들에 의해 강화되어 왔다(Bujold, 2004; Cochran, 1990; Mayo, 2001; Mcadams, 1995; Savickas, 1995; 1997; 2005; Rehfuss: 2009). 구성주의 진로상담에서는 이러한 개인의 생활이나 정체성을 변화시킴으로써 진로결정과 의사결정 과정이 바람직하게 변화한다고 보는 차원에서 개입을 하게 된다. 개인의 생활이나 정체성을 변화시키기 위해서는 개인의 스토리를 변화시켜야 하고, 이러한 스토리를 변화시키는 것이 진로상담에 있어서의 내러티브 개입의 목적이다(Rehfuss, 2009; 이제경, 2015).

1) 상담 과정 개요: 내러티브의 구성-해체-재구성-협력구성 기법

내러티브 진로상담에서 가장 핵심은 내담자의 참여를 통한 이야기(story) 발달을 통해, 내담자가 올바른 자기이해와 정보를 가지고, 다가올 미래를 향한 긍정적 변화와 실천을 목적으로 한다는 것이다. 이야기 자체는 객관적인 '사실(fact)'이라기보다는, 내담자를 알게 해주는 '경험(experience)'이라는 데 공감한다. 따라서 내담자가 어떻게 자신의 경험을 재구성하여 미래의 변화를 가져오게 할 수 있는지에 대해서, 내러티브 접근에서는 구성(construct), 해체(de-construct), 재구성(re-construct), 협력구성(co-construct; authoring)으로 단계를 구분하여 접근하고 있다. 브로트(Brott, 2005)는 상담의 과정이 기술보다 더 강조되고, 이러한 상담 과정은 내담자 이야기를 협력재구성(uncovering)하고, 해체(opening up)하며, 구성(authoring)하는 것이라고 보았다. 진로상담에 있어서의 내러티브의 강점(Stebleton, 2010)은 내담자를 임파워링하며, 일상의 경험에서 의미를 포함하게 하며, 이주민 등 이민·소외계층에 효과적(Clark et al., 2004; Stebleton, 2010에서 재인용)임을 강조하고 있다. 또한 내러티브 관점은 내담자의 생애진로계획이 발전적이며 순환적인 과정이라는 사실을 인지하도록 하고, 내러티브를 기반으로 한 접근은 내담자가 자신의 커리어 문제를 결점이 아닌 강점의 차원에서 볼 수 있는 가능성을 갖게 한다(이제경, 2015).

일반적으로 구성주의 진로상담의 과정은 6단계를 거쳐 진행된다고 할 수 있다. 문제 확인 → 주관적 정체성 탐색 → 관점 확대 → 문제 재정의 → 정체성 실현을 위한 행동 정의 → 추수지도의 6단계이다. 그 가운데 첫 단계와 마지막 단계는 일반적 상담 단계와 공통된 부분이고, 이 두 단계를 제외한 4단계, 즉 (1) 구성(construction) → (2) 해체(deconstruction) → (3) 재구성(reconstruction) → (4) 협력구성(coconstruction)의 단계를 거친다. 각 단계별 특성이 무엇인지 살펴보면 다음과 같다(김영빈, 2016)

(1) 구성

개인이 자기 자신과 진로를 어떻게 구성하고 있는지를 일상의 작은 이야기를 통해 내담자와 상담자가 함께 파악해 가는 단계. 기대, 활동, 상호작용, 다른 사람과의 관계, 미래에 대한 전망 등을 통해 이야기를 구성해 간다. 전 생애에 걸친 자전적 이야기와 사소한 일상을 모두 다루면서 진로와 관련된 이야기들을 수집하고, 이를 연결하는 작업을 주로 한다.

(2) 해체

내담자의 관점을 폭넓게 열어주는 것이 목적인 단계. 구성 단계에서 풀어낸 이야기에 암시되어 있는 의미를 명료화하거나 더 현실적이고 객관적인 관점을 갖게 돕는다. 때로는 어떤 기대가 지배적이거나, 생각이 습관화되어 그밖의 다른 것을 생각하지 못하게 하는 경우가 있다. 혹시 이처럼 자신을 한정짓는 생각들, 또는 틀에 박힌 역할만 하거나 문화적 장벽으로 인해 더 좋은 대안들을 배제하고 있지는 않았는지를 점검하는 것이 필요하다. 성역할, 인종, 사회경제적 지위 등에 대한 잘못된 고정관념을 가지고 있을 수도 있는데 내담자의 이야기 속에서 이미 가정하고 있는 것, 못 보고 있는 것, 빠뜨린 것 등을 이 단계에서 다루어야 한다. 무조건 잘못되었다고 비난하는 것이 아니라, 더 나은 가능성을 찾기 위한 새로운 의무부여 과정으로 다루어나가는 것이 중요하다.

(3) 재구성

앞 단계에서 찾은 새로운 관점으로 문제를 재조명해 보는 단계. 작은 이야기들을 연결해 긍정적인 결과를 얻을 수 있는 이야기를 새롭게 만든다. 중요한 사건, 반복되는 에피소드, 중요한 타인, 개인적으로 의미가 컸던 순간, 변화를 가져온 경험 등에 대한 미시적인 내러티브를 통해 정체성을 구성해 나가는 과정에서 상담자는 내담자의 이야기를 엮어 통일된 개인을 지각할수 있도록 돕는다. 나아가 내담자의 과거, 현재, 미래로 이어지는 정체성에 대한 거시적인 내러티브를 구성해 가야 하는데, 이야기의 연결고리 속에서 직업적 줄거리와 진로 주제를 찾아내야 한다.

(4) 협력구성

재구성한 새로운 이야기 속에서 문제를 바라보면서 해결책을 찾고 행동의 변화를 촉진하는 단계. 내담자는 자신에 대한 새로운 상을 갖게 되고, 이에 따른 행동을 계획하고 실천하게 된다.

3 진로진학상담에의 활용 가능성

　구성주의 진로상담에서는 내담자가 실재를 보는 방식을 이해하는 데 초점이 두어지기 때문에, 상담자들이 자신의 실재 구조를 자각하고 그것과 내담자들의 의미 있는 구조 간의 관계에 대해 인식하는 것이 중요하다. 예를 들어, 직업에서 명성이 상담자에게는 부적절하게 느껴지지만 내담자에게는 적절하게 느껴진다면, 상담자의 가치가 내담자의 명성이라는 가치를 방해하지 않도록 해야 한다(Sharf, 2006:326). 따라서, 상담자는 자신의 가치체계를 아주 잘 지각하고 있어야 한다. 또한, 내담자의 이야기를 들을 때 자신의 이야기가 떠오를 수 있고 내담자와 자신의 차이점을 찾게 될 수도 있는데, 이러한 차이점을 찾는 것이 내담자의 이야기에 어떻게 영향을 주느냐에 따라서 이로울 수도 있고 해가 될 수도 있다(Sharf, 2006:327). 즉, 진로진학상담 장면에서 교사와 학생, 교사와 부모, 부모와 교사의 가치충돌 가능성을 염두에 두어야 할 것이다. 그럼, 좀 더 다양한 측면에서 구성주의 진로상담기법들이 어떻게 활용될 수 있는지 살펴보기로 하자.

1) 이혼가정 자녀를 위한 적용

　토마스와 기봉스(Thomas & Gibbons, 2009)는 부모의 이혼을 경험한 청소년들을 대상으로 3회기 동안 생애선(life line)을 이용하고, 진로를 어렵게 하는 학업 및 진로 장벽을 다루었다. 진로상담에서 내러티브 접근을 사용하여, 부모의 이혼으로 인생에서 달라진 점들을 인식하고, 청소년들의 회복탄력성을 높이도록 조성하고, 그들의 진로 전망을 향상시키도록 하였다.

2) 다문화 진로상담에의 적용

클라크, 세베리, 그리고 소이어(Clark et al., 2004)는 다양한 문화적 배경을 가진 대학생들의 진로집단상담에서 내러티브 접근이 유용하다는 것을 입증하였다. 물론 이 연구에서 대상은 대학생이었으나, 내러티브 접근에서 사용하는 진로이야기 공유, 생애주제 찾기, 커리어/생애선(career/life line) 구성 작업을 포함하여 총 4회기로 구성되었고, 이 프로그램을 통해 구성원들은 집단원들에 의해 수용되고 이해받는 느낌을 가질 수 있었고, 다른 사람들도 자신만큼, 혹은 그 이상으로 어려움을 겪고 있다는 사실을 발견하게 되었다고 언급했다.

맥마혼 등(McMahon et al., 2012)은 남아프리카 흑인 여대생을 대상으로 한 내러티브 접근 진로상담의 사례를 통해 상담에서 일어나는 과정 개념을 설명하였다. 이들에 따르면, 내담자에게는 자기성찰, 유대감, 의미형성, 학습, 대리인의 5가지 과정이 일어나는데, 의심, 갈등, 모호함으로부터 명백하고, 합리적이고, 전체적인 생각으로 변화함으로써 자신의 진로의사결정에 영향을 미치는 가족과 아프리카 내 문화의 상호연결성을 이해하는 모습을 나타내었다. 개인의 경험에 대해 더 깊게 생각하는 주관적인 과정을 통해 의미를 형성하고 생애주제를 형성하며, 학습은 변화, 새로운 이해, 지식창조를 통해 새로운 사고와 계획을 위한 행동을 마련하여 진로의사결정의 기초를 제공하고, 대리인 과정은 내담자가 생각하는 이상적 미래에 주인의식과 책임감을 가지게 할 수 있다는 것을 확인하였다.

3) 학업 부적응 학생 진로상담에의 적용

학업 부적응 학생들을 대상으로 한 내러티브 접근에 대한 연구로는 휴즈, 기봉스, 그리고 마이네트(Hughes et al., 2013)의 연구를 들 수 있다. 이들은 학업 부적응 대학생들을 위한 내러티브 상담 적용 예를 한 사례연구를 통해 보여주고 있다. 컴퓨터 엔지니어를 전공하며, 전공이수를 위한 보충과목인 수학과 과학을 이수하는 데 실패하여 진로상담이 의뢰된 학생을 상담한 사례이다. 내러티브 상담의 생애설계모형(life design model, Savickas et al., 2009)을 사용하여 5단계의 진로상담을 진행하였으며, 생애역할 모델(Life Role Circle, Brott, 2004)을 적용한 또 다른 학업 부적응 내담자의 상담 사례를 통해, 내러티브 접근은 적응 학생들과는 다른 그들의 욕구를 더 잘 이해할 수 있도록 하여 내담자 스스로 직접적인 문제해결이 가능하도록 도울 수 있음을 보여준다.

4) 저소득층 학생 진로상담에의 적용

마레 등(Maree et al., 2010)은 남아프리카의 빈곤한(disadvantaged) 대학생들을 상대로 한 연구에서 내러티브 진로 촉진의 과정이 학생들의 개인적 성장에 긍정적 효과가 있음을 검증하였다. 이들은 카커프(Carkhuff, 2009)의 2단계 상담전략과 에간(Egan, 2002; 2009)의 문제해결 접근 상담을 사용하여 첫 번째로 레보(Lebo)라는 내담자의 현재 자기 탐색에 초점을 맞추고, 미래의 그의 지각을 검토하였다. 자료는 질적 기술들 (collage, the life line, 초기 기억, life story 기술들을 포함)뿐만 아니라, MBTI와 적성검사 (Differential Aptitude Tests), 로스웰-밀러 흥미검사(Rothwell-Miller Interest Blank)를 사용해 수집하였다. 개입 결과, 학생들은 향상된 미래 지각과 더 긍정적인 학업 이미지를 나타냈다. 내러티브 진로 촉진의 과정이 학생들의 전반적 성장에 긍정적임을 보여주는 연구이다.

5) 진로흥미검사 및 측정에서의 구성주의 진로상담의 적용

타버, 하르퉁, 브리딕 등(Taber et al., 2011)의 연구를 보면, 23세의 엠마(Emma) 사례를 통해서 기존의 진로검사 및 객관적 측정이 갖는 한계를 지적하고 CSI(Career Style Interview: Savickas, 1989; 1998)의 적용 효과를 검증해 보였다. 예를 들어 RIASEC 같은 홀랜드 검사 결과를 볼 때 같은 유형이라 할지라도 개인적 차이를 이해할 필요가 있다는 것이다. 즉, 사비카스의 CSI는 아들러(Adler)의 개인심리학을 배경으로 지난 20년 동안 개정되어 왔고, 최근에 제시된 7가지 질문(롤모델, 즐겨 보는 잡지, 좋아하는 이야기나 책, 좋아하는 속담이나 모토, 어릴 적 기억 등)을 토대로 하며, 그 어떤 접근보다도 맥락적 접근이 중요함을 보여준다.

또한, 생간제나반니히와 밀카비치(Sangganjanavanich, Milkavich, 2008)는 MBTI와 SII와 같은 기존의 검사도구를 해석하는 데 내러티브적 접근이 어떻게 적용될 수 있는 지를 보여준다. 연구자는 내러티브 접근이 검사결과 해석에 매우 유용하며, 내담자를 해석 과정에 적극적으로 참여시킬 수 있고, 결과를 평가하는 데 있어서 주도적이게 할 수 있다고 한다. 특히, 상담자와 생애 스토리를 함께 구성(co-constrctung)함으로써 내 담자에게 진로결정을 하는 데 더 많은 통찰력 갖게 한다(Cochran, 1997). 무엇보다 상담 자는 검사 해석 과정에서 전문가로서의 역할보다는 촉진자로서의 역할을 통해 내담자 가 기존의 문제 위주의 내러티브(뭘 좋아하는지 모르겠는데요, 혹은 어떻게 해야 할지 모르 겠어요 등. Zimmerman & Dickerson, 1996)에서 이 진로가 어떤 의미를 갖는지, 혹은 이 진로에 대해 무엇을 아는지 등과 같은 질문을 통해 내담자의 통찰을 촉진할 수 있음을 보여준다.

6) 집단상담에서의 구성주의 진로상담의 적용

클라크, 세베리, 소이어(Clark et al., 2004)는 32명의 학생을 대상으로 내러티브 진 로집단상담을 실시하였다. 그룹 작업은 총 4회기로 구성되었고, 각 90분씩 진행되었 다. 1명의 집단 리더당 4-6명의 참가자로 구성되었다. 각 그룹은 인종, 성, 민족성을 고 려하여 이질적으로 구성하였다. 파비오와 마레(Fabio & Maree, 2013)의 연구에서는 CIP(Career Interest Profile. Maree, 2006)를 사용한 그룹 기반 진로상담의 효과를 검토 하였다. 연구에서는 두 집단의 이탈리아 대학생들을 대상으로 실험설계를 하였다 실험 집단은(42명) 내러티브 진로상담을 받았고, 통제집단(47명)은 받지 않았다. 결과에서 실 험집단의 구성원들은 내러티브 진로상담 후 더욱 구체적인 삶과 직업적 목표를 나타냈고, 진로의사결정의 어려움이 감소하였으며, 진로의사결정 자기효능감이 증가하였음을 보여준다. 즉, CIP가 포함된 그룹 기반 진로상담의 가치를 입증한 연구이다.

7) 상담개입의 효과성 측정을 위한 적용

내러티브 진로이론에서 효과적인 진로개입은 시간에 따른 개인의 직업 이야기의 변화를 가져와야 한다는 것을 강조하고 있다(Rehfuss, 2009). FCA는 사전-사후검사 도구의 하나로 개입 전 참가자들의 이야기 구성과 개입 후 이야기 구성이 어떻게 달라졌는지를 확인하는 데 사용되었다. 국내에서는 이와 같은 연구들을 발견할 수 없었으나, 실제 내담자 대상 프로그램의 효과 확인 및 평가도구로 이러한 도구를 사용하는 방법도 고려될 수 있음을 확인하였다. 레퓨즈(Rehfuss, 2009)가 사용한 FCA에 대한 내용은, 종이 위에 '미래진로자서전(Future Career Autobiography)'이라는 제목과 함께 개인의 이름과 지시의 공간으로 구성된다. 종이 위에 살고 싶은 곳, 졸업 후 5년 뒤 직업적으로 하고 싶은 일이 무엇인지 간단한 단락으로 적으라고 지시한다. 이런 지시는 학부생들에게 현재와 미래 생애, 직업적 목표들을 반영하기 위해 그들의 이야기를 용이하게 하는 것이다. FCA는 의도적으로 글 분량을 제한하는데, 이는 간단하고, 축약된 이야기가 열망을 나타내는 데 도움이 되기 때문이다. 즉, 이야기를 짤막하게 묘사하도록 전문가는 도움을 줄 수 있고, 이러한 작업을 통해 학생들은 자신의 현재 생애 및 진로목표를 빠르게 확인할 수 있고, 혹은 추후 변화를 확인하기 위해 변화가 더 필요한지를 이야기를 통해 검토할 수 있다.

4 구성주의 진로상담이론의 기법

1) 커리어 스토리 인터뷰

구성주의 진로발달이론에서 제안하는 상담 과정에서는 내담자의 진로이야기를 이끌어내는 방법으로 진로양식면접(Career Style Interview, Savickas, 1989; Taber et al., 2011)을 주로 활용한다. 진로양식면접에서 얻은 자료를 통해 상담자는 내담자의 생애주제를 이끌어낼 수 있고, 이와 함께 직업적 성격과 진로적응도 파악할 수 있다. 또한 내담자는 진로양식면접의 질문들에 답해 나가면서 자신의 진로이야기를 만들어나가게 되고, 이 이야기를 통해 진로나 교육과 관련된 당면한 선택을 하면서 자신의 삶의 의미를 한층 더하게 된다. 즉, 이야기하기는 내담자로 하여금 자신에 대해 가지고 있던 생각을 보다 명확하게 알아차리도록 돕는데, 상담자는 내담자가 자신의 이야기를 하면서 발견한 시사점을 이해할 수 있도록 조력해야 한다. 이 과정에서 내담자의 이야기에 드러난 생애주제를 호소문제에 연결시키는 노력이 상담자에게 필요하다(황매향, 2015:109-112).

진로양식면접은 일종의 구조화된 면접으로, 상담자는 내담자에게 8개의 질문을 하게 된다. 첫 번째 질문은 상담에 대한 내담자의 준비도를 파악하고 상담의 목표설정을 하기 위한 질문(opening question)이고, 나머지 7개의 질문은 역할모델, 잡지/TV프로그램, 책/영화, 여가와 취미, 명언, 교과목, 생애초기기억 등으로 구성된다. 각 영역의 의미와 전형적인 질문 형태를 정리하면 표 10-2와 같다.

표 10-2 진로양식면접에서 사용하는 질문

영역	질문	의미
준비도	○○씨의 진로를 만들어나가는 데 있어 저와 만나는 시간을 어떻게 활용할 수 있을까요?	상담의 출발점을 제시한다.
역할모델	자라면서 가장 존경했던 사람은 누구인가요? 어떤 사람의 삶을 따라서 살고 싶은가요? 세 사람의 역할모델을 얘기해 보세요. 이 사람들의 어떤 면을 특히 존경하나요? 이 사람들을 각각 얼마나 좋아하나요? ○○씨는 이 사람들과 어떻게 다른가요?	이상적 자아를 나타낸다. 질문의 초점은 누구를 존경했는가가 아니라 어떤 점을 존경했는가이다.
잡지/TV	정기적으로 구독하는 잡지가 있나요? 그 잡지의 어떤 점이 좋은가요? 정말 좋아하는 TV프로그램은 무엇인가요? 이유는?	개인의 생활양식에 맞는 환경에 대한 선호를 나타낸다.
책/영화	좋아하는 책이나 영화에 대해 얘기해 주세요.	동일한 문제에 당면해 있는 주인공을 드러내고, 이 주인공이 어떻게 그 문제를 다루어나가는지를 보여준다.
여가와 취미	여가시간을 어떻게 보내고 싶은가요? 취미는 무엇인가요? 취미생활의 어떤 점이 좋은가요?	자기표현(self-expression)을 다루고 겉으로 드러난 흥미가 무엇인지 나타낸다.
명언	좋아하는 명언이나 좌우명이 있나요? 기억하고 있는 명언이 있으면 얘기해 주세요.	생애사(life story)의 제목을 제공한다.
교과목	중학교 때와 고등학교 때 좋아하는 과목이 무엇이었나요? 이유는? 싫어했던 과목은? 이유는?	선호하는 직무와 근로환경을 나타낸다.
생애초기기억	가장 어릴 적 기억은 어떤 것인가요? 3~6살 시기에 ○○씨에게 일어났던 일 중 기억에 남는 일 세 가지를 듣고 싶습니다.	무엇에 몰두하여 노력을 기울이고 있는지를 드러낸다.

출처: Taber et al., 2011:276

2) 커리어-오-그램

커리어-오-그램(Career-O-Gram)은 하나의 선(생애곡선 같은)이라기보다는 인간의 발달에 중요한 요인을 범주화하여 묶은 후, 연결고리가 존재하는 곳을 표시하여 그곳끼리 연결하여 선으로 그리는 것이다(Thongre & Feit, 2001). 중요한 범주에는 주요 목표나 실제 직업, 인간관계, 의미 있는 경험, 유행하는 주제가 포함된다. 커리어-오-그램을 사용할 때, 상담자는 개인 삶의 경험에 대한 정보를 통합하고 진로목표에 도달하기 위해 시작하는 결정 과정을 명료화하도록 돕는다(Sharf, 2006). 커리어-오-그램은 진로 상담자가 학생에게 자신의 가장 초기 진로희망(ambition)이 무엇이며 그 진로를 계속 선택하거나 혹은 포기하도록 한 요인이 무엇인지를 물으면서 시작된다. 다음의 질문은 커리어 – 오-그램을 실시하는 동안 사용할 수 있는 질문들이다(Thongre & Feit, 2001; Brown, 2012).

- 당신의 첫 진로목표는 무엇이었는가?
- 이 목표(goal)가 생겼을 때, 몇 살이었나?
- 이 진로에서 어떤 측면이 가장 당신 마음에 와닿는가? 혹은 가장 그렇지 않은가?
- 이 진로로 들어가기 위해서 무엇을 해야겠다 생각했는가?
- 이 선택이 자신의 문화 속에서 다른 사람들의 선택과 비슷한가?
- 남자 혹은 여자로서 선택한 진로가 적합한지에 대해 어떤 메시지를 받았는가?
- 진로선택을 할 때 자신이 얼마나 파워풀하다고 느끼는가?
- 처음 선택이 바뀐다면, 어떤 요소가 그 변화와 현재 지위에 영향을 주겠는가?
- 자신의 삶에서 영향을 주는 대인관계는 어떤 관계인가? 혹은 관계였나?
- 이런 관계가 자신의 선택에 어떻게 영향을 미쳤는가? 혹은 미치는가?
- 자신이 진로를 선택할 때 역사적으로 무슨 일이 있었나?
- 진로선택에 대해 가족 간에 어떤 룰이 있는가?

각 목표가 정해지면, 기호로 표시를 해두어야 한다. 예를 들어, 초기 목표는 □으로, 그 다음 목표는 ▼으로 등등. 각 선택은 특정 선택에 영향을 주는 맥락적인 요인들이 무엇인가를 나타내는 기호로 둘러싸이게 된다. 예를 들어, $는 경제적 요인, ↑는 긍정적인 대인관계, ↓는 부정적인 대인관계의 영향, ♥는 부모의 관여(involvement) 식이다. 결과는 내담자의 생애를 통해 자신의 진로결정 과정에 영향을 미친 요인들의 발달적, 상징적인 부분을 보여주어야 한다. 주요 생애사건들 또한 커리어-오-그램 안에서 나타날 수 있다. 예를 들어, 약물 사용, 원치 않은 임신, 질병, 이혼, 혹은 임신과 양육 등. 커리어-오-그램은 내담자의 진로의사결정 과정을 상담자와 내담자 간의 언어적인 상호작용으로부터 상징적으로 보여주는 것이다(a symbolic illustration). 커리어-오-그램을 통해서 기대되는 성과는 내담자의 의사결정 과정에 영향을 미친 맥락적 요인들에 대한 이해를 높이는 것이다. 브로트(Bortt, 2001)는 자신의 삶을 이끌었던 여러 가지 요인 중에서 지금까지는 전혀 의심치 않았던 관계에 대해 알게 되기 때문에 커리어-오-그램 같은 기법들이 내담자에게 도움이 된다고 보았다.

커리어-오-그램은 원래 보웬(Bowen, 1978)에 의해 개발되었고, 가족구성원으로부터 받은 메시지를 시각화하는 수단이자 나의 삶에서 중요한 사람이 누구인지를 보여준다. 세대별 가계도를 우선 만들고, 최소한 조부모 세대까지 올라가고, 가족이 아니더라도 자신의 진로와 관련해 영향을 준 사람이 있으면 넣을 수 있다. 그들의 최고 학력수준을 적고, 커리어, 그들의 경험에 대한 자신의 이해를 기록한다. 일단 이 활동을 마치고 나면, 가족의 경험에 대해 자신이 어떻게 반응해 왔는지 알게 된다. 가족의 발자취를 따르면서 왔든, 다른 방향으로 이끌면서 왔든 말이다.

우리가 의식하든 못하든 자신의 교육이나 진로포부는 가족으로부터 받은 메시지의 영향을 받는다. 태어나면서부터 자신에게 주어진 기대가 명확할 수도 있고 때로는 의도치 않았다 하더라도 모호하거나 의식하지 못할 수도 있다. 예를 들어, 가족 중에 대학 간 사람이 아무도 없으니 너는 꼭 가야 한다는 압력이 느껴질 수도 있고, 부모가 그동안 내담자를 위해서 한 희생에 대해 갚아야 한다는 의무감이 느껴질 수도 있을 것이다. 혹은 가족 모두가 대학을 갔으니 대학을 가야 한다는 부담을 느낄 수도 있다(Thorngren, 2001).

3) 직업레퍼토리 검사(Role Construct Repertory Test, 역할구성 레퍼토리 검사)

개인구성이론에서 가장 널리 사용되는 도구는 렙테스트(reptest)라고 알려진 '역할 구성 레퍼토리 검사(role Construct Repertory Test)'이다(Neimeyer et al., 2002). 이

도구는 상담자와 연구자들에게 다양한 목적으로 널리 이용되어 왔는데, 네이마이어(Neimeyer, 1992)는 렙테스트를 진로에 적용하였다. 직업레퍼토리 검사는 내담자에게 많은 정보를 제공하기 때문에, 표준화된 흥미검사나 가치관 검사와는 다르다(Sharf, 2006:306). 정확한 렙테스트는 내담자의 구조를 조직화하도록 돕고, 내담자가 자신의 직업가치를 명확히 표현할 수 있도록 돕기 때문이다.

학생은 10개의 직업과 관련된 구조를 기술한다. 10개라는 숫자에 어떤 특별한 의미가 있는 것은 아니다(8개나 12개의 직업을 사용한다 해도 마찬가지이며, 아마 더 많은 수의 직업을 사용해도 다루기가 어려울 뿐 마찬가지일 것이다). 직업 렙테스트는 직업구조에서 활용할 수도 있고, 다른 한편으로 전공, 내담자의 지인, 유명인 같은 진로와 관련된 경험의 측면에서도 적용될 수 있을 것이다. 모두 내담자의 구조에 대한 이해를 돕기 위해 개발되었다(Neimeyer, 1992; Sharf, 2006:306).

직업 렙테스트에서는 학생은 일련의 항목을 비교하고 대조하게 된다. 직업구조를 탐색하기 위해 상담자는 학생에게 동시에 3개의 직업을 제시하면서 ① "○○가 보기에 이 직업들 중 비슷하게 보이는 2개와 다르게 보이는 것 1가지를 제시해 보세요"라고 요청한다(Neimeyer, 1992:165). 학생은 "교육을 많이 받아야 하는" 2개의 직업과 "교육이 거의 필요 없는" 1개의 직업을 말할 것이다. 이런 구별(교육을 많이 받아야 하는 직업 vs. 교육이 거의 필요 없는 직업)이 직업구조가 된다. 이런 구조는 학생에게 가능성 있는 직업을 인식하고 구별하고 평가하는 기초가 된다. 이런 구조를 끌어낸 후 ② 상담자는 학생에게 3가지의 또 다른 직업구조를 제시하고 그들에게 "이 직업들 중 비슷하게 보이는 2개와 다르게 보이는 것 1가지를 제시해 보십시오"라고 다시 요청한다. 이때 내담자는 2개의 직업이 "사람들과 함께 일하는 직업"이며, 하나의 직업은 "혼자 일하는 직업"이라고 말할 수 있다. 이런 과정은 10개의 직업을 이끌어낼 때까지 계속된다. 각 쌍의 차이점은 다른 직업을 평가하는 데 사용될 수 있는 개인의 구조를 나타낸다. ③ 학생이 직업 비교를 끝내면, 그들에게 몇 가지 평가방식(예를 들어, 7점 척도나 1-10위까지 순위)을 사용하여 각 구조에 따라 직업의 비중과 순위를 매기도록 한다. 내담자가 이러한 평가를 해나갈 때, 상담자는 내담자가 사용하는 중요한 구조를 이해하기 시작한다(Sharf, 2006:306).

`예시` 진희(고1) 사례

실내에서 하는 일 선호 vs. 좀 더 교육받을 것을 요구하지 않는 직업 선호/자유로운 직업을 더 선호 vs. 규칙과 법규가 많은 직업/농부는 12개 중 8개가 부정적인 점 vs. 변호사는 부정적인 점수에 2개만 표시 → 여기서 진희의 직업에 대한 '구조'를 발견할 수 있다. 이는 물론 '실재'를 반영할 수도 있고 그렇지 못할 수도 있다. 그 직업에 종사하는 사람들의 경험을 반영할 수도 있고 그렇지 않을 수도 있다. 이러한 사람들의 가치는 직업세계를 구성하는 사람들의 뼈대를 제공해 주며 상담자에게 내담자의 독특한 세계관에 대한 문화인류학적이고 현상학적인 평가(Hoshmand, 1989)를 제공해 준다.

장점과 단점

내담자의 직업선호도를 결정하는 과정을 통해 선호도에 대한 기초자료를 빠르게 수집할 수 있다. 예를 들어, 학생에게 자신이 변호사가 되는 데 있어서 약점은 많은 교육이 필요하다는 것이고, 변호사는 '가르치는' 업무보다는 '돕는' 업무가 많은데 그녀는 돕는 것보다는 가르치는 것에 가치를 두고 있음을 알 수 있다는 것이다. 또한, 학생의 양가감정, 즉 긍정적인 측면과 부정적인 측면 모두 보여준다. 또한 어떤 특정 직업을 이상화하는지 여부도 판단 가능하다. 단점은 쓰기, 순위 매기기, 점수 매기기에 시간을 소비한다는 점이다(Sharf, 2006:308).

Role	0	1	2	3	4	5	6	7	8	9	10	11	12	13	14	15	16	17	18	19	20	21	22	23	24	Sort	Emergent	Implicit
																	Phase 3: Apply Constructs to Roles											
0. Yourself	√	√	√				√		√																	1		
1. Teacher -- liked				√			√		√																	2		
2. Teacher -- disliked					√			√				√														3		
3. Paramour					√					√				√												4		
4. Employer -- hard to get along with															√				√		√		√			5		
5. Employer -- liked.										√				√							√					6		
6. Mother							√					√					√									7		
7. Father	√					√												√								8		
8. Brother			√						√					√												9		
9. Sister			√										√						√							10		
10. Co-worker -- easy to get along with					√												√				√					11		
11. Co-worker -- hard to understand								√					√	√												12		
12. Neighbor -- get along well	√							√												√						13		
13. Neighbor -- hard to understand						√						√					√									14		
14. Boy -- got along well				√									√							√						15		
15. Boy -- got along well					√					√				√												16		
16. Boy -- did not like									√				√					√								17		
17. Girl -- did not like					√							√										√				18		
18. Enjoyable companion					√											√				√						19		
19. Unlikable companion	√						√							√												30		
20. Person who dislikes you								√		√								√								21		
21. Person whom you'd like to help					√				√					√												22		
22. Most intelligent person				√							√										√					23		
23. Most successful person	√						√										√									24		
24. Most interesting person			√							√									√							25		

그림 10-1 렙테스트를 활용한 진로상담활동지 예시 1

4) 사다리 기법

사다리 기법(laddering techniques)은 학생에게 가장 중요한 구조가 어떤 것인지 결정하는 또 하나의 방법이 될 수 있다. 즉, 사다리는 학생들이 자신의 구조체제 내에서 상대적으로 중요한 구조들이 무엇인지 파악할 수 있게 한다. 사다리는 다른 범주들에 속한 3가지 직업을 선택하는 것에서 출발하여 그 직업들에 대한 질문을 통해 구조를 개발하는 것을 뜻한다. 상담자는 '사다리를 오르는'것처럼 구조에 대한 질문에 계속 초점을 맞춘다(Sharf, 2006:308).

예시 고1 여학생 진희의 사례

① "우선 마음에 드는 3가지 직업을 선택하세요"라고 내담자에게 요청하면서 시작. 학생은 교사, 의료보조원, 음악가를 선택. → 상담자는 학생에게 3가지 직업에 대해 잠시 생각해 보고 그 직업들 중 비슷한 2가지가 무엇이고, 다른 나머지 1개는 무엇인지 말하도록 한다. 이때 학생의 대답에는 옳고 그름은 없으나, 학생이 무엇을 생각는지, 직업을 어떻게 보고 있는지 알 수 있는 가장 중요한 자료가 된다. 학생은 교사와 음악가가 보다 '창의적'이라는 면에서 유사. 반면에 의료보조원은 '보다 기술적'이라고 봄. 내담자의 구조차원의 2가지 측면이 드러남(창의성 vs. 기술)

② "보다 창의적인 혹은 보다 기술적인 직업" 중 학생이 무엇을 선호하는지 집중. 학생은 창의적인 작업을 선호, 상담자는 '창의적인'에 +기호를 적은 후 "왜?"라고 질문. 학생은 "미리 결정된 어떤 라인을 따라가다 보면 좋아지게 될 뿐인" 기술직과 비교하면 "창의적인 작업은 나를 나 자체로 느끼게 해주기 때문에"라고 대답했다.

③ 이런 사다리 구조로 들어가서(나를 나 자체로 느끼는 것과 미리 결정된 라인을 따라감으로써 좋아지는 것) 다시 그녀에게 "이런 것들 중에서 당신이 선호하는 것은 무엇인가?"를 물음. 학생은 보다 표현력 있게 하는 작업을 더 좋아한다고 말함. 상담자가 다시 "당신은 일 속에 자신을 좀 더 몰입하기를 좋아하나요 혹은 덜 몰입하기를 좋아하나요?"라고 물음. "좀 더 몰입하기를 원해요. 나는 지루하거나 소진하는 것 대신 항상 무언가에 몰입할 때 재미를 느끼기 때문이예요." "이런 질문이 바보처럼 들릴 수도 있겠지만, 나는 당신이 지루하고 소진되는 것보다 재미있고 몰입할 수 있는 것을 더 좋아한다는 생각이 드는데요. 왜 그렇죠?"라고 질문. 그녀는 훨씬 더 길게, 마지막으로 말했다. "만약 내가 좀 더 몰입하게 된다면, 나는 내 일을 시간이 갈수록 무거운 짐처럼 느끼지 않고, 일을 일생 동안 좀 더 오래 즐길수 있을 것 같아요." ⇒ 이런 구조에 대한 질문과 대답을 통해 다시 그녀의 사다리로 돌아가 그녀가 즐기면서 하는 일을 왜 선호하는지, 혹은 왜 일을 짐처럼 무겁게 느끼고 있는지를 명확히 말할 수 있는지 확인하면서, 한 가지 이상의 평가가

내려질 것이다. "제 생각에는 인생을 즐기는 것이 최종 귀착지인 것 같아요"라는 대답에서 그녀 구조의 최상위 분류체계에 도달했다는 생각을 함(Sharf, 2006:309 에서 제시된 Jean의 사례를 각색함)

장점 및 단점

내담자의 구조를 이해하는 것뿐만 아니라, 내담자의 감정을 명료화하는 데에도 유용하며, 진로선택에서 중요한 구조나 가치에 대한 이해를 돕는다. 부모의 가치관과 자신의 일에 대한 가치관을 구별할 수 있게 해준다. 사례에서는 3가지 직업을 사용하였지만, 다양한 직업과 관련된 성격이나 내담자의 배우자, 형제, 그들 자신과 같은 특별한 사람들도 활용될 수 있다(Wass, 1984). 다만, 내담자가 저항할 때(Sharf, 2006:309) 잘 다룰 줄 알아야 한다. 부모가 성적 위주로 법대나 의대 등을 제시하는 우리 사회 상황에서 학생들의 구조와 학부모의 구조를 비교하고 그 차이를 이해하는 데 도움을 얻을 수 있을 것이다.

5) 직업카드 분류

직업카드 분류(Vocational Card Sort, VCS)는 이미 구성주의 진로상담기법이 아니더라도 많은 교사가 학교현장에서 다양하게 활용하고 있을 것이다. 본래 직업카드 분류는 타일러(Tyler, 1961)에 의해 개발되고 돌리버(Dolliver, 1967)에 의해 개정되었는데, 기본적으로 직업카드는 한 면에 직업의 이름과 정보가 적혀 있고, 다른 면에는 요구되는 자격이 적혀 있는 100개의 카드로 되어 있다. 현재 초등학생용, 대학생 및 성인용(빈 카드 포함 94장), 학과카드 등이 시판되고 있다. 또 한국고용정보원에서 발행한 60장의 청소년 직업카드와 150장의 일반 직업카드가 있다(황매향 외, 2011). 직업카드 분류는 진로상담에서 내담자들이 원하는 직업이 있으며, 그것에 관해 이야기할 필요가 있다는 가정에서 출발한다.

직업카드 분류활동을 저용할 때, 학생들은 주로 세 그룹으로 분류하도록 요청받는다. 예컨대 자기 맘에 들거나 흔쾌히 수용할 수 있는 직업, 선택하지 않을 것 같은 직업, 그리고 선택이 불확실한 직업으로 나눌 수 있을 것이다. 코크란(Cochran, 1997)은 카드 분류를 내담자와 상담자가 고려할 만한 구조와 가치를 끌어내기 위해 사용한다고 보았다(Sharf, 2005:310).

구성주의자들이 카드 분류를 사용할 때, 상담자는 학생이 우선 수용할 목록, 불확실한 목록, 거절할 목록을 구분하도록 돕고, 그리고 나서 수용할 목록과 거절할 목록을 가지고 작업하게 된다. 학생들이 원하는 목록을 최대한 많이 구별하게 하고, 거절 혹은 수용의 공통적인 이유가 무엇인지 살필수 있도록 돕는다. 학생이 카드 분류를 했을 때, 어떤 공통점이 있는지 질문한다. 예를 들면, "왜 이런 직업들을 거절(혹은 수용)하였습니까?"라고 물을 수 있다. 교사는 학생의 답변을 요약하거나 추가 질문을 할 수 있으며, 이때 학생에게 중요한 가치와 구조를 구별하도록 돕는 것이 중요하다.

코크란(Cochran, 1997:45)은 이런 과정을 거친 결과로 얻어진 구조의 예를 아래와 같이 제시하고 있다.

예시

진정한 자신이 되는, 개인적인 기계, 전기 같은 실용적인 일에 대한 능력 권위와 명성, 우러러보는 것 좋은 결과로 공로를 인정받을 수 있는	vs	매우 순응적이고 통제된. 예술적인 일에 대한 재능 부족 경시, 금지 나쁜 결과를 책임져야 되는 두려움

상담교사는 학생과 이렇게 개발된 구조에 대해 이야기하면서, 그 구조에 어떻게 그들이 맞춰갈 수 있을지에 대해 이야기하기 바랄 것이며, 학생은 직업에 대해 배우고 자신에 대해서도 배우게 된다.

강점 및 유의사항

카드 분류 방식의 강점은 내담자가 능동적으로 직업분류 과정에 참여하도록 한다는 점이다. 기존의 표준화된 심리검사에서는 내담자가 검사결과를 통보받는 수동적인 입장으로 참여하게 되는 것에 반해, 직업카드는 내담자가 직접 카드분류활동을 함으로써 능동적 주체로 참여가 가능하다. 또한 표준화된 심리검사는 규준집단이 다를 경우에 사용의 제한이 있을 수 있는 등의 제약이 있을 수 있으나, 직업카드는 다양한 집단에 사용할 수 있을 뿐 아니라 상담자가 목적에 맞게 변형하여 활용할 수 있다는 점 등에서 유연성이 높다고 할 수 있다.

지금까지 구성주의 진로상담을 기반으로 학교 진로상담에서 활용할 수 있는 몇 가지 기법들을 소개하였다. 학교 진로진학상담교사가 구성주의 진로상담 기법을 학생들에게 적용하는 데 있어서 무엇보다 중요한 것은 '기법'에 대한 태도이다. 즉, 기법을 단순한 도구로 생각하거나 단편적인 정보를 얻는 수단으로만 여기지 않고, 구성주의 진로상담에서 학생들을 대하는 인식과 태도로서 접근해야 하는 것이다. 많은 구성주의 진로상담 연구에서 지적되었듯이, 우리가 유념해야 할 점은 진로상담자가 내러티브에 대한 충분한 이해와 훈련을 토대로 접근하였는가에 대한 인식일 것이다. 진로상담자는 상담장면에서의 개입이 학생들의 이야기 변화와 형성에 어떻게 작용할 수 있을지에 대해 진지하게 인식하고, 그 유용성을 높이기 위한 전문적 훈련을 받아야 할 것이다(이제경, 2015).

요약

지금까지 구성주의 진로상담의 주요 특징 및 가정, 개념, 상담 과정, 그리고 대표적인 주요 기법들을 살펴봄으로써 우리나라 청소년 진로진학상담에 활용할 수 있는 방안을 모색하고자 하였다. 구성주의 진로상담은 학생들의 이야기를 귀기울여 듣고, 새로운 시각에서 이해하도록 도와 해결방안을 찾아가는 재구성을 돕는 과정이라 할 수 있다. 이를 위해서 상담교사는 구성주의의 주요 개념인 직업적 성격, 진로적응도, 생애주제가 갖는 의미와 중요성을 잘 알고 학생들에게 적용할 수 있어야 할 것이다. 또한, 이를 돕는 방법으로 커리어 스토리 인터뷰, 커리어-오-그램, 사다리 기법, 직업카드 분류와 같은 몇 가지 대표적인 주요 기법들을 소개하였다.

실습과제

△ 조별 과제: 4명씩 1조를 이루어 구성주의 진로상담이 청소년 진로진학상담에 활용되는 데 있어서 갖는 강점과 난점이 무엇인지 토론해 보자. 구성주의 진로상담은 내담자의 능동성을 촉진하며 스스로 삶의 이야기를 만들어가게 한다는 점에서 매우 유익하며 큰 강점을 갖고 있다. 하지만, 일반 교과과정에서와 마찬가지로, 구성주의 진로상담은 내담자뿐 아니라 상담자에게도 많은 훈련을 요하며, 상담의 과정 역시 상당한 시간과 노력을 기울일 필요가 있다는 점에서 교실단위의 큰 집단 형식의 수업에서는 적용하기 어려운 점이 있다.

△ 개인 과제: 이 장에서 소개한 다양한 구성주의 진로상담 기법들 중 자신의 진로발달을 이해하기 위해 적합하다고 생각되는 기법을 선택하고, 이를 직접 자신의 진로사례에 적용해 보고, 그 과정 및 결과가 갖는 의의를 찾아보자.

부록

Phase 4: Rate Each Role on Each Construct																												
Role	1	2	3	4	5	6	7	8	9	10	11	12	13	14	15	16	17	18	19	20	21	22	23	24	25	Construct	Emergent = 3	Implicit = 1
0. Yourself																										1		
1. Teacher – liked																										2		
2. Teacher – disliked																										3		
3. Paramour																										4		
4. Employer – hard to get along with																										5		
5. Employer – liked.																										6		
6. Mother																										7		
7. Father																										8		
8. Brother																										9		
9. Sister																										10		
10. Co-worker – easy to get along with																										11		
11. Co-worker – hard to understand																										12		
12. Neighbor – get along well																										13		
13. Neighbor – hard to understand																										14		
14. Boy – got along well																										15		
15. Boy – got along well																										16		
16. Boy – did not like																										17		
17. Girl – did not like																										18		
18. Enjoyable companion																										19		
19. Unlikable companion																										20		
20. Person who dislikes you																										21		
21. Person whom you'd like to help																										22		
22. Most intelligent person																										23		
23. Most successful person																										24		
24. Most interesting person																										25		

그림 10-2 렙테스트를 활용한 진로상담활동지 예시 2

그림 10-3 렙테스트를 활용한 진로상담활동지 예시 3

Role	0	1	2	3	4	5	6	7	8	9	10	11	12	13	14	15	16	17	18	19	20	21	22	23	24	Sort	Emergent	Implicit
0. Yourself	O	O	O																							1		
1. Teacher -- liked				O		O		O																		2		
2. Teacher -- disliked					O		O			O																3		
3. Paramour					O				O				O													4		
4. Employer -- hard to get along with															O				O			O				5		
5. Employer -- liked.									O				O							O						6		
6. Mother							O				O					O										7		
7. Father	O				O												O									8		
8. Brother			O					O					O				O									9		
9. Sister		O										O							O							10		
10. Co-worker -- easy to get along with				O												O						O				11		
11. Co-worker -- hard to understand							O							O	O											12		
12. Neighbor -- get along well	O						O												O							13		
13. Neighbor -- hard to understand					O							O					O									14		
14. Boy -- got along well		O										O							O							15		
15. Boy -- got along well			O								O				O											16		
16. Boy -- did not like								O					O				O									17		
17. Girl -- did not like					O							O										O				18		
18. Enjoyable companion			O														O			O						19		
19. Unlikable companion	O						O						O													30		
20. Person who dislikes you						O		O										O								21		
21. Person whom you'd like to help				O			O								O											22		
22. Most intelligent person				O								O								O						23		
23. Most successful person	O					O											O									24		
24. Most interesting person		O								O									O							25		

그림 10-4 렙테스트를 활용한 진로상담활동지 예시 4

Phase 1: List Exemplars, People Known to You Personally, of Each of the Following Roles	
Role	Exemplar
0. Yourself	
1. A teacher you liked	
2. A teacher you disliked	
3. Your wife (husband) or present girlfriend (boyfriend)	
4. An employer, supervisor, or officer under whom you worked or served and whom you found it had to get along with	
5. An employer, supervisor, or officer under whom you worked or served and whom you liked	
6. Your mother, or the person who has played the part of a mother in your life	
7. Your father, or the person who has played the part of a father in your life	
8. Your brother nearest your age, or the person who has been most like a brother	
7. Your sister nearest your age, or the person who has been most like a sister	
10. A person with whom you have worked who was easy to get along with	
11. A person with whom you have worked who was hard to understand	
12. A neighbor with whom you get along well	
13. A neighbor whom you find hard to understand	
14. A boy you got along well with when you were in high school	
15. A girl you got along well with when you were in high school	
16. A boy you did not like when you were in high school	
17. A girl you did not like when you were in high school	
18. A person of your own sex whom you would enjoy having as a companion on a trip	
19. A person of your own sex whom you would dislike having as a companion on a trip	
20. A person with whom you have been closely associated recently who appears to dislike you	
21. The person whom you would most like to be of help to	
22. The most intelligent person whom you know personally	
23. The most successful person whom you know personally	
24. The most interesting person whom you know personally	

참고문헌

교육부(2016). 2015 학교진로교육목표와 성취기준. 교육부.

김영빈, 선혜연, 황매향(2016). 직업·진로설계. 서울: 한국방송통신대학교 출판문화원.

노안영(2005). 상담심리학의 이론과 실제. 서울: 학지사.

이제경(2015). 융합교과목Ⅲ. 커리어스토리 개발 세미나. 한국기술교육대학교 HRD센터. 연구보고서 2014-05.

황매향(2015). 제4장. 진로이론의 최근경향. In 김봉환, 강은희, 강혜영, 공윤정, 김영빈, 김희수, 선혜연, 손은령, 송재홍, 유현실, 이제경, 임은미, 황매향(2013). 진로상담. 한국상담학회 상담학총서6. 서울: 학지사.

황매향, 김연진·이승구·전방연(2011). 진로탐색과 생애설계: 꿈을 찾아가는 포트폴리오. 서울: 학지사.

Brott, P. E. (2004). Constructivist Assessment in Career Counseling. #Journal of Career Development 30#, pp. 189-200.

Brott, P. E. (2005). A constructivist look at life roles. *Career Development Quarterly, 54,* 138-149.

Brown, D. (2012). Assessment in Career Counseling and Development. *Career Informant, Career Counseling, And Career Development* (10th ed.). New Jersey: Pearson Education, Inc. 148-149.

Bujold, C. (2004). Constructing career through narrative. *Journal of Vocational Behavior, 64,* 470-484.

Carkhuff, R. D. (2009). *The art of helping(9th ed.).* New York, NY: Human Resources Development Press.

Clark, M. A., Severy, L., & Sawyer, S. A. (2004). Creating Connections: Using a Narrative Approach in Career Group Counseling with College Students from Diverse Cultural Backgrounds. *Journal of College Counseling, 7*(1), 24-31.

Cochran, L. (1990). *The sense of vocation.* Albany: State University of New York Press.

Cochran, L. (1997). *Career counseling: A narrative approach.* Newbury Park, CA: Sage Publications.

Dolliver, R. (1967). An adaptation of the Tyler Vocational Card Sort. *Personnel and Guidance Journal, 45,* 916-920.

Eganm, G. (2002). *The Skilled helper. A problem-management and opportutnity-development approach to helping(7th ed.)*. Pacific Grove, CA: Brooks/Cole.

Eganm, G. (2009). *The Skilled helper. A problem-management and opportutnity-development approach to helping(9th ed.)*. Pacific Grove, CA: Brooks/Cole.

Fabio, A. D., & Maree, J. G. (2013). Effectiveness of the career interest profile. *Journal of Employment Counseling, 50*(3), 110-123.

Hoshmand, L. L(1989). Alternative research paradigms: A review and reaching proposal. *Counseling Psychologist, 17*, 3-80.

Hughes, A. N., Gibbons, M. M., & Mynatt, B. (2013). Using Narrative Career Counseling With the Underprepared College Student. *The Career Development Quarterly, 61*(1), 40-49.

Maree, J. G. (2006). *The Career Interest Profile(Version I)*. Randburg, South Africa: Jopie van Rooyen & Partners.

Maree, J. G., Ebersohn, L., & Biaglone-cerone, A. (2010). The effect of narrative career facilitation on the personal growth of a disadvantaged student – A case study. *Journal of Psychology in Africa, 20*(3), 403-411.

Mayo, J. A. (2001). Life analysis: Using life-story narratives in teaching life-span developmental psychology. *Journal of Constructivist Psychology 14*. pp. 25-41.

McAdams, D. P. (1995). What do we know when we know a person?. *Journal of personality 63*, pp.365-396.

McMahon, M., Watson, M., Chetty, C., & Hoelson, C. N. (2012). Examining Process Constructs of Narrative Career Counselling: An Exploratory Case Study. *British Journal of Guidance & Counselling, 40*(2), 127-141.

Neimeyer, G. J.(1992). Personal constructs in career counseling and development. *Journal of Career Development, 18*, 163-174.

Neimeyer, G. J., Neimeyer, R. A, Hagans, C. L. & Van Brunt, D. L. (2002). Is there madness in our method? The effects of reptertory grid varations on a measure of construct system structure. In R. A. Neimeyer & G. L. Neimeyer(Eds.), *Advances in personal construct psychology: New derections and perspectives*(pp.191-200). Westport, CT: Praeger.

Neimeyer, R. A., & Stewart, A. E. (2002). Constructivisit and narrative psychotherapies. In C. R. Snyder & R. E. Ingram(Eds.). *Handbook of psychological change*(pp. 337-357). New Work:

Wiley.

Prochaska, J. O., & Norcross, J. C.(1999). *Systems of psychotherapy: A Transtheorethical analysis(4th ed.)*. Pacific Grove, CA: Brooks Cole Publishing Company.

Rehfuss, M. (2009). The future career autobiography: A narrative measure of career intervention effectiveness. *The Career Development Quarterly, 58*, 82-90.

Sangganjanavanich, V. F., & Milkavich, A. K. (2008). *A narrative approach to career counseling: Applications to the interpretation of the MBTI and SII.* Based on a program presented at the ACA Annual Conference & Exhibition, Honolulu, HI.

Savickas M. L.(1989). Career style assessment and counseling. In T. Sweeney (Ed.), *Adlerian counseling: A practical approach for a new decade*(3rd ed., pp. 289-320). Muncie, IN: Accelerated Development.

Savickas M. L.(1998). Career Style assessment and counseling. In Sweeney, T. (Ed.), *Adlerian counseling: a practitioner's approach,* 4th ed. Philadelphia, PA: Accelerated.

Savickas, M. (2012). Life design : A paradigm for career intervention in the 21st century. *Journal of Counseling & Development, 90*(1), 13-19.

Savickas, M. L. (1997). Career Adaptability : An Integrative Construct for Life-Span, Life-Space Theory. *Career Development Quarterly, 45*(3), 247-259.

Savickas, M. L. (2005). The theory and practice of career construction. S. D. Brown & R. W. Lent (eds.), *Career development and counseling: Putting theory and research to work* . Hoboken, NJ: Wiley. 42-70.

Savickas, M. L., Nota, L., Rossier, J., Dauwalder, J. P., Duarte, M. E., Guichard, J., Soresi, S., Esbroeck, R. V., & Vianen, A. E. M.(2009). Life designing :A paradigm for career construction in the 21st century. *Journal of Vocational Behavior, 73*(3), 239-250.

Sharf, R. S. (2006). 진로발달이론을 적용한 진로상담(제 4판). (이재창, 조붕환, 안희정, 황미구, 임경희, 박미진, 김진희, 최정인, 김수리 공역, 2008). 서울:시그마프레스.

Stebleton, M. J. (2010). Narrative-Based Career Counseling Perspective in Times of Change: An Analysis of Strengths and Limitations. *Journal of employment, 47*(2), pp. 64-78.

Super, D. E. (1957). *The psychology of careers.* New York: Harper & Row.

Thomas, D. A., Gibbons, M. M. (2009). Narrative theory: A career counseling approach for adolescents of divorce. *Professional School Counseling, 12*(3), 223-229.

Thongren, J. M., & Feit, S. S. (2001). The Career −O-Gram: A postmodern career intervention. The Career Development Quarterly, 49(4), 291-303.

Tyler, L. (1961).Research explorations in the realm of choice. *Journal of Counseling Psychology, 8*, 195-201.

Wass, G. A. (1984). Cognitive Differentiation as function of information type and its relation to career choice. *Journal of vocational Behavior, 24,* 66-72.

Zimmerman, J., & Dickerson, V.(1996). *If problems talked: Narrative therapy in action.* New York; Guilford.

11장

다문화 사회정의 옹호상담의 기법

임은미

다문화 상담과 사회정의 상담은 상담에서 평등의 정의, 특히 기회의 평등을 지향한다. 모든 사람이 타고난 경제·사회·문화적 여건의 제약을 받지 않고 제도적 혜택을 입을 수 있도록 돕고자 한다. 모든 학생이 진로진학상담에 평등하게 접근하도록 하는 것도 이에 포함된다. 다문화 상담은 상담을 수행할 때 내담자가 성장한 문화적 배경이 내담자의 사고, 행동, 감정에 미치는 영향을 이해하고 상담자 반응과 개입 방식에 반영하는 것이다. 사회정의 상담은 학생이 경험하는 문제 중 사회적으로 취약한 여건에 기인하는 것이 무엇인지를 이해하고 사회적 여건을 개선하기 위해 상담자가 상담실 밖의 사회활동에까지 참여하도록 권장한다. 다문화 상담과 사회정의 상담 모두 내담자가 성장한 문화적 배경과 내담자의 성장을 가로막는 장벽을 주시한다. 내담자가 잠재력을 실현하는 데 방해가 되는 환경적인 차별이나 억압이 있는지 검토한다. 잠재력 실현에 방해가 되는 환경적 여건을 민감하게 인식하고, 그것이 상담 과정과 내담자 발달에 미치는 영향을 찾아내서, 그에 대한 내담자 자신의 대응방안을 모색하도록 상담에서 개입하는 것이 다문화 상담이다. 사회정의 상담은 내담자 스스로 환경여건에 대한 대응방안을 수립하고 실천하는 것이 어려우면 상담자가 직접 사회여건 개선에 참여할 것을 권한다. 상담자의 사회참여는 현재 상담하고 있는 내담자를 위한 개입이기도 하지만, 유사한 문제를 경험하는 제2, 제3의 내담자가 생기지 않도록 하는 예방적 개입이기도 하다.

계층 간 격차가 점차 커지는 현대사회에서, 어떤 배경에서 자라왔건 모든 학생이 자신의 적성과 흥미를 충분히 실현시킬 수 있는 진로를 설계하고 진학을 준비하도록 돕기 위해서는 다문화 상담과 사회정의 상담에 관심을 기울일 필요가 있다. 특히 국제결혼가정 자녀들이 성장하여 중,고등학생이 되고 있고, 북한이탈주민과 외국인 근로자 가정 자녀 등 문화적 소수민들이 많아지고 다양화되는 현시점에서 진로진학교사가 지닌 다문화 상담과 사회정의 상담 역량은 이러한 학생들의 잠재력 개발뿐 아니라 우리 사회의 원만한 통합을 위해서도 중요하다.

목표

1) 진로진학상담자에게 다문화 역량과 사회정의 옹호역량이 왜 필요한지를 설명할 수 있다.
2) 상담자의 문화적 역량 및 사회정의 옹호역량을 설명할 수 있다.
3) 다문화 상담 및 사회정의 옹호상담의 기법을 사용할 수 있다.

1) 다문화 상담의 개념

다문화 상담은 내담자의 생활경험 및 문화적 가치와 일관된 상담목표와 양식들을 사용하는 조력의 역할이자 과정이다. 내담자의 정체성을 개인, 집단, 그리고 보편적 측면을 포함하는 것으로 인정하고, 조력 과정에서 개인적, 문화특수적 역할과 전략을 사용하며, 내담자와 내담자 체계를 평가하고 진단하고 치료할 때 개인주의와 집단주의 간 균형을 맞춘다. (Sue & Torino, 2005)

위의 정의에 포함되어 있듯이, 인간의 정체성은 개인적 수준, 집단적 수준, 그리고 보편적 수준의 세 측면으로 구성된다. 개인적 수준은 유전적 재능이나 그 사람만의 독특한 경험 등을 의미한다. 개인적 수준에서 개개인은 다른 어떤 사람과도 다르다. 집단적 수준은 성, 사회경제적 지위, 연령, 인종, 성적 지향, 결혼 상태, 종교적 선호, 문화, 장애/비장애, 민족, 지리적 위치 등을 포함한다. 이 수준에서 개인은 타인과 같은 특성을 공유하기도 한다. 보편적 수준은 생물학적 · 신체적 유사성, 출생 · 사망 · 사랑 · 슬픔 등의 공통적인 인생 경험, 자기인식, 언어와 같은 상징 능력 등을 의미한다. 이 수준에서 인간은 동일하다.

개인은 개인적 특징, 집단적 특징, 그리고 보편적 특징을 모두 가지고 있다. 따라서 내담자를 한 개인으로서 자율적인 의지를 가지고 있는 존재로서뿐 아니라 사회적 · 문화적 맥락의 산물을 지닌 존재로서 지각하는 것도 필요하다. 아울러 그는 모든 인간에게 보편적인 특징도 가지고 있다. 인간의 이러한 측면을 총체적으로 보는 데 실패하면, 내담자를 충분히 이해하거나 그의 삶에 도움이 되는 조력활동을 하기가 어렵다.

다문화 상담에서는 개인을 집단적 존재로도 보기 때문에, 상담자의 역할을 개인적 수준의 개인을 위한 것으로부터 확장하게 된다. 상담자와 다른 집단에 속하는 내담자를 만나는 경우 그를 집단적인 존재로 보고 내담자가 속한 집단에서 중요한 가치가 무엇이고 도움이 되는 치료기술이 무엇인지 알아보고 수용해야 한다. 상담에서 교육, 자문, 그리고 옹호 등을 사용하여, 탐색과 공감 중심의 전통적인 상담자나 치료자의 역할을 보충할 수 있다. 따라서 효과적인 다문화 상담은 인종, 문화, 민족, 종교, 성, 그리고 성적 지향 등 문화적으로 다양한 내담자들을 위해 내담자에게 적절한 다양한 방법을 사용하고 그들에 맞는 상담목표를 설정한다.

2) 상담자의 문화적 역량

상담자의 문화적 역량은 상담자가 자신과 내담자를 문화적인 존재로 바라보고, 상담자 자신의 가정·가치·편견을 인식하며, 문화적으로 다양한 내담자의 세계관을 이해하고, 내담자에게 적절한 개입기법을 발달시키는 것을 의미한다.

상담자와 내담자를 문화적으로 바라보기 위해서는 인간 정체성의 수준 중 집단 수준적에 민감해질 필요가 있다. 내담자 문제 중 내담자가 특정 집단에 소속함으로써 그 집단의 사회적 위치나 그 집단이 사회와 맺는 관계로 인해 내담자가 현재 경험하는 독특한 어려움이 발생하고 자신의 잠재력을 개발하지 못하고 있는지에 대하여 민감하게 인식하고 공감한다. 이를 통해 내담자가 경험하는 어려움을 내담자가 소속한 집단의 문화에 대한 사회적 편견이나 고정관념에서 기인하는 것과 개인의 특징에 기인하는 것으로 구분할 수 있게 된다.

내담자가 속한 집단에 대한 사회적 편견과 고정관념으로 인한 문제는 내담자 개인의 변화만으로는 해결되기 어렵기 때문에, 상담자가 내담자의 환경에 관심을 갖고, 그 환경에서 성장한 내담자를 집단적 존재로 이해하며, 내담자가 속한 집단의 의사소통 방식과 조력 방식을 존중하며, 적극 반영한다. 따라서 성공적인 다문화 상담의 핵심은 상담자의 문화적 역량 즉, 문화적 상담에 달려 있다고 해도 과언이 아니다(Lee & Hipolito-Delgado, 2007; Sue et al., 1992). 다문화 상담의 여러 연구들은 인종/민족적 차이로 인한 내담자의 고충을 밝혔다. 다문화 내담자의 문제에는 개인적 결함으로 돌릴 수 없는 원인, 즉 주류집단이 소수민 집단에 대하여 갖는 차별적 시각, 즉 환경의 장애로 인한 요소들이 있음을 명확히 보여주었다(Sue & Sue, 2008).

상담자의 문화적 역량은 상담자가 자신과 내담자의 문화적 차이를 이해하고, 이 차이를 상담 과정에 활용하는 것에서부터 발휘될 수 있다. 문화적 역량이 부족한 상담자는 상담 과정에서 내담자를 향해 희생자 비난하기의 오류를 범할 수 있다. 내담자가 사회적 편견이나 고정관념에 의해 소외당하고 존중받지 못하여 고통이 유발되는데도 내담자에게만 변화하라고 강조하는 것이 희생자 비난하기이다.

다문화 상담 역량의 구체적인 내용은 표 11-1과 같다.

표 11-1 상담자의 문화적 역량

	태도와 신념	지식	개입기술
상담자 자신	①	②	③
내담자	④	⑤	⑥
개입전략	⑦	⑧	⑨

- **자신의 가치와 편견에 대한 상담자의 인식**
  ① 태도와 신념: 자신이 문화적 존재이며, 자신의 문화적 배경과 경험이 심리적 과정에 대한 태도, 가치, 편견에 영향을 미친다는 것, 이러한 불편과 한계를 민감하게 인식하는 것이 상담자에게 필수적이라고 인식한다.
  ② 지식: 자신의 문화적 유산에 대한 구체적인 지식을 가지고 있으며, 자신의 문화적 인종적 계층적 특징이 자신에게 어떤 혜택을 주는지 알고 있고, 자신이 사회적으로 어떤 영향력을 가지고 있는지를 예측할 수 있다.
  ③ 기술: 문화적 차이를 이해하고 상담 효과를 증진하기 위해 교육, 자문, 그리고 훈련 경험을 지속적으로 축적한다.

- **내담자의 세계관에 대한 상담자의 인식**
  ④ 태도와 신념: 자신이 문화적으로 다른 소수집단에 대하여 가지고 있는 편견이나 정형화 경향 및 정서반응을 인식한다.
  ⑤ 지식: 문화적으로 다른 내담자의 경험, 문화유산, 그리고 역사적 배경을 알고 있으며, 그것이 내담자의 문제나 도움 요청에 미치는 영향과 내담자에 대한 사회정치적 영향이 무엇인지 알고 있다.
  ⑥ 기술: 다양한 문화집단의 정신건강과 장애에 관한 최근 연구결과를 공부하며, 일상생활에서 소수민 집단과 적극적으로 어울린다.

- **문화적으로 적절한 개입전략**
  ⑦ 태도와 신념: 내담자의 종교적 영적 신념과 가치를 존중하며, 그것이 내담자의 세계관, 심리사회적 기능, 스트레스 표현에 미치는 영향에 관심을 갖는다. 토착적인 조력활동들을 호의적으로 대하고 이중언어 사용에 개방적이다.
  ⑧ 지식: 소수민들이 상담 서비스를 사용하는 데 따르는 장애요인은 없는지, 검사도구 적용으로 인한 불이익을 받지 않는지, 소수민 내담자의 지역사회 자원은 무엇인지 알고, 다양한 소수민 집단의 위계, 가족구조, 가치관, 신념 등에 대하여 알고 있다.
  ⑨ 기술: 심리평가나 개입에서 소수민 내담자에 대한 편견, 편향, 차별적인 환경 들에 주목하고 없애기 위해 노력한다. 내담자가 경험하는 문제가 타인의 차별이나 편견에 의한 것인지 알아보고, 소수민의 전통적인 치료자들에게 자문을 받으며, 내담자가 요청하는 언어로 상호작용하는 것이 불가능할 경우 연계한다.

출처: Sue et al.(1992); Areedondo et al.(1996)

3) 다문화 청소년의 진로 특성

이 장에서 다문화 청소년은 주로 어머니가 인종/민족적으로 다른 집단 출신을 지칭할 뿐 아니라 집단적 정체성 수준에서 주류민과 다른 청소년도 포함한다. 예를 들어, 장애, 종교, 사회문화적 계층 등에서 소수민의 위치에 처하여 성장하는 청소년을 포함한다. 다문화 청소년은 한국 사회에서 성장하면서 진로진학 발달과정에서 다음과 같은 특이한 여건에 놓여 있다.

(1) 자기이해에서의 어려움

이들이 자신의 직업과 관련하여 적성, 흥미, 가치, 성격을 충분히 확인할 수 있도록 환경적 지원이 이루어지기 어렵다는 점이다. 표준화 심리검사는 문항의 의미에 대한 문화 간 해석 차이를 충분히 반영하기 어렵기 때문에 표준화 심리검사를 실시하는 것만으로는 다문화 가정 학생이 자신의 직업적 특성을 충분히 이해하도록 돕는 데 매우 큰 한계가 있다. 이에 이들을 위한 다양한 비표준화 평가도구들을 계속적으로 발굴하여 적용하고, 가까운 성인과의 밀접한 관계 속에서 충분한 대화의 기회를 가지도록 할 필요가 있다.

(2) 직업정보 입수에서의 어려움

다문화 가정의 사회경제적 여건을 고려할 때, 이들은 직업인 모델을 다양하고 충분하게 접하는 데 한계가 따른다. 직업에 대한 정보는 가족과 친지, 지역사회에서 접하는 다양한 역할모델들을 통해서 공교육에 진입하기 전부터 얻어지기 시작한다. 개인이 접하는 직업정보는 환경의 영향을 크게 받는다. 물질적 심리적으로 빈약한 가정환경은 풍부한 직업정보를 제공하기 어려우며, 외적 자원을 활용할 경제적 시간적 여유뿐 아니라 자원에 대한 정보를 탐색할 기회도 덜 제공한다.

(3) 진로발달 과정에서의 독특한 트라우마 경험

다문화 가정 학생들의 트라우마가 고려되어야 한다. 진로상에서의 트라우마는 적극적인 진로탐색과 발달을 저해하기 때문이다. 북한이탈 청소년이나 중도입국 청소년은 언어적 장벽을 더 크게 겪으며, 자기보다 연령이 어린 학생들과 동급생으로 생활하면서 겪는 심리적 외상도 빈번하게 경험한다. 한국에서 태어난 결혼이민 가정 학생들은 어린 시절부터 주변으로부터 낮은 성취기대, 성취에 대한 충분한 주목과 보상의 부족 등을 통해 지속적인 심리적 상처를 입는다. 연령이 증가하면서 반복적인 외상이 축적되어 무기력으로 이어질 경우, 진로탐색 동기 자체가 약화될 수 있음을 고려하고 이들을 대해야 한다.

(4) 미공유된 직업가치관

다문화 가정 청소년들이 가진 직업가치관을 충분히 이해하기 위해서는 많은 노력이 필요하다. 사회적으로 유용한 일을 하면서 사는 것에 대한 확고한 가치, 좋은 직업이 무엇인가에 대한 판단기준, 직업을 통해 얻고자 하는 가치 등에는 개인마다 차이가 있다. 결혼이민 가정 학생들은 인종적 민족적으로 다른 부모의 가치관을 함께 전수받고 있고, 아울러 사회경제적 소외계층의 특징도 가지고 있어서, 이들의 직업가치를 이해하기 위해서는 섬세한 감수성이 필요하다.

(5) 진로장벽

진로장벽은 진로목표의 성취를 가로막는 개인적, 환경적 요인들을 포괄적으로 일컫는 개념이다(공윤정, 2005). 진로장벽은 흥미를 목표나 실천으로 전환시키는 개인의 의지나 능력에 부정적으로 작용하며, 성향, 성별, 인종/민족, 장애/건강 등 개인적 맥락적 변인의 영향을 받으며, 자기효능감과 결과기대에 영향을 주고, 흥미와 선택의 관계를 매개하며, 진로행동의 수행에도 영향을 미친다(Lent, Brown, & Hackett, 2002). 여자 청소년의 경우에는 직장생활에 필요한 개인적 특성의 부족, 미결정 및 직업준비 부족 등의 개인 내적 문제, 다중역할로 인한 갈등과 사회적 관계 문제, 차별적 노동시장과 관습의 제약, 여성취업에 대한 고정관념 등의 구조적 문제, 기대보다 낮은 직업전망 등을 겪기도 한다(손은령, 김계현, 2002). 이지민과 오인수는 결혼이민 가정 중학생의 진로장벽을 자기명확성 및 정보 부족, 미래불안, 경제적 어려움, 흥미 부족, 취업에 대한 불안,

중요한 타인과의 갈등, 나이 및 신체적 어려움의 측면에서 조명하였으며, 다문화가정 중학생이 진로장벽을 보다 심하게 겪고 있음을 밝혔다(이지민, 오인수, 2013).

4) 다문화 상담에 대한 비판

다문화 상담은 내담자 문제의 원인과 해결책에 자리잡은 환경적 요인의 영향을 볼 수 있게 해주었다는 점에서 상담이 희생자 비난하기에서 벗어나게 하였다는 강점을 갖는다. 특히 내담자의 성, 피부색, 종교적 성향, 사회계층, 가족형태 등은 내담자가 선택하기 이전에 이미 내담자에게 던져진 삶의 조건들이다. 진로탐색을 경제적으로 지원하기 어렵고, 하루하루 생업을 이어가는 일이 힘에 겨워 심리적인 지원도 하기 어려운 저소득층 가정의 자녀는 진로발달을 위한 정보에 접근하기 어려울 수 있다. 환경적 여건이나 집단의 특징을 고려하지 않은 채, 이들을 대상으로 진로성숙도가 부족하다는 등의 진단을 하는 것은 희생자 비난하기이며, 윤리적으로도 문제가 있을 수 있다.

그러나 다문화 상담은 이러한 인식을 상담실 밖으로 확장시키는 데는 실패하였다. 다문화 상담 및 발달학회에서 제시한 상담자의 문화적 역량에 대해 살펴보면, 상담자가 내담자와 자기 자신을 문화적 존재로 바라보고, 내담자가 겪는 문제의 원인이 사회적 요인에 있는지 검토하며, 이에 대하여 공감하고, 내담자에게 도움이 되는 상담전략을 전통상담이론의 틀을 뛰어넘어 탐색하고 적용할 것을 권장하였다. 이를 위해서는 상담자의 직접적인 사회참여도 중요하다. 이에 대하여 사회정의 상담 연구자들은 다문화 상담을 상담의 제4세력으로, 사회정의 상담을 제5세력으로 분류한다(Neukrug, 2016).

2 사회정의 상담의 개요

1) 사회정의 상담의 개념

사회정의 상담은 한 사회에서 살고 있는 모든 사람이 출신배경이나 소속집단의 특징으로 인해 체계적으로 소외되지 않고, 모든 기회에 완전히 참여할 수 있도록 평등한 접근 권한을 보장하기 위해 상담자가 사회에 직접 참여하는 상담이다(임은미, 여영기, 2015).

사회정의 상담은 사회적으로 특권을 누리지 못하는 내담자 모두를 대상으로 한다. 내담자 집단이 인종·민족적 소수민뿐 아니라 빈곤, 장애, 정신건강 문제, 종교, 성적 지향성 등에서의 소수민으로 확산된다. 상담자의 활동은 상담실 내부에 머무르지 않고, 차별과 억압이 일어나고 있는 사회 현장에 대한 문제제기 및 교정에 초점을 둘 것을 요청한다. 미국상담학회(ACA: American Counseling Association)의 사회정의 분과(Counselors for Social Justice) 웹사이트를 보면, 소수민에 대한 상담과 정치사회적 이슈들이 역동적으로 논의된다. '공감'이라는 무기를 가진 상담자들이 실천하는 사회정의는 '분배'의 논리에서는 밝혀내기 어려운 미묘한 차별의 영역까지 밝히고 섬세한 대안을 제시함으로써, 우리 사회의 사회정의 구현을 위한 방안을 제시할 수 있다(임은미, 2016).

사회정의 상담의 핵심 목표는 내담자의 역량강화와 환경의 변화이다(Lewis et al., 1998). 내담자의 역량을 강화하여 스스로 사회체계를 향해 자신의 목소리를 내라고 격려하든지, 그것을 실행하기 어려운 내담자라면 상담자가 직접 나서서 가정, 학교, 지역사회를 설득하거나 대중을 교육하거나, 또는 입법과정에 참여하는 등 환경 변화를 모색한다. 내담자가 경험하는 문제 중 내담자의 책임이 아닌 환경의 문제로 인한 것을 분리해 냄으로써, 학생을 죄책감에서 벗어나게 한다. 자신의 문제를 스스로의 잘못이 아니라 주어진 환경적 장벽에 대한 반응이었던 것으로 바라봄으로써, 가벼워진 마음으로 문제의 원인 중 자신이 책임져야 할 부분과 통제할 수 있는 부분에 초점을 두고 스스로의 변화를 시도할 수 있다고 믿는다(Hettma et al., 2005; Lewis et al., 2011). 환경의 변화
는 주로 상담자의 옹호작업을 통해 가능해진다.

2) 사회정의 옹호역량

사회정의 상담자는 내담자의 문제를 유발한 미시적 거시적 환경을 이해하고 그에
개입하는 것뿐 아니라 제2, 제3의 내담자가 발생하지 않도록 환경의 변화에 개입한다.
이러한 개입 태도를 '선제적' 또는 '예방적' 상담이라고 하며, 이를 위해 상담자는 사회
정의 옹호역량을 갖추고 있어야 한다(Lee, 2007). 미국상담학회(ACA)는 상담자들이 보
다 윤리적이고 효과적인 옹호역할을 수행할 수 있는 지침을 마련하고자 2003년에 상
담자의 옹호역량을 개발하고 인준하였다(Toporek et al., 2009). 이어서 미국학교상담학
회(ASCA: American School Counselor Association)는 옹호 성향, 지식, 기술로 구성된 학
교상담자의 옹호역량을 발표하였다(임은미, 여영기, 2015; Trusty & Brown, 2005). 그 주
요 내용은 다음과 같다.

(1) 성향

- 학생과 그가 속한 집단의 욕구를 충족시키도록 하기 위해 이타적인 동기를 가지
  고 사회적 참여라는 모험을 감수한다.
- 학생을 위한 최선의 옹호자는 학부모임을 받아들이고, 학부모의 마음을 공감하
  며, 가족 스스로 성장하도록 역량을 강화한다.
- 자신이 상담하고 있는 학생뿐 아니라 다른 상담자의 내담자인 학생, 그리고 일
  반 학생 모두에게 좋지 않은 영향을 미치는 불평등과 장벽을 없애기 위해 사회
  에 참여하며, 자신의 전문성까지도 옹호한다.
- 옹호 과정에서 다양한 이해당사자들과 집단들 간의 갈등상황이 발생할 것을 미
  리 인지하며, 효과적인 옹호를 위해 윤리적 원칙을 지키는 것의 중요성을 인정
  하고 최선을 다한다.

(2) 지식

- 내담자를 옹호할 때 사용할 수 있는 제도, 기관, 개인, 지역사회 자원 등을 미리 파악한다.
- 학교정책, 행정절차, 법적인 의무와 권한 등을 알고 있다.
- 갈등 해결 과정에 대한 지식이 있으며, 내담자의 문제를 긍정적으로 해결하기 위해 부모, 학생, 교직원, 행정가, 타분야 전문가, 지역사회 집단들 간에 폭넓은 공동체의식을 수립한다.
- 해결 과정에 필요한 기술을 사용할 줄 안다. 옹호의 유형과 모형에 대하여 알고 있다.
- 개인으로서의 내담자, 내담자의 가족, 학교, 지역사회 등 다양한 차원의 하위체계로서 상황을 이해하는 체계적 조망능력을 가지고 있다.

(3) 기술

- 옹호 과정에서 문제와 해결책에 대하여 효과적으로 의사소통하기 위해 공감, 경청 등의 상담 기본기술을 익힌다.
- 부모, 전문가, 행정가들과 긍정적인 관계를 형성하고 유지하기 위해 민감성을 증진시킨다.
- 내담자의 상황과 필요를 이해하고, 여러 가지 옹호행동 중에서 어떤 것이 학생의 요구 충족에 가장 적합한지를 내담자와 함께 의논하고 선택하며 결정한다.
- 현재 경험하는 문제 또는 차후 벌어질 것으로 예상되는 문제를 해결하기 위해 필요한 자원을 효과적으로 수집하며, 의사결정, 목표, 실행을 위한 참조체계로서 상담 및 진로상담의 이론 모형을 적용한다.
- 옹호행동을 개시하기 전에 구체적인 계획을 수립하고, 정보를 수집하며, 해당자들과 공유하고, 내담자와 함께 결정하고, 함께 활동하며, 평가하고 후속조치를 취한다.

상담자 자신의 소진을 피하고, 옹호 노력이 성공적이지 않을 때, 그 과정을 내담자 및 참여자들과 함께 충분히 검토하고 대응전략을 수립한다.

3) 사회정의 옹호상담의 내용

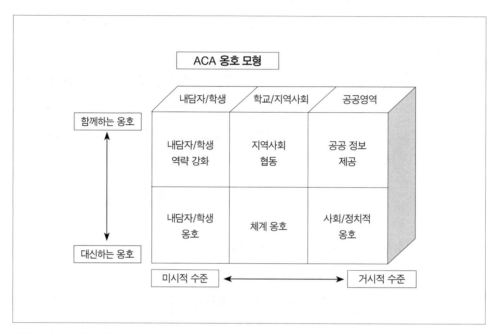

그림 11-1 ACA 옹호영역 모형

르위스(Lewis et al., 2003) 등이 제안하고, 미국상담학회(ACA)가 2003년 3월에 인준한 옹호영역을 보면, 옹호는 세 유형의 대상, 두 유형의 옹호방법이 조합된 여섯 개의 영역으로 구성된다. 옹호의 대상은 개인 내담자, 학교와 지역사회, 그리고 공공영역이며, 이들 각 대상에 따라 함께하는 옹호와 대신하는 옹호의 상담자 활동이 달라진다. 이 모형은 국내에 소개된 바 있으며, 각각을 간략히 소개하면 다음과 같다(임은미, 2015).

(1) 내담자/학생 역량강화 활동

내담자의 강점과 자원을 확인하고, 내면화된 억압에 대한 반응을 알아차리며, 학생이 환경적 장벽으로 인해 받고 있는 영향을 확인하도록 돕고, 자기옹호 행동을 훈련하고, 계획하며, 수행하도록 돕는다.

(2) 내담자/학생 옹호 활동

내담자와 학생을 대신하여 필요한 자원에 접근하고, 장애물을 확인하고, 그에 직면하기 위한 행동계획을 수립하며, 잠재적 동맹을 확인하고, 행동계획을 수행한다.

(3) 지역사회 협동 활동

내담자/학생의 발달을 침해하는 환경적 요인들을 확인하고, 공통의 관심사를 가진 지역사회와 학교에 정보를 제공하고, 서로 공조하며, 집단의 목표를 합의하고, 구성원들의 강점과 자원을 확인하며 존중하고, 기술을 알려주며, 상호 협력하여 개입하고 그 효과를 평가한다.

(4) 체계옹호 활동

내담자/학생의 발달을 침해하는 환경적 요인을 확인하고, 변화의 긴박성을 보여주는 자료를 제공하고 해석하며, 변화를 이끌어내기 위한 공동의 비전을 수립하고, 변화에 필요한 정치적 사회적인 힘을 분석하며, 단계적 계획을 수립하고, 그 과정에서 나타나는 저항을 수용하고 다룬다.

(5) 공공정보 제공 활동

내담자/학생의 건강한 발달을 막는 환경적 장애물의 영향을 인식하고, 이를 명확히 전달할 수 있는 저술 자료나 멀티미디어 자료를 제공하며, 목표집단에 적절하고 윤리적인 방식으로 정보를 전달하고, 다양한 매체를 통해 정보를 전파하며, 함께 활동할 전문가들을 확인하고 협동하며, 공공정보 제공 활동의 영향을 평가한다.

(6) 사회/정치적 옹호 활동

내담자가 직면한 장벽 중 사회/정치적 활동에 의해 가장 잘 해결될 수 있는 문제를 구별하고, 적절한 경로를 확인한다. 필요한 전문가 및 자원들과 연계하여 정책입안자들에게 사안을 알리고, 내담자 및 지역사회와 개방적인 대화를 지속하면서, 문제 예방 및 해결의 단초를 마련한다.

4) 사회정의 옹호상담에 대한 비판

옹호의 영역에서 살펴보았듯이, 사회정의 옹호상담은 개입의 수준에서 내담자 개인을 돕는 데서 출발하지만 내담자의 범위가 개인에서 지역사회, 그리고 공공영역으로 확대된다. 또한 내담자의 참여 정도에서 내담자 자신의 역량을 강화하여 자신의 문제를 스스로 해결하도록 하는 '함께하는 옹호'도 있지만 내담자를 대신하여 상담자가 주도적으로 나서는 '대신하는 옹호'도 있다. 상담자는 유능감이 증진된 내담자와 '함께' 환경의 변화를 시도할 수 있고, 내담자에게 접근 불가능한 환경에 대해서는 내담자를 '대신'하여 옹호할 수도 있다.

여기에서 크게 두 가지 문제가 제기된다. 하나는 내담자의 자율성 침해의 문제이

표 11-2 함께하는 옹호와 대신하는 옹호

• 함께하는 옹호의 예

진로탐색 시간에 자신이 원하는 학과를 발견한 샛별이는 새로운 고민에 빠졌다. 그 학과를 나와서 일자리를 찾으려면 학부과정만으로는 안 된다는 것을 알았기 때문이다. 샛별이는 자신이 얼른 대학을 나와서 취직하기만을 바라시는 부모님의 얼굴을 떠올리고는 진로탐색을 그만두고, 부모님이 원하는 대학과 학과를 가기로 결정하였다.

상담자는 샛별이가 진로탐색 시간에 흥미를 잃고 소극적인 학습태도를 보이는 모습에 대하여 비난하지 않고, 샛별이의 문화적 상황을 알아보기로 하였다. 샛별이와의 대화를 통해 샛별이의 환경을 알게 된 상담자는 샛별이가 원하는 학과에 대한 정보와 대학원 입학에 필요한 사항들, 장학제도, 그리고 대학생의 경제생활 등에 대한 정보를 주었다.

마음이 가벼워진 샛별이는 이러한 정보를 바탕으로 부모님과 의논하기로 하였으며, 진로탐색 시간에 보다 주도적으로 임할 수 있었다.

• 대신하는 옹호의 예

샛별이는 자신이 원하는 학과를 개설하고 있는 여러 학교에 원서를 냈고, 그중 두 군데에 합격을 하였다. 그중 한 곳은 집을 떠나 대학에 다녀야 하는데다 등록금이 비싼 곳이었는데, 샛별이는 그 학교에 진학하고 싶었다. 샛별이의 부모님은 차상위계층의 경제생활에 힘들어하고 있었으며, 샛별이가 남동생을 위해서라도 비용이 적게 드는 대학에 입학하기를 원하셨다. 두 학교로부터 합격통지서를 받았지만, 새로운 갈등에 직면하게 되었다. 상담자는 경제적인 문제가 핵심 요인임을 발견하고 여러 가지 장학금 조달 방법을 알아보고, 부모님과 샛별이와 의논한 후 동문회 등에 추천서를 써주면서 샛별이를 위한 장학금을 모금하였다. 샛별이는 자신이 원하던 학교와 학과에 진학하였고, 현재 대학교 4학년에 재학 중이다. 장학금을 받고, 아르바이트를 열심히 하면서, 대학원 입학자금을 스스로 마련하고 있다.

고, 다른 하나는 사적 비밀의 유지에 관련된 문제이다. 내담자의 자율성 침해에 대한 우려는 특히 '대신하는 옹호'에 대하여 제기된다. 상담은 내담자 스스로 자신의 문제를 해결하도록 돕는 것이므로, 상담자가 내담자를 대신하여 내담자의 성장에 불리한 환경적 장벽을 제거하고자 한다면, 상담자에 대한 내담자의 의존성을 조장할 수 있기 때문이다. 이에 대하여 사회정의 옹호상담에서는 옹호활동 하나하나를 전개할 때, 활동착수 여부와 활동방법 및 그에 따르는 위험요인을 내담자에게 알려주고, 내담자의 결정에 따라야 한다고 주장한다.

내담자의 비밀보장 침해 우려는 사회정의 상담 실천 과정에서 내담자가 개인을 포함하여 공공영역으로까지 확대되면서 발생한다. 이로 인해, 경우에 따라서는 고통당하는 내담자의 신분이 드러나지 않도록 하기 위해 옹호활동을 철회하거나 뒤로 미룰 수도 있다. 또한 내담자 범위를 확대하면서 공조체제를 맺을 때, 서로 간의 비밀을 지켜줘야 하는 경우도 있다. 따라서 옹호를 수행하기 위해서는 이러한 관계의 역동성을 잘 알고 다면적으로 접근해야 한다.

1) 전통상담이론에 함의된 다문화/사회정의 진로상담의 요소

다문화 진로상담에 유용하게 참고할 수 있는 이론으로는 사회인지진로이론, 인종/성 생태학적 모형, 진로무질서이론 등이 있다.

(1) 사회인지진로이론

사회인지진로이론(SCCT. Lent et al., 1994)은 소수인종과 소수민족 집단의 직업적 행동을 설명할 때 유용하다. 이론이 제안된 이래로 다양한 소수민 집단을 대상으로 연구가 수행되었다. 이 이론은 성격, 성별, 인종, 장애, 건강상태 등의 개인적 배경과 환경적 배경을 통해 이루어지는 개인의 학습경험이 자기효능감과 결과에 대한 기대에 영향을 미친다고 가정한다. 또한 진로목표를 이루기 위한 수행 과정에도 환경의 영향이 작용한다고 지적한다. 진로 흥미가 목표와 행동의 선택에 직접적으로 영향을 미치고, 목표와 행동의 선택은 진로 수행과 획득에 영향을 미친다(Lent et al., 1994). 근접한 맥락적 요인들이 진로선택과 진로행동에 직접적인 영향을 미치며, 흥미와 선택 사이를 중재한다.

(2) 인종/성 생태학적 모형

인종/성 생태학적 모형에 따르면, 인간의 행동은 개인과 환경 간의 지속적이고 역동적인 상호작용에서 나온다. 직업적 행동은 맥락 속에 있는 행동으로 이해될 수 있으며, 맥락은 개인의 행동에 대하여 이름을 붙이고 의미를 부여하는 데 필수적이다. 브론펜브레너(Bronfenbrenner, 1979)는 인간의 행동에 영향을 미치는 네 가지 주요 하위체계를 제안하였다. 미시체계(micorsystem), 중간체계(mesosystem), 외체계(exosytstem), 거시체계(macrosystem)이다. 진로행동은 진공상태에서 발생하지 않고 개인과 환경 간의 전 생애에 걸친 역동적 상호작용에서 발생한다.

이 모형에 따르면, 상담자는 내담자의 진로발달을 촉진하기 위해 미시체계, 중간체계, 외체계, 거시체계의 변화를 겨냥한 작업도 수행하여 내담자의 옹호자로서 봉사할 수 있다. 내담자의 생태체계에 대한 주의 깊은 평가는 개별 내담자를 위한 진로상담적 개입이 가장 효과적으로 이루어질 수 있는 방법을 결정한다. 생태학적 진로상담자는 내담자와 파트너로서 내담자가 직업세계와 보다 성공적이고 만족스러운 상호작용을 하면서, 환경에 적응하거나 환경을 변화시켜 가도록 돕는다.

(3) 진로무질서이론

진로무질서이론은 체계 내에서의 모든 요소들이 상호작용하며 복잡하게 엉켜 있기 때문에 이를 단순하게 설명할 수 없다는 전제에서 출발한다. 즉, 비예측성과 비선형성이 무질서이론의 특징이다. 복잡성을 이해하려면 인간의 경험을 포함하는 실재가 총체적으로 이해되어야만 한다는 사실을 인정해야만 한다. 비록 복잡한 전체의 일부들을 검토하는 것이 어떤 때는 중요할지라도 복잡한 체계에서 새롭게 나타나는 특성들이 간과될 위험은 여전히 남아 있다.

진로발달에 무질서이론을 적용하게 되면, 개인은 복잡하고 역동적인 체계로 이해되어야 하며, 진로는 체계로서의 개인이 나머지 세상(다층적으로 층화된 체계로 이해되어야 함)과 상호작용하면서 나타나는 확산적 특성으로 이해되어야만 한다(손은령, 2009; Bloch, 2005).

2) 우리나라에서 개발된 진로상담 매뉴얼

다문화·취약계층을 위해 우리나라에서 개발된 진로상담 매뉴얼들은 비교적 내담자의 역량을 강화하거나 환경적 지원체계를 마련하고 활용하도록 하는 데 초점을 두고 있다. 그중 몇 가지를 소개하면 다음과 같다.

(1) 북한이탈주민 취업지원 프로그램

북한이탈주민 취업지원 프로그램(이만기, 임은미, 조재희, 2012)은 하나원을 출소한 북한이탈주민들이 한국 사회에서 자신의 적성에 맞는 직업을 찾고 적응할 수 있도록 돕기 위한 프로그램이다. 북한이탈주민들의 진로 특성, 그들에게 절실한 한국 사회의 직업정보, 각종 지원대책들과의 연계 가능성 등을 북한이탈주민의 상황에 적절하게 수록하였다. 이러한 정보들을 도입, 문제 직면, 자기이해, 직업세계 이해, 경력개발 계획 수립, 구직기술 획득, 정리 등의 단계로 정리하였다. 단, 이 프로그램은 청소년 특화 프로그램이 아니며 집단 프로그램이기 때문에, 참가자의 욕구에 심층적으로 반응하기에는 다소 한계를 가진다.

(2) 취업성공패키지 내의 취업상담 매뉴얼

취업성공패키지(http://www.work.go.kr/pkg/index.do)는 취약계층의 실직자들에게 노동부에서 제공하는 전방위 취업지원 시스템이다. 한국고용정보원은 취업성공패키지를 운영함에 있어, 각 취약계층의 동기유발과 서비스 최적화를 위해 취업상담 매뉴얼을 제작하여 배포한 바 있다. 이때 취약계층에는 북한이탈주민, 결혼이민여성 등의 다문화 인구들이 포함되어 있으며, 이들을 위해 취업상담에서 진단해야 할 사항, 그에 적절한 심리검사, 상담단계 등을 안내하였다. 이 프로그램은 국가에서 표준 과정을 통해 제공하는 프로그램이고, 성인 실직자들을 대상으로 하기 때문에 청소년들에게 직접 적용할 수 없는 한계가 있다. 그렇지만 다문화 인구 등의 취약계층의 취업지원을 위해서는 상담을 통한 동기유발과 유지가 매우 중요하다는 점을 반영하여 제작되었기 때문에, 다문화 청소년의 진로상담자들도 숙지할 가치가 있다.

(3) 중도입국 청소년 진로상담 매뉴얼

중도입국 청소년 진로상담 매뉴얼(김미라, 김소라, 박상현, 박선진, 윤영호, 2012)은 최근 들어 늘어나고 있는 중도입국 청소년들이 한국 사회에서 가장 효과적으로 적응할 수 있도록 돕기 위해 만들어진 프로그램이다. 중도입국 청소년의 입국 당시 연령은 매우 다양하며, 출신국도 다양하고, 한국에 입국하게 된 계기도 매우 다양하다. 이 프로그램은 이들의 한국어 수준을 고려하여 자기이해, 경제교육, 진로적성 이해, 인생목표설정, 미래준비, 책임감 향상, 직장적응 등의 주제를 집단상담 형식으로 교육하도록 안내하고 있다.

(4) 중도입국 청소년 가족역량강화 프로그램

중도입국 청소년 가족역량강화 프로그램(임은미, 정성진, 서지흔, 2013)은 중도입국 청소년들이 한국에서 생활하면서 겪는 언어와 적응, 그리고 정체감의 혼란을 극복하기 위해서는 청소년 개인뿐 아니라 가족 전체의 역량강화가 필요하다는 데 착안하여 개발되었다. 이들이 겪는 스트레스, 정서적 혼란과 충격, 의사소통 갈등 등의 문제를 입국 이전과 이후로 구분하여 이해하고, 가족 간 지지방법을 제시하고 연습하도록 프로그램을 구성하였다. 이 프로그램은 다문화 가정 청소년의 어려움을 가족체계적 차원에서 바라보고 지원해야 할 필요성과 구체적인 실행방법을 가르쳐준다.

(5) 저소득층 취업지원 매뉴얼

저소득층 취업지원 매뉴얼(이만기, 임은미, 변정연, 이홍숙, 2014)은 저소득층 내담자의 자신감 향상, 생애설계 및 진로계획, 구직 및 직장적응을 돕기 위해 만들어진 집단상담 프로그램이다. 사랑스런 나 만나기, 내 마음의 힘 키우기, 나의 강점/나의 개성, 나의 소득/나의 생애, 행복내일 경로탐색, 행복내일 취업전략, 대인관계와 직장적응력 향상, 진로계획 수립과 마무리로 구성된 각 장에서는 저소득층의 직업 특징에 맞는 정보와 기술증진 훈련이 이루어진다. 이 프로그램은 저소득층의 특징을 기반으로 추출된 요소들을 중심으로 이루어져 있고, 현장에서 사용하기에 매우 실질적인 내용들을 담고 있다. 성인 대상 집단상담 프로그램이기 때문에, 다문화 학생에게 직접 적용하기는 어렵다.

　　장창곡, 이지연, 장진이(2012)는 일반계 고등학생을 위한 진로상담의 과정을 접수 단계, 진로상담 단계, 진학가능성상담 단계, 학습전략상담 단계, 추수상담 단계로 정리 하였다. 양미진 등은 다문화 청소년 상담 매뉴얼을 개발하였고(양미진 외, 2011), 빙햄 (R. P. Bingham)과 워드(C. M. Ward)는 다문화 진로상담의 모형을 수립하였다(Bingham & Ward, 1996). 이러한 선행 연구들을 바탕으로, 임은미와 여영기는 진로진학상담의 각 과정별로 다문화/사회정의 상담개념을 통합하는 방안을 다음과 같이 정리한 바 있다 (임은미, 여영기, 2015).

1) 관계형성 및 상담지원체계 확립

　　내담자와의 신뢰관계 형성, 내담자의 기대 확인으로 이루어지는 단계이다. 상담 전 에 다문화 가정과 취약계층 가정 청소년의 고충을 밝혀주는 최근 연구물들을 지속적으 로 추적하고 다양한 상담사례를 접하면서 관계형성 역량을 쌓는 것은, 취약계층 가정 청소년을 위한 상담의 기능성을 넓혀준다는 의미에서 다문화/사회정의적 상담 활동이 라 볼 수 있다. 소수민 가정의 학생은 상담자가 문화적 차이로 인해 자신의 사정을 잘 이해한다거나 자신에게 도움이 되는 방향으로 상담을 이끌어간다는 확신을 갖기 어려 울 수 있다. 이에 상담자는 내담자와 문화적으로 신뢰하는 관계를 맺기 위해 특히 관심 을 기울여야 한다. 다문화 상담에서는 변화가 개인의 적응을 통해서만 이뤄진다고 보 는 개인주의적 관점을 벗어나, 체계의 변화를 통해 개인의 적응을 이끌어내는 체계적 관점을 취한다. 따라서 다문화 청소년과 관계를 맺기 위해서는 부모, 교사, 지역사회 자 원 등 청소년에게 도움이 될 지원체계를 이해하고 활용전략을 수립해야 한다.

2) 문제의 진단

청소년 개인의 문제뿐 아니라 가족, 학교, 지역사회, 입시제도, 경제적 자원의 양과 질 등 청소년을 둘러싼 체계의 문제도 함께 진단한다. 이 단계에서 다문화/사회정의 상담자가 특히 유의할 점은 표준화 심리검사를 실시하고 해석할 때 내담자의 환경적 여건을 신중하게 고려해야 한다는 점이다(Sheu & Lent, 2007). 낮은 흥미나 적성이 내담자 개인의 특성인지 환경적 제약으로 인한 학습기회 부족으로 인한 것인지를 살펴야 한다 (Lee & Hipolito-Delgado, 2007). 잠재력을 발견하고 개발할 기회를 갖지 못한 내담자가 현재의 역량만을 근거로 장기적인 진로 비전을 제한한다면 그에 대하여 탐색하고 학습 기회를 제공 해야 할 것이다.

3) 목표설정

다문화 청소년과 취약계층 가정 청소년의 궁극적인 진로목표는 자신에게 가장 적합한 진로를 선택하고, 선택한 진로를 향해 노력하며, 보다 더 적합한 진로를 발견하면 수정 보완해 가는 연속적인 생애진로발달의 과정을 거친다는 점에서 일반 청소년의 진로목표와 다르지 않다. 그러나 궁극적인 목표를 이루어나가기 위한 과정에서 거치게 되는 단기적인 목표들에 있어서는 일반 청소년과 다른 목표들이 등장할 수 있다. 언어 습득, 어머니 나라의 언어와 문화에 대한 학습, 선수학습(prerequisite learning) 보충, 학습과 진로탐색을 방해하는 환경적 요인의 극복 등이 그 예이다. 이러한 상황에 대응하기 위해서는 목표를 장기목표와 단기목표로 구분하고, 목표의 영역을 가능한 한 세분화할 필요가 있다. 크고 장기적인 목표로 향하는 과정에서 세분화된 작은 목표를 성취하는 것이 이들에게 효능감을 증진시키는 강화인(reinforcer)으로 사용되도록 고려할 필요가 있다.

4) 진학가능성상담 단계

내신·면접, 논술, 적성검사, 실기 등의 대학입시 전형 요소 이해, 입학사정관 전형 이해, 대학입시의 전반적인 흐름 이해, 현재 모의고사와 내신 성적으로 지원 가능한 대학 및 학과, 목표대학의 모집요강 이해, 자기소개서 작성, 수능 최저학력기준 충족 가능성 등의 진학가능성상담 단계이다. 상담자는 다문화 가정과 취약계층 가정 내담자의 준비과정을 돕기 위해 가족과 학급, 그리고 학교와 지역사회가 해줄 수 있는 일이 무엇인지 점검하고, 가능한 자문과 교육을 할 수 있다(임은미, 여영기, 2015).

또한 다문화, 북한이탈주민, 그리고 취약계층을 대상으로 열어놓은 입학 전형들을 찾아내야 한다. 이러한 정보들을 찾는 것이 한 개인교사의 업무로 진행하기에 어려움이 있다고 여겨지면 교사 간 세미나를 통해 정보를 교환할 수 있다. 만일 소수민 내담자들이 각종 입시나 선발에서 인종/민족 또는 기타 사회계층적 특징으로 인해 불리한 여건에 처해진다는 점을 발견하면, 개인적으로 해당 기관에 피드백을 제공할 수도 있고, 뜻을 함께하는 교사들과 연대하여 개선을 요청할 수도 있다.

5) 진로장벽의 발견과 극복 단계

목표를 이루기 위해 실천해 나가는 과정에서 진로장벽을 발견하고 극복하는 단계이다. 자신의 목표를 이루기 위해, 내담자가 가장 적극적으로 움직여야 하는 단계이다. 상담의 전 과정 중 다문화 청소년이나 사회적 취약계층 학생들이 진로장벽의 부정적인 영향을 가장 크게 받는 단계이기도 하다. 상담자는 내담자의 실행 과정을 지속적으로 지켜보면서, 내담자가 당면하는 진로장벽을 감지하고 명시화하며 이를 극복하기 위한 방안을 내담자와 함께 의논해야한다. 이 프로그램에서는 실행 과정에서 부딪히는 여러 가지 진로장벽들에 대한 탐색, 명료화, 극복 방안들을 제시한다. 이 과정에서 내담자의 기초학습능력이나 성취도가 자신이 선택한 진로에 진입하기 어려울 만큼 낮다면, 학습 능력을 지속적으로 개발하도록 도와야 한다. 쉽게 도달하기는 어렵다 하더라도 성취

가능한 목표로의 조정, 시간 사용과 학습 습관의 확인, 본인에게 적절한 학습계획 작성 등을 돕는다.

아울러 다문화 가정이나 취약계층 가정의 학생들이 겪는 학습된 무기력을 이해하고, 자신의 진로목표를 달성하기 위한 수준의 학습동기 부여 방안을 찾아본다. 무동기 학생의 학습동기는 쉽게 오르지 않을 뿐 아니라 자주 좌절된다는 점을 충분히 이해하고 이에 대한 최신 연구들과 상담기법들을 숙지하여 상담자 자신이 무기력해지는 것을 방지하는 것이 매우 중요하다(이은주, 2015; 조은애 외, 2014).

6) 마무리

실행 과정이 지속되고, 내담자 스스로 자신의 진로를 선택하고, 설계하며, 목표를 이루어 나갈 수 있다는 자신감이 생겼을 때 상담을 마무리하는 것이 가장 이상적이다. 그러나 학교 현장에서 상담을 할 때는 진급과 진학으로 인한 종결이 있을 수 있고, 사회상담기관에서 상담을 할 때는 내담자들의 자발적 동기가 부족할 때 아무런 대비 없이 끝나버리는 등 여러 가지 유형의 종결 과정이 있다. 다문화 가정과 취약계층 가정이 상담이 끝난 후에 자녀의 학업 및 진로발달을 격려하기 어려운 상황이라는 점을 감안하면, 마무리 시간을 통해 내담자와 함께 앞으로 남은 과제를 세밀하게 점검하고, 그에 대한 내담자 자신의 실천방안과 추수상담의 가능성을 구체적으로 논의할 필요가 있다.

7) 추수상담

추수상담 단계는 취약계층 학생들의 진로장벽을 확인하고 대응방안을 다시 수립하기 위한 필수적인 단계이다. 프로그램 참여도와 만족도가 높던 학생들도 실제 생활로 돌아가면, 학습과 진로발달을 충분히 지지하지 못하는 가정환경과 또래 분위기로 인해 지속적인 실천을 하기 어려운 여건에 놓이는 경우가 많기 때문이다(배주미 외,

2010). 이에 사회정의 상담을 실천하려는 상담자는 추수상담을 통해 취약계층 학생의 진로장벽을 구체적으로 탐색하고, 환경적 여건을 지지적으로 바꿀 수 있는 대응방안을 학생과 함께 재수립함으로써, 학생의 학업 및 진로발달을 도울 수 있다.

'진로진학상담교사의 직무기준'(교육과학기술부, 2011)을 수행할 때도, 상담자는 사회 정의적 접근을 적용할 수 있는 방안을 찾아볼 수 있다. 임은미와 여영기는 이들 직무 영역에 따라 다문화/사회정의 옹호상담의 실천방안을 다음과 같이 정리하였다(임은미, 여영기, 2015).

1) '진로와 직업'교과지도

'진로와 직업' 교과 수업을 진행할 때, 교과서 선택에 신중을 기해 각종 교과서에 체계적인 차별을 조장할 수 있는 내용이 포함되어 있지는 않은지 검토한다. 성차별, 학력차별, 사회계층 차별적 내용이 글이나 삽화, 또는 연습문제에 포함되어 있지 않은 책을 개발하고 선택하고자 노력해야 한다. 부득이하게 차별적 내용이 포함된 책을 사용해야 한다면, 그에 대하여 학생들에게 명확히 설명하고, 그 내용들이 학생들에게 어떤 영향을 끼칠지 유의한다. 출판사에 항의하고, 수정하도록 압력을 가하거나 교육당국의 교과서 검정기준 개선을 요청하는 것도 사회정의 상담의 실천방안이 될 수 있다.

2) 진학·취업지도 지원

진학·취업지도 지원에서 각종 전형 준비 과정에 적극적으로 임하지 못하는 이유가 정보에 대한 불평등한 접근 때문인지 확인하고 대책을 마련한다. 가정의 인터넷 고장 등의 사소해 보이는 문제도 학생의 진로탐색에는 장애가 될 수 있으며, 가정불화 등의 심리적 환경의 문제는 학교나 학과 정보 탐색에 대한 동기를 저하시킬 수 있다.

3) 학교단위 진로·진학지도 연간계획 수립 및 성과관리

학생의 가정환경으로 인해 진로체험활동 접근에 제한이 따르는지 검토하고 보완방안을 수립한다. 해당 체험활동이 필요하지만 가난, 교통수단 부재, 부모의 이해부족 등으로 참여하지 못하는 학생을 위한 지원방안 등을 마련한다.

4) 교원과 학부모 대상 연구 및 컨설팅

교사의 학생지도 방법 중 취약한 환경에 놓인 학생들에 대한 차별적 발언은 없는지, 학부모가 자녀의 현재 성취나 가정의 형편으로 인하여 자녀의 자기효능감을 저해하는 발언을 하지는 않는지 점검하고 이에 대하여 학부모 교육이나 컨설팅을 실시한다.

5) 창의적 체험활동 활성화

창의적 체험활동 지도 과정에서, 포트폴리오 작성 방법을 구체적으로 안내하여 학생 자신의 소질과 적성이 충분히 드러나도록 하며 차후 계획 수립에 악영향을 미치는 진로장벽 요인은 무엇인지 점검하고, 명확히 정의하며, 해결방안을 수립하고 실천한다. 또한 다양한 진로활동, 동아리, 봉사활동 등에 대한 정보와 접근방법을 안내한다.

6) 네트워크 관리

지역사회 자원의 활용은 매우 핵심적인 사회정의 활동 중 하나이다(Lewis et al., 1998). 지역사회가 취약계층 가정 학생을 위한 자원을 충분히 할당하고 있는지, 국가로부터 지원을 충분히 받고 있는지 점검하고, 부족한 부분에 대하여는 정책담당자들과

협의하여 개선방안을 마련한다. 정책담당자들과 협의할 때 인접 전문분야 인력과 협조적으로 작업하면 더욱 효과적이다.

7) 진로·진학상담 지원

상담을 통해 사회·경제적 취약성으로 인한 진로장벽뿐 아니라 심리적 요인으로 인한 진로장벽은 없는지 탐색하고 대책을 마련한다. 또한 담임교사나 전문상담교사가 취약계층 학생들에게 진로진학상담을 수행할 때 유의해야 할 사항들에 대하여 연수를 실시하고, 진로진학 관련 정보들을 제공할 수 있다.

8) 진로·진학관련 인력 관리

진로·진학지원 인력 관리를 사회정의적 접근으로 진행하기 위해 진로·진학지원 인력이 진로장벽이 심한 학생들에게 평등하게 배치되도록 하고, 이 과정에서 겉으로 드러나지 않는 미묘한 진로장벽을 가진 학생들이 역차별당하지 않도록 유의한다.

다문화/사회정의 상담의 기법은 상담자가 자신의 사고방식을 들여다보는 것에서 부터 비주류집단에 대한 차별과 억압을 막는 대중 대상 운동이나 정책개발 등의 거시적인 것에 이르기까지 다양하게 구사될 수 있다. 여기에서는 사회정의적인 상담기법 중 상담자의 사고방식이 타인을 차별하거나 스스로를 차별받는 존재로 인식하게 한다는 것을 발견하고, 사고방식을 개선하는 데 도움이 되는 몇 가지를 소개하고자 한다 (Jun, 2009).

1) 상담자와 내담자의 문화적 정체성 확인

상담자 자신과 내담자를 이해하기 위해 문화적 특징을 분석하고 그로 인한 사고방식의 차이를 찾아보며, 이러한 차이에 어떻게 대응해야 할지를 점검하는 것이다. 헤이스(P. Hayes)와 단드레아(M. D'Andrea), 다니엘스(J. Daniels)는 개인을 문화적 틀로 이해하기 위해 연령/세대요인, 발달적 장애, 후천적 장애, 종교와 영적 지향, 민족적·인종적 정체성, 사회경제적 지위, 성적 정향, 토착유산, 국적, 성, 심리적 성숙, 트라우마, 가족 배경, 신체 특징, 출신지와 언어 등을 고려하여, 각각에 대하여 내담자가 처한 구체적인 상황들을 적어보고, 그러한 상황으로 인해 내담자가 생활 속에서 어떤 경험을 하고 있는지를 살펴볼 것을 권유하였다(D'Andrea & Daniels, 2001; Hayes, 2008).

상담자는 아래 표 3을 상담자 자신의 문화적 정체성을 이해하고, 그것이 상담 과정에 미치는 영향을 인식하는 데 사용할 수 있다. 표 3에 자신의 문화적 정체성을 기술하고, 동일한 양식을 사용하여 학생의 문화적 정체성을 기술한다. 상담자와 내담자의 문화적 차이점이 발견된다면, 상담자는 그러한 차이가 자신이 내담자를 대하는 방식, 진로탐색 과정에 미치는 영향, 진로선택 관련 조언의 내용과 방법에 미치는 영향 등을 민

표 12-3 상담자와 내담자의 문화적 정체성 탐색표

문화적 요인	내용	문화적 특징의 영향	학과나 전공 선택에 미치는(친) 영향	진로와 학업수행에 미치는(친) 영향
종교적 영적 정체성				
경제-사회적 계층				
성-성적 정향				
심리적 성숙				
민족-인종				
연령				
트라우마				
가족 배경				
신체 특징				
출신지와 언어				

〈문화적 차이의 주요 요인(RESPECTFUL)〉

R: 종교적/영적 정체성(Religious/spiritual identity)
E: 경제적 계층 배경(Economic class background)
S: 성적 정체성(Sexual identity)
P: 심리적 성숙도(Psychological maturity)
E: 민족/인종 정체성(Ethnic/racial identity)
C: 연령(Chronological/developmental challenge)
T: 안녕감을 저해하는 외상과 위협(Trauma and other threats to one's well-being)
F: 가정 배경(Family background and history)
U: 신체적 특징(Unique physical characteristics)
L: 거주지와 언어 차이(Location of residence and language differences)

출처: D'Andrea & Daniels(2001)

감하게 인식해야 한다.

또 내담자를 문화적 특성에 근거하여 이해하는 데 활용할 수 있다. 학생의 진로선택은 학생 개인의 결정이라기보다는 가정의 문화적 특징과 깊은 관계가 있을 수 있기 때문이다. 예를 들어, 진로탐색에 흥미를 보이지 않는 학생들 간에도 문화적 특징에서 차이가 나타날 수 있다. 어떤 학생은 종교와 가족 배경으로 인해 진로가 이미 한 가지로 결정되어 있고, 학생은 그것을 변화시킬 수 없는 상황에 놓여 있을 수 있다. 어떤 학생은 성역할 고정관념에 의해 자신의 꿈을 어차피 펼칠 수 없다고 생각할 수 있으며, 어떤 학생은 신체적 특징이 사회적 지위를 결정한다고 생각하는 문화의 영향을 깊이 받은 나머지 더 이상의 진로탐색을 하지 않은 결과일 수 있다. 학생의 문제를 문화적 틀 속에서 바라보면, 학생 개인에 대한 부정적인 평가나 비난이 아니라 그 문제를 겪을 수 밖에 없는 상황들에 대한 종합적인 이해를 얻을 수 있다.

2) 사고유형의 확인 및 교정

상담자가 내담자를 대할 때 차별과 억압을 통제하지 못하는 이유는 돌보고자 하는 의욕이 부족해서가 아니라 차별을 부르는 부적절한 사고유형 때문이다(Jun, 2009). 차별을 부르는 사고유형에는 선형적, 이분법적, 위계적 사고가 있으며, 이것들이 개선된 사고방식은 전체적 사고이다. 인간은 차별을 부르는 사고방식에 의해 상대방을 차별하고 억압하며, 그러한 환경에 둘러싸여 스스로에게 차별을 가하기도 한다. 타인의 외모를 자주 평가하는 사람이 자신의 외모에 대하여 심한 열등감을 가진 경우가 그 예이다. 외모지상주의라는 환경에서 타인을 차별하다 어느 순간에는 방향을 바꾸어 자신을 차별하는 것이다. 차별을 부르는 사고의 유형은 상담자뿐 아니라 내담자도 지니고 있을 수 있다. 내담자는 타인이나 체계의 억압을 받기도 하지만, 그러한 억압을 내사(intro-jection)하여 더 이상 타인이나 체계가 자신을 직접 억압하지 않음에도 불구하고 스스로를 억압할 수 있다. 이에 차별을 부르는 부적절한 사고를 인식하고 해체하는 작업은 상담자와 내담자 모두에게 필요하다. 그러나 순서상 상담자가 먼저 이러한 과정을 거치고, 그 과정을 내담자에게 적용하는 것이 효과적이다. 이에 여기에서는 상담자 자신의 사고유형을 확인하고 해체하는 것에 초점을 맞추어 진술하고자 한다.

(1) 자신의 사고유형 확인
① 선형적 사고
선형적 사고는 특정 순간에 경험한 사실을 바탕으로 미래를 예측하는 데서 발견된다. 과거를 기반으로 현재와 미래를 투사하며 일반화한다. 선형적 사고의 바탕에는 환경이 변하거나 시간이 지나도 사람은 변하지 않는다는 가정이 깔려 있다.

한 학생이 교사와의 처음 만남에서 바람직하지 못한 모습을 보였을 때, 오랜 시간이 흘렀음에도 불구하고 그 학생이 처음 만남에서처럼 바람직하지 못한 행동을 지속할 것이라는 예상을 하는 것이 선형적 사고의 예이다. 반대로 진로전담교사로서 준비되지 못한 모습을 보인 적이 있는데, 그 경험을 통해 자신에게 진로전담교사로서의 자질이 부족하다고 평가하고는 그 평가를 바꾸지 않는 것 또한 선형적 사고의 예이다.

선형적 사고가 타인에게로 향할 때는 타인을 차별하고 억압하는 악영향을 미치지만, 자기 자신에게로 향할 때는 스스로의 긍정적인 변화와 발달을 가로막는 장애요인이 된다. 우리 문화가 가진 차별의 논리에 의해 우리 자신도 선형적인 사고를 내면화했을 수 있다. 예를 들어, 많은 학부모와 교사들이 '학업에서 성공하지 못하면, 진로나 진학 그리고 취업에서도 성공하지 못할 것'이라는 선형적 사고를 함으로써, 학업성취가 저조한 학생을 새로운 잠재력을 개발할 기회로부터 차별하고 배제하기도 한다. 이러한 선형적 사고가 일반화된 문화에서 자라는 학생이 학교에서 실패를 경험할 경우, 진로에서도 성공하기 어려울 것이라고 스스로 좌절하고 낙담할 수 있다.

② 이분법적 사고

이분법적 사고는 '이것' 아니면 '저것'으로 사물, 사건, 상황, 사람을 나누고 구별하는 사고방식으로서 사람에게 적용할 때는 '우리'를 '그들'과 구별하거나 '우리 편'이 아니면 '적'으로 구별하는 행태로 나타난다. 이와 같이 구별한 후에는 자기가 속해 있는 쪽을 좋은 쪽으로, 상대방을 나쁜 쪽으로 분류한다. 주류집단의 이분법적 사고는 주류집단의 것을 좋은 쪽에, 소수집단의 것을 나쁜 쪽에 배치하게 된다. 이러한 이분법적 사고는 주류집단이 특권을 갖고 수수집단을 차별하는 것을 정당화하는 방향으로 이용된다.

우리나라 교육현장에서 진로지도나 상담을 할 때, 소수집단은 사회경제적으로 취약한 집단, 결혼이민가정 집단, 종교적 소수집단, 여학생, 붕괴된 가정의 학생, 장애를 가진 학생, 특정한 트라우마를 가진 학생 등이 해당된다. 교사가 이들 각각의 학생들을 지도할 때, 진로나 진학에 대하여 불리한 전망을 하거나 다른 학생들에 비하여 사회적으로 덜 선망받는 진학이나 진로선택을 하게 되는 것을 당연시 여기는 자신을 발견한다면, 혹시 자신 안에 이분법적 사고가 존재해 이로 인하여 학생의 가능성을 제한하고 있는지 점검할 필요가 있다.

③ 위계적 사고

위계적 사고는 자신이나 타인을 상대방보다 우월하거나 열등한 위치에 놓는 것이다. 두 사람 이상이 모였을 때 상대방과 자신을 비교하여 자신이 비교우위에 놓였을 경우 우월감을 갖거나 반대로 비교열위에 놓이면 열등감을 갖는다. 우월감이나 열등감을 바탕으로 상황을 판단하고 일반화한다. '○○나라 출신들이 그런 건 잘해', '○○지역 출신들은 그런 거 못 해낼걸', '내가 그걸 어떻게 해?' 등으로 타인과 자신을 억압하거나 차별하게 된다.

진로지도나 상담에서 교사가 가진 위계적 사고는 학생들에게 그대로 표현되고, 영향을 미친다. 예컨대, 교사가 성적 등의 요인을 바탕으로 학생들을 서열화한 후 비교우위에 있는 학생에 대하여는 성공을 당연시하고 비교열위에 있는 학생에 대하여는 진로진학에 대한 관심이나 기대를 덜 보인다면, 학생들은 교사의 메시지를 알아차리고 진로진학을 위한 적극적인 탐색작업이나 자기개발 작업에 영향을 받을 수 있다. 학생이 위계적 사고를 가지고 있을 때에도 학생은 자신의 가능성을 미리 단정지음으로 인해 진로진학을 위한 탐색이나 자신의 능력개발에 덜 적극적으로 임할 수 있다. 학생과 교사가 가진 위계적 사고로 인해 진로선택의 질이 어떻게 달라지는지, 전공이나 학교를 학생의 특성에 맞게 선택하는 데 어떤 영향을 받고 있는지 점검하고 진로진학상담에 반영하는 것이 위계적 사고의 영향을 통제하는 방법이다.

④ 통합적 사고

자신과 타인을 비판단적이고, 다층적이고, 다차원적 관점에 근거하여 해석하는 것이다. 내 생각이 중요한 만큼 타인의 생각도 중요하게 받아들이며, 선뜻 이해되지 않는 생각도 존중한다. 시간에 따른 변화 가능성을 인정하며, 사람을 성과 등의 기준으로 구분지으려 하지 않고, 인격 그 자체로 대하고자 한다. 예를 들어, 학생이나 학부모로부터 '능력차별주의자'라고 비난받는 곤란한 상황에 처했을 경우에도, 자신이 그러지 않았다는 방어 논리를 찾기보다 학생이나 학부모 입장에서 왜 그런 생각을 하게 되었는지를 이해하고, 스스로를 성찰하며, 자신의 언행 중 능력차별주의적으로 보이는 요인을 찾으려고 시도한다.

(2) 부적절한 사고유형의 해체

부적절한 사고유형에 대한 검토와 확인이 이루어진 후 전환학습(transformative learning)을 통해 부적절한 사고유형을 해체한다. 전환학습은 단순한 지식 습득의 차원을 넘어서 내면의 정서와 사고의 변화를 꾀하는 학습이다. 변형학습에는 명상, 회상, 공감, 내적 대화, 글쓰기 과정 등이 포함된다. 준이 부적절한 사고의 해체에 사용했던 활동 중 하나(Jun, 2009)를 예로 들면 다음과 같다.

① 회상

회상활동의 목적은 자신이 과소평가, 주변화, 또는 억압을 당하여 경험한 고통과 경험을 기억하고, 그 사건 속에 내재한 부적절한 사고를 발견하며, 그러한 사고가 자동적으로 활성화되는 것을 중지시키고자 하는 것이다. 회상활동은 누구나 인종, 성, 계층, 교육, 성적 정향, 종교, 그리고 연령이 어떠하든 한 번쯤은 힘없고, 희망 없고, 무기력하다고 느낀 적이 있다는 가정에서 출발한다. 활동 중에는 스스로에게 정직할 것이 요구된다.

- 당신이 과소평가받고, 오해받고, 차별받고, 수치를 당하고, 당황하고, 억압되었던 시간들을 떠올려보자. 당신의 느낌을 구체적으로 떠올리도록 한다.
  - 누가 당신을 과소평가하였는가?
  - 그때 당신은 몇 살이었나?
  - 무엇을 하였는가?
  - 기분이 좋아지는 데 가장 도움이 된 것은 무엇인가?
  - 이 경험에서 배운 것은 무엇인가?
  - 이 사건은 현재의 당신에게 어떤 영향을 미치는가?

위 질문에 대한 응답을 마친 후 다음 질문으로 진행한다.

- 이번에는 다른 사람들의 경우를 떠올려보자. 다른 사람이 누군가를 차별하는 장면을 떠올려보자. 차별받는 사람이 느꼈을 압박감, 분노, 좌절, 수치, 소외감, 고립감, 상처, 모욕감, 자기 회의감, 혼란, 외로움, 배신감 등을 상상해 보자.
  - 그때의 느낌과 생각을 글로 쓰거나 그림으로 표현해 보자
  - 무엇이 이러한 사람들의 기분을 좋아지게 하거나 자기-존중감을 회복하도록 돕는다고 생각하는가?
  - 당신 자신의 고통이나 상처를 기억함으로써 그들의 고통을 이해한 후, 오늘 어떤 점이 달라질 것 같은가?
  - 아직도 감수성이 무디거나 판단적인가? 아직도 자신이 차별받거나 차별을 시행한 사람들보다 우월하다고 느끼는가?

② 내적 대화

이 활동의 목적은 자신의 사고방식을 이해하고 그것이 대인 간 의사소통에 미치는 영향을 이해하고자 하는 것이다. 내적 대화의 과정에서 중요한 것은 내적 대화를 판단하거나 검열하거나 축소하지 않는 것이다.

- 학생, 동료, 가족, 친구로 인해 좌절했던 순간을 생각해 보자. 당신은 무엇을 기대하였었는가? 그 기대에는 상대방 또는 세상에 대한 어떤 가정이 담겨 있었는가?
- 당신의 좌절은 부적절한 자신의 사고방식과 관련되어 있었는가? 그렇다면 어떤 유형의 부적절한 사고였는지, 그 결과가 무엇이었는지 그림으로 그리거나 글로 표현한다.
- 부적절한 사고방식을 사용하였다면, 그것을 처음 사용한 순간을 기억하고 기록한다.
- 성장기 동안 부모, 형제, 또는 교사가 부적절한 사고방식을 사용하였는가? 그들

은 무엇이라 말하였는가? 이러한 진술은 당신의 내적 대화를 어떻게 형성시켰는가?

- 5분 동안 눈을 감고, 숨을 천천히 들이마시고 내쉬어보자. 눈을 뜨고, 부적절한 사고유형과 당신의 관계를 적어보자.
- 당신의 일상생활에서 부적절한 위계적 사고의 비중은 어느 정도인지 추산해보자.

③ 글쓰기

일상생활 속에서 경험하는 소소한 사건들 속에서 드러나는 자신의 부적절한 사고방식과 그에 대한 인식 및 깨달음, 대안적인 상황들을 글로 적는다. 이런 목적으로 글쓰기를 반복하다 보면, 부적절한 사고에 대한 인식과 해체 과정이 보다 자연스럽게 진행된다. 부적절한 사고가 자동적으로 활성화되어 스스로를 억압과 차별 경험으로 밀어넣거나 타인을 억압하고 차별하기 전에 인식과 해체 과정이 일어나는 것을 목적으로 한다. 다음은 진로진학상담교사가 기술한 부적절한 사고를 인식하고 해체하는 과정이다.

마음이 내내 불편하다. 낮에 만났던 한 학생이 떠오른다. 진로 전담교사인 내 말을 좀처럼 따르지 않는 학생이다. 그 학생의 반항적인 학습태도에 대하여는 여러 교과 선생님들로부터 들은 적이 있다. 진로상담 진행 중에 줄곧 사교육 현장에서 만난 진로전문가의 이야기를 하곤 했다. 오늘도 그랬다. 상담시간 내내 나는 뭔가를 그 학생에게 주장했고, 상담이 끝난 후 턱이 아프다고 느낄 정도였다. 피로가 몰려왔다. 상담시간에 나는 두 가지 일을 한 것 같다. 하나는 학생이 원하는 대학의 입시정책을 설명하는 것이었고, 다른 하나는 내 마음속에서 이 학생이 내 이야기를 듣고 있지 않다는 생각과 감정적인 불편을 드러내지 않으려고 안간힘을 쓰는 것이었다.

혼자인 지금 나는 내게 있는 부적절한 사고와 만나고 있다. 선형적 사고라고 이름 붙일 수 있을 것 같다. 그 학생의 가정이 최근에 파산하였고 부모님과 헤어져 살고 있고, 교사를 존중하지 않으며 공교육에 대한 불신이 강하며, 뒷담화가 심하고, 교사를 등급지어 평가한다는 말을 들어왔다. 지금 생각하면 그러한 평판은 그 학생의 과거에 대한 것이다. 나는 그 과거에 그 학생을 묶어놓고, 상담받는 그 순간에는 달라져 있을지도 모르는 마음을 들여다보지 않았다.

나를 피곤하게 한 것은 그 학생이 아니라 그 학생에게 무시당할지도 모른다는 나의 두려움 때문이 아니었나 하는 생각이 든다. 여기서부터 선형적 사고가 나에게 적용된 것 같다. 나의 출신 대학이 요즘 학생들이 선호하는 곳과 거리가 있다는 생각이 가끔 떠오르곤 했었다. 일류대학에 입학하지 못했던, 뛰어나지 못했던 그 시절의 나를 바라보는 평가 기준으로 현재의 나를 평가하고 있는 나 자신을 발견할 때가 있다. 아까 상담시간에도 그랬다.

이쯤 되니, 나의 불편은 그 학생에게서 비롯된 것보다 오히려 내면의 부적절한 사고인 선형적 사고에서 비롯되었음을 알 수 있다. 내가 선형적 사고에서 풀려난다면, 학생의 태도나 행동을 좀 더 편견 없이 바라볼 수 있을 것이라는 희망이 생긴다. 그 희망이 이루어지면, 학생은 자신을 있는 그대로 봐주며 교육해 주는 교사를 얻게 되고, 나는 학생을 가르치는 기쁨과 노력하는 교사로서의 현재 모습으로 인해 스스로에게 만족하는 기쁨을 얻을 수 있을 것이다.

3) 지역사회 연계자원 확인

다문화/사회정의 옹호상담이 효과적으로 이뤄지기 위해 상담자는 학생의 환경에 있는 자원들을 알고, 활용해야 한다. 따라서 소속 학교의 지역사회에 있는 자원들이 무엇인지, 인터넷이나 영상물들을 통해 근거리에서 활용할 수 있는 자원들이 무엇인지 확인하고 해당 자원에 학생이 접근할 수 있는 방안을 마련해야 한다. 지역사회 내에 있는 대학들과 연계하고, 국가기관이나 대학교육협의회에서 제공하는 정보서비스들과 연계하려는 시도가 필요하다. 진로진학상담을 수행하는 중에 학생의 심리적·영적·경제적 문제에 직면할 때는 더 다양한 연계자원들을 발굴할 필요가 있다. 단위학교에 있는 Wee 클래스나 지역교육지원청에 설치된 Wee 센터는 위기청소년을 위해 의료·보건영역, 사회복지기관, 교육기관, 행정기관, 인적 자원, 물적 자원 등의 연계망을 구축하고 있으므로, 이들과의 연계작업은 필수적인 일이다.

요약

다문화상담과 사회정의 상담에서는 사회체계의 문제들로 인해 야기된 내담자의 고통과 내담자 개인의 변화로는 해결되지 않는 문제에 주목한다. 다문화 상담에서는 상담자가 문화차이로 인해 문화적 소수민이 경험하는 차별과 억압을 인식하여 상담 과정에서 활용하도록 강조한다. 사회정의 상담에서는 상담자가 다문화 소수민의 문제를 해결하기 위해 상담 과정뿐 아니라 상담실 밖의 사회체계에도 참여하여 변화를 이뤄내도록 노력할 것을 요구한다. 이를 위해서는 상담자의 문화적 역량과 사회정의 옹호역량이 필요하다.

상담자의 문화적 역량 요소는 상담자 자신, 내담자, 그리고 상담개입에 대한 문화적 태도, 지식, 그리고 기술로 구성된다. 문화적 역량이 강화되면, 상담자는 상담 실제에서 새로운 문화와 개방적으로 접촉하며 문화적 차이를 정확히 알고, 내담자의 문화에 적절한 개입을 구사할 수 있다. 이로 인해 문화적 소수민에게 의도적 무의도적으로 가해지는 억압과 차별을 통제할 수 있고, 결과적으로 문화적 소수민의 문제해결과 잠재력 개발에 도움이 될 것이다.

상담자의 사회정의 옹호역량은 내담자의 역량을 강화하고, 한편으로는 내담자의 역량개발에 장애요인으로 작용하는 사회체계적 억압요소를 제거하기 위해서 필요하다. 상담자는 사회정의 옹호적 성향과 지식, 그리고 기술을 가지고 있어야 하며, 내담자 개인, 가족/학교/지역사회, 그리고 공공영역으로 내담자의 범위를 확장해 가면서 이들의 잠재력 개발을 위해 함께 또는 대신하는 옹호활동을 펼친다.

사회체계적 장벽에 대한 인식은 사회인지이론, 인종/성 생태학적 모형, 진로무질서이론 등에서도 언급되어 왔으며, 우리나라에서도 취약계층을 위한 진로개발 프로그램들이 개발되어 왔다. 지금까지 국제결혼 가정이나 북한이탈주민 가정을 중심으로 하는

'다문화'가정을 위한 활동들은 꽤 이루어져왔다. 그러나 상담자의 사회정의 옹호를 위한 활동들은 경제적 취약계층 이외에는 활발하게 이루어지지 않고 있다. '다문화'와 더불어 '사회정의 옹호'의 렌즈를 통해 학생을 상담하고 지도하다 보면, 변화와 발전이 더딘 학생들의 고충을 보다 충분히 이해할 수 있고, 이들에 대한 무의도적인 차별과 억압도 줄일 수 있을 것으로 기대된다.

이에 이 장에서는 다문화/사회정의 옹호상담 및 역량의 개념과 관련 연구, 다문화/사회정의 진로상담의 과정 및 진로진학상담에의 활용 가능성, 그리고 기법을 소개하였다.

실습과제

1. 각자 개인적으로 표 3 상담자와 내담자의 문화적 정체성 탐색표를 작성한다. 4~6
   인이 한 조가 되어 자신의 문화적 정체성을 돌아가면서 발표한다. 모두의 문화적
   정체성 탐색 결과를 듣고 난 후, 이 과정에서 새로 발견한 자신의 문화적 정체성,
   집단원 간 문화적 정체성의 공통점과 차이점, 그리고 그에 따른 소감을 공유한다.

2. 부적절한 사고방식의 유형을 3분 정도 숙지한다(개인 작업). 4~6인이 한 조가 되어,
   한 명이 조장을 맡아 본문에 진술된 '회상'의 절차(397~398쪽 참고)를 안내하고, 조
   원들은 따라 한다.

3. 2번에서 형성한 조를 유지하며, 본문에 기술된 '내적 대화'의 절차를 진행한다.

4. 이 작업들을 통해 발견한 자신의 부적절한 사고, 그로 인한 내면적 억압과 차별 경
   험을 발견한 것이 앞으로의 자신의 행동과 학생을 대하는 태도에 어떤 영향을 미
   칠 것이라고 예상하는지 의견을 나눈다.

참고문헌

공윤정 (2005). 진로장벽: 이론적 고찰 및 상담 실제에의 적용. 상담학연구, 6, 861-874.

교육과학기술부 (2011). 현장중심 진로교육 활성화 방안. 교육과학기술부.

김미라, 김소라, 박상현, 박선진, 윤영호(2012). 중도입국 청소년 진로상담 매뉴얼. 이주배경청소년지원센터.

배주미, 정익중, 김범구, 김영화 (2010). 취약청소년 자립지원 모형 개발. 한국청소년상담원.

손은령, 김계현 (2002). 여자대학생이 지각한 진로장벽요인에 대한 연구. 한국심리학회지:상담 및 심리치료, 14(1), 121-139.

양미진, 고홍월, 이동훈, 김영화 (2011). 다문화청소년 상담매뉴얼 개발. 청소년상담연구 166. 한국청소년 상담원

양미진, 이영희 (2006). 질적 분석을 통한 비자발적 청소년 내담자의 상담지속 요인 연구. 한국심리학회지 상담 및 심리치료, 18(1), 1-20.

이만기, 임은미, 변정연, 이홍숙(2014). 저소득층 취업지원 프로그램. 한국고용정보원.

이만기, 임은미, 조재희(2012). 북한이탈주민 취업지원 프로그램. 한국고용정보원.

이은주 (2015). 무동기의 발달양상에 따른 잠재계층 분류 및 영향요인 검증. 교육학연구, 53(1), 111-135.

이지민 (2013). 다문화 가정 중학생이 지각하는 부모관계 및 자기효능감이 진로장벽인식과 진로의사결정에 미치는 영향. 석사학위논문, 이화여자대학교.

이지민, 오인수 (2013). 다문화가정 중학생이 지각한 부모와의 의사소통 유형 및 애착이 진로장벽 인식 에 미치는 영향: 자기효능감의 매개효과를 중심으로. 교육과학연구, 44(3), 193-216.

임은미 (2015). 학교장면에서의 옹호상담 방안 탐색. 교육학연구, 53(3), 119-140.

임은미 (2016). 공감이라는 무기를 가진 전문가의 사회적 책무. 한국상담학회(http://www.counselors.or.kr/) 상담전문가 칼럼.

임은미, 여영기 (2015). 사회정의 상담: 저출산 시대 진로진학상담의 새로운 방향. 교육종합연구, 13(3), 141-161.

임은미, 정성진, 서지흔(2013). 중도입국청소년 가족역량 강화 프로그램. 이주배경청소년지원센터.

장창곡, 이지연, 장진이 (2012). 일반계 고등학생 진로진학상담모형 개발을 위한 델파이 연구. 한국심리학 회지: 학교, 9(2), 251-273.

조은애, 이영순, 권혁철 (2014). 무동기 고등학생들을 대상으로 한 긍정심리 집단상담프로그램이 무동 기, 자기효능감 및 심리적 안녕감에 미치는 효과. 교육치료연구, 6(2), 123-139.

Arredondo, P., Toporek, M. S., Brown, S., Jones, J., Locke, D.C., Sanchez, J., & Stadler, H. (1996). *Operationalization of the Multicultural Counseling Competencies*. AMCD: Alexandria, VA.

Bingham, R. P., & Ward, C. M. (1996). Practical applications of career counseling with ethnic minority women. M. L. Savickas & W. B. Walsh (eds.), *Handbook of career counseling theory and practice*. Palo Alto, CA: Davies-Black. 291-351.

Bloch, D. P. (2005). Complexity, chaos, and nonlinear dynamics: A new perspective on career development theory. *The Career Development Quarterly, 53*, 194-207.

Bronfenbrenner, U. (1979). *The ecology of human development: Experiments by nature and design*. Cambridge, MA: Harvard University Press.

D'Andrea, M., & Daniels, J. (2001). REPECTFUL counseling: An integrative mutidi-mensional model for counselors. D. B. Pope-Davis & H. L. K. Coleman (eds.), *The intersection of race, class, and gender in multicultural counseling*. Thousand Oaks, CA: Sage. 417-466.

Hayes, P. (2008). *Addressing cultural complexities in practice: Assessment, diagnosis, and therapy*. USA: APA.

Herr, E. L. (1989). *Counseling in a Dynamic Society: Opportunities and Challenges*. Alexandria, VA: American Association for Counseling and Development.

Hettema, J., Steele, J., & Miller, W. R. (2005). Motivational interviewing. *Annual Review of Child Psychology, I*, 91-111.

Jun, H. (2009). *Social justice, multicultural counseling, and practice: Beyond a conventional approach*. SAGE.

Lee, C. C. (2007). *Social justice : A moral imperative for counselors. (ACAPCD-07)*. Alexandria, VA : American Counseling Association.

Lee, C. C., & Hipolito-Delgado, C. P. (2007). Introduction : counselors as agents of social justice. In Courtland C. Lee(Eds.), *Counseling for social justice 2nd ed.*, ACA.

Lent, R. W., Brown, S. D., & Hackett, G. (1994). Toward a unified social cognitive theory of career and academic interest, choice, and performance. *Journal of Vocational Behavior, 45*, 79-122.

Lent, R. W., Brown, S. D., & Hackett, G. (2002). Social cognitive career theory. In D. Brown & Associates, *Career choice and development* (4th ed., pp. 255-311). San Francisco: Jossey-Bass.

Lewis, J. A., Arnold, M. S., House, R., & Toporek, R. L.(2003). *ADVOCACY COMPETENCIES*: Endorsed by the ACA Governing Council March 20-22, 2003. available at: http://www.counseling.org/docs/competencies/advocacy_competencies.pdf?sfvrsn=3.

Lewis, J. A., Lewis, M. D., Daniels, J. A., & D'Andrea, M. J. (2011). *Community counseling : A multicultural social justice perspective*(4th ed.). Brooks/Cole Cengage Learning.

Lewis, J. A., Lewis, M. Dl. Daniels, J. A., & D'Andrea, M. J. (1998). *Community counseling: Empowerment strategies for a diverse society*(2nd ed.). Pacific Grove, CA: Brooks/Cole.

Lewis, J. Arnold, M., House R., & Toporek, R. (2003). *Advocacy competencies.* http://www.counseling.org/docs/default-source/competencies/advocacy_competencies.pdf?sfvrsn=9에서 2016. 11. 10 인출.

Miller, M. J., & Sendrowitz, K. (2011). Counseling psychology trainees' social justice interest and commitment. *Journal of Counseling Psychology, 58,* 159-169. doi:10.1037/a0022663.

Ridley, C. R. (2005). *Overcoming unintentional racism in counseling and therapy*(2nd ed.). Thousand Oaks, CA: Sage.

Neukrug, E. (2016). 전문 상담자의 세계[*The world of the counselor*]. (이윤주, 구자경, 권성인, 박승민, 손은령, 손진희, 임은미 역). 서울: 사회평론아카데미.

Sheu, H., & Lent, R. W.(2007). Development and initial validation of the multi-cultural counseling self-efficacy. *Psychotherapy: Theory, Research, Practice, Training, 44*(1), 30-45.

Smith, L. (2005). Psychotherapy, Classism, and the Poor. *American Psychologist, 60*(7), 687-696.

Sue, D. W., & Sue, D. (2008). *Counseling culturally diverse 5th ed..* John Wiley & Sons Inc.

Sue, D. W., & Torino, G. C. (2005). Racial-cultural competence: Awareness, knowledge and skills. R. T. Carter (ed.), *Handbook of racial-cultural psychology and counseling.* Hoboken, NJ: Wiley. 3-18

Sue, D. W., Arredondo, P., & McDavis, R. J. (1992). Multicultural competencies and standards: A call to the professional. *Journal of Counseling and Development, 70,* 477-486.

Toporek, R. L., Lewis, J. A., & Crethar, H. C. (2009). Promoting Systemic Change through the ACA advocacy competencies. *Journal of Counseling & Development, 87,* 260-269.

Trusty, J., & Brown, D. (2005). Advocacy competencies for professional school counselors. *ASCA Professional School Counseling, 8*(3), 259-265.

12장

진로무질서이론

손은령

본 장에서는 전통적인 진로이론들이 갖고 있는 한계, 변화하는 경제환경에 유연하게 적용될 수 있는 이론의 필요성, 그리고 진로선택 과정의 실제에 대한 심도 깊은 탐색을 토대로 여러 학자들이 대안적인 관점에서 진로이론들을 제시하였다. 진로무질서 이론, 프로티언 커리어, 무경계 진로 등은 이러한 주장들에 속한다. 진로 현실과 실제 경제환경을 토대로 이론을 만들어야 한다는 주장이 진로무질서이론이라면, 그러한 현실에 개인은 어떻게 반응하고 있는지 행동 차원에서의 모습을 보여주는 것이 무경계 진로이며, 주도적으로 변화에 대응하고 가치를 중심으로 움직여가는 개인의 태도가 중요함을 역설하는 관점이 프로티언 커리어라 할 수 있다.

우리나라의 진로교육제도는 안정적인 체제를 중심으로 하는 선형 관계(정보수집, 목표 선정, 행동계획수립 및 실천, 긍정적 성과의 산출)를 가정하고 있다. 이렇게 닫힌 체제를 가정하고 전개된 이론으로 열린 체제를 살아가게 되면 진로문제에 유연하게 대응하지 못할 수 있다. 이 장에서는 진로진학상담교사들이 수업 현장에서 이러한 모순점을 깨닫고, 보다 열린 자세로 진로문제를 이해하고 다양한 방식으로 학생들을 조력할 수 있기를 기대하며 대안적 관점의 주장들로 그 내용을 구성하였다.

목표

1) 진로진학상담교사들이 유연한 시각에서 진로문제를 다루어야 할 필요성을 설명할 수 있다.

2) 진로무질서이론, 무경계 진로, 프로티언 커리어의 기본 가정과 주요 개념을 설명할 수 있다.

3) 진로무질서이론, 무경계 진로, 프로티언 커리어의 여러 기법을 활용하여 개인상담과 집단 프로그램을 운영할 수 있다.

4) 진로진학상담 과정에서 진로무질서이론과 관련 개념들을 적용해야 할 시기와 운영 방안을 구안할 수 있다.

1) 진로무질서이론

진로무질서이론은 기본적으로 우리가 사는 세상은 불규칙하며, 질서를 찾기 힘들다는 전제에서 출발한다. 따라서 진로이론도 그런 세상을 반영하여 구성되어야 함을 주장한다. 진로무질서이론에서는 체제 내의 모든 요소들은 상호 연관되어 있고, 복잡하게 엉켜 있기 때문에 예측할 수도, 인과적으로 설명하기도 어렵다고 가정한다. 인간의 경험과 환경 모두가 복잡한 전체를 만들고 있기 때문에 아무리 우리가 여러 요소들을 고려한다고 하여도 예측 불가능한 사건들이 도처에서 발생하게 된다. 또한 체제는 이러한 변화에 적응하려 노력하기 때문에 무질서하게 움직여가며 요소들 간의 관계는 상당히 역동적이다. 아무리 작은 변화라 할지라도 결과적으로는 전체 체제에 큰 영향을 주게 된다. 무질서한 세상이라는 렌즈로 진로이론을 구성하게 된다면 개인은 복잡한 세상을 살아가야 하는 역동적인 체제이며, 개인을 둘러싼 세상 또한 다층적인 체제이기 때문에 역동적으로 상호작용하면서 무언가를 예측할 수 없이 만들어나가고 있다는 점을 반영해야 한다. 이를 비교해서 도표화하면 표 12-1과 같다(Pryor & Bright, 2007).

현실은 닫힌 체제가 아닌 열린 체제라는 점을 고려할 때 프라이어(R. G. Pryor)와 브라이트(J. E. H. Bright)는 전통적인 진로이론이 체제의 복잡성, 변화의 가능성, 우연적 영향의 중요성, 인간의 의미 구성 가능성 등을 간과하고 있다고 지적하였다(Pryor & Bright, 2003). 전통이론에서는 질서와 안정성을 토대로 수렴적 진로의사결정이 가능하다고 본다(Pryor, Amundson, & Bright, 2008). 수렴적 의사결정 과정은 개연성 있는 결과 확인을 중시하며 다음과 같은 특징들을 갖고 있다. 예를 들면 구체적인 분석, 성과의 가능성 평가, 표준화된 도구의 활용, 믿을 만한 정보 수집, 신중한 진행, 경제적/사회적 경향 연구, 최선의 선택지 추구, 경험에서 우러난 추측, 증거를 신중하게 고려하기, 합리적 의사결정, 상대적으로 적은 변인들에 주목하기, '관련성 없는' 변인들은 체계적인

표 12-1 닫힌 체제와 열린 체제 사고의 비교

닫힌 체제 사고	열린 체제 사고
예상하지 못한 일은 일어나서는 안 된다/일어나지 않을 것이다.	예상하지 못한 일은 일어날 수 있다/때때로 발생한다.
"나는 아무도 꺾을 수 없다."	"나는 때때로, 취약한 편이다."
대안 없이 큰 위험을 감수	대안을 지닌 채 위험 감수
"인생은 공정해야만 한다."	"인생은 아무도 보증하지 않는다."
강력한 개인적 통제감	인간의 한계 인식
우발적 사태를 무시	비상 계획
질서와 과거에 대한 자신감	현실에서의 단계 변화를 인정
변화의 선형성	변화의 비선형성
예외는 제외-무시	예외는 결정적이며 중요할 수 있다
변화에 반응하기 위해 제한적인 투입	창의적으로 변화에 반응

영향을 주지 않는다고 가정하기, 상황에 대한 단순한 묘사, 상황에 대한 완벽한 묘사, 확실성 극대화하기 등이다. 이러한 관점에서 볼 때 내담자의 진로미결정 상태는 부정적으로 파악될 수 밖에 없으며, 합리적이고 이성적인 선택을 강조하게 된다.

하지만 진로무질서이론에서는 우연과 변화가 우리 삶을 특징짓는다는 전제 위에서 확산적인 관점도 고려해야 한다고 제안하고 있다. 확산적인 의사결정 과정은 가능성을 중시하며, 다음과 같은 특징들을 갖고 있다. 개인적 책임감 수용하기, 선택지 구성하기, 행동을 실행하는 데 두려움을 갖지 않기. 긍정적인 행동의 유지하기, 낙관주의와 흥미를 지닌 채 미래를 바라보기, 새롭고 계몽적인 지식을 추구하기, 상황에 대해 동시에 여러 가지로 묘사하기, 불확실성을 인식하고 이를 환영하기, 불완전한 지식으로 실행하고, 항상 그럴 수밖에 없음을 인정하기, 호기심을 따르기, 위험을 감수하기, 실패로부터 무언가 학습하기, 열정을 추구하기, 자신의 직관에 귀기울이기 등이다. 이러한 관점은 내담자가 갖는 진로결정상의 어려움을 문제로 보기보다는 의미를 찾는 과정, 열정 추구, 유목적적인 탐색 과정이라는 긍정적인 이름으로 이해하며, 그 행위를 격려하게 된다. 진로무질서이론은 의사결정에 있어서 두 가지 관점들을 상호 보완해서 활용해야 한다는 점을 강조하고 있다. 왜냐하면 인간의 삶에 있어서 정답은 없으며, 어차피 무질서 속에서 잠시의 질서가 만들어지고, 또다시 무질서함으로 움직여가기 때문이다. 어느 시점에서 정답으로 보일지라도 영원히 그 상태가 유지될 수는 없다. 왜냐하면 세

상은 계속 변화하고 움직여가는 복잡한 체제이기 때문이다.

진로무질서이론에서는 체제의 기능을 유인(attractors)으로 묘사한다. 유인이란 체제의 피드백 메커니즘, 목표 상태, 경계, 평형과 불평형 간의 조화와 같이 체제를 특징짓는 일종의 궤적으로 이해될 수 있다. 유인들은 4가지로 구분되는데, 진로 측면에서는 일반적인 행동 패턴으로 드러나며 다음과 같은 특징을 지닌다(Pryor & Bright, 2007).

- 목표 유인(Point Attractor): 체제가 특정 지점을 향해서 움직여가는 것을 의미하며, 목표지향형(Goal Driven)으로 이해될 수 있다. 이는 어느 한 시점에 초점을 맞추고 복잡성과 변화에 대한 다른 모든 정보들을 무시하기 때문에 융통성이 없어지고 기회를 인식하지 못할 수 있다.
- 진동 유인(Pendulum Attractor): 두 개의 지점, 장소 또는 성과 사이를 규칙적으로 이동하는 것을 의미하며, 역할지향형(Role Driver)으로 이해될 수 있다. 이편 아니면 저편, 이것 아니면 저것, 즉 둘 중 하나라는 경직된 사고를 보이기 때문에 중요한 정보나 가능성 있는 대안들을 과소평가할 수 있다.
- 패턴 유인(Torus Attractor): 복잡하지만 예측 가능한 방식으로 움직여가는 것을 의미하며, 시간의 흐름에 따라 일종의 패턴이나 규칙, 원칙, 절차를 만들어가면서 변화에 대응하는 규칙지향형(Routine Driver)으로 이해될 수 있다. 따라서 예외가 발생하는 상황에 즉각 대응하지 못하며, 이를 위협으로 받아들인다.
- 우연 유인(Strange Attractor): 예측 불가능한 방식으로 복잡하게 움직여가지만 나름의 질서를 조직해 가기도 하는 변화지향형(Change Driven)으로 이해될 수 있다. 우연의 가능성, 미래의 불확실성을 받아들이고, 지속적인 개선, 피드백, 새로운 아이디어 등을 열린 자세로 받아들이면서 변화를 다룬다.

이 4가지 유인들은 나름의 특징을 지니고 있으며, 진로행동상의 특성을 갖고 있다. 목표, 진동, 패턴 유인에 끌리는 사람들은 안정된 체제에서는 편안하게 성과를 내면서 자신의 진로경로를 밟아나갈 수 있었다. 때로는 한가지 목표에 매진하면서, 가끔은 이 직장에서 저 직장으로 움직여 가며, 일종의 규칙을 만들어낼 수 있었다. 하지만 우리가 살아가야 하는 현재는 예측 가능한 것과 예측 불가능한 것들이 복잡하게 얽혀 있는 실재하는 세계이다. 따라서 우리는 논리성과 함께 우연적 요소가 개입할 여지를 충분히 인정하고 그 가능한 범위 안에서 적응하고, 도전하며, 시도하고, 실패하는 일들을 자연스럽게 받아들여야 한다. 그런 점에서 우연 유인의 존재를 인정하고, 변화를 수용할 수 있어야 한다. 다시 말해서 진로무질서이론은 닫힌 세계와 열린 세계를 가정한 사고방식을 동시에 적용하는 메타 인지 역량과 행동 능력을 발휘해야 한다는 것을 4가지 유인에 대한 설명을 통해 보여준다.

이러한 세계에 사는 우리의 모습을 가시화할 수 있도록 도와주는 개념이 무경계 진로(boundaryless career)라 할 수 있다. 또한 그러한 세계에서 보다 주도성을 갖고 진로 경로를 개척할 수 있으며, 그러한 노력은 반드시 가치에 대한 성찰이 토대가 될 수 밖에 없음을 보여주는 개념이 프로티언 커리어(protean career)이다.

2) 무경계 진로와 프로티언 커리어

지난 20년 동안 이루어진 진로 연구들에서는 우리에게 불확실성은 더욱 증가하였고, 일터에서의 이동성이 늘어났으며, 일터 간의 경계를 구분하기 어려워졌음을 보여준다. 따라서 이러한 변화에 대응하기 위해서는 적응적이고, 주도적이며, 자기가 관리하는 접근이 필요하다는 점을 보여준다(Gubler et al., 2013). 다시 말해 전통적 패러다임과는 다른 새로운 패러다임으로 진로를 바라보아야 한다.

표 12-2에 나타난 바와 같이 지금 우리가 사는 세상은 계약관계도 유연해지고, 상황에 따라 자기관리를 통해 전문성을 기반으로 한 수평이동이 가능하게 되었으며, 이를 받아들이고 적응하는 사람을 요구하고 있다. 이처럼 직업환경의 변화와 고용안정성의 변화로 인해 조직과 개인의 관계가 달라지게 되면서 등장한 개념이 무경계 진로와 프로티언 커리어이다(Briscoe & Finkelstein, 2009; 신수림, 2014에서 재인용). 무경계 진로가 개인의 시장성이나 가치에 대한 평가를 기반으로 한 조직 간 산업 간 이동성에 초점을 두고 있는 데 반해, 프로티언 커리어는 주관적이고 심리적인 성공을 추구하기 위해

표 12-2 전통적 진로 패러다임과 새로운 진로 패러다임의 비교

	전통적 패러다임	새로운 패러다임
조직	관료제	네트워크
역할	일반적인 관리자(generalist)	다양한 기술을 가진 전문가
조직의 역량	시스템, 운영체계	팀워크, 개발
평가기준	투입	산출
보상	직무에 대한 보상	기술에 근거한 보상
계약관계	몰입과 안정성	유연한 고용관계
경력관리	가부장적 관리	자기관리
이동	수직이동	수평이동

자료: Nicholson. N(1996).

스스로 진로를 개발해 나간다는 주도성에 초점을 둔 관점이다.

무경계 진로는 하나의 고용환경에서 벗어나 여러 조직에서 경력을 이어나가는 것이다(Arthur & Rousseau, 1996). 즉, 조직 경계를 넘나들면서 다수의 고용기회를 갖는 것으로 조직 간 이동을 의미한다(DeFllippi & Arthur, 1996). 산업의 변화가 빨라짐에 따라 새로운 직무들이 생겨나고 없어지는 과정에서 직장 간 이동이 늘어나게 되고, 근속연수는 짧아지게 되었다. 이에 따라 무경계 진로는 일상화되는 측면이 있다. 따라서 심리적으로 의미 있는 일을 하고 있는가가 성공의 기준이 되며, 진로관리의 책임도 조직이 아닌 개인으로 이전되고, 지속적인 학습을 통해 자신의 전문성을 확보해 나가야 하는 책임을 갖게 된다(Sullivan, 1999).

무경계 진로는 변화하는 직업세계가 제공하는 무한한 가능성을 강조하고, 그러한 기회를 통해 성공에 이르는 방법을 찾고, 이득을 극대화하려는 태도를 강조한다. 무경계 진로의 가장 중요한 특징은 이동성이라 할 수 있다. 이는 두 가지 차원에서 이해될 수 있는데, 하나는 물리적 이동성이고, 다른 하나는 심리적 이동성이다(Briscoe & Hall, 2006; Sullivan & Arthur, 2006). 이를 다른 측면에서 이해하고자 한 브리스코(J. P. Briscoe) 등은 조직이동성 선호(조직에 남아 있고자 하는 의지의 정도)와 무경계 사고방식(조직의 경계를 넘어서서 일하고자 하는 일반적인 태도)으로 구분하기도 하였다(Briscoe et al.,

2006). 어떤 방식으로 구분하든 간에 무경계 진로는 공간적 이동만이 아니라 자율성, 유대감, 참신성과 같은 심리적 측면에서의 영향을 중시해야 한다는 점을 보여주고 있다는 점에서 프로티언 커리어와 연결점을 갖는다.

프로티언 커리어는 조직보다는 개인에 의해 주도되는 경력을 지칭하기 위해 홀(D. T. Hall)이 1976년부터 사용한 용어이다. 이 용어는 그리스 신화에 나오는 프로테우스(Proteus)의 모습처럼 개인이 자신의 의지에 따라 자유자재로 자기 모습을 변화시켜 간다는 의미를 보여주기 위한 은유이다. 즉, 지속적인 학습, 전 생애에 걸친 관점, 적응을 위한 자아정체성의 변화 등으로 특징지어지는 진로관리 행동을 의미한다. 승진과 같은 객관적인 성공보다는 자부심, 만족, 성취감과 같은 주관적인 성공 기준 등을 중요시하며, 일에 두는 가치에 따라 자신이 주도적으로 움직여가는 행동과 태도를 포괄적으로 지칭한다. 용어의 해석에 있어서 태도적인 측면을 강조하기 위해 프로티언 경력태도(박용호, 한억천, 2013) 또는 프로티언 경력지향(황애영, 탁진국, 2011)이란 용어가 사용되기도 한다.

프로티언 커리어는 자신이 지향하는 가치와 주관적인 성공 기준에 따라 개인이 자신의 진로를 주도해 나가고 관리해 가는 방식을 의미한다(Hall, 1996). 표 12-3에서 보여주듯이 프로티언 커리어는 자유와 성장을 핵심 가치로 하여 주관적인 성공을 중시하며, 전 생애적 관점에서 자기주도적으로 학습해 나가는 태도를 보인다.

프로티언 커리어를 측정하는 도구들을 분석한 구블러(M. Gubler)와 아놀드(J. Arnold), 쿰(C. Coombs)은 가치지향성(value-driven)과 자기주도성(self-directed)이 주요한 두 개의 차원이며 각각 2개의 요소들로 구성된다고 제시하였다(Gubler, Arnold, Coomb, 2014). 가치지향성은 진로를 개발할 때 자신의 고유한 가치에 기반을 두고자 하는 정도를 의미한다. 이는 자신의 욕구, 동기, 능력, 가치, 흥미에 대한 명확성(자아정체감)과 개인의 진로를 안내하고 성공을 가늠하는 개인적 가치 소유(가치지향성)로 구분된다. 자기주도성은 진로를 개발할 때 주도적인 역할을 담당하고자 하는 정도를 의미한다. 이는 유능해짐과 동시에 변화하는 환경을 배우고 그에 적응하려 동기화되는 경향(적응성)과 독립심을 갖고 자신의 진로에 책임을 지려는 경향(자기주도성)으로 구분된다. 홀은 프로티언 커리어가 활동선호(pro-activity), 변화에 대한 개방성, 낙관주의, 적

표 12-3 전통적 커리어와 프로티언 커리어 비교

구분	프로티언 커리어	전통적 커리어
경력의 책임	개인	조직
핵심 가치	자유, 성장	승진
이동성 정도	높음	낮음
성공 기준	심리적 성공	직위 수준, 급여
핵심 태도	일 만족도, 전문적 몰입	조직 몰입
경력 경로	복합적	단선적
경력 단계	단기 학습 단계의 연속, 경력, 나이	생애발달단계, 연대기적 나이
개발 방법	자기주도적이며 지속적인 학습 관계구축 및 직무경험에 의존	공식적 훈련
전문성	learn-how	know-how

출처: Hall(2004).

응능력과 같은 개인적 특성과 연관된다고 제안하였다(Hall, 2004).

여러 차례 언급한 바와 같이 진로무질서이론이 우리가 살고 있는 현실 그 자체를 봐야 한다는 점을 강조하고 진로행동들의 비선형성을 강조하고 있다면, 무경계 진로는 조직 간의 이동성을 전제로 할 때 우리가 가져야 하는 심리적 이동성의 문제를 거론하려는 시도라 할 수 있다. 사고의 유연성, 융통성이 수반되지 않는 물리적 이동성은 그 한계를 안고 출발하는 것이기 때문이다. 이에 더하여 프로티언 커리어는 그 과정에서 우리 자신이 가져야 할 태도 또는 지향의 문제를 건드린다고 할 수 있다. 무엇을 목표로 하여, 어떤 목적의식을 갖고 적극적으로 이동하려 하는가, 주체적으로 움직일 것인가, 수동적으로 물러설 것인가라는 실존적 질문들, 누가 책임지고 그러한 이동을 주도할 것인가의 이슈를 부각시킨다고 할 것이다. 다음 절에서 우리는 진로무질서이론과 관련된 관점들을 기반으로 하여 어떻게 진로상담을 진행할 것인가의 문제에 대해 지혜를 모아보려 한다.

2 | 진로무질서이론의 상담 과정

　일반적인 상담의 과정은 내담자와의 협력적 관계를 형성한 후, 내담자가 제시한 문제의 내용을 토대로 진단을 내리거나 문제의 유형을 분류한 후, 그에 적합한 목표를 선정하고, 이를 달성하기 위한 행동계획을 수립한 후, 실천과 종결 과정을 거치게 된다. 이 절에서는 대안적인 관점에서 일반적인 상담 과정을 진행할 때 고려해야 할 사항들을 먼저 살펴본 후, 진로무질서이론에서 차별적으로 제안하고 있는 단계 모델도 살펴본다.

1) 일반적인 상담 과정

(1) 관계 형성

　작업 동맹은 성공적인 상담의 중요한 요인이기 때문에 치료적 동맹으로도 불린다. 이를 형성하기 위해서는 상담자와 내담자가 서로를 신뢰하여 결속되어 있고(Bond), 문제를 비슷한 관점에서 바라보며(Goal), 그 해결방안을 마련하고 성취해 가는 과업 (Task)에 대해 합의를 만들어내어야 한다. 상담 초기에 잘 형성된 작업 동맹은 상담 만족도를 높여주고, 상담 성과를 만들기 때문에 내담자와 상담자의 협력적 관계 형성은 모든 상담에서 상담 성과의 기초공사로 인식되고 있다.

　관계 형성을 위해서는 우선 내담자가 현재 겪고 있는 어려움에 대해 그럴 수 있다고 인정해 주고, 정서적인 어려움을 함께 이해해 주는 공감 반응이 내담자에게 전달되어야 한다. 내담자들은 문제에 대한 답이 있다고 가정하고 상담자에게 그걸 요구하는 경우가 많다. 또한 여러 가지 정보를 갖고 있으면 최적의 선택이 가능하다고 믿고 있고, 어떤 진로를 선택하는 것이 최고의 결과를 낳을 수 있는지 해답을 알고자 한다. 하지만 현실은 불확실하며, 미래는 알 수 없고, 현재 정답처럼 보이는 것도 이후에 전혀 다른 결과를 낳을 수 있다는 점을 상담자들은 알고 있다. 그럼에도 불구하고 그런 사실들을 내담자들에게 직접적으로 안내를 하게 되면 결과적으로 내담자와의 관계 형성에 실패할 가능성이 높다. 이때 사용할 수 있는 것이 현실 체크리스트(Bright & Pryor, 2005)에 제시된 질문들이다. 질문을 통해서 내담자가 갖고 있는 사고의 오류, 행동의 경직성 및 미래에 대한 과도한 불안과 염려를 드러내고, 그 마음자세를 호기심과 재미로 그리고 순발력 있는 대응 과정으로 전환할 수 있도록 상담을 진행해야 한다. 그 과정에서 내담자는 상담자와 함께 새로운 세상을 구경해 보자는 호기심, 친밀감, 신뢰감, 그리고 안정감을 가질 수 있게 된다. 내담자가 질문에 답하는 과정 중간 중간에 이해를 바탕으로 한 반응과 격려반응이 수반되어야 함은 잊지 말아야 한다. 우리는 내담자를 가르치려는 사람이 아니라, 내담자가 상담을 통해 힘을 얻어서 적극적인 삶을 살아갈 수 있도록 힘을 북돋는 사람이라는 점을 기억해야 한다.

(2) 문제/내담자 평가와 상담목표 수립

내담자의 문제를 진단하거나 평가할 때 활용할 수 있는 것은 문제 또는 내담자 유형화이다. 유형을 구분하게 되면 각 유형의 특성들이 보다 명확하게 드러나며, 그에 대한 상담전략이나 상담목표 등을 선정하기 쉬워진다. 다양한 유형화 방법의 내용들을 간단하게 살펴보면 다음과 같다.

프라이어와 브라이트(Pryor & Bright, 2006)는 확산적 사고와 수렴적 사고의 특성에 대해 내담자가 알고 있는 정도를 중심으로 2차원적 유형화를 시도하였다. 표 12-4를 보면 어떤 증상들을 보일 수 있으며, 그에 대해서 어떤 방식으로 상담전략을 구안해야 할 것인가에 대한 내용들이 정리되어 있다. 진로무질서이론의 관점에서 본다면 상담을 통해 1, 2, 3사분면에 있는 내담자들의 사고방식을 4사분면으로 옮겨가도록 돕는 것이라 할 수 있다.

프로티언 커리어의 내용을 토대로 한 유형화도 가능하다. 첫 번째의 유형화는 표 12-5에 제시하였다. 이는 개인이 보다 프로티언 커리어를 지향하며 살 수 있도록 하는 데 도움을 주는 '메타 역량'인 적응성과 자기자각의 정도에 따라 4개 유형으로 구분하는 방법이다(Hall, 2004). 또 다른 방식은 첫 번째의 연구를 확장한 것으로 프로티언 커

표 12-4 상담 사분면

<table>
<tr><td colspan="2" rowspan="2"></td><td colspan="4">확산적 특징에 대한 지식</td></tr>
<tr><td colspan="2">낮음</td><td colspan="2">높음</td></tr>
<tr><td rowspan="12">수 렴 적 특 징 에 대 한 지 식</td><td rowspan="6">낮음</td><td>증상</td><td>상담</td><td>증상</td><td>상담</td></tr>
<tr><td>길을 잃음
주제가 없음
우울
권태감</td><td>흥미검사
능력검사
개인사
이야기, 주제, 패턴들
시행착오 경험을 격려</td><td>어긋난 야망
수동성
타협이나 제한
행동의 가장자리
자기 의심/불안
비현실적인 목표</td><td>확신을 갖게 하기/지식을
드러내 보이기
기술 능력 태도들
꿈을 성취하는 방법들을
파악하기
패턴, 이야기, 주제를
통해 확산적 특성을
현실에서 체크하기</td></tr>
<tr><td rowspan="3">높음</td><td>증상</td><td>상담</td><td>증상</td><td>상담</td></tr>
<tr><td>막혀 있음
좌절
방향감 부족
부적절한 목표 선정(예.
부자)
공허감 불평
예측 가능성에 대한
강조
직업을 미리 정함</td><td>가치
일의 보상
기질
지역사회, 타인에 대한
원조의 가치
숙고, 반성
영성
주제, 이야기, 패턴
진로변화 전략
자발적인 일</td><td>만족
자기 이해
자아실현
긍정적 불확실성
직업을 찾기 위해
여러 직업들을 찾아봄</td><td>지속적인 숙고와 적응
현실 안주의 회피
영성</td></tr>
</table>

출처: Pryor & Bright, 2006

리어의 두 차원, 즉 가치지향과 자기주도성의 소유 여부를 중심으로 한 2차원적 유형화이다(Briscoe & Hall, 2006). 그 내용은 표 12-6에 제시하였다. 각 유형들의 특성은 간단하게 표에 제시되어 있으므로 이를 참고하여 상담전략을 구안하면 도움이 될 것이다.

표 12-5 메타 능력간의 상호작용 효과: 적응성과 자기 자각

<table>
<tr><td colspan="2" rowspan="2"></td><td colspan="2">적응성</td></tr>
<tr><td>높음</td><td>낮음</td></tr>
<tr><td rowspan="2">자기자각</td><td>높음</td><td>주도성, '현명한' 실천행동</td><td>마비, 막혀 있음, 회피</td></tr>
<tr><td>낮음</td><td>반응성, 카멜레온 행동</td><td>경직성, 질서에 따른 실천</td></tr>
</table>

표 12-6 프로티언 커리어 2차원에 따른 2차원적 유형화

	프로티언 커리어			
가치지향	X	O	X	O
자기주도적 진로 관리	X	X	O	O
분류	의존적	경직된	반응적	프로티언(변형적)
행동 특징	우선순위를 정하지 못하며 주도성도 없음	가치는 명확하지만 그에 걸맞은 수행이나 학습 요구사항에 적응하지 못함	자신의 진로에 대한 조망을 갖지 못한 채 움직임	자신을 타인에게 맞출 수도 있으며, 계속 학습을 수행해 감

유형화는 내담자의 문제 특성에 따라 상담자가 효과적인 개입전략을 구안하는 데 도움을 준다. 하지만 내담자가 고유한 문제를 안고 있다는 점을 고려하지 않으면 지나치게 일반화하는 우를 범하거나, 때로는 내담자의 특정 행동을 과대 또는 과소 지각할 수 있으므로 유의해야 한다. 또한 내담자 자신도 상담자의 영향을 받아 자신에게 낙인을 찍을 수 있다는 점도 반드시 염두에 두고 상담을 진행할 필요가 있다.

진로무질서이론에서의 상담목표는 진로결정이나 선택에 한정되지 않는다. 오히려 내담자의 좁은 시각을 확장하고, 소극적인 마음자세를 적극적인 태도로 전환하며, 수동적인 행동방식을 주도적이고 능동적인 행동방식으로 전환시키려는 데 더 큰 목적이 있다. 이 과정에서 변화는 불가피하며 어떤 일이 일어날지 미리 알 수 없기 때문에 모호한 미래에 대해 편안해져야 한다는 사실을 수용하게 되면 상담목표는 달성된 것이라 할 수 있다. 실존주의적 관점에서 이해될 수 있는 자기 책임의 인식과 수용, 진로 선택지의 확장을 통한 자유로운 선택 가능성에 대한 감사, 진로선택 과정에서 부여하는 의미화 과정, 불안정한 현실에 대한 적응능력 확대 등도 주요한 상담목표로 부각된다. 무경계 진로와 프로티언 커리어를 중심으로 본다면 사고의 유연성과 주관적/심리적 성공 기준에 대한 구체화, 진로 가치에 대한 명료화와 소명 인식, 진로 낙관성의 학습 등이 주요한 상담목표이다.

(3) 행동계획 수립 및 실행

진로무질서이론에서는 직업선택이 목표가 아니며 오히려 불확실성에 대해 수용하고, 미래는 통제할 수 없으며, 모든 정보를 다 모을 수 없고, 설령 모은다고 해도 좋은 선택이 가능하지도 않다는 사실을 인정하는 것이 상담 과정에서 다루어져야 한다. 이 과정에는 인지치료의 여러 기법들을 활용할 수 있다. 인지치료의 주장처럼 중요한 것은 사건이 아니라 그 사건에 대한 해석이다. 무질서한 세계는 문제가 아니다. 오히려 그 세계를 어떻게 받아들이고 해석하는가가 내담자에게 문제를 안겨줄 수 있는 것이다. 내담자가 갖고 있는 자신 및 직업세계, 미래에 대한 생각들을 점검해 보는 과정에서 사고의 경직성이 드러나고 비합리적인 신념들이 논박될 수 있다. 이때 활용될 수 있는 질문지로는 복잡성 지각 지표, 행운준비도 지표, 과학수사기법, 마인드맵 등이 있다.

다양한 질문과 기법들을 활용하면서 내담자의 생각들을 오롯이 드러내고, 그것을 담담하게 분석하고 생각의 오류와 관점의 편협성을 깨닫는 과정에서 사고의 폭이 넓어질 수 있다. 이 과정에서 소위 프로티언 커리어 태도가 자리잡을 공간이 마련될 것이며, 삶에 대해 그리고 진로발달에 대해 보다 주도적인 행위들이 가능해질 것이다. 프로티언 커리어 태도에 한정해서 그 내용을 확인하는 작업을 실시할 수도 있다.

개인상담에서 질문지 등을 활용하는 방법 외에도 집단작업을 통해 타인의 시각과 자신의 시각을 비교해 보고 검증해 보는 시간을 마련할 수도 있다. 복잡한 세상의 모습을 드러내주는 영화나 드라마를 활용하여 토론을 진행하거나, '그렇다면 무엇을(what if)' 게임을 실시한 후 생각을 나눌 수도 있다. 또한 마인드맵을 만들고 그에 대한 의견들을 공유함으로써 여러 생각들이 수면 위로 떠오르게 하여 자기 생각의 편협성과 경직성을 확인할 수 있는 기회를 제공할 필요도 있다. 결국 깨달아야 변화할 수 있기 때문이다.

내담자의 생각을 다룬 이후에는 실천을 위한 격려 상담이 요구된다. 삶의 모호성과 불확실성에 대해 수용하는 과정이 자칫하면 허무주의나 수동적인 삶의 태도로 수렴되지 않도록 해야 한다. 이를 위해서는 자신이 가진 자원과 강점에 대해 눈을 돌리고, 자신의 적극적 행위, 작지만 지속적으로 이어지는 작은 시도들에 박수를 보내고, 용기 있는 행위로 부각시키는 작업이 필요하다. 변화는 인과적일 수 없기 때문에 작은 노력이 큰 성과를 가져오기도 한다는 점을 일깨우는 격려 과정이 필요하다. 상담자로부터의 격려가 내면화되어야 결과적으로는 자동화된 자기 격려가 순조롭게 진행될 수 있다. 우리가 알지 못하지만 모든 것에는 변화의 가능성이 있다. 그렇기 때문에 행동화가 필요한 것이며, 통제할 수 없지만, 그것이 오히려 드라마틱한 변화나 성과라는 선물로 되돌아올 수 있다는 사실을 알 수 있도록 도와주고 그러한 노력을 지속하는 내담자를 격려해 줄 필요가 있다. 계속 변화하는 세상에 살고 있기 때문에 깨어 있어야 하고, 작은 소소한 변화에 감사해야 하며, 계속 변하려 노력하면서 존재하는 자신의 삶을 기쁨의 눈으로 바라보아야 한다는 점을 부각시키고, 그의 용기에 찬사를 보내는 격려 상담과 강점에 기반한 상담을 진행해야 한다.

강점에 기반한 상담은 희망, 안녕감의 수준을 높여주며, 진로문제에의 몰입도를 높여준다. 강점을 부각시키기 위해서는 우선적으로 탁월성을 보여주는 사건들을 드러낼 수 있도록 일기를 써보게 하거나, 주변 사람에게 피드백을 구하고 때로는 과거 성공 경험을 발굴해 내는 과정을 필요로 한다(Clifton & Harter, 2003). 이 과정에서 드러난 강점들은 자아에 통합이 되어 행동 변화의 주요한 동인이 된다. 긍정적인 진로자아개념은 4개의 과제를 해결함으로써 성취된다. 래스크(T. Lask)는 ① 자존감과 자아효능감 개발, ② 개인적 가치 확인, ③ 새로운 지식을 종합하고, 기술을 습득하는 능력 개발, ④ 관계와 네트워크 발전을 진로자아개념 형성을 촉진하는 강점 기반 상담의 단계로 제시한 바 있다(Lask, 2010).

(4) 종결

내담자와 상담자 모두 상담을 시작했던 당시에 예상한 상담목표를 어느 정도 달성했다는 데 동의하고, 현실에서 만나는 여러 문제들을 스스로 해결할 수 있다는 자신감이 생기게 되면 종결을 위한 상담을 진행하게 되는 것이 일반적이다. 하지만 진로무질서이론에서 진로 선택이나 결정과 같은 구체적인 목표를 설정하기보다는 열린 진로에 대한 수용과 낙관주의적인 태도, 불완전성에 대한 수용, 모호함에 대한 인내와 같이 다소 추상적인 목표들을 염두에 두고 상담을 진행하기 때문에 종결 과정에서는 상담자가 보다 주도적인 자세를 취할 필요가 있다. 어찌 보면 종결을 거론하는 것 자체가 내담자에게는 이제는 담대하게 세상의 어려움을 만날 준비가 되었다는 표시로 보이거나 스스로 그걸 감당해 나갈 수 있다는 판단과 같이 긍정적인 사인으로 읽힐 가능성이 있다. 상담자는 이러한 내담자의 해석에 오류를 지적하기보다는 그러한 잠재력을 내담자가 갖고 있음을 다시 한번 강조할 필요가 있다. 또한 그러한 태도와 행동들을 만들어낸 것은 내담자였음을 인정해야 한다. 다시 말해서 변화의 주체이며, 동인은 내담자였으며 그 과정을 통해 무질서한 세계에서 자신만의 방식으로 다가올 변화들을 적극적으로 인식하고, 불확실성을 일종의 기회로 파악하며, 모호함을 호기심으로 전환시키는 역설을 만들어낸 주역이었음을 부각시키고, 이를 칭찬해 줌으로써 용기를 극대화할 수 있도록 도와주어야 한다. 물론 종결 과정에서 갖게 되는 불안함, 이별에 대한 갖가지 감정들, 새로운 문제를 만나게 될 염려 등 정서적인 문제들은 공감적인 태도로 상담자가 다루어야 할 영역임을 잊지 말아야 한다. 또한 상담의 종결 이후에 추수상담은 항시 가능함을 알려줌으로써 내담자가 돌아올 수 있는 여지는 만들어주어야 한다.

2) 3단계 모델

프라이어는 진로무질서이론의 관점에서 상담을 진행할 때 3개의 주요 과업들을 단계적으로 제시한 바 있다(Pryor, 2010). 이는 진로상담 과정 모델의 하나로 활용될 수 있다.

(1) 기대의 확인

내담자의 기대는 내담자가 어떻게 지각하고, 해석하고 있으며, 사실들을 평가하는가를 알려주는 중요한 지표이다. 상담자는 내담자 자신과 타인에 대한 기대를 점검해야 한다. 진로무질서이론에서는 무질서하고 복잡한 세상을 보여주며, 예측하기 어려운 현실을 드러냄으로써 타인의 의견에 따르기보다는 자기가 고유한 무엇을 가져야 한다고 주장한다. 왜냐하면 모든 정보를 수합할 수도 없거니와 그 정보들을 제공하는 타인조차도 그 정보의 중요성과 가치를 확인할 수 없기 때문이다. 이와 함께 상담자와 상담,

진로, 의미와 영성, 현재 문제들에 대한 내담자의 기대들도 다루어야 한다. 상담자는 답을 주는 사람이 아니며 상담은 답을 찾아가는 시간이 아니다. 따라서 내담자는 미래를 예측하고 대응하려는 자세에서 변화를 당연시하고 이에 적응하고 준비하려는 태도로 전환해야 한다(Kahn, 2007). 또한 진로 사다리를 올라가는 것을 당연시하기보다는 일과 여가, 진로와 삶, 집과 일터의 경계가 모호함을 인정하고 어떤 의미를 구성해 가려는지에 대해 진지하게 검토해 보아야 한다. 또한 현재 문제의 완벽한 해결책은 구할 수 없다는 점을 인정하고, 그럼에도 불구하고 이루어지는 도전들을 내담자들이 조정할 수 있도록 격려하고 지원하는 것이 첫 번째 단계에서 상담자가 해야 할 과업이다.

(2) 진로발달 문제의 파악

내담자의 문제들은 다음의 요인들을 한두 개 이상 포함하고 있다. 복잡성, 변화, 기회(우연), 구성, 기여 또는 의미, 대부분의 사람들은 삶의 복잡성으로 인해 노력의 결과가 실패로 끝나게 된다(복잡성). 때문에 변화는 우리의 숙명이다. 변화에는 두 측면이 있는데 하나는 변화에 수동적으로 반응하는 것이고, 또 하나는 내담자가 변하도록 도전하는 것이다(변화). 이 때 프로티언 커리어 태도가 필요하다고 할 수 있다. 지속적으로 변화하면서 적응하는 과정은 인내심을 요구하며 자기검열과 적응 과정을 계속 요구하게 된다. 그 틈에 기회와 운이 들어설 여지를 만들어야 한다(기회/우연). 이를 위해서는 개방적이고 확산적인 사고가 필요하며 물리적 이동성과 심리적 이동성을 토대로 하여 무경계 진로를 참신한 기회로 재구성해서 의미화하는 작업이 필요하다(구성). 내담자가 '편안한 무질서'로 옮겨갈 수 있는 유일한 방법은 진정으로 원하는 것을 알고 그 우선순위에 따라 움직일 때 뿐이다(Harvey & Herrild, 2005). 의미, 목적, 헌신, 영적 포부, 기여하고 싶은 열망은 내담자의 정체성, 동기, 사고, 행동을 명료화함으로써 자신을 조직해 가는데 주요한 원칙이 된다.

대부분의 적응 문제들은 소위 4가지 유인들의 충돌로 이해될 수 있다. 이는 개인이 열린 체제의 현실과 도전을 닫힌 체제의 사고방식과 전략들로 대응하기 때문에 발생한다(Pryor & Bright, 2007). 목표 유인, 진동 유인, 패턴 유인의 행동방식을 가진 사람들은 기본적으로 닫힌 체제의 사고방식과 행동방식을 적용하려 하기 때문에 계속 문제를 만나게 된다. 우연 유인의 행동방식은 열린 사고방식을 취하기 때문에 과거가 현재를, 또 현재가 미래를 보장하지 못한다는 점을 수용한다. 상담을 통해 현실에서 나타나는 여러 문제들을 위협이나 통제해야 할 대상으로 보지 않고 창조의 기회로, 극복할 장애물로, 탐색해 볼 가능성으로, 적응해야 할 변화원으로, 드러내야 할 의미로, 받아들여야 할 숙명으로 의미화하는 작업을 해나가게 된다. 이 과정에서 상담자는 내담자의 문제를 다른 방식으로 이해하는 전문가로 기능하게 된다.

(3) 상담 성과 확인

마지막 단계에서는 상담 과정을 통해 성취된 성과들을 확인한다. 진로무질서이론에서는 내담자의 진로발달 문제가 더 중요하고 복잡할 경우에는 무질서한 현실에 대한 적극적인 고려와 수용, 직업선택 등이 당면한 문제로 대두된다는 점을 인정한다. 하지만 그렇다고 해도 본질적으로 중요한 것은 무질서한 현실에 대한 적극적인 고려와 수용을 포함해야 하기 때문에 내담자가 위기를 기회로 환영하고, 이를 활용하도록 격려하며, 진로와 삶의 여러 사건들을 가급적 효과적이고도 용기 있게 다루도록 힘을 주고자 한다(Smith, 1999). 이때 활용될 수 있는 격려 전략은 다음 6개의 요인들을 포함한다. 인정과 책임, 패턴 파악, 불확실성과 더불어 살기, 창의성과 열린 마음자세, 행운 준비, 영성 개발.

이를 간단히 설명하면 다음과 같다. 상담자는 우리의 삶 자체가 우연과 불안정 속에서 만들어지며, 변화 속에 존재한다는 사실을 내담자가 알 수 있도록 도와주어야 하며, 개인적으로 가능성, 잠재력(책임)과 함께 한계(우연)라는 이중속박을 인정하도록 격려해야 한다. 이와 함께 내담자의 삶 속에 나타나는 일종의 질서, 위기에서의 반응 패턴을 찾아서 가능성을 확장하게 하는 성장원으로 활용하도록 도와주어야 한다. 또한 3가지 유인들이 갖는 한계를 인식하고 불확실성을 약점으로 보기보다는 도전의 기회로 받아들이고 실수를 성과 창출의 디딤돌로 평가함으로써 창의적으로 자신의 미래를 만들어가야 한다는 점을 상담 과정에서 다루어야 한다. 선택지가 늘어나는 것을 두려워하기보다는 가능성이나 이점으로 이해하고 미결정 상태는 자원이나 패턴이 드러날 수 있는 시간으로 받아들이는 것이 필요하다. 이렇게 행동화하는 과정에서 운을 경험할 바탕이 마련되는 것이다. 또한 복잡한 체제 안에서 우연 유인들이 수시로 나타나더라도 자신이 추구하는 가치, 도덕, 세계관에 합목적성을 부여할 수 있는 것은 영성이다. '무엇이 나에게 중요한가? 어떤 사람이 되고자 하는가? 어떤 삶을 원하는가?'에 대한 답을 찾는 과정이 상담의 마지막 단계에서 반드시 점검되어야 하며, 이는 복잡성 지표 등을 활용하여 확인할 수 있다.

진로무질서이론, 무경계 진로, 프로티언 커리어를 고려한 시각에서 진로진학상담 교사가 학교 안팎의 여러 프로그램을 기획하고, 운영하게 될 경우에 때로는 자기 모순을 경험할 가능성이 높다. 이 장의 서두에 밝힌 바와 같이 현재의 학교 진로교육은 진로에 대한 다양한 시각을 허용하기보다는 인과적이고 단선적인 결과론을 토대로 한 관점에서 진행되고 있다. 따라서 학생들에게 불안정성과 불확실성, 모호성, 우연의 영향 등을 강조하게 되면 자칫 오도될 가능성이 있다. 하지만 그럼에도 불구하고 보다 열린 자세로 직업과 진로를 보게 하고(진로무질서이론), 자신이 어떤 가치를 지향하고 있는지를 확인하고 주도적으로 학습하여 진로를 구성해 가며(프로티언 커리어), 경계를 넘나들면서 직장을 이동하는 과정에서 평안함과 심리적 만족을 추구하는(무경계 진로) 자유롭고 유목적적인 직업인은 최종적으로 교육이 지향해야 할 인간상에 근접한다고 할 수 있다. 따라서 진로진학상담교사들은 그 과정에 일조할 수 있다는 자부심을 갖고 진로진학상담교사의 역할을 수행할 필요가 있다.

교육부에서 제시한 진로진학상담교사의 직무 15가지 중 이 장에 제시된 관점들이 반영되어야 할 직무는 크게 세 가지 범주로 구분할 수 있다. 첫 번째는 진로교육과정의 기획과 실천 영역이고, 두 번째는 개인 및 집단 진로상담의 실천 부분이며, 세 번째는 교사 및 학부모 대상 연수 영역이다. 15개의 직무를 그 내용별로 구분하면 다음과 같다. 1) 진로진학상담부장 등으로서 학교의 진로교육 총괄, 2) 학교 진로교육과정 운영계획 수립 및 프로그램 운영, 11) 교내외 진로탐색 활동 기획·운영 직무는 진로교육과정의 기획과 실천 영역에 해당한다; 4) 진로·진학 관련 학생 진로상담, 6) 학교급에 따른 개인 맞춤형 진로지도 및 진학지도 직무는 개인 및 집단 진로상담의 실천 영역이다; 12) 교내 교원 대상 진로교육 역량강화 연수 총괄, 13) 학부모 대상 진로교육 연수 및 컨설팅은 교사 및 학부모 대상 연수에 포함된다. 영역별 활용 가능성을 모색해 보면 다음과 같다.

1) 진로교육과정의 기획과 실천

학교에서 학생들의 진로진학에 초점을 두고 1년간의 교육 일정을 기획하게 되면, 체험 위주, 성과 위주의 프로그램들을 많이 고려하게 된다. 각종 검사, 프로그램 실시, 컨설팅 및 연수 등을 많이 시도하여 실적을 높이게 되면 노력하였다는 흔적을 남기게 되고, 학생들의 진로발달에 큰 영향을 준 것 같은 뿌듯함을 느낄 수 있다. 하지만 전체적인 청사진 없이 여러 프로그램들을 만들고 운영하다 보면 암묵적으로 학생들에게 진로목표를 빨리 결정해서, 준비하고, 도전해야 한다는 성급함을 보여줄 수 있다. 또한 미래를 예측할 수 있으며, 노력에는 그에 상응한 결과가 반드시 온다는 직선적인 인과관계를 확신에 차서 제시하는 우를 범할 수도 있다. 이 장에서 여러 번 제시한 것처럼 삶은 그렇게 질서 있게 움직여가지도 않으며, 현재의 노력이 미래의 결과를 담보할 수 있는 것은 아니기 때문이다.

진로교육과정의 기획과 실천에 있어서 교사는 항상 "무엇을 위해", "어떤 사람이 되도록" 우리는 진로교육에 임하고 있는가라는 화두를 붙잡고 있어야 한다. 우리는 "성공하는 사람"이 되도록 하기 위해 교육하는 것이 아니다. 자신이 지향하는 가치를 찾고, 주도적으로 자신의 진로를 관리해 가면서, 현재의 삶 속에서 행복감을 느끼는 사람이 될 수 있도록 조력하는 사람이 교사이다. 행복은 의미 있는 일을 즐겁게 할 때 마음속에 생겨나는 충족감이다. 따라서 교사는 진로교육과정을 기획하고 실천함에 있어서 경험주의의 관점에서 접근할 필요가 있다. 경험을 통해 느끼고, 그 느낌에 이름을 붙여가면서, 즐거움을 확인해 가는 과정은 학교 진로교육에 있어서 가장 중요한 일부가 되어야 한다.

교사는 학생들에게 경험을 통해 학습할 수 있는 시간을 마련해 주어야 한다. 여러 가지 체험이나 프로그램들로 꽉 채워진 교육과정을 기획하기보다는 중간 중간 자신들의 체험이 어떻게 이해되고 있으며, 어떤 정서로 특징지어지는가를 점검할 시간을 마련해야 한다. 쌀이 밥으로 변하려면 뜸이 들어야 하듯이, 학생들이 주도적으로 자신의 진로를 찾아가려면 틈이 있어야 한다. 생각할 틈, 이야기를 만들 틈, 우연이 끼어들 틈, 도전이 가능할 여지, 실수를 인정할 수 있는 여유 등이 교육과정에 들어가 있어야 학생들도 조급함에서 벗어나 느긋하게 자신의 경험을 반추해 가면서 자기 자리를 잡아가게 된다. 그 과정에서 미래에 대한 불안이 조금씩 호기심으로, 궁금함으로 변해 갈 수 있으며, 시도해 보고자 하는 용기가 생길 수 있다는 점을 기억해야 한다.

2) 개인 및 집단 진로상담의 실천

개인 및 집단 진로상담은 진로진학상담교사의 업무 중에서 가장 중요한 영역이다. 상담 과정에 대해서는 앞 절에서 다루었기 때문에 여기에서는 내담자의 진로발달과 결정을 촉진하기 위한 발견지향적 모델을 제시한 스톤(W. Stone)의 주장을 간단하게 검토해 보고자 한다.

스톤은 진로상담을 4개의 과제를 해결하는 과정으로 본다(Stone, 2007). 첫 번째 과제는 내담자의 현재 상태, 욕구를 확인하는 것이다. '내담자는 무엇을 하고 싶은가? 내담자가 원하는 것은 수입인가 아니면 회사 사다리를 오르는 것인가?'라는 질문에서 출발한다. 이는 프로티언 커리어 태도를 확인하기 위한 질문으로도 유용하다.

두 번째 과제는 문제에 대한 명료화이다. '내담자 문제는 무엇인가? 어떤 기술, 가치, 적성, 기질이 내담자가 좋아하는 일 환경을 만드나?'에 답하는 것이다. 자신이 선호하는 기술, 기질, 능력, 가치들에 대해 더 많이 알게 될수록 자신이 일상에서 만나는 무질서한 정보들 속의 질서를 볼 수 있게 된다. '어떻게 나는 가장 잘 배우게 되지? 어떻게 나는 새로운 정보를 일상 생활에 통합할까? 나의 일 행동은 내 가치를 반영하나? 나는 선호하는 기술을 활용하나? 나는 왜 직업을 갖고자 하는가?'란 질문들에 답을 하기 위해서는 성격, 적성검사와 같은 능력 측정치들을 활용할 수 있으며, 구성주의적 관점에서 그 결과치들을 종합하게 된다.

세 번째 단계는 정보수집 및 개인화(내담자의 개인적 정보 수집 및 행동화 방향 확인) 과제이다. '내담자는 어떻게 정보를 개인화하나? 어떻게 내담자는 자신의 진로를 관리하며, 직장생활에 활용할 수 있도록 지식들을 종합하나? 조직을 어떻게 돕고자 하는가?'와 같은 질문들에 답을 찾아야 한다. 진로관련 웹사이트와 자료 등에서 정보를 수집하여 그 지식을 개인화하는 과정이 이 단계이다. 이 단계에서는 '어떤 직업을 찾을까'라는 관점에서 '나는 어떤 문제를 풀고 싶은가?'로 관점이 전환되는 경험을 하게 된다. '일이 나에게 무엇을 줄 것인가'라는 수동적인 자세에서 '내가 일터에 어떤 도움을 줄 것인가'라는 적극적인 태도로 전환하게 된다. 어떤 가치를 내가 지향하고 있는지를 확인하면서, 그 가치를 주도적으로 추구하기 위해 어떻게 행동할 것인가를 찾는 과정으로 변하게 되며, 직업에 대한 묘사도 달라지게 된다.

마지막 과제는 내담자에게 맞는 해결책을 마련하는 것이다. '어떻게 내담자는 자신의 포부를 실현하는 데 필요한 관계들을 만들고 종합적인 관계들을 구축하나?'의 문제를 다룬다. 이 과정은 내담자가 시너지를 추구하는 과정으로서 내담자는 자신만의 진로를 창조하는 데 보완책이 될 수 있는 체제들을 찾게 된다. 자신을 조직(일터)에 팔기보다는 △△로 풀 수 있는 문제의 영역을 분명히 드러냄으로써 조직(일터)과 상생할 가능성을 찾게 된다.

이러한 질문들과 그에 대해 답하는 과정에서 내담자들은 첫째, 자신감과 자기효능감이 강화된다. 둘째, 자신이 풀고 싶어 하는, 흥미 있어 하는 문제에 대한 비전을 확보하게 된다. 셋째, 가용한 기회에 대해 개인적인 관점을 구성하게 된다. 넷째, 자신을 지원해 줄 수 있는 네트워킹이 구성되고, 마케팅할 무언가가 만들어지게 된다. 결국 진로사고의 유연성과 주관적/심리적 성공 기준에 대한 구체화, 진로 가치에 대한 명료화와 소명 인식, 진로 낙관성의 학습 등과 같은 상담목표를 달성하게 되는 것이다.

3) 교사 및 학부모 대상 연수

학생의 진로 흥미 개발, 적성 탐색, 진로 결정 및 선택과 같은 일련의 진로행동에 많은 영향을 주는 환경 변인이 교사와 학부모이다. 부모가 가진 진로 가치관이나 진로에 대한 생각들은 고스란히 학생들에게 전달되는 경우가 많으며, 수업 중에 교사가 던진 한두 마디의 말들이 진로 행동을 변화시키는 주요한 계기가 되기도 한다. 어떻게 보면 우연을 만들고, 변화를 일으키는 주요한 동인으로 작용할 수도 있기 때문에 이들이 진로 유연성을 갖고 열린 자세로 학생의 진로 행동들을 바라볼 수 있도록 조력하는 일은 진로진학상담교사의 중요한 직무에 해당한다.

　　다양한 방식으로 교사 및 학부모 연수가 가능하지만, 우선적으로 고려해야 할 것은 그들이 자신의 삶과 주변의 삶에 건설적인 의미를 부여할 수 있는 기회를 제공하고, 긍정적으로 이해할 수 있는 시간을 마련하는 것이라 할 수 있다. 학부모들도 그러하지만, 특히 교사들은 주어진 트랙을 잘 밟아온 경우가 많다. 다수의 교사들은 진로를 준비하고, 계획하여 목표를 정하고, 그 목표를 달성한 후에 계속 경로를 밟아왔을 것이다. 이런 경험적 특성으로 인하여 진로무질서이론에서 얘기하는 수렴적 사고의 특성들을 많이 갖고 있을 수 있다. 이로 인해 학생들의 다양한 시도를 좌절시키거나, 부정적인 시각으로 해석할 수 있다. 4가지 진로 행동 중 목표, 진동, 패턴에 따라 움직이는 유형의 학생들을 강화하고, 우연 유인에 의해 변화를 추구하는 학생들의 노력을 무시하거나 쓸모없는 일로 평가절하할 가능성도 있다. 이 장에 제시된 것처럼 역설적이게도 우연이 기회가 되기도 하고 행운으로 다가오기도 한다는 점을 교사와 학부모들이 인정하고, 이를 삶의 양념처럼 이해할 수 있고 재미로 받아들일 때 학생들의 가능성은 확대되고, 수도적으로 자신의 삶을 관리해 갈 수 있는 능력은 커지게 된다. 따라서 소집단 활동이나, 책읽기, 대중 강연 등을 통해 자신의 경직된 사고를 풀어헤칠 수 있는 기회를 많이 마련하는 것이 필요하다. 이를 통해 진로 결과는 우연적 사건, 해결된 결과들의 비선형성, '적합한 것을 찾는 과정'에 의해서 구성되며, 자신에게 꼭 맞는 직업은 없기 때문에 불확실성과 함께 갈 준비가 되어 있어야 한다는 점, 그리고 잘못된 출발이 치명적이지는 않으며 전반적인 진로 여정의 통합적 일부가 될 수 있다는 진로무질서이론의 시사점(Peake & McDowall, 2012)이 내면화할 수 있도록 도와주어야 한다.

진로무질서이론에서는 다양한 상담 방법을 활용하고 있다. 그 방법들은 우리 삶의 불안정성과 변화 가능성을 수용하고, 위험 감수의 필요성을 인정한 후 작은 시도라도 실행하는 것이 기회를 만드는 중요한 계기가 된다는 점을 일깨우려는 목적을 갖고 있다. 이에 더하여 프로티언 커리어 질문지 등은 가치를 확인하고 자기주도적으로 진로를 개발할 수 있는 능동성을 강화하는 데 활용될 수 있다. 각각의 기법들에 대해 간단히 설명하면 다음과 같다.

1) 현실 체크리스트 활용

개인에게 20개 문항의 질문지를 주고 각 문항에 대해 그렇다 또는 아니다에 체크하도록 한 후, 그렇다는 반응이 12(2/3)개 이상인 경우 진로무질서에 대해 수용하고 있다고 평가한다. 각 질문은 개인상담에 활용할 수 있으며 집단에서는 아니다에 답한 질문들에 초점을 두고 토론을 하여, 진로결정에 대한 현실을 깨닫는 자료로 활용할 수 있다. 이를 통해 내담자는 ① 미래에 대한 우리의 제한된 지식과 통제력, ② 변화의 비선형적 특성, ③ 우연적 사건의 영향, ④ 우리의 현재 정보가 갖는 불가피한 제한점, ⑤ 목표 설정의 강점과 약점, ⑥ 의사결정에 있어서 직관의 가치, ⑦ 현실을 왜곡하는 우리의 능력, 8) 위험감수의 필요성을 깨닫게 된다. 질문지의 내용은 다음과 같다(Bright & Pryor, 2005).

1) 결정할 당시에는 결코 생각지도 못했던 성과를 만들어낸 결정을 내린 적이 있나?
2) 두려움 때문에 당신 인생에서 중요한 무언가를 하지 못했던 적이 있나?
3) 원해서 얻기는 하였지만 다른 것을 더 선호했던 적이 있나?

4) 어떤 상황을 한 가지 방식으로 바라보았는데 다른 사람들은 그 상황을 완전히 다른 방식으로 보고 있다는 사실을 깨닫게 된 적이 있나?

5) 당신 삶에 큰 영향을 준 예상치 못한 사건을 경험한 적이 있나?

6) 결정을 할 때 그것이 최선의 선택인지를 고려하지 않고 대안을 선택할 때가 있나?

7) 어떤 걸 모르는 것이 이득임을 알게 된 적이 있나?

8) 아주 중요한 방식으로 당신 삶을 변화시킨 위기나 전환 경험이 있나?

9) 적재적소(right time right place)에 있다고 느꼈던 경험이 있나?

10) 당신의 본능이나 직관에 따라 행동을 하나?

11) 의사결정할 때 믿었던 정보가 나중에는 부정확한 것임을 발견했던 때가 있나?

12) 당신 자신이나 타인에게 진실을 왜곡했던 적이 있나?

13) 명확하거나 정확한 목표를 설정했었는데 원래 목표보다 더 나은 목표를 발견했던 적이 있나?

14) 전적으로 이성적이지 않은 근거에 기반하여 주요한 결정을 내린 적이 있나?

15) 당신의 사생활을 듣거나 완전히 잘 알지 못하는 것에 대해 말하는 것을 들은 적이 있나?

16) 상황을 탐색하거나 결정을 내리는 방식에 있어서 생각하기 전에 행동하는 편인가?

17) '자기충족적 예언'을 경험한 적이 있나?

18) 결코 가능할 거라 생각하지 못했던 것들이 삶에서 발생했던 적이 있나?

19) 작은 실수였지만 후에 큰 문제가 되었던 적이 있나?

20) 소망적인 사고가 득이 됨을 발견한 적이 있나?

2) 다양한 질문들

우리 삶의 대부분은 과거 사건에 대한 반추로부터 경험되지만, 기억의 신뢰성은 상당히 떨어지게 된다. 이는 객관성에서 멀어지게 하지만 긍정적인 의미에서는 의미를 재구성하도록 도와준다. 따라서 내담자가 진로를 결정했던 과정에 대한 회상 질문들을 통해 맥락을 회복할 필요가 있다. 그 당시 미디어, 교사나 조언자, 가족, 친구, 계획하지 않은 사건 등과 같은 맥락이 영향을 주었다는 점을 파악할 수 있는 질문들을 던질 필요가 있다. 이러한 방법은 인지적 인터뷰(cognitive interview)라 한다. "눈을 감고 시간을 가져라. 회계사가 되기로 결심했던 때를 생각하라. 몇 살이었나? 누구랑 함께 살고 있었나? 그때 그 사람들은 무엇을 하고 있었나? 거기서 어떤 친구들을 만났나? 어떤 텔레비전 프로를 보고 있었나? 만약 학교나 대학에 있었다면 어떤 선생님이 너를 칭찬해 주었고, 누구랑 시간을 보냈나? 그때 가장 좋아한 과목은? 너의 진로에 대해 어떻게 느꼈나? 너의 결정에 영향을 준 사람들과 우연히 만난 적이 있나? 너의 결정에 영향을 준 것들이 우연히 발생했었나?"와 같은 질문들이 가능하다. 사소한 것까지 모든 것을 보고하게 하는 방법을 활용함으로써 작은 것이 어떻게 변화를 만들어내었는지를 인식할 수도 있다. 관점의 다각화를 위해서는 다음의 질문들도 유용하다. "엄마가 이 결정에 대해 무슨 생각을 할까? 네가 하는 것을 엄마는 어떻게 바라보고 생각하게 될까?"

이와 함께 활용될 수 있는 것이 프로티언 커리어 질문지의 문항들이다. 질문지는 여러 학자에 의해 개발되었지만, 실제 내용은 직업을 갖고 있는 사람들에게 적합한 것이 많기 때문에 이 장에는 신수림이 제작한 질문지 14문항(신수림, 2014) 중 진로진학상담에 적용될 수 있는 9개 문항만 제시하였다. 이 문항들은 실제 상담장면에서 내담자의 사고를 촉진시키기 위한 질문으로 활용할 수 있을 것이다.

내 경력의 성공과 실패에 대한 책임은 나에게 있다.

경력경로를 선택하는 것은 내게 있어서 중요한 가치이다.

내 경력은 내가 책임지고 관리한다

나는 경력을 전환해야 할 경우 내 스스로의 결정을 따르는 편이다

내 경력에 있어서 나 자신은 매우 중요하다

나 자신의 경력은 고용주가 원하는 방향보다, 스스로의 가치를 더 우선순위에 둔다

나는 경력을 평가할 때, 임금이나 승진보다는 나의 고유한 가치를 더 추구한다

내 경력에서의 성공은 다른 사람이 아니라 바로 내가 어떻게 느끼는지이다.

경력을 쌓아갈 때, 회사가 옳다고 생각하는 방향보다 나의 심리적 성공이 더 중요하다

3) 복잡성 지각 지표의 활용

복잡성 지각 지표는 지속적인 변화에 대한 개인의 전형적인 반응들을 측정하기 위해 고안되었고, 여러 차례의 개정을 통해 요인별 5문항의 변화 지각 지표(Change Per-

표 12-7 복잡성 지각 지표

복잡성 지각 요인	높은 점수
지속적인 변화	인간 경험의 일부로서 변화를 인정하고, 예상함 인간의 통제력이 갖는 한계를 인정하고 적응하려 도전함
통제/불확실성	미래를 예상 가능하고 질서정연한 것으로 봄 통제력과 확실성은 개인적 노력과 비전을 통해 성취될 수 있다고 믿음
비선형성(작은 단계의 중요성 인정)	명백하게 작은 사건과 행동들이 큰 영향을 줄 가능성을 이해함 세부사항과 작은 단계들에서의 변화 가능성을 이해함
단계 변화(드라마틱한 변화)	삶에서의 급격한 변화를 경험했고 기대할 수 있음 이러한 변화들이 예상될 수 없음을 인정
출현(패턴 만들기)	시간이 흘러 의미의 패턴이 드러나고 행동 이후의 생각이 그 반대보다 더 유익할 수 있음을 인정
목표에 이끌리는 자	복잡성은 목표지향 행동에 의해 감소 가능. 결정, 초점, 비전, 명확성과 헌신은 통제와 성취의 수단임/ 기회와 변화는 극복될 수 있는 장벽임
진동/역할에 이끌리는 자	복잡성은 경쟁하는 요구 때문이며 결국 역할갈등을 야기하며 기대 충족을 어렵게 함 의사결정에서의 흔들림, 좌절이 나타날 수 있음
패턴/규칙에 이끌리는 자	복잡성은 절차와 선행인자들을 활용해서 다루어짐/비전은 없고 단지 과정과 통상적인 규칙이 있을 뿐/기회와 변화는 성가신 것임
우연/변화에 이끌리는 자	기회와 변화는 새로운 기회의 원천/창의적인 도전과 예측하지 못한 것을 즐김/패턴과 서프라이즈는 삶의 실재를 완성하는 것으로 포용됨
목적/영성	어떻게 일이 타인들과 연관되며 어떻게 그들이 더 큰 질서들에 부합하는지를 봄/ 그들은 자기 지식과 통제력의 한계를 인정함

출처: Bright & Pryor, 2007.

ception index)로 만들어졌다. 이 지표는 10개의 요인들로 구성되는데, 개인이나 집단에서 모두 활용 가능하며, 온라인 검사가 가능하다(http://www.jimbright.com/test). 검사를 통해 프로파일을 검토하기보다는 요인들의 내용을 개인 또는 집단원과 함께 검토하면서 자신이 어떠한 유형의 진로행동을 선호하고 있는지, 그리고 변화 요인에는 어떠한 것들이 있는지 확인하는 선에서 활용하는 것을 권한다. 이를 위해 복잡성 지각 요인별 고득점자의 특성을 간단히 표 12-7에 제시하였다.

4) 행운준비도 지표의 활용

행운준비도는 우연에 의해 만들어진 결과와 기회를 인식하고 활용하며, 적응하는 능력을 의미한다. 융통성, 낙관주의, 위험 감수, 호기심, 인내, 전략, 효능감, 행운이라는

표 12-8 행운준비도 지표

행운준비도 요인	높은 점수
융통성	변화할 준비가 되었으며 변화 필요성에 반응적임/행동이나 사고를 변경하는 데 어려움이 없음/ 자신을 적응적, 용감, 모험적으로 묘사
낙관주의	자유롭게 결정을 내릴 수 있는 통제력이 충분히 있다고 믿음/문제보다는 기회를 봄/자신을 희망적, 적응적, 새로운 경험에 개방적으로 묘사함
위험부담	실패 가능성은 인정하지만 위축되지는 않음/위협에 굴하지 않음/자신을 적응적, 희망적, 새로운 경험에 개방적, 모험적으로 묘사
호기심	새로운 지식을 추구하고 개척하며 연구하거나 타인에게서 배우는 것을 경험함/자신을 모험적이고 경험에 개방적이며, 인내심이 있고 탐구심이 많다고 묘사
인내	지루함, 좌절, 목표 달성에 대한 실망감을 견딜 수 있음/자신을 자신감 있고, 인내심이 있고, 희망적이며 집요하다고 묘사함
전략	목표를 성취할 기회를 높이기 위해 적극적으로 기회와 가능성을 찾음/행운이 영향을 줄 수도 있음을 믿음/자신을 대담하고, 모험적이며 적응적으로 묘사
효능감	기회와 능력에 초점을 둠/ 자신을 자신감 있고, 변화를 좋아하며, 희망적이고, 새로운 것을 배우고 시도하는 것을 좋아한다고 묘사
행운	행운을 믿거나 기대함

출처: Bright & Pryor, 2007.

8개 차원을 측정하는 52문항으로 구성되어 있다. 이 지표는 행운을 활용하는 개인의 능력에 있어서 강점과 약점을 진단하는 데 도움을 주고 특정 직업에 꽉 막혀 있다고 느끼는 사람들의 진로발달에 창의적으로 반응하며, 예상치 못한 사건들에 위협감을 느끼거나 희생될까봐 겁내 하는 사람들에게 변화를 긍정적으로 보도록 격려하고 미래에 대한 모험적인 전략을 개발하는 것의 일부로서 행운준비도를 높여보려는 사람들을 안내한다. 간단하게 요인별 점수가 높은 사람의 특성을 표 12-8에 제시하였다.

5) 매체 활용

〈당신이 잠든 사이(Sliding Doors. Pollack et al., 1997) 또는 〈나비효과(Butterfly Effect. Bender et al., 2004) 같은 영화를 활용하여 진로의사결정의 특징을 예시로 보여줄 수도 있다(Krausz, 2002). 이들 영화는 잠시 동안 전개된 예측할 수 없는 사건이 어떻게 전체 인생을 바꾸어가는지를 보여주는 좋은 예화 등이다. 이를 통해 다음의 시사점들이 드러날 수 있으며, 행동화를 촉진할 수 있다. 첫째, 어떤 작은 사건이 당신의 진로의사결정에 큰 영향을 줄 수 있다. 둘째, 부수적인 사건을 무시하지 마라. 어떤 시점에서는 그것이 보이는 것보다 훨씬 중요할 수 있다. 셋째, 의사결정상 작은 실험—당신이 관심 없는 직업이라 할지라도 직장 방문을 해보는 것, 기업체 입사서류를 작성해 보는 것, 무역박람회에 가보고 전시자들과 이야기를 나누어보는 것, 친구, 친척들과 그들의 일에 대해 물어보는 것 등등—을 시도하고 어떻게 전개되는지를 보아라. 넷째, 기업, 직업, 전체 사회에서 작은 변화라도 찾으려는 마음자세를 갖고 그런 변화의 장기적인 결과를 찾아보라. 이러한 일들이 미래에 중요한 변화를 만들며 기회를 만들 수도 있다. 내담자로 하여금 진로일기를 쓰게 하고, 내러티브에 기반한 문학작품을 연구하게 하는 방법(Stebleton, 2010)이나, 동화나 신화 등을 7개의 플롯으로 구분하고, 그후 이야기를 만들어보게 하는 방법(Booker, 2004)들도 내담자의 유연한 진로사고를 촉진하는 데 중요한 계기를 마련할 수 있다(Bright & Pryor, 2005).

6) 다양한 게임의 활용

게임은 즐거움도 주고 열린 사고도 가능하게 하는 좋은 방법이다. 진로무질서이론에서는 다양한 게임을 제안하고 있다. 우선 기회카드 게임은 "때때로----상황에서 마술이 일어난다면----"이란 질문이 적힌 기회카드를 뽑은 후 의견을 나누게 한다. 이를 통해 내담자들은 자신이 예상하지 못하였던 여러 사건을 어떻게 받아들이고 이에 대처할 수 있을지를 생각해 볼 수 있게 된다.

"진로상의 계획되지 않은 사건들"을 토론 연습(Bright et al., 2005)시키는 '그렇다면 무엇을(what if)' 게임은 특정한 진로선택지(플랜 A)를 이미 갖고 있는 학생들에게 플랜 B, C, D를 발전시키도록 격려하기 위해 고안된 연습이다. 집단 장면에서 학생들에게 진로에 영향을 줄 수 있었던 우연적 사건들을 제시하라고 요청한다. 그리고 학생 각자에게 개인적 진로목표를 쓰게 한 후 우연적 사건을 "만약에 _____ 한다면"에 적게 한다. 그리고 "이 사건의 결과로서 사건들이 어떻게 변할 수 있을까? 이런 변화가 발생한다면 다른 진로목표가 성취될 수 있을까? 그런 대안적인 목표가 어떻게 추구되고 실행될 수 있을까?"와 같은 질문을 던지고 그에 답하는 과정을 통해서 진로 대안들을 확장해 갈 수 있게 된다.

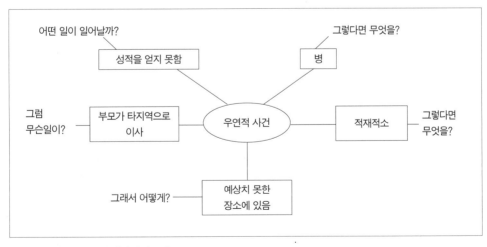

그림 12-1 우연적 사건의 결과 마인드 맵

마인드맵을 활용하는 방법도 있다. "그렇다면 무엇을" 연습(Pryor et al., 2008)을 통해 나타난 우연적 사건의 결과를 마인드맵으로 그리게 하고, 그에 대한 생각을 검토하는 것이다. 이는 계획하지 않은 사건들의 가장 가능성있는 결과들에 대해 생각해 보도록 돕고, 어떻게 그것에 반응할 필요가 있는지를 알아보게 하여 내담자의 가능성 사고의 폭을 넓히는 데 도움이 된다.

실습과제

1. 현실 체크리스트의 질문들에 체크한 후 본인은 변화하는 세계에 대해 어떤 태도와 생각을 갖고 있는지 집단원들과 토론해 보자.
2. 기회카드, 마인드맵, '그렇다면 무엇을(what if)' 게임을 실제 해본 후 느낌을 나누어 보자.
3. 지금까지 본인의 삶에 영향을 주었던 우연이나 기회를 기억해 보고, 그에 대해 자신은 어떻게 받아들였는지 얘기해 보자.

참고문헌

박용호, 한억천 (2013). 기업의 학습조직 구축정도 자기주도 학습능력, 프로티언 경력태도의 구조적 관계. HRD연구, 15(2), 53-79.

신수림 (2014). 산업체 종사자의 주관적 경력성공과 고용안정성, 조직경력관리지원, 프로틴 경력태도, 프로틴 경력관리행동의 인과적 관계. 박사학위논문, 서울대학교.

황애영, 탁진국 (2011). 주도성이 주관적 경력 성공에 미치는 영향: 프로틴 경력지향을 매개변인으로. 한국심리학회지: 산업 및 조직, 24(2), 409-428.

Arthur, M. B., & Rousseau, D. M. (eds.) (1996). *The boundaryless career: a new emplyment principle for a new organizational era*. Oxford: oxford University Press.

Bender, C. J., Dix, A. J., Rhulen, A., & Spink, J. C.(Producers), Bress, E., & Gruber, J. M.(Writers/ Directors) (2004). *The butterfly effect*(Motion pictures). United States: New line Cinema.

Booker, C. (2004). *The seven basic plots: Why we tell stories*. London: Contiuum.

Bright, J. E. H., & Pryor, R. G. L. (2005). The chaos theory of careers: A user's guide. *The Career development Quarterly, 53*, 291-305.

Bright, J. E. H., & Pryor, R. G. L. (2007). Chaotic careers assement: How Constructivist Perspectives and Psychometric Techniques Can Be Integrated into Work and Life Decision Making. *Career Planning and Adult Development Journal, 23*(2), 30-48.

Bright, J. E. H., Pryor, R. G. L., & Harpham, L. (2005). The role of chance events in career decision making. *Journal of Vocational Behavior, 66*, 561-576.

Briscoe, J. P. & Hall, D. T. (2006). The interplay of boundaryless and protean careers: Combinations and implications. *Journal of Vocational Behavior, 69*. 4-18.

Briscoe, J. P., & Finkelstein, L. M. (2009) The "new career" and organizational commitment: Do boundaryless and protean attitudes make a difference?. *Career Development International, 14*(3), 242-260.

Briscoe, J. P., Hall, D. T., & DeMuth, R. L. F. (2006). Protean and boundaryless careers: An empirical exploration. *Journal of Vocational Behavior, 69*, 30-47.

Clifton, D. O., & Harter, J. K. (2003). Investing in strengths. K. S. Cameron, J. E. Dutton, & R. E. Quinn (eds.), *Positive organizational scholarship*. San Francisco: Berrett-Koehler. 111-121.

DeFllippi, R. J., & Arthur, M. B. (1996). Boundaryless contexts and careers: A competency-based perspective. M. B. Arthur & D. M. Rousseau (eds.), *The boundaryless career*. Oxford: Oxford University Press. 116-131.

Gubler, M., Arnold, J., & Coombs, C. (2014). Reasseing the protean career concept: Empirical findings, conceptual components, and measurement. *Journal of Organizational Behavior, 35,* 23-40.

Hall, D. T. (1996). Protean careers of the 21st century. *Academy of management Executive, 10*(4), 8-16.

Hall, D. T. (2004). The Protean Career. A Quarter-century journey. *Journal of Vocational Behavior. 65,* 1-13.

Harvey, C., & Herrild, B. (2005). *Confortable chaos*. North vancouver, BC: Self-coursel Press.

Kahn, L. (2007). The chaos of careers :A contextual view of career development. *Career Planning and Adult Development Journal, 23*(2), 65-71.

Krausz, P. (2002). *The way careers and work are represented in the cinema*. Paper presented at Career Services rapuras conference. Pushing boundaries: The heightened role of career planning in knowledge societies, Wellington, New Sealand.

Lask, T. (2010). Strength from chaos: Utilizing a strengths-based approach to facilitate the formation of a career self-concept. *Career Planning and Adult Development Journal. 26*(1), 66-73.

Nicholson. N. (1996). Career Systems in Crisis: Change and Opportunity in the Information Age. *Academy of Management Executive, 10*(4), 40-51.

Peake, S., & McDowall, A. (2012). Chaotic careers: A narrative analysis of career trasition themes and outcomes using chaos theory as a guiding metaphor. *British Journal of Guidance & Counseling, 40*(4), 395-410.

Pollack, S., Braithwaite, P., Horberg, & Howitt, W.(Producers), Howitt, P.(Writer/Director) (1997). *Sliding doors*(Motion picture). United States: Paramount Pictures.

Pryor, R. G. (2010). A framework for chaos theory career counseling. *Australian Journal of Career Development, 19*(2), 32-39.

Pryor, R. G. L., & Bright, J. E. H. (2003). Orders and chaos: A twenty-first century formulation of careers. *Australian Journal of Psychology, 55,* 121-128.

Pryor, R. G. L., & Bright, J. E. H. (2006). Counseling chaos: Techniques for Practitioner. *Journal of Employment Counseling.*

Pryor, R. G. L., & Bright, J. E. H. (2007). Applying chaos theory to careers: Attraction and attractors. *Journal of Vocational Behavior, 71,* 375-400.

Pryor, R. G. L., Amundson, N. E., & Bright, J. E. (2008). Probabilities and possibilities: The Strategic counseling implications of chaos theory of careers. *The Career Development Quarterly, 56,* 309-318.

Smith, G. T. (1999). *Courage and calling: Embracing your God-given potential.* Downers Grove, IL: Inter Varsity Press.

Stebleton, M. J. (2010). Narrative-based career counseling perspectives in times of change: an analysis of strengths and limitations. *Journal of Employment Counseling, 47*(2), 64-79.

Stone, W. (2007). Organizing serendipity: Four tasks for mastering chaos. *Career Planning and Adult Development Journal, 23*(2), 73-81.

Sullivan, S. E. (1999). The changing nature of careers: A review and research agenda. *Journal of Management, 25*(3), 457-484.

Sullivan, S. E., & Arthur, M. B. (2006). The evaluation of the boundaryless career concept: Examining and physical and paychological mobility. *Journal of Vocational Behavior, 69*(1), 19-29.

찾아보기

저자 소개

임은미
이화여자대학교 교육심리학과 학사, 서울대학교 교육학과 석사 및 박사(교육상담)
(전) 한국행동과학연구소 연구원
(전) 한국청소년상담원 교수
(전) 한국상담학회 자격관리위원장/학술위원장/전북상담학회장
전북대학교 교수
한국생애개발상담학회 회장
한국상담학회 수련감독 전문상담사

강혜영
이화여자대학교 교육심리학과 학사, 서울대학교 교육학과 석사 및 박사(교육상담)
(전) 서울대학교 대학생활문화원 상담연구원
(전) 한국기술교육대학교 HRD전문대학원장
(전) 한국기술교육대학교 상담·진로개발센터장/ 교수학습센터장
(전) 한국상담학회 생애개발상담학회 회장
한국기술교육대학교 HRD전문대학원 교수
한국진로교육학회 이사, 한국고용-HRD학회 이사
한국상담심리학회 상담심리사 1급, 한국상담학회 수련감독급 전문상담사(생애개발상담분과)

고홍월
성신여자대학교 국어국문학과 학사, 서울대학교 교육학과 석사 및 박사(교육상담)
(전) 서울대학교 교육종합연구원 선임연구원
(전) 중앙대학교 학생생활상담센터 선임연구원
충남대학교 자유전공학부 교수
한국상담학회 편집위원회 위원장, 한국생애개발상담학회 이사, 한국진로교육학회 이사
청소년상담사 1급

공윤정

서울대학교 생물교육학과 학사, 서울대학교 교육학과 교육상담 석사, 미국 Purdue 대학교
　　상담심리학 Ph.D.

(전) 청소년대화의광장 상담자

(전) 서울대학교 진로취업센터 전문위원

경인교육대학교 교육학과 교수

한국상담학회 생애개발상담학회 고문, 초등상담교육학회 이사

구자경

서울대학교 가정관리학 학사, 교육학 석사 및 박사 (교육상담)

(전) 서울대학교 학생생활연구소 상담연구원

(전) 서울시청소년상담실 팀장

(전) 한국독서치료학회 회장

평택대학교 상담대학원 교수

한국상담학회 감사, 한국상담학회 수련감독

한국상담학회 1급 전문상담사(아동청소년상담분과, 생애개발상담분과), 한국상담심리학회 1급
　　상담심리사, 한국기독교상담심리학회 전문상담사 감독, 한국독서치료학회 독서심리상담사
　　전문가

김봉환

서울대학교 교육학과 박사(상담교육)

(전) 한국진로교육학회 회장

(전) 교육부 정책자문위원

(전) 고용노동부 자격정책심의위원

숙명여자대학교 교육학부 교수, 교육대학원 원장

한국상담학회 국가정책연구위원장, 한국상담심리학회 이사

한국상담학회 1급 전문상담사, 한국심리학회 1급 상담심리사

손은령

서울대학교 교육학과 학사, 석사 및 박사(교육상담)

(전) 개포중학교 교사

(전) 충남대학교 입학관리 부본부장

(전) 충남대학교 교육연수원장

충남대학교 교육학과 교수

한국상담학회 생애개발상담학회 부회장

청소년상담사 1급, 한국상담학회 수련감독급 전문상담사(학교상담 분과, 생애개발상담 분과),
　　한국 상담심리학회 1급 상담사

손진희

서울대학교 교육학과 석사 및 박사(교육상담)

(전) 서울대학교 학생생활연구소 상담연구원

(전) 서울특별시청소년종합상담실 팀장

(전) 서강대학교 학생생활상담센터 전임상담원

선문대학교 상담심리사회복지학과 교수

한국상담심리학회 이사, 한국생애개발상담학회 이사, 한국진로교육학회 이사

한국상담학회 수련감독급 전문상담사(아동청소년분과), 한국 상담심리학회 상담심리사 1급

이제경

서울대학교 교육학과 석사 및 박사(교육상담)

(전) 서울대학교 경력개발센터 전문위원

(전) 미네소타대학교 교육심리학과 객원연구원

한국기술교육대학교 테크노인력개발전문대학원 진로및직업상담전공 교수

한국기술교육대학교 상담·진로개발센터장

한국상담학회 생애개발상담학회 이사, 한국잡월드 이사, 대전충남상담학회 이사

정진선

홍익대 대학원 교육학과(상담심리전공) 졸업, 교육학박사

국민대학교교육대학원, 상명대학교교육대학원, 관동대학교교육대학원 상담심리전공 겸임교수 역임

이화여대, 홍익대, 명지대, 서울시립대 강사

홍익심리상담연구소 소장

경기도학교안전공제회 자문위원장

한국상담학회 1급 전문상담사

황매향

서울대학교 약학대학 제약학과 학사, 사범대학 교육학과 학사, 석사 및 박사(교육상담)

(전) 한국기술교육대학교 대우교수

(전) 서울대학교 대학생활문화원 상담연구원

경인교육대학교 교육학과 교수

청소년상담사 1급, 한국상담학회 수련감독급 전문상담사(생애개발상담 분과), 한국상담심리학회
    상담심리사 1급